政府法制 900 问

于爱荣 / 主编

中国法制出版社
CHINA LEGAL PUBLISHING HOUSE

编审委员会

主　编：于爱荣
副主编：高建新　周福莲　徐　卫　马太建
　　　　　高　华　顾爱平
成　员：黄永忠　丁淑渊　陆广文　乔中龙
　　　　　周学风　韩震龙　邢　丽　苏建清
　　　　　钱　森　卞水平　周　敏　鲍　陈
　　　　　焦　克　刘红梅　周智夏　胡伟华
　　　　　王筱融　秦国臣　王长根　戴红春
　　　　　刘　柏　薛国荣　杨　歆　周建平

序
Preface

党的十八届四中全会是中国法治史上的一座里程碑。全会通过的《中共中央关于全面推进依法治国若干重大问题的决定》，是建设法治中国的行动纲领。党的十八大以来，习近平总书记就法治建设提出一系列新思想新观点新论断，为全面推进依法治国指明了方向。建设中国特色社会主义法治体系，建设社会主义法治国家，这是时代的使命，是历史的担当。今天，我们在以习近平同志为总书记的党中央的坚强领导下，坚定不移地走在中国特色社会主义法治道路上，充满激情，充满自信。

习近平总书记指出，全面推进依法治国是关系我们党执政兴国、关系人民幸福安康、关系党和国家长治久安的重大战略问题，是完善和发展中国特色社会主义制度、推进国家治理体系和治理能力现代化的重要方面。党的十八大提出了全面建成小康社会的奋斗目标，党的十八届三中全会对全面深化改革作出了顶层设计。全面建成小康社会、实现中华民族伟大复兴的中国梦，全面深化改革、完善和发展中国特色社会主义制度，必须全面推进依法治国，为改革和发展提供可靠的法治保障。要按照十八届四中全会作出的战略部署，坚持依法治国、依法执政、依法行政共同推进，坚持法治国家、法治政府、法治社会一体建设，努力促进国家治理体系和治理能力现代化，着力提升国家机关运用法治思维和法治方式治理国家的能力，用法治建设的成果谱写好中国梦的法治篇章。

依法行政是依法治国的关键和核心。法律的实施水平，检验着一个国家的法治成色。我国80%以上的法律法规由行政机关实施，行政机关工作人员特别是领导干部能否自觉尊法守法学法用法，是否具备运用法治思维和法治方式的能力，对于协调推进全面建成小康社会、全面深化改革、全面推进依法治国、全面从严治党，具有重要而直接的影响。党的十一届三中全会以来，特别是国务院《全面推进依法行政实施纲要》颁布以来，经过坚持不懈地探索实践，传统的计划经济下的行政管理方式、权力运行模式已经发生了深刻的改变，依法行政的要求已逐步渗透于政府工作的各个领域、各个方面、各个环节。但是，法治政府建设中的问题仍然比较突出，譬如：政府立法中的部门化倾向问题，重大行政决策法定程序不落实问题，有法不依、执法不严、违法不究问题，行政执法体制权责脱节、多头执法、选择性执法问题，等等，还必须下大力气加以解决。要按照十八届四中全会决定的要求，在依法全面履行政府职能、健全依法决策机制、深化行政执法体制改革、坚持严格规范公正文明执法、强化对行政权力的制约和监督、全面推进政务公开等方面探索实践，重点突破，加快建设职能科学、权责法定、执法严明、公开公正、廉洁高效、守法诚信的法治政府。

　　法治信仰引领法治建设。以法治凝聚改革共识、规范发展行为、促进社会和谐，不仅要解决实际问题，还在于推动形成对法治的信仰。法国思想家卢梭曾说，一切法律中最重要的法律，既不是刻在大理石上，也不是刻在铜表上，而是铭刻在公民的内心里。法治信仰，是发自内心地认同法律、信赖法律和捍卫法律。法律只有被信仰，成为坚定的信念，才能内化为行为准则。但法治信仰不是天生的、自然形成的，需要在法治建设的实践中养成，用法治建设的成果来培育。这就要求每一个行政决策者、行政管理者、行政执法者，带头学习法律、厉行法治，在行政决策、行政执法、行政管理的具体实践中养成依法办事、依法行政的习惯，提升运用法治思维、法治方式深化改革、推动发展、化解矛盾、维护稳定的能力，推动形成办事依法、遇事找法、解决问题用法、化解矛盾靠法的良好法治环境。

　　推进依法行政、建设法治政府涉及面广、难度大、要求高，需要一支政治强、作风硬、业务精的政府法制工作队伍，协助各级人民政府和政府各部门领导做好全面推进依法行政的各项工作。特别是党的十八大之后，随着改革和法治建设全面、深入推进，政府法制机构的作用变得更加突出，承担的任务也更加繁重。如何适应新形势、新任务、新要求，切实承担起政府及其部门推进依法行政的参谋、助手和法律顾问的职责，是各级政府法制机构亟待研究解决的新的课题。江苏省人民政府法制办公室从实际需要出发，编写了《政府法制900问》，很有意义，很有价值，也很有创意。

　　《政府法制900问》特色鲜明，针对性、应用性都很强。一是以问题为导向，坚持理论与实践相结合，充分满足政府法制工作需求；二是注重知识理论的体系性和内容的完整性，生动展现政府法制的理论框架与实践图景；三是尤重知识诠释的对策性与可操作性，有针对性地回答和解决政府法制领域中的日常性问题。可以说，《政府法制900问》是对政府法制工作实践经验总结与理论提升的一个成果。

法治建设任重道远。让我们一起努力，为实现法治政府建设目标和改革发展的美好愿景，作出应有的贡献。

是为序。

国家行政学院法学部主任　胡建淼

目 录
Contents

第一章 政府立法

1. 政府立法应当遵循哪些基本原则? 2
2. 法律优先原则对政府立法有哪些要求? 2
3. 我国的政府立法体制是如何规定的? 2
4. 我国的政府立法有哪些类型? 2
5. 什么是职权立法? 2
6. 什么是授权立法? 3
7. 什么是执行性立法? 3
8. 什么是创制性立法? 3
9. 政府立法应符合哪些基本程序? 3
10. 政府立法如何做到依法立法? 3
11. 政府立法如何做到民主立法? 3
12. 政府立法如何做到科学立法? 3
13. 哪些事项属于全国人民代表大会及其常务委员会专属立法权范围? 4
14. 何种情形下全国人民代表大会及其常务委员会有权作出决定,将只能制定法律的事项授权给国务院制定行政法规? 4
15. 全国人民代表大会及其常务委员会如何授权国务院制定行政法规? 4
16. 全国人民代表大会及其常委会如何管理国务院授权立法? 4
17. 行政法规可以使用哪些名称? 5
18. 行政法规文本如何标号? 5
19. 行政法规可以对哪些事项进行立法? 5

20. 如何编制行政法规立法计划? 5
21. 行政法规起草工作如何进行? 6
22. 起草行政法规应当符合哪些要求? 6
23. 行政法规起草工作完成后,起草部门如何报送国务院法制机构进行审查? 6
24. 起草部门向国务院报送行政法规草案送审稿时,如何履行签署程序? 6
25. 国务院法制机构如何审查行政法规草案送审稿? 7
26. 国务院法制机构在哪些情形下可以缓办行政法规草案送审稿或者退回起草部门? 7
27. 何种情况下审查行政法规草案送审稿可以举行听证会? 7
28. 国务院有关部门对行政法规草案送审稿有不同意见时如何处理? 7
29. 行政法规需要经由何种程序决定? 7
30. 行政法规如何签署公布? 8
31. 行政法规如何公告? 8
32. 行政法规何时施行? 8
33. 行政法规如何备案? 8
34. 行政法规如何解释? 8
35. 规章可以用哪些名称? 8
36. 哪些政府部门可以制定部门规章? 9
37. 部门规章可以规定哪些事项? 9
38. 涉及两个以上国务院部门职权范围的事项如何立法? 9
39. 需要制定部门规章的如何报请立项? 9
40. 部门规章如何起草? 9
41. 部门规章能否设定减损公民、法人和其他组织权利或者增加其义务的规范? ...9
42. 部门规章能否增加本部门的权力或者减少本部门的法定职责? 10
43. 部门规章如何签署、公布和公告? 10
44. 可以制定地方政府规章的主体有哪些? 10
45. 地方政府规章的制定依据是什么? 10
46. 地方政府规章可以规定哪些事项? 10
47. 除省、自治区的人民政府所在地的市、经济特区所在地的市和国务院已经批准的较大的市以外,其他设区的市、自治州的人民政府何时获得规章制定权? 10
48. 需要制定地方政府规章的如何报请立项? 11

49. 在制定地方性法规条件尚不成熟的情况下制定的地方政府规章，在实施满两年后如何处理？ 11
50. 地方政府规章如何起草？ 11
51. 制定规章如何组织听证？ 11
52. 政府法制机构对规章草案送审稿主要从哪些方面进行审查？ 12
53. 政府法制机构如何组织召开立法协调会？ 12
54. 政府法制机构在什么情形下可以缓办规章草案送审稿或者将规章草案送审稿退回？ 12
55. 规章草案说明应当包括哪些内容？ 13
56. 规章需要经过何种程序决定？ 13
57. 规章如何签署公布？ 13
58. 地方政府规章如何公告？ 13
59. 规章何时施行？ 13
60. 规章备案工作由哪个部门负责？ 13
61. 规章备案工作如何进行？ 14
62. 国务院法制机构如何对报送备案的法规、规章进行审查？ 14
63. 对超越权限，违反法律、行政法规规定，或者规定不适当的规章如何处理？ 14
64. 对不依法报送规章备案的如何处理？ 14
65. 哪些情形下制定的规章无效？ 14
66. 如何对规章进行解释？ 15
67. 如何对规章进行清理？ 15
68. 如何比较行政法规与规章之间的效力？ 15
69. 如何比较地方性法规与地方政府规章之间的效力？ 15
70. 如何比较省、自治区的人民政府制定的规章与本行政区域内的设区的市、自治州的人民政府制定的规章之间的效力？ 15
71. 如何比较部门规章与地方政府规章之间的效力？ 15
72. 同一机关制定的行政法规、规章，特别规定与一般规定不一致时如何适用？ 16
73. 同一机关制定的行政法规、规章，新的规定与旧的规定不一致时如何适用？ 16
74. 在何种情况下行政法规、规章可以溯及既往？ 16

75. 行政法规之间对同一事项的新的一般规定与旧的特别规定不一致，不能确定如何适用时如何处理？ 16
76. 地方性法规与部门规章不一致时如何处理？ 16
77. 地方政府规章与部门规章不一致时如何处理？ 16
78. 部门规章之间对同一事项规定不一致时如何处理？ 16
79. 行政法规、规章在何种情形下应当予以改变或者撤销？ 17
80. 权力机关如何撤销政府立法？ 17
81. 行政机关如何改变或者撤销政府立法？ 17
82. 如何对政府立法进行后评估？ 17
83. 行政法规可以设定哪些种类的行政处罚？ 17
84. 部门规章可以设定哪些种类的行政处罚？ 17
85. 地方政府规章可以设定哪些种类的行政处罚？ 18
86. 行政法规、规章设定行政处罚应当遵循哪些规定？ 18
87. 地方政府规章对公民设定罚款的限额是多少？ 18
88. 地方政府规章对法人或者其他组织设定罚款的限额是多少？ 18
89. 行政法规如何设定行政许可？ 19
90. 地方政府规章是否可以设定行政许可？ 19
91. 部门规章是否可以设定行政许可？ 19
92. 行政法规、规章设定行政许可应当遵循哪些规定？ 19
93. 行政法规、规章规定行政许可应当遵循哪些规定？ 20
94. 如何对设定的行政许可进行后评估？ 20
95. 行政法规可以设定哪些种类的行政强制措施？ 20
96. 规章是否可以设定行政强制措施？ 20
97. 法律规定特定事项由行政法规规定具体管理措施时，行政法规是否可以设定行政强制措施？ 20
98. 起草行政法规草案如何设定行政强制？ 21
99. 行政法规是否可以设定行政强制执行？ 21
100. 如何对设定的行政强制进行后评估？ 21

第二章 规范性文件制定和管理

101. 什么是规范性文件？ 24

102. 规范性文件可以使用哪些名称? 25
103. 哪些主体可以制定规范性文件? 25
104. 规范性文件调整何种类型的权利和义务关系? 26
105. 制定规范性文件应当遵循哪些原则? 26
106. 行政机关制定的规范性文件可以设定行政许可、行政处罚、行政强制等事项吗? 26
107. 法律、法规、规章已经明确规定的内容,规范性文件可以重复规定吗? 26
108. 规范性文件可以分章、节吗? 26
109. 制定规范性文件,是否需要编制年度计划? 27
110. 制定规范性文件一般应当经过哪些程序? 27
111. 行政机关起草规范性文件,需要公众参与吗? 27
112. 制定机关的法制机构如何审核规范性文件草案送审稿? 27
113. 制定机关的法制机构审核规范性文件草案送审稿应当遵循哪些程序? 27
114. 规范性文件"三统一"是指哪三个统一? 28
115. 规范性文件的施行日期应当如何规定? 28
116. 规范性文件应当如何发布? 29
117. 对规范性文件进行备案审查的法律依据和最新要求有哪些? 29
118. 规范性文件备案审查的总体要求是什么? 29
119. 地方各级人民政府制定的规范性文件向哪个机关报送备案? 30
120. 县级以上地方人民政府向同级人大常委会报备规范性文件有哪些基本要求? 30
121. 县级以上地方人民政府的工作部门制定的规范性文件向哪个机关报送备案? 30
122. 县级以上地方人民政府的派出机关制定的规范性文件向哪个机关报送备案? 30
123. 作为部门管理机构的法律法规授权组织制定的规范性文件向哪个机关报送备案? 30
124. 垂直管理部门制定的规范性文件向哪个机关报送备案? 30
125. 联合制定的规范性文件,备案责任主体如何确定? 31
126. 规范性文件备案监督关系,具体由谁确定? 31
127. 报送规范性文件备案,有何时间要求? 31
128. 备案监督机关的哪个部门具体承担规范性文件备案审查工作? 31

129. 报送规范性文件备案，需要提交哪些材料？ ……………………………… 31
130. 提交备案的规范性文件制定说明应当包括哪些内容？有哪些规范要求？ …… 31
131. 规范性文件备案登记有哪几种方式？ ……………………………………… 32
132. 年度规范性文件目录是否应当报送备案监督机关？ …………………… 32
133. 对报送备案的规范性文件，应当审查哪些事项？ …………………… 32
134. 规范性文件备案审查工作中，是否需要有关部门出具意见？ ………… 33
135. 违法或者不当的规范性文件如何处理？ ……………………………… 33
136. 备案审查中发现规范性文件之间存在冲突如何处理？ ………………… 33
137. 公民、法人和其他组织对规范性文件提出审查建议，应当如何处理？ …… 33
138. 制定机关不按规定要求报备规范性文件，应当如何处理？ …………… 34
139. 制定机关拒不纠正、拖延纠正规范性文件存在问题，应当承担哪些责任？ … 34
140. 什么是规范性文件定期清理制度？ …………………………………… 34
141. 规范性文件应当多长时间清理一次？ ………………………………… 34
142. 规范性文件实施后，何种情形下应当即时清理？ …………………… 34
143. 清理规范性文件应当遵循哪些原则？ ………………………………… 35
144. 清理规范性文件应当符合哪些标准？ ………………………………… 35
145. 何种情形下规范性文件应予废止？ …………………………………… 35
146. 何种情形下规范性文件应当宣布失效？ ……………………………… 36
147. 何种情形下规范性文件应予修改？ …………………………………… 36
148. 规范性文件清理结果应当向社会公布吗？ …………………………… 36
149. 哪些情形下需要对规范性文件进行后评估？ ………………………… 36
150. 可以针对规范性文件设定的某一项具体制度，开展规范性文件后评估吗？ … 37
151. 规范性文件后评估应当遵循哪些原则？ ……………………………… 37
152. 规范性文件后评估应当把握哪些标准？ ……………………………… 37
153. 规范性文件后评估可以采取哪些方法？ ……………………………… 37
154. 规范性文件后评估的实施方式有哪些？ ……………………………… 37
155. 规范性文件后评估完成后，是否应当形成后评估报告？包括哪些内容？ …… 38
156. 规范性文件制定卷宗是什么？ ………………………………………… 38
157. 规范性文件制定卷宗应当包含哪些材料？ …………………………… 38
158. 规范性文件制定卷宗立卷归档有哪些基本要求？ …………………… 39
159. 规范性文件制定卷宗由谁制作？ ……………………………………… 39
160. 规范性文件制定卷宗应当如何保管？ ………………………………… 39

第三章　重大行政决策

161. 什么是重大行政决策? 42
162. 规范重大行政决策程序的依据有哪些? 42
163. 重大行政决策事项范围包括哪些? 42
164. 如何确定重大行政决策事项? 42
165. 重大行政决策包括哪些法定程序? 43
166. 重大行政决策程序如何启动? 43
167. 什么是重大行政决策公众参与制度? 43
168. 如何处理重大行政决策程序中公开征求的意见? 44
169. 什么是重大行政决策专家论证制度? 44
170. 什么是重大行政决策风险评估制度? 45
171. 什么是重大行政决策合法性审查制度? 45
172. 什么是重大行政决策集体讨论决定制度? 45
173. 重大行政决策程序是否都要听证? 46
174. 什么是重大行政决策后评估? 46
175. 什么是重大行政决策过错责任追究机制? 47
176. 重大行政决策监督工作如何开展? 47
177. 党的十八届四中全会决定对建立重大行政决策问责制度有哪些要求? 48
178. 规范重大行政决策的创新性工作制度机制主要有哪些? 48

第四章　政府法律顾问制度

179. 为什么要建立政府法律顾问制度? 50
180. 政府法律顾问工作的目标是什么? 50
181. 如何实施政府法律顾问制度? 50
182. 政府法律顾问如何聘任? 51
183. 政府法律顾问应当具备什么基本条件? 51
184. 政府法律顾问的工作职责范围是什么? 51
185. 政府法律顾问在聘任期间享有哪些权利? 52
186. 政府法律顾问在聘任期间应当履行哪些义务? 52

187. 政府法律顾问如何提供法律服务？ ································ 52
188. 政府法律顾问工作经费如何保障？ ································ 52
189. 政府法律顾问在哪些情形下应当予以解聘？ ···················· 52
190. 如何加强对政府法律顾问工作的组织领导？ ···················· 53

第五章 行政审批制度改革

191. 什么是行政审批、行政许可？两者是否同一概念？ ············ 56
192. 行政审批制度改革推进的总体情况如何？ ························ 57
193. 党的十八大决定对深化行政审批制度改革提出了哪些要求？ ·· 57
194. 党的十八届三中全会决定对行政审批制度改革有哪些总体部署？ ·· 58
195. 推进简政放权、深化行政审批制度改革的总体要求是什么？ ·· 58
196. 推进简政放权、深化行政审批制度改革的基本原则是什么？ ·· 58
197. 新一轮行政审批制度改革的主要任务是什么？ ·················· 59
198. 新一轮行政审批制度改革以来国务院取消和下放行政审批事项情况如何？ ··· 59
199. 国务院对严格控制新设行政许可提出了哪些新要求？ ········ 61
200. 国务院对规范行政审批行为有哪些总体要求？ ·················· 62
201. 对保留的行政审批事项如何规范审批行为？ ····················· 62
202. 如何优化投资建设领域行政审批流程？ ···························· 63
203. 如何强化事中事后监管？ ·· 64
204. 如何规范行政审批中介服务？ ·· 65
205. 商事制度改革主要内容有哪些？ ······································ 67
206. 如何完善政务服务平台建设？ ·· 67
207. 如何开展非行政许可审批清理？ ······································ 68
208. 地方政府在新一轮行政审批制度改革中采取的主要措施有哪些？ ··· 68
209. 地方政府在取消下放行政审批权方面有哪些特色做法？ ····· 69
210. 什么是行政权力清单制度？ ··· 70
211. 什么是行政权力事项？ ·· 70
212. 行政权力如何分类？ ··· 70
213. 推行权力清单制度要遵循哪些原则？ ································ 71
214. 推行行政权力清单制度的主要任务有哪些？ ····················· 71
215. 如何建立行政权力清单制度？ ·· 73

216. 采取哪些处理方式对行政权力进行全面清理? 73
217. 如何实现省、市、县三级行政权力事项的统一规范? 74
218. 行政权力的行使主体应如何界定? 74
219. 什么是行政权力行使状态? 75
220. 如何划分权力行使层级? 75
221. 纳入清单编制范围的行政权力事项是如何确定的? 75
222. 不列入清单的行政权力事项的情形有哪些? 75
223. 行政权力事项具体内容的编制应遵循哪些基本规范? 76
224. 各类行政权力事项的编制有什么具体要求? 77
225. 行政权力事项编码是如何规范统一的? 79
226. 行政权力事项编码是如何进行管理的? 79
227. 行政权力事项的运行流程有哪些要求? 80
228. 如何对行政权力清单进行动态管理? 81
229. 责任清单与权力清单有何联系和区别? 81
230. 编制责任清单应遵循哪些原则? 82
231. 哪些部门纳入编制责任清单的范围? 82
232. 责任清单包括哪些内容? 82

第六章 行政执法

233. 什么是行政执法? 86
234. 什么是行政执法主体? 86
235. 行政执法主体应当具备哪些条件? 87
236. 什么是授权行政执法? 88
237. 什么是委托行政执法? 89
238. 授权行政执法与委托行政执法有哪些区别? 89
239. 行政机关内设机构和派出机构是否具有处罚主体资格? 90
240. 什么是行政执法依据? 91
241. 行政执法依据的适用规则有哪些? 91
242. 什么是行政执法管辖? 92
243. 什么是行政执法程序? 92
244. 什么是行政执法裁量权基准制度? 93

245. 规范行政执法裁量权有哪些基本要求？ 93
246. 行政执法文书主要有哪些类型？ 94
247. 什么是重大行政执法决定？ 95
248. 什么是重大行政执法决定法制审核制度？ 96
249. 什么是重大行政执法决定备案制度？ 96
250. 什么是柔性执法方式？ 96
251. 什么是全程说理式执法？ 97
252. 什么是行政执法争议协调制度？ 97
253. 什么是行政执法公示制度？ 98
254. 什么是行政执法全程记录制度？ 98
255. 什么是行政执法档案管理制度？ 98
256. 什么是行政执法人员资格管理制度？ 99
257. 行政执法人员申领行政执法证件应当具备哪些条件？ 99
258. 什么是行政执法人员培训制度？ 100
259. 行政执法风纪主要有哪些规定？ 100
260. 行政执法人员职业道德主要包括哪些内容？ 101
261. 什么是行政许可？ 101
262. 如何认定行政许可？ 101
263. 哪些事项可以设定行政许可？ 102
264. 哪些事项可以不设定行政许可？ 103
265. 法律可以设定哪些行政许可？ 103
266. 行政法规可以设定哪些行政许可？ 104
267. 国务院决定可以设定哪些行政许可？ 104
268. 地方性法规可以设定哪些行政许可？ 104
269. 省级政府规章可以设定哪些行政许可？ 104
270. 规范性文件是否可以设定行政许可？ 105
271. 设定行政许可应当遵循哪些实体性规则？ 105
272. 设定行政许可应当遵循哪些程序性规则？ 106
273. 如何理解行政许可的规定权？ 106
274. 行政许可的实施机关有哪些？ 107
275. 行政许可的一般程序有哪些基本规定？ 107
276. 行政许可的听证程序有哪些基本规定？ 108

277. 行政许可的特别程序有哪些基本规定？ 109
278. 什么是行政处罚？ 109
279. 行政处罚的种类有哪些？ 110
280. 法律可以设定哪些行政处罚？ 110
281. 行政法规可以设定哪些行政处罚？ 110
282. 地方性法规可以设定哪些行政处罚？ 110
283. 规章可以设定哪些行政处罚？ 111
284. 行政处罚的实施机关有哪些？ 111
285. 行政处罚的简易程序有哪些基本规定？ 112
286. 行政处罚的一般程序有哪些基本规定？ 112
287. 什么是罚缴分离制度？ 114
288. 什么是行政强制？ 114
289. 行政强制措施的种类有哪些？ 115
290. 行政强制设定权有哪些基本内容？ 115
291. 行政强制执行的方式有哪些？ 115
292. 行政机关在什么条件下可以实施行政强制措施？ 116
293. 哪些机关、组织可以实施行政强制措施？ 116
294. 实施行政强制措施应当遵循哪些具体程序要求？ 116
295. 行政执法机关强制执行程序的一般规定有哪些内容？ 116
296. 什么情况下行政执法机关可以向人民法院申请强制执行？ 117
297. 行政执法机关申请人民法院强制执行的程序有哪些？ 117
298. 什么是行政征收？ 117
299. 什么是行政征用？ 118
300. 什么是行政给付？ 118
301. 什么是行政确认？ 118
302. 什么是行政奖励？ 119
303. 什么是行政裁决？ 120

第七章 行政执法监督

304. 什么是行政执法监督？ 122
305. 行政执法监督工作有哪些主要作用？ 122

306. 行政执法监督有哪些分类? 123
307. 行政执法监督有哪些内容? 123
308. 什么是违法行政行为? 124
309. 什么叫行政不作为? 124
310. 什么是行政不履职? 125
311. 什么叫行政乱作为? 126
312. 行政执法监督有哪些方式? 127
313. 行政执法监督的机构有哪些? 127
314. 政府及其部门法制机构在行政执法监督方面的主要职责有哪些? 128
315. 什么是行政执法责任制? 128
316. 推行行政执法责任制有哪些要求? 129
317. 什么是行政执法评议考核制? 129
318. 行政执法评议考核内容主要有哪些? 130
319. 行政执法评议考核方式主要有哪些? 130
320. 什么是行政执法责任追究制? 130
321. 行政执法责任制追究范围是什么? 130
322. 行政执法责任的承担主体有哪些? 130
323. 对行政执法部门执法责任的追究方式有哪些? 132
324. 对行政执法人员执法责任的追究方式有哪些? 132
325. 什么是行政执法案卷评查制度? 132
326. 行政处罚案卷评查的主要内容有哪些? 132
327. 行政许可案卷评查的主要内容有哪些? 133
328. 行政强制案卷评查的主要内容有哪些? 133
329. 对行政执法案卷形式评查主要包括哪些内容? 134
330. 怎样进行重大行政执法决定备案审查? 134
331. 什么是特邀行政执法监督员? 134
332. 特邀行政执法监督员监督内容主要有哪些? 135
333. 特邀行政执法监督员的权利和义务主要有哪些? 135
334. 行政执法监督程序有哪些基本规定? 136
335. 行政执法监督工作有哪些主要文书? 136
336. 什么是《行政执法监督意见书》? 137
337. 什么是《行政执法监督决定书》? 137

338. 政府法制机构如何处理行政执法案件投诉举报？ 137

第八章　行政执法体制改革

339. 什么是行政执法体制？ 140
340. 什么是行政执法机制？ 140
341. 行政执法体制与行政执法机制之间有什么区别？ 140
342. 我国现行行政执法体制有哪些不足？ 140
343. 行政执法体制改革的目标是什么？ 140
344. 行政执法体制改革主要包括哪些方面？ 141
345. 行政执法体制改革的具体措施有哪些？ 141
346. 什么是相对集中行政处罚权？ 142
347. 相对集中行政处罚权的法律依据是什么？ 142
348. 为什么要推进相对集中行政处罚权工作？ 142
349. 省级人民政府决定开展相对集中行政处罚权工作的具体程序有哪些规定？ 142
350. 目前开展的相对集中行政处罚权主要集中在哪些方面？ 143
351. 省级人民政府可以在城市管理领域以外的其他行政管理领域开展相对集中行政处罚权工作吗？ 143
352. 如何申报开展相对集中行政处罚权工作？ 143
353. 相对集中行政处罚权工作方案应当包括哪些内容？ 144
354. 推进相对集中行政处罚权应当坚持哪些原则？ 144
355. 推进相对集中行政处罚权应当重点把握好哪些方面？ 144
356. 什么是综合执法？ 145
357. 目前重点在哪些领域推行综合执法？ 145
358. 综合执法与相对集中行政处罚权有哪些区别？ 146
359. 什么是相对集中行政许可权？ 146
360. 相对集中行政许可权的法律依据是什么？ 146
361. 相对集中行政许可权应当坚持哪些原则？ 146
362. 如何申报开展相对集中行政许可权工作？ 146
363. 目前相对集中行政许可权试点工作如何组织实施？ 147
364. 集中行使行政许可权的行政机关与集中办理行政许可的行政服务中心有哪些区别？ 148

365. 什么是联合执法? ………………………………………………………… 148
366. 联合执法有哪些特点? ……………………………………………………… 148
367. 实施联合执法一般由谁来启动? …………………………………………… 149
368. 联合执法与集中执法有何区别? …………………………………………… 149
369. 联合执法与相对集中行政处罚权有何区别? ……………………………… 149
370. 联合执法与综合执法有何区别? …………………………………………… 149
371. 联合执法有哪些原则? ……………………………………………………… 149
372. 联合执法有哪些基本要求? ………………………………………………… 149
373. 执法重心下移有哪些基本要求? …………………………………………… 150
374. 执法重心下移对现行的执法体制机制有哪些要求? ……………………… 150

第九章　两法衔接工作

375. 什么是两法衔接? …………………………………………………………… 152
376. 两法衔接工作的重要性有哪些? …………………………………………… 152
377. 两法衔接机制的内涵是什么? ……………………………………………… 152
378. 如何加强对两法衔接工作的组织领导? …………………………………… 153
379. 两法衔接中行政执法机关的工作职责主要有哪些? ……………………… 153
380. 两法衔接工作中检察机关的工作职责主要有哪些? ……………………… 153
381. 两法衔接工作中公安机关的工作职责主要有哪些? ……………………… 154
382. 行政执法机关对涉嫌犯罪的案件应当如何处理? ………………………… 155
383. 行政执法机关应向公安机关移送哪些材料? ……………………………… 155
384. 行政执法机关在移送案件时已作出或未作出行政处罚决定的，分别应如
　　 何处理? ……………………………………………………………………… 155
385. 行政执法机关对公安机关决定立案的案件应移交哪些材料? …………… 155
386. 行政执法机关认为公安机关应当立案而未立案的，应当如何处理? …… 155
387. 行政执法机关、公安机关在两法衔接工作中，发现国家工作人员涉嫌贪
　　 污贿赂、渎职侵权等违纪违法线索的如何处理? ………………………… 156
388. 公安机关对行政执法机关移送的涉嫌犯罪案件的管辖问题，应当如何区
　　 分处理? ……………………………………………………………………… 156
389. 公安机关对行政执法机关移送的涉嫌犯罪案件的立案问题，应当如何区
　　 分处理? ……………………………………………………………………… 156

390. 两法衔接联席会议制度如何建立和运作？ 156
391. 什么是两法衔接联络员制度？ 157
392. 什么是两法衔接咨询制度？ 157
393. 什么是两法衔接办案情况通报机制？ 157
394. 两法衔接信息共享平台如何建设？ 157
395. 两法衔接信息共享平台如何运行？ 158

第十章　行政指导

396. 什么是行政指导？ 160
397. 行政指导制度是何时兴起的？ 160
398. 行政指导是否符合依法行政原则？ 160
399. 行政指导属于什么性质的行政行为？ 161
400. 行政指导的构成要件有哪些？ 161
401. 行政指导有哪些特征？ 161
402. 行政指导有哪些功能？ 162
403. 行政指导有哪些基本类型？ 163
404. 什么是规制性行政指导？ 163
405. 什么是调整性行政指导？ 163
406. 什么是助成性行政指导？ 164
407. 什么是合作性行政指导？ 164
408. 实施行政指导有何意义？ 164
409. 行政指导在我国的发展情况如何？ 165
410. 开展行政指导工作的总体要求是什么？ 165
411. 行政指导的基本原则有哪些？ 165
412. 如何理解行政指导的合法性原则？ 166
413. 如何理解行政指导的正当性原则？ 166
414. 如何理解行政指导的必要性原则？ 166
415. 如何理解行政指导的平等原则？ 167
416. 如何理解行政指导的公开原则？ 167
417. 如何理解行政指导的诚实信用原则？ 167
418. 如何理解行政指导的及时灵活原则？ 167

419. 如何理解行政指导的自愿选择原则？ ………………………… 168
420. 开展行政指导的主体有哪些？ ………………………………… 168
421. 行政指导主要适用于哪些情形？ ……………………………… 168
422. 开展行政指导主要有哪些方式？ ……………………………… 168
423. 开展行政指导可以采取哪些形式？ …………………………… 169
424. 实施行政指导有哪些法律依据？ ……………………………… 169
425. 如何区分行政指导与行政领导？ ……………………………… 169
426. 如何区分行政指导与行政命令？ ……………………………… 169
427. 如何区分行政指导与行政合同？ ……………………………… 170
428. 如何区分行政指导与政府宏观调控？ ………………………… 170
429. 如何区分行政指导与行政奖励？ ……………………………… 171
430. 如何正确处理行政指导和行政处罚的关系？ ………………… 171
431. 如何正确处理行政指导和行政许可的关系？ ………………… 172
432. 规范性文件中的指导性条款是不是行政指导？ ……………… 172
433. 责令行为是不是行政指导？ …………………………………… 172
434. 行政机关对下级行政机关的指导行为是否属于行政指导？ … 172
435. 行政机关可以主动对相对人实施行政指导吗？ ……………… 173
436. 相对人如何申请行政机关开展行政指导？ …………………… 173
437. 行政机关实施重大行政指导在程序上有何特殊规定？ ……… 173
438. 行政指导事项涉及专业性、技术性问题的，行政机关应当如何处理？ …… 173
439. 何种情形下行政机关应当终止行政指导？ …………………… 173
440. 哪些人可以申请参加行政指导听证？ ………………………… 174
441. 行政指导需要制作行政指导文书吗？ ………………………… 174
442. 开展行政指导工作需要制作案卷吗？ ………………………… 174
443. 应从哪些方面对行政指导工作进行监督？ …………………… 175
444. 开展行政指导监督工作的方式有哪些？ ……………………… 175
445. 行政指导评估的对象和范围有哪些？ ………………………… 175
446. 如何开展行政指导工作的评估？ ……………………………… 175
447. 行政机关实施行政指导后未兑现承诺应当承担何种法律责任？ … 176
448. 行政机关实施了错误的行政指导应当承担何种法律责任？ … 176
449. 行政机关实施了违法的行政指导应当承担何种法律责任？ … 176
450. 行政机关以行政指导为名、行行政命令之实损害相对方的合法权益应当承担何种法律责任？ 177
451. 行政指导中受指导方如何承担法律责任？ 177
452. 受指导方认为指导方的指导有错误时应当怎么办？ 177
453. 受指导方接受指导利益受损时可否申请国家赔偿？ 177
454. 受指导方利益受损时可以要求指导方予以补偿吗？ 178
455. 对行政指导行为不服能否申请行政复议？ 178
456. 对行政指导行为不服是否可以提起行政诉讼？ 178

第十一章　政府信息公开

457. 什么是政府信息？ 182
458. 政府信息公开采取什么样的管理体制？ 182
459. 谁是政府信息公开工作的主管部门？ 182
460. 政府信息公开工作机构的具体职责有哪些？ 182
461. 政府信息公开应当遵循哪些原则？ 183
462. 行政机关应当主动公开哪些信息？ 183
463. 县级以上各级人民政府及其部门应当重点公开哪些信息？ 183
464. 设区的市级人民政府、县级人民政府及其部门重点公开的政府信息还应
　　 当包括哪些内容？ 183
465. 乡（镇）人民政府应当重点公开哪些政府信息？ 184
466. 政府信息主动公开的方式主要有哪些？ 184
467. 属于主动公开范围的政府信息由谁负责公开？ 184
468. 属于主动公开范围的政府信息应当在多少个工作日内公开？ 185
469. 怎样编制政府信息公开指南、目录？ 185
470. 公民、法人或者其他组织能否申请获取政府信息？ 185
471. 政府信息公开申请形式有哪些？ 185
472. 政府信息公开申请的内容有哪些？ 185
473. 行政机关对申请公开的政府信息应如何答复？ 186
474. 行政机关对公开政府信息的申请应在多长期限内予以答复？ 186
475. 公民、法人或其他组织申请提供哪些政府信息时应当出示有效身份证件
　　 或者证明文件？ 186
476. 公民、法人或者其他组织有证据证明行政机关提供的与其自身相关的政

府信息记录不准确时应当如何处理? 186
477. 行政机关对申请公开的政府信息应当以什么形式公开? 186
478. 哪些政府信息属于依法不予公开的范围? 187
479. 涉及个人隐私、商业秘密的信息应当如何征求第三方意见? ... 187
480. 依申请提供政府信息的收费要求是什么? 187
481. 行政机关收取政府信息公开费用的标准由哪些机关制定? 187
482. 申请公开政府信息的公民确有经济困难的如何处理? 187
483. 申请公开政府信息的公民存在阅读困难或者视听障碍的如何处理? 187
484. 法律、法规授权的具有管理公共事务职能的组织公开政府信息活动是否
    适用《政府信息公开条例》? 188
485. 与人民群众利益密切相关的公共企事业单位在提供社会公共服务过程中
    制作、获取的信息的公开如何执行? 188
486. 行政机关应当在何时公布政府信息公开年度报告? 188
487. 年度报告应当包括哪些内容? 188
488. 政府信息公开考核的主要内容有哪些? 188
489. 行政机关违反《政府信息公开条例》的哪些情形应进行问责? 189
490. 违反《政府信息公开条例》的追责方式有哪些? 189
491. 如何建立政府信息发布协调机制? 190
492. 如何开展政府信息保密审查工作? 190
493. 对申请公开政府信息的, 行政机关处理时应当注意哪些问题? 190
494. 对于政府信息公开中的哪些具体行政行为不服的, 公民、法人或者其他
    组织可以申请行政复议? 191
495. 政府信息公开类行政复议案件审理过程中应当注意哪些问题? 191
496. 哪些情形的政府信息公开类行政复议案件可以合并审理? 191
497. 哪些政府信息公开类案件属于人民法院应当受理的范围? 192
498. 哪些政府信息公开类案件属于人民法院不予受理的范围? 192
499. 政府信息公开类诉讼案件中的被告如何确定? 192
500. 政府信息公开类诉讼案件中, 哪些情形下应当以在对外发生法律效力的
    文书上署名的机关为被告? 193
501. 政府信息公开类诉讼案件中, 作为被告的行政机关应当进行举证和说明
    的情形有哪些? 193
502. 政府信息公开类诉讼案件中, (被告已经履行法定告知或者说明理由义务

当事人仍然提起诉讼的）人民法院判决驳回原告的诉讼请求的情形有哪些？ 193

第十二章　行政复议

503. 什么是行政复议？ 196
504. 如何正确理解《行政复议法》规定的"认为具体行政行为侵犯其合法权益"的含义？ 196
505. 行政复议有哪些功能？ 197
506. 如何理解行政复议、行政诉讼和信访之间的关系？ 198
507. 行政复议的基本原则有哪些？ 198
508. 如何理解行政复议全面审查原则？ 198
509. 行政复议机关如何遵循合法原则？ 199
510. 行政复议机关如何遵循公正原则？ 200
511. 行政复议机关如何遵循公开原则？ 200
512. 行政复议机关如何遵循及时原则？ 201
513. 行政复议机关如何遵循便民原则？ 201
514. 行政复议的范围有哪些？ 202
515. 哪些行政行为可以被申请行政复议？ 202
516. 根据行政复议法及相关规定，不属于行政复议范围的事项主要有哪些？ ... 204
517. 交通事故认定是否属于行政复议范围？ 204
518. 公证行为是否属于行政复议范围？ 205
519. 行政机关执行上级行政机关决定对外部产生法律效果的行为，是否属于行政复议范围？ 206
520. 行政机关协助执行法院的判决、裁定的行为是否属于行政复议范围？ 206
521. 如何理解《行政复议法》第三十条第一款和《最高人民法院关于〈行政复议法〉第三十条第一款有关问题的批复》？ 207
522. 行政机关作出的信访处理行为是否属于行政复议范围？ 207
523. 人事部门和教育主管部门的职称评定行为是否属于行政复议范围？ 209
524. 行政奖励行为是否属于行政复议范围？ 209
525. 行政机关作出的行政处分和其他人事处理决定主要情形有哪些？ 210
526. 行政协议是否属于行政复议范围？ 210

527. 行政机关对公民、法人或者其他组织的申诉、检举、控告的处理或不处理的行为，是否属于行政复议范围？ 211

528. 法律法规授权行政机关制定实施细则，公民、法人或者其他组织能否以该行政机关未制定实施细则为由提出行政复议？ 212

529. 行政复议机关将规范性文件转送有权机关处理，有权机关迟迟不作答复，该不答复行为是否属于行政复议范围？ 212

530. 行政诉讼法及司法解释规定不属于行政诉讼范围的行政行为是否也不属于行政复议范围？ 212

531. 行政复议中止、终止、告知书、补正通知书等程序性处理行为是否属于行政复议范围？ 213

532. 如何理解行政机关对民事纠纷作出的调解行为以及其他处理行为？ 213

533. 申请人在行政复议中要求对规范性文件进行审查需要满足哪些条件？ 214

534. 申请人在行政复议中提出对规范性文件审查的期限如何确定？ 215

535. 申请人在行政复议中可以要求对哪些规范性文件一并提出审查？ 215

536. 认定规范性文件"不合法"的情形主要有哪些？ 215

537. 行政复议申请的期限如何确定？ 216

538. 如何认定申请人知道具体行政行为的时间？ 216

539. 对于行政不作为申请行政复议的，应当如何计算申请人知道具体行政行为的时间？ 217

540. 行政机关作出的行政行为未履行行政复议权利告知义务或者进行错误告知的，有什么法律后果？ 217

541. 人民法院裁决应当"复议前置"，当事人申请行政复议时已超过期限的，应当如何处理？ 217

542. 行政机关作出行政行为时未告知行政复议权利，能否补充告知？ 218

543. 影响行政复议期限的不可抗力或正当理由主要有哪些情形？ 218

544. 因行政机关过错造成申请人超过行政复议期限的，是否属于影响行政复议期限的正当理由？ 218

545. 如何确定行政机关依申请履行法定职责的期限？ 219

546. 如何全面理解行政复议不予受理的行政监督？ 220

547. 上级行政机关直接受理应当由下级行政机关受理的行政复议申请的主要情形有哪些？ 221

548. 什么是行政复议机关？ 221

549. 如何确定行政复议机关? 221
550. 什么是行政复议机构? 222
551. 行政复议机构有哪些职责? 222
552. 申请人同时向两个或两个以上的行政复议机关提出行政复议申请, 应当如何处理? 224
553. 对实行相对集中行政处罚权的机关的具体行政行为不服, 应当向哪个机关申请行政复议? 224
554. 对开发区管理委员会的具体行政行为不服, 应当向哪个机关申请行政复议? 224
555. 如何确定对两个或者两个以上行政机关以共同的名义作出的具体行政行为不服时的行政复议机关? 225
556. 行政复议机关履行行政复议职责时的领导责任主要包括哪些方面? 225
557. 行政复议机关履行行政复议法定职责中的支持责任主要包括哪些方面? ... 225
558. 行政复议机关履行行政复议法定职责中的保障责任主要包括哪些方面? ... 226
559. 行政复议机关履行行政复议法定职责中的亲自履行责任主要包括哪些方面? 226
560. 行政复议机构如何督促行政复议决定的履行? 226
561. 什么是行政复议申请人? 227
562. 行政复议申请人具有哪些特征? 227
563. 如何理解行政复议代表人制度? 227
564. 行政复议申请人有哪些权利? 228
565. 行政复议申请人有哪义务? 229
566. 行政复议申请人的举证义务有哪些? 229
567. 行政复议申请中, 申请人举证不能时应承担什么法律后果? 230
568. 股份制企业中的哪些主体可以以企业名义提出行政复议申请? 230
569. 有权申请行政复议的相对人死亡或终止的, 如何确定行政复议申请人? ... 230
570. 什么是行政复议被申请人? 231
571. 行政复议被申请人具有哪些特征? 231
572. 如何确定行政复议被申请人? 231
573. 对省以下垂直领导部门作出的具体行政行为不服申请行政复议的, 如何确定行政复议机关? 232
574. 可以成为行政复议被申请人的行政机关主要有哪些特征? 232

575. 可以成为行政复议被申请人的组织中，县级以上人民政府依法设立的派出机关主要包括哪些? 233
576. 如何理解法律、法规授权组织也可以成为行政复议被申请人? 233
577. 对于经批准的具体行政行为，如何确定行政复议被申请人? 234
578. 行政机关设立的派出机构、内设机构或其他组织作出具体行政行为时，如何确定被申请人? 234
579. 可以成为行政复议被申请人的组织职能调整或被撤销，如何确定被申请人? 235
580. 行政复议被申请人有哪些权利? 236
581. 行政复议被申请人有哪些义务? 236
582. 什么是行政复议第三人? 236
583. 行政复议第三人包括哪些情形? 236
584. 行政复议第三人如何参加行政复议? 237
585. 什么是行政复议代理人? 237
586. 行政复议代理人包括哪些类型? 238
587. 什么是行政复议申请? 238
588. 提出行政复议申请应当具备哪些条件? 238
589. 提出行政复议申请有哪几种方式? 240
590. 行政复议申请书应载明哪些内容? 241
591. 行政复议的书面申请方式有哪些? 241
592. 口头申请行政复议，需要注意哪些事项? 242
593. 当事人提起行政诉讼后又撤诉的，能否再申请行政复议? 242
594. 同一具体行政行为涉及众多当事人，部分当事人选择行政诉讼，部分当事人选择行政复议，应当如何处理? 242
595. 行政复议机构审理案件组成人员应当符合哪些条件? 243
596. 如何进行行政复议受理审查? 243
597. 行政复议申请审查后如何处理? 244
598. 行政复议申请的转送期间是否计入案件审理期限? 244
599. 县级地方人民政府对有两个以上行政复议机关有权受理的行政复议申请，应当向哪一个行政复议机关转送? 245
600. 申请人提出行政复议申请时错列被申请人的，应当如何处理? 245
601. 行政复议申请不明确或材料不齐备时如何处理? 245

602. 什么是行政复议审理，有哪几种方式？ 246
603. 实地调查核实证据应注意哪些问题？ 246
604. 行政复议审理中，如何理解行政复议人员的调查取证职权？ 247
605. 行政复议过程中，行政复议机关依职权调查取证权受到哪些限制？ 248
606. 行政复议审理前需做好哪些准备工作？ 248
607. 行政复议审理的范围有哪些？ 248
608. 被申请人未依法提交答复、证据、依据的法律后果？ 249
609. 行政复议审理的依据有哪些？ 249
610. 什么是行政复议审理期限，包括哪几种情况？ 250
611. 申请人撤回行政复议申请须具备哪些条件？ 251
612. 申请人提出撤回行政复议申请的，哪些情形下不应准许？ 252
613. 申请人撤回申请后，能否以同一事实和理由再次申请行政复议？ 252
614. 行政复议中止情形有哪些？ 252
615. 行政复议终止情形有哪些？ 253
616. 什么是行政复议听证？ 254
617. 哪些案件应当举行行政复议听证？ 254
618. 行政复议听证应当遵循什么程序？ 254
619. 行政复议期间当事人申请鉴定的，鉴定费用应由谁承担？ 254
620. 什么是行政复议决定？ 255
621. 行政复议决定书应包括哪些内容？ 255
622. 行政复议决定有哪些种类？ 255
623. 如何全面理解禁止行政复议不利变更制度？ 255
624. 行政复议维持决定的适用条件是什么？ 256
625. 行政复议撤销决定适用哪些情形？ 256
626. 驳回行政复议申请决定适用的情形有哪些？ 257
627. 如何全面理解确认具体行政行为违法的行政复议决定？ 257
628. 法律规定的行政复议最终裁决主要包括哪些情形？ 257
629. 行政复议机关发现本机关作出的行政复议决定确有错误，能否自行纠正？ 258
630. 行政复议过程中，被申请人是否可以收集证据？ 258
631. 行政复议审理中，如何保障申请人、第三人行政复议阅卷权？ 259
632. 哪些情形下行政复议申请人可以依法申请行政赔偿？ 259

633. 行政复议机关无正当理由不予受理或者受理后逾期不作出复议决定，是否应当承担赔偿责任? 260
634. 在何种情况下，行政复议决定应同时决定国家赔偿相关内容? 260
635. 如果申请人申请行政复议时没有提出赔偿请求，行政复议机关是否可以主动决定赔偿? 260
636. 行政复议决定何时生效，其法律效力如何体现? 261
637. 当事人不服行政复议决定应如何行使救济权利? 261
638. 申请人不履行行政复议决定时应如何处理? 261
639. 如何理解和执行行政复议权利告知制度? 262
640. 什么是行政复议意见书和行政复议建议书? 262
641. 行政复议意见书和行政复议建议书有何区别? 262
642. 什么是行政复议文书? 263
643. 行政复议有哪些文书种类? 263
644. 行政复议文书包含哪些要素? 263
645. 行政复议文书编号有哪些要求? 264
646. 行政复议文书的处理程序及签发权限有哪些规定? 264
647. 行政复议文书由哪些部分构成? 264
648. 行政复议文书有何制作规范要求? 265
649. 行政复议法律文书的送达方式有哪些? 265
650. 行政复议案件档案包含哪些内容? 266
651. 行政复议案件归档应符合哪些原则和要求? 267
652. 行政复议案件材料归档有何顺序要求? 267
653. 行政复议案件档案的保管期限及其划分标准是什么? 267
654. 行政复议档案利用范围及条件有何要求? 268
655. 行政复议的期间应当如何计算? 269
656. 什么是行政复议调解、和解? 269
657. 行政复议当事人能否就已经生效的行政复议调解书或和解协议向人民法院提起诉讼? 269
658. 为何要推进行政复议改革? 270
659. 行政复议改革主要包括哪些方面? 271
660. 如何全面推进行政复议规范化建设? 271
661. 如何理解专职行政复议人员资格制度? 274

662. 上级行政复议机构对下级行政复议工作的监督指导主要有哪些方式? 275
663. 行政复议指导和监督主要表现在哪些方面? 275
664. 为什么要开展行政复议委员会试点工作? 276
665. 设立行政复议委员会须遵循哪些原则? 277
666. 行政复议委员制度改革的核心内容是什么? 277
667. 当前行政复议委员会试点的主要模式有哪几种? 278
668. 什么是全部集中模式? 278
669. 什么是部分集中模式? 278
670. 行政复议委员会试点已经取得了哪些成效? 278

第十三章 行政应诉

671. 什么是行政应诉? 282
672. 可以向人民法院提起诉讼的"行政行为"包括哪些? 282
673. 行政诉讼法保护公民、法人或者其他组织的哪些权利? 283
674. 行政诉讼的受案范围有哪些? 285
675. 哪些事项不属于行政诉讼受案范围? 286
676. 为什么刑事司法行为不属于行政诉讼的受案范围? 287
677. 为什么调解行为不属于行政诉讼的受案范围? 287
678. 为什么法律规定的仲裁行为不属于行政诉讼的受案范围? 288
679. 为什么驳回当事人对行政行为提起申诉的重复处理行为不属于行政诉讼的受案范围? 288
680. 为什么对公民、法人或者其他组织的权利义务不产生实际影响的行为不属于行政诉讼的受案范围? 289
681. 为什么依据信访条例所作的行为不属于行政诉讼的受案范围? 289
682. 哪些行政诉讼案件由中级人民法院作为第一审法院管辖? 290
683. 如何判断受案法院是否对行政诉讼案件有管辖权? 290
684. 如何确定行政诉讼的起诉人是否具有原告资格? 291
685. 行政机关在什么情形下会当行政诉讼案件的被告? 292
686. 行政复议机关在什么情形下会成为被告? 293
687. 如何判断本行政机关是否应当被列为行政诉讼案件的被告? 293
688. 常见的行政诉讼第三人有哪些? 294

689. 哪些行政行为应当先行申请行政复议，对行政复议决定不服才能提起行政诉讼？ 295
690. 一般行政诉讼案件的起诉期限是多长？ 295
691. 对经行政复议案件的起诉期限是多长？ 296
692. 不履行法定职责案件的起诉期限如何计算？ 297
693. 行政诉讼中的证据包括哪些？ 297
694. 行政诉讼中原告承担哪些举证责任？ 298
695. 行政诉讼中行政机关承担哪些举证责任？ 299
696. 行政诉讼中行政机关不举证要承担什么法律后果？ 299
697. 行政机关在诉讼过程中收集证据有哪些限制？ 299
698. 行政机关在什么情况下可以延期举证？ 300
699. 行政机关能否在诉讼中补充证据？ 300
700. 以非法手段取得的证据能否作为认定事实的依据？ 300
701. 行政机关应当如何进行答辩？ 301
702. 如何制作证据和依据清单？ 302
703. 行政机关提交答辩状的期限是多长？ 302
704. 行政机关开庭前应当做好哪些准备工作？ 302
705. 行政机关如何参加出庭应诉工作？ 303
706. 行政机关在庭审时如何进行质证？ 303
707. 行政机关在庭审中如何进行法庭辩论？ 303
708. 行政诉讼合法性审查原则的主要内容是什么？ 304
709. 法院是否对行政行为的合理性进行审查？ 304
710. 行政行为明显不当如何认定？ 305
711. 是否可以直接对规范性文件提起诉讼？ 305
712. 启动规范性文件的司法审查程序需具备哪些条件？ 305
713. 对哪些规范性文件可以进行司法审查？ 306
714. 人民法院经过审查后是否可以直接判定规范性文件的合法性和效力？ 306
715. 行政诉讼案件上诉期限是多长？ 306
716. 行政诉讼法对行政应诉工作有哪些要求？ 307
717. 如何执行行政机关负责人出庭应诉制度？ 307

第十四章 行政调解

718. 什么是行政调解？ 310
719. 为什么要开展行政调解？ 310
720. 行政调解的工作机制是什么？ 310
721. 行政调解有哪些功能？ 310
722. 行政调解有哪些工作原则？ 311
723. 行政调解的范围包括哪些？ 311
724. 哪些事项不属于行政调解范围？ 312
725. 行政机关对行政调解的管辖如何划分？ 312
726. 行政机关对行政调解管辖权发生争议时如何处理？ 312
727. 行政调解的程序有哪些基本规定？ 312
728. 当事人如何申请启动行政调解？ 313
729. 行政机关对哪些纠纷可以主动开展行政调解？ 313
730. 行政调解的当事人有哪些权利？ 313
731. 行政调解的当事人有哪些义务？ 313
732. 行政调解的当事人是否可以委托代理人参加调解？ 313
733. 行政调解是否收费？ 314
734. 行政调解工作有哪些基本制度？ 314
735. 行政调解统计报告制度有什么要求？ 314
736. 行政调解公开运行制度有什么要求？ 314
737. 行政调解信息宣传制度有什么要求？ 314
738. 行政调解员制度有什么要求？ 315
739. 行政调解回避制度有什么要求？ 315
740. 行政调解机关收到行政调解申请如何处理？ 315
741. 什么是"大调解"工作机制？ 316
742. 行政调解与人民调解有什么联系与区别？ 316
743. 行政调解与司法调解有什么联系与区别？ 317
744. 行政调解与司法调解、人民调解如何互相衔接？ 318
745. 当事人达成行政调解协议是否需要制作调解协议书？ 318
746. 制作行政调解协议书有哪些要求？ 318

747. 行政调解是否有期限要求？ 319
748. 当事人如不能达成行政调解协议时应当如何处理？ 319
749. 行政机关如何送达行政调解协议？ 319
750. 当事人如何向人民法院申请对行政调解协议进行司法确认？ 319
751. 当事人如何履行行政调解协议？ 320
752. 行政机关如何督促当事人履行行政调解协议？ 320
753. 一方当事人不履行行政调解协议，另一方当事人如何寻求救济？ 320

第十五章 行政机关合同管理

754. 什么是行政机关的合同？ 322
755. 行政协议的常见种类有哪些？ 322
756. 行政机关订立的民商事合同常见种类有哪些？ 322
757. 行政机关合同管理的目的是什么？ 322
758. 行政机关在行政协议中的主体地位与普通民商事合同中的主体地位有什么区别？ 322
759. 因履行行政协议引发的争议一般可通过哪些途径解决？ 323
760. 行政机关订立的合同由谁起草？ 323
761. 行政机关管理合同应当遵循什么原则？ 323
762. 行政机关订立合同前应如何对合同相对方的情况进行核实？ 323
763. 行政机关的合同在起草过程中应当注意哪些事项？ 323
764. 行政机关订立的哪些类型合同需要进行风险评估？ 324
765. 行政机关的合同风险评估的结果应如何运用？ 324
766. 行政机关的合同出现履行风险的，应如何处理？ 324
767. 行政机关合同合法性审查的概念是什么？ 324
768. 行政机关合同合法性审查的主体是谁？ 325
769. 行政机关合同合法性审查包括哪些材料？ 325
770. 行政机关合同合法性审查包括哪些主要内容？ 325
771. 行政机关如何出具合法性审查意见书？ 326
772. 合同起草机关对合法性审查意见书有异议的，如何处理？ 326
773. 行政机关合同签订后如何进行备案？ 327
774. 行政机关合同签订后如何进行档案管理？ 327

775. 政府法制机构在行政机关合同管理中的工作职责有哪些? 327
776. 行政机关合同签订履行中涉及哪些责任? 327

第十六章　行政赔偿

777. 什么是行政赔偿? 330
778. 行政赔偿应符合哪些条件? 330
779. 不予行政赔偿的情形有哪些? 330
780. 我国行政赔偿分为哪几种途径? 330
781. 单独提起行政赔偿诉讼须具备哪些条件? 330
782. 单独请求行政赔偿的程序? 331
783. 一并提起行政赔偿请求有哪些特点? 331
784. 行政赔偿请求人应当符合哪些条件? 331
785. 如何确定行政赔偿义务机关? 331
786. 对哪些侵犯人身权的行为可以请求行政赔偿? 332
787. 对哪些侵犯财产权的行为可以请求行政赔偿? 332
788. 行政赔偿请求人是否可以同时提出多项赔偿请求? 332
789. 行政赔偿请求权的时效如何计算? 333
790. 我国行政赔偿的方式有哪些? 333
791. 如何确定行政赔偿的标准? 333
792. 行政赔偿在什么情形下可进行追偿? 334
793. 行政补偿和行政赔偿的区别是什么? 334

第十七章　依法行政推进工作

794. 什么是依法行政? 336
795. 依法行政的基本原则是什么? 336
796. 依法行政的本质是什么? 336
797. 全面推进依法治国为什么必须全面推进依法行政? 336
798. 依法行政的基本要求是什么? 337
799. 如何理解"合法行政"的要求? 337
800. 如何理解"合理行政"的要求? 337

801. 如何理解"程序正当"的要求？ 337
802. 如何理解"高效便民"的要求？ 338
803. 如何理解"诚实守信"的要求？ 338
804. 如何理解"权责统一"的要求？ 338
805. 推进依法行政的责任主体是谁？ 338
806. 推进依法行政的第一责任人是谁？ 338
807. 推进依法行政责任主体的主要责任有哪些？ 339
808. 国务院为什么特别强调加强市县政府依法行政？ 339
809. 政府法制机构在推进依法行政过程中的职责有哪些？ 340
810. 推进依法行政的目标是什么？ 340
811. 法治政府的基本内涵有哪些？ 340
812. "职能科学"如何理解和界定？ 340
813. "权责法定"如何理解和界定？ 340
814. "执法严明"如何理解和界定？ 340
815. "公开公正"如何理解和界定？ 341
816. "廉洁高效"如何理解和界定？ 341
817. "守法诚信"如何理解和界定？ 341
818. 当前依法行政存在哪些主要问题？ 341
819. 深入推进依法行政应当采取哪些主要措施？ 342
820. 推进依法行政的基本制度有哪些？ 343
821. 推进依法行政应当建立哪些运行机制？ 344
822. 如何构建法治政府建设指标体系？ 344
823. 为什么要开展依法行政考核？ 345
824. 依法行政考核的主体是谁？ 345
825. 由谁来组织实施依法行政考核工作？ 345
826. 依法行政考核应当坚持哪些基本原则？ 345
827. 依法行政考核的基本方法有哪些？ 346
828. 依法行政考核一般采何种计分方式？ 346
829. 依法行政考核需要重点改进的工作有哪些？ 346
830. 依法行政考核结果如何应用？ 347
831. 依法行政考核中哪些属于"一票否决"的情形？ 347
832. 为什么要开展依法行政示范点创建工作？ 347

833. 如何开展依法行政示范点创建活动? 347
834. 如何加强对依法行政示范点的培育管理? 348
835. 如何发挥依法行政示范点的示范带动作用? 349
836. 什么是依法行政目录化管理? 350
837. 什么是依法行政档案? 350
838. 依法行政档案包括哪些种类和具体内容? 350
839. 党中央对领导干部学法提出了哪些新的要求? 350
840. 国务院对领导干部学法有哪些规定? 351
841. 国务院对领导干部任前法律知识考试有哪些规定? 351
842. 对公务员学法有哪些要求? 351
843. 对行政执法人员学法有哪些要求? 352
844. 如何加强政府法制机构人员能力培养? 352
845. 党中央、国务院在推进依法行政方面出台了哪些重要文件? 353
846. 党的十八届四中全会在推进依法行政、建设法治政府方面有哪些重要的发展和创新? 354

第十八章　仲裁

847. 什么是仲裁? 358
848. 什么是仲裁制度? 358
849. 国际仲裁制度是如何建立的? 358
850. 新中国成立以来我国仲裁制度沿革情况是怎样的? 359
851. 我国仲裁发展的现状是怎样的? 359
852. 仲裁是怎样分类的? 360
853. 民商事仲裁具有哪些特点和优势? 361
854. 仲裁与诉讼的主要区别是什么? 362
855. 哪些合同纠纷更适合通过仲裁解决? 363
856. 选择仲裁应注意哪些问题? 363
857. 仲裁的范围有哪些? 363
858. 什么是仲裁机构? 363
859. 什么是仲裁委员会常设机构? 364
860. 什么是仲裁规则? 364

861. 什么是仲裁协会? 364
862. 当事人如何选择仲裁机构? 365
863. 我国仲裁员的任职资格是什么? 365
864. 仲裁员的回避情形有哪些? 365
865. 仲裁员与代理人有什么区别? 365
866. 仲裁员与审判人员有何区别? 365
867. 仲裁协议的形式有哪些? 366
868. 当事人如何在签订仲裁协议时更好地体现意思自治? 366
869. 当事人对仲裁协议的效力有异议时如何处理? 366
870. 仲裁的普通程序与简易程序有何区别? 366
871. 申请仲裁要具备哪些条件? 367
872. 申请仲裁需要提交哪些材料? 367
873. 仲裁申请书应载明哪些内容? 367
874. 什么是仲裁立案? 367
875. 仲裁送达的方式有哪些? 367
876. 当事人在仲裁中有哪些权利? 368
877. 如何组成仲裁庭? 368
878. 如何选择仲裁员? 368
879. 开庭审理的一般程序是什么? 368
880. 什么是书面审理? 369
881. 什么是仲裁和解? 369
882. 什么是仲裁调解? 369
883. 什么是仲裁裁决? 370
884. 什么是缺席裁决? 370
885. 什么是先行裁决? 370
886. 什么是补正裁决? 370
887. 如何设置专家咨询机构? 371
888. 仲裁证据有哪些? 371
889. 什么是证明责任? 371
890. 什么是质证? 371
891. 什么是鉴定? 372
892. 伪造证据有什么法律后果? 372

893. 什么是仲裁保全? 372
894. 仲裁保全的条件有哪些? 372
895. 仲裁裁决如何执行? 373
896. 涉外裁决如何执行? 373
897. 什么是撤销仲裁裁决? 373
898. 什么是不予执行仲裁裁决? 374
899. 什么是虚假仲裁? 374
900. 政府法制部门在推进仲裁事业发展中承担着怎样的职责要求? 375

参考文献 376

法律法规索引 379

后记 384

第一章 政府立法

1. 政府立法应当遵循哪些基本原则?

政府立法是指行政机关依据职权或者授权制定行政法规和规章的行为。根据《立法法》第四条、第五条和第六条规定,政府立法应当遵循法制统一原则、民主原则、科学性原则、合理性原则。

2. 法律优先原则对政府立法有哪些要求?

政府立法不得与上位法律规范相抵触,只能在法律规定的权限范围内活动。法律优先原则主要体现在两个方面:一是要求政府立法不得与宪法、法律相抵触;二是要求政府立法不得与一般性法律原则相抵触。

3. 我国的政府立法体制是如何规定的?

根据《立法法》规定,我国政府立法体制分为两个层面:一是行政法规层面。行政法规由国务院制定,由国务院行使最高级别的政府立法权。二是规章层面,根据制定主体不同分为部门规章和地方政府规章两种。部门规章由国务院各部、委员会、中国人民银行、审计署和具有行政管理职能的直属机构制定。地方政府规章由省、自治区、直辖市和设区的市、自治州人民政府制定。

4. 我国的政府立法有哪些类型?

根据《立法法》规定,并依据不同的分类标准,政府立法表现为不同的类型。根据立法权来源不同,政府立法可分为职权立法与授权立法。根据立法依据和功能不同,政府立法可分为执行性立法和创制性立法。

5. 什么是职权立法?

职权立法是指行政机关依据来源于宪法和法律明确授予的立法权所进行的政府立法活动,与授权立法相比,职权立法的立法权来源具有直接性。

6. 什么是授权立法？

授权立法是指行政机关根据法律、法规或者有权机关的授权决定所授予的立法事项而进行的政府立法活动，与职权立法相比，立法权力来源具有间接性。

7. 什么是执行性立法？

执行性立法是指政府立法机关为执行上位法律规范所进行的立法活动。

8. 什么是创制性立法？

创制性立法是指政府立法机关根据法律的特别授权所进行的创设新的权利义务规范的立法活动。由于创制性立法产生新的权利、义务规范，因此必须有有权机关的特别授权。创制性立法的效力范围、授权界限、效力等级必须有特别授权决定的严格规定。

9. 政府立法应符合哪些基本程序？

根据《立法法》、《行政法规制定程序条例》、《规章制定程序条例》和《法规规章备案条例》的规定，政府立法的程序主要包括：立项、起草、审查、决定、公布和备案。

10. 政府立法如何做到依法立法？

根据《立法法》第四条规定，政府立法应当依照法定的权限和程序，从国家整体利益出发，维护社会主义法制的统一和尊严。

11. 政府立法如何做到民主立法？

根据《立法法》第五条规定，政府立法应当体现人民的意志，发扬社会主义民主，坚持立法公开，保障人民通过多种途径参与立法活动。

12. 政府立法如何做到科学立法？

根据《立法法》第六条规定，政府立法应当从实际出发，适应经济社会发展和全面深化改革的要求，科学合理地规定公民、法人和其他组织的权利与义务、国家机关的权力与责任。法律规范应当明确、具体，具有针对性和可执行性。

13. 哪些事项属于全国人民代表大会及其常务委员会专属立法权范围?

根据《立法法》第八条规定,下列事项只能制定法律:(1)国家主权的事项;(2)各级人民代表大会、人民政府、人民法院和人民检察院的产生、组织和职权;(3)民族区域自治制度、特别行政区制度、基层群众自治制度;(4)犯罪和刑罚;(5)对公民政治权利的剥夺、限制人身自由的强制措施和处罚;(6)税种的设立、税率的确定和税收征收管理等税收基本制度;(7)对非国有财产的征收、征用;(8)民事基本制度;(9)基本经济制度以及财政、海关、金融和外贸的基本制度;(10)诉讼和仲裁制度;(11)必须由全国人民代表大会及其常务委员会制定法律的其他事项。

14. 何种情形下全国人民代表大会及其常务委员会有权作出决定,将只能制定法律的事项授权给国务院制定行政法规?

根据《立法法》第九条规定,对于《立法法》第八条规定的只能由法律制定的立法事项,全国人民代表大会及其常务委员会有权作出决定,授权国务院可以根据实际需要,对其中的部分事项先行制定行政法规,但是有关犯罪和刑罚、对公民政治权利的剥夺和限制人身自由的强制措施和处罚、司法制度等事项除外。

15. 全国人民代表大会及其常务委员会如何授权国务院制定行政法规?

根据《立法法》第十条规定,全国人民代表大会及其常务委员会在对国务院进行立法授权时,应当作出授权决定,授权决定应当明确授权的目的、事项、范围、期限以及被授权机关实施授权决定应当遵循的原则等。全国人民代表大会及其常务委员会授权的期限不得超过五年,但是授权决定另有规定的除外。

16. 全国人民代表大会及其常委会如何管理国务院授权立法?

根据《立法法》第十条第三款、第十一条规定,全国人民代表大会及其常务委员会授权立法管理措施主要体现在三个方面:(1)被授权机关应当在授权期限届满的六个月以前,向授权机关报告授权决定实施的情况,并提出是否需要制定有关法律的意见;(2)需要继续授权的,国务院可以提出相关意见,

由全国人民代表大会及其常务委员会决定；(3)授权立法事项，经过实践检验，制定法律的条件成熟时，由全国人民代表大会及其常务委员会及时制定法律。法律制定后，相应立法事项的授权终止。

17. 行政法规可以使用哪些名称？

根据《行政法规制定程序条例》第四条规定，行政法规的名称一般称"条例"，也可以称"规定"、"办法"等。国务院根据全国人民代表大会及其常务委员会的授权决定制定的行政法规，称"暂行条例"或者"暂行规定"。

18. 行政法规文本如何标号？

根据《行政法规制定程序条例》第五条第二款规定，行政法规根据内容需要，可以分章、节、条、款、项、目。章、节、条的序号用中文数字依次表述，款不编序号，项的序号用中文数字加括号依次表述，目的序号用阿拉伯数字依次表述。

19. 行政法规可以对哪些事项进行立法？

行政法规立法事项主要来源于两个层面：一是职权立法层面。根据《立法法》第六十五条第二款规定，行政法规可以就为执行法律的规定需要制定行政法规的事项、《宪法》第八十九条规定的国务院行政管理职权的事项进行立法。二是授权立法层面。根据《立法法》第六十五条第三款规定，根据全国人民代表大会及其常务委员会的授权决定，对应当由全国人民代表大会及其常务委员会制定法律的事项先制定行政法规。

20. 如何编制行政法规立法计划？

根据《立法法》第六十六条和《行政法规制定程序条例》第六条规定，国务院法制机构应当在每年年初根据国家总体工作部署拟订国务院年度立法计划，报国务院审批。国务院年度立法计划中的法律项目应当与全国人民代表大会常务委员会的立法规划和年度立法计划相衔接。国务院法制机构应当及时跟踪了解国务院各部门落实立法计划的情况，加强组织协调和督促指导。国务院有关部门认为需要制定行政法规的，应当向国务院报请立项。

21. 行政法规起草工作如何进行？

根据《立法法》第六十七条规定，行政法规由国务院有关部门或者国务院法制机构具体负责起草，重要行政管理的法律、行政法规草案由国务院法制机构组织起草。行政法规在起草过程中，应当广泛听取有关机关、组织、人民代表大会代表和社会公众的意见。听取意见可以采取座谈会、论证会、听证会等多种形式。行政法规草案应当向社会公布，征求意见，但是经国务院决定不公布的除外。

22. 起草行政法规应当符合哪些要求？

根据《行政法规制定程序条例》第十一条规定，起草行政法规，除应当遵循《立法法》确定的立法原则，并符合宪法和法律的规定外，还应当符合下列要求：（1）体现改革精神，科学规范行政行为，促进政府职能向经济调节、社会管理、公共服务转变；（2）符合精简、统一、效能的原则，相同或者相近的职能规定由一个行政机关承担，简化行政管理手续；（3）切实保障公民、法人和其他组织的合法权益，在规定其应当履行的义务的同时，应当规定其相应的权利和保障权利实现的途径；（4）体现行政机关的职权与责任相统一的原则，在赋予有关行政机关必要的职权的同时，应当规定其行使职权的条件、程序和应当承担的责任。

23. 行政法规起草工作完成后，起草部门如何报送国务院法制机构进行审查？

根据《立法法》第六十八条和《行政法规制定程序条例》第十三条、第十四条规定，在行政法规起草工作完成后，起草部门应当将草案及其说明、各方面对草案主要问题的不同意见和其他有关资料送国务院法制机构进行审查，对经过充分协商不能取得一致意见的，应当在上报行政法规草案送审稿时说明情况和理由，对涉及有关管理体制、方针政策等需要国务院决策的重大问题提出解决方案，报国务院决定。

24. 起草部门向国务院报送行政法规草案送审稿时，如何履行签署程序？

根据《行政法规制定程序条例》第十五条规定，起草部门向国务院报送的行政法规草案送审稿，应当由起草部门主要负责人签署。几个部门共同起草的行政法规草案送审稿，应当由该几个部门主要负责人共同签署。

25. 国务院法制机构如何审查行政法规草案送审稿？

根据《行政法规制定程序条例》第十七条第二款规定，国务院法制机构主要从以下方面对行政法规草案送审稿进行审查：（1）是否符合宪法、法律的规定和国家的方针政策；（2）是否符合《行政法规制定程序条例》第十一条的规定；（3）是否与有关行政法规协调、衔接；（4）是否正确处理有关机关、组织和公民对送审稿主要问题的意见；（5）其他需要审查的内容。

26. 国务院法制机构在哪些情形下可以缓办行政法规草案送审稿或者退回起草部门？

根据《行政法规制定程序条例》第十八条规定，行政法规草案送审稿有下列情形之一的，国务院法制机构可以缓办或者退回起草部门：（1）制定行政法规的基本条件尚不成熟的；（2）有关部门对送审稿规定的主要制度存在较大争议，起草部门未与有关部门协商的；（3）上报送审稿不符合《行政法规制定程序条例》第十五条、第十六条规定的。

27. 何种情况下审查行政法规草案送审稿可以举行听证会？

根据《行政法规制定程序条例》第二十二条规定，行政法规草案送审稿直接涉及公民、法人或者其他组织的切身利益的，国务院法制机构可以举行听证会，听取有关机关、组织和公民的意见。

28. 国务院有关部门对行政法规草案送审稿有不同意见时如何处理？

根据《行政法规制定程序条例》第二十三条规定，国务院有关部门对行政法规草案送审稿涉及的主要制度、方针政策、管理体制、权限分工等有不同意见，国务院法制机构应当进行协调，力求达成一致意见；不能达成一致意见的，应当将争议的主要问题、有关部门的意见以及国务院法制机构的意见报国务院决定。

29. 行政法规需要经由何种程序决定？

根据《立法法》第六十九条规定，行政法规的决定程序依照《国务院组织法》的有关规定办理。

30. 行政法规如何签署公布？

根据《立法法》第七十条规定，行政法规由总理签署国务院令公布。有关国防建设的行政法规，可以由国务院总理、中央军事委员会主席共同签署国务院、中央军事委员会令公布。

31. 行政法规如何公告？

根据《立法法》第七十一条规定，行政法规签署公布后，应当及时在国务院公报和中国政府法制信息网以及在全国范围内发行的报纸上刊载。在国务院公报上刊登的行政法规文本为标准文本。

32. 行政法规何时施行？

根据《行政法规制定程序条例》第二十九条规定，行政法规应当自公布之日起30日后施行；但是，涉及国家安全、外汇汇率、货币政策的确定以及公布后不立即施行将有碍行政法规施行的，可以自公布之日起施行。

33. 行政法规如何备案？

根据《立法法》第九十八条规定，国务院应当在行政法规公布后的30日内报全国人民代表大会常务委员会备案。

34. 行政法规如何解释？

根据《行政法规制定程序条例》第三十一条、第三十三条规定，对于行政法规条文本身需要进一步明确界限或者作出补充规定的，由国务院解释。由国务院法制机构研究拟订行政法规解释草案，报国务院同意后，由国务院公布或者由国务院授权国务院有关部门公布。对属于行政工作中具体应用行政法规的问题，省、自治区、直辖市人民政府法制机构以及国务院有关部门法制机构请求国务院法制机构解释的，国务院法制机构可以研究答复；其中涉及重大问题的，由国务院法制机构提出意见，报国务院同意后答复。行政法规的解释与行政法规具有同等效力。

35. 规章可以用哪些名称？

根据《规章制定程序条例》第六条规定，规章的名称一般称"规定"、"办法"，但不得称"条例"。

36. 哪些政府部门可以制定部门规章？

根据《立法法》第八十条第一款规定，部门规章的制定主体是国务院各部、委员会、中国人民银行、审计署和具有行政管理职能的直属机构。

37. 部门规章可以规定哪些事项？

根据《立法法》第八十条第二款规定，部门规章规定的事项应当属于执行法律或者国务院的行政法规、决定、命令的事项。

38. 涉及两个以上国务院部门职权范围的事项如何立法？

根据《立法法》第八十一条规定，涉及两个以上国务院部门职权范围的事项，应当提请国务院制定行政法规或者由国务院有关部门联合制定规章。

39. 需要制定部门规章的如何报请立项？

根据《规章制定程序条例》第九条、第十条、第十一条规定，国务院部门内设机构或者其他机构认为需要制定部门规章的，应当向该部门报请立项。报送制定规章的立项申请，应当对制定规章的必要性、所要解决的主要问题、拟确立的主要制度等作出说明。国务院部门法制机构应当对制定规章的立项申请进行汇总研究，拟订本部门年度规章制定工作计划，报本部门批准后执行。年度规章制定工作计划应当明确规章的名称、起草单位、完成时间等。

40. 部门规章如何起草？

根据《规章制定程序条例》第十三条第一、二、四款规定，部门规章由国务院部门组织起草，国务院部门可以确定规章由其一个或者几个内设机构或者其他机构具体负责起草工作，也可以确定由其法制机构起草或者组织起草。起草规章可以邀请有关专家、组织参加，也可以委托有关专家、组织起草。

41. 部门规章能否设定减损公民、法人和其他组织权利或者增加其义务的规范？

根据《立法法》第八十条第二款规定，没有法律或者国务院的行政法规、决定、命令的依据，部门规章不得设定减损公民、法人和其他组织权利或者增加其义务的规范。

42. 部门规章能否增加本部门的权力或者减少本部门的法定职责?

根据《立法法》第八十条第二款规定,没有法律或者国务院行政法规、决定、命令的依据,部门规章不得增加本部门的权力或者减少本部门的法定职责。

43. 部门规章如何签署、公布和公告?

根据《立法法》第八十五条、第八十六条第一款规定,部门规章由部门首长签署命令予以公布。部门规章签署公布后,制定机关应当及时在国务院公报或者部门公报和中国政府法制信息网以及在全国范围内发行的报纸上刊载。在国务院公报或者部门公报上刊登的部门规章文本为标准文本。

44. 可以制定地方政府规章的主体有哪些?

根据《立法法》第八十二条第一款规定,省、自治区、直辖市和设区的市、自治州的人民政府,可以根据法律、行政法规和本省、自治区、直辖市的地方性法规,制定政府规章。

45. 地方政府规章的制定依据是什么?

根据《立法法》第八十二条第一款规定,地方政府规章的制定依据是法律、行政法规和本省、自治区、直辖市的地方性法规。

46. 地方政府规章可以规定哪些事项?

根据《立法法》第八十二条第二、三款规定,地方政府规章可以就下列事项作出规定:(1)为执行法律、行政法规、地方性法规的规定需要制定规章的事项;(2)属于本行政区域的具体行政管理事项。设区的市、自治州的人民政府制定地方政府规章,限于城乡建设与管理、环境保护、历史文化保护等方面的事项。

47. 除省、自治区的人民政府所在地的市、经济特区所在地的市和国务院已经批准的较大的市以外,其他设区的市、自治州的人民政府何时获得规章制定权?

根据《立法法》第八十二条第四款规定,除省、自治区的人民政府所在

地的市，经济特区所在地的市和国务院已经批准的较大的市以外，其他设区的市、自治州的人民政府开始制定规章的时间，与本省、自治区人民代表大会常务委员会确定的本市、自治州开始制定地方性法规的时间同步。

48. 需要制定地方政府规章的如何报请立项？

根据《立法法》和《规章制定程序条例》第九条、第十条、第十一条规定，省、自治区、直辖市和设区的市的人民政府所属工作部门或者下级人民政府认为需要制定地方政府规章的，应当向该省、自治区、直辖市或者设区的市的人民政府报请立项。报送制定规章的立项申请，应当对制定规章的必要性、所要解决的主要问题、拟确立的主要制度等作出说明。省、自治区、直辖市和设区的市的人民政府法制机构，应当对制定规章的立项申请进行汇总研究，拟订本级人民政府年度规章制定工作计划，报本级人民政府批准后执行。年度规章制定工作计划应当明确规章的名称、起草单位、完成时间等。

49. 在制定地方性法规条件尚不成熟的情况下制定的地方政府规章，在实施满两年后如何处理？

根据《立法法》第八十二条第五款规定，对于应当制定地方性法规但条件尚不成熟的，因行政管理迫切需要，可以先制定地方政府规章。规章实施满两年需要继续实施规章所规定的行政措施的，应当提请本级人民代表大会或者其常务委员会制定地方性法规。

50. 地方政府规章如何起草？

根据《立法法》和《规章制定程序条例》第十三条第一、三、四款规定，地方政府规章由省、自治区、直辖市和设区的市人民政府组织起草。省、自治区、直辖市和设区的市人民政府可以确定规章由其一个部门或者几个部门具体负责起草工作，也可以确定由其法制机构起草或者组织起草。起草规章可以邀请有关专家、组织参加，也可以委托有关专家、组织起草。

51. 制定规章如何组织听证？

根据《规章制定程序条例》第十五条规定，起草的规章直接涉及公民、法人或者其他组织切身利益，有关机关、组织或者公民对其有重大意见分歧的，应当向社会公布，征求社会各界的意见；起草单位也可以举行听证会。听证会依照下列程序组织：(1) 听证会公开举行，起草单位应当在举行听证会的30日前公布听证会的时间、地点和内容；(2) 参加听证会的有关机关、组织和公民对起草的规章，有权提问和发表意见；(3) 听证会应当制作笔录，如实记录发言人的主要观点和理由；(4) 起草单位应当认真研究听证会反映的各种意见，起草的规章在报送审查时，应当说明对听证会意见的处理情况及其理由。

52. 政府法制机构对规章草案送审稿主要从哪些方面进行审查？

根据《规章制定程序条例》第十八条规定，法制机构主要从以下方面对规章草案送审稿进行审查：(1) 是否符合《规章制定程序条例》第三条、第四条、第五条的规定；(2) 是否与有关规章协调、衔接；(3) 是否正确处理有关机关、组织和公民对规章草案送审稿主要问题的意见；(4) 是否符合立法技术要求；(5) 需要审查的其他内容。

53. 政府法制机构如何组织召开立法协调会？

政府法制机构组织召开立法协调会，一般应当提前10个工作日向参加单位提供法规规章立法协调会用稿，并就法规规章的审查情况、已经协调解决的问题、尚存在的重大问题以及相应的不同意见和理由等，在立法协调会上进行说明。起草单位主要负责人应当出席立法协调会，对有关问题进行说明和解释；主要负责人因特殊情况不能出席的，应当委托分管负责人出席。有关部门对法规规章草案有不同意见和建议的，应当由主要负责人或者分管负责人携带经主要负责人签署的书面意见到会进行说明。书面意见应当包括所提意见的理由、依据或者相关论据。立法协调会协商达成一致意见的，直接吸收纳入法规或者规章草案，起草单位、相关部门应当充分尊重协调一致的意见。立法协调会协商无法达成一致意见的，政府法制机构应当根据法律、法规规定或者经济社会发展实际，经集体讨论，提出处理意见，并在审核报告中详细说明理由，或者提请政府有关领导直接主持协调。

54. 政府法制机构在什么情形下可以缓办规章草案送审稿或者将规章草案送审稿退回？

根据《规章制定程序条例》第十九条规定，规章草案送审稿有下列情形之一的，法制机构可以缓办或者退回起草单位：(1) 制定规章的基本条件尚不成熟的;(2)有关机构或者部门对规章草案送审稿规定的主要制度存在较大争议,起草单位未与有关机构或者部门协商的;(3)上报送审稿不符合《规章制定程序条例》第十七条规定的。

55. 规章草案说明应当包括哪些内容?

根据《规章制定程序条例》第二十五条第一款规定,法制机构应当认真研究各方面的意见,与起草单位协商后,对规章草案送审稿进行修改,形成规章草案和对草案的说明。说明应当包括制定规章拟解决的主要问题、确立的主要措施以及与有关部门的协调情况等。

56. 规章需要经过何种程序决定?

根据《立法法》第八十四条规定,部门规章应当经部务会议或者委员会议决定。地方政府规章应当经政府常务会议或者全体会议决定。

57. 规章如何签署公布?

根据《立法法》第八十五条规定,部门规章由部门首长签署命令予以公布。地方政府规章由省长、自治区主席、市长或者自治州州长签署命令予以公布。

58. 地方政府规章如何公告?

根据《立法法》第八十六条第二、三款规定,地方政府规章签署公布后,制定机关应当及时在本级人民政府公报和中国政府法制信息网以及在本行政区域范围内发行的报纸上刊载。在地方人民政府公报上刊登的规章文本为标准文本。

59. 规章何时施行?

根据《规章制定程序条例》第三十二条规定,规章应当自公布之日起30日后施行;但是,涉及国家安全、外汇汇率、货币政策的确定以及公布后不立即施行将有碍规章施行的,可以自公布之日起施行。

60. 规章备案工作由哪个部门负责?

根据《立法法》、《法规规章备案条例》第四条规定,国务院部门,省、自治区、直辖市和设区的市的人民政府,应当依法履行规章备案职责,加强对规章备案工作的组织领导。国务院部门法制机构，省、自治区、直辖市和设区的市的人民政府法制机构，具体负责本部门、本地方的规章备案工作。

61. 规章备案工作如何进行？

根据《立法法》第九十八条第四项规定，部门规章和地方政府规章制定机关应当自规章公布后 30 日内报国务院备案。地方政府规章应当同时报本级人民代表大会常务委员会备案。设区的市、自治州的人民政府制定的规章应当同时报省、自治区的人民代表大会常务委员会和人民政府备案。

62. 国务院法制机构如何对报送备案的法规、规章进行审查？

根据《法规规章备案条例》第十条规定，国务院法制机构对报送国务院备案的法规、规章，就下列事项进行审查：（1）是否超越权限；（2）下位法是否违反上位法规定；（3）地方性法规与部门规章之间或者不同规章之间对同一事项的规定不一致，是否应当改变或者撤销一方或者双方规定；（4）规章的规定是否适当；（5）是否违背法定程序。

63. 对超越权限，违反法律、行政法规规定，或者规定不适当的规章如何处理？

根据《法规规章备案条例》第十四条规定，经审查，规章超越权限，违反法律、行政法规规定，或者其规定不适当的，由国务院法制机构建议制定机关自行纠正；或者由国务院法制机构提出处理意见报国务院决定，并通知制定机关。

64. 对不依法报送规章备案的如何处理？

根据《法规规章备案条例》第二十条规定，对于不报送规章备案或者不按时报送规章备案的，备案机关应当通知制定机关，限期报送；拒不报送的，给予通报批评，并责令限期改正。

65. 哪些情形下制定的规章无效？

根据《规章制定程序条例》第二条第二款、第八条规定，在下列情形下制定的规章无效：（1）违反《规章制定程序条例》规定制定的规章无效；（2）涉及国务院两个以上部门职权范围的事项，制定行政法规条件尚不成熟，需要制定规章的，国务院有关部门应当联合制定规章。有上述规定情形的，国务院有关部门单独制定的规章无效。

66. 如何对规章进行解释？

根据《规章制定程序条例》第三十三条规定，规章解释权属于规章制定机关。规章有下列情况之一的，由制定机关解释：（1）规章的规定需要进一步明确具体含义的；（2）规章制定后出现新的情况，需要明确适用规章依据的。规章解释由规章制定机关的法制机构参照规章草案送审稿审查程序提出意见，报请制定机关批准后公布。

67. 如何对规章进行清理？

根据《立法法》、《规章制定程序条例》第三十七条第一款规定，国务院部门，省、自治区、直辖市和设区的市的人民政府，应当经常对规章进行清理，发现与新公布的法律、行政法规或者其他上位法的规定不一致的，或者与法律、行政法规或者其他上位法相抵触的，应当及时修改或者废止。

68. 如何比较行政法规与规章之间的效力？

根据《立法法》第八十八条第二款规定，行政法规的效力高于规章。

69. 如何比较地方性法规与地方政府规章之间的效力？

根据《立法法》第八十九条第一款规定，地方性法规的效力高于本级和下级地方政府规章。

70. 如何比较省、自治区的人民政府制定的规章与本行政区域内的设区的市、自治州的人民政府制定的规章之间的效力？

根据《立法法》第八十九条第二款规定，省、自治区的人民政府制定的规章的效力高于本行政区域内的设区的市、自治州的人民政府制定的规章。

71. 如何比较部门规章与地方政府规章之间的效力？

根据《立法法》第九十一条规定，部门规章之间、部门规章与地方政府规章之间具有同等效力，在各自的权限范围内施行。

72. 同一机关制定的行政法规、规章，特别规定与一般规定不一致时如何适用？

根据《立法法》第九十二条规定，同一机关制定的行政法规、规章，特别规定与一般规定不一致的，适用特别规定。

73. 同一机关制定的行政法规、规章，新的规定与旧的规定不一致时如何适用？

根据《立法法》第九十二条规定，同一机关制定的行政法规、规章，新的规定与旧的规定不一致的，适用新的规定。

74. 在何种情况下行政法规、规章可以溯及既往？

根据《立法法》第九十三条规定，行政法规、规章不溯及既往，但为了更好地保护公民、法人和其他组织的权利和利益而作的特别规定除外。

75. 行政法规之间对同一事项的新的一般规定与旧的特别规定不一致，不能确定如何适用时如何处理？

根据《立法法》第九十四条第二款规定，行政法规之间对同一事项的新的一般规定与旧的特别规定不一致，不能确定如何适用时，由国务院裁决。

76. 地方性法规与部门规章不一致时如何处理？

根据《立法法》第九十五条第一款第二项规定，地方性法规与部门规章之间对同一事项的规定不一致，不能确定如何适用时，由国务院提出意见，国务院认为应当适用地方性法规的，应当决定在该地方适用地方性法规的规定；认为应当适用部门规章的，应当提请全国人民代表大会常务委员会裁决。

77. 地方政府规章与部门规章不一致时如何处理？

根据《立法法》第九十五条第一款第三项规定，部门规章与地方政府规章之间对同一事项的规定不一致时，由国务院裁决。

78. 部门规章之间对同一事项规定不一致时如何处理？

根据《立法法》第九十五条第一款第三项规定，部门规章之间对同一事

项的规定不一致时，由国务院进行裁决。

79. 行政法规、规章在何种情形下应当予以改变或者撤销？

根据《立法法》第九十六条规定，行政法规和规章有下列情形之一的，由有权机关依法予以改变或者撤销：（1）超越权限的；（2）下位法违反上位法规定的；（3）规章之间对同一事项的规定不一致，经裁决应当改变或者撤销一方的规定的；（4）规章的规定被认为不适当，应当予以改变或者撤销的；（5）违背法定程序的。

80. 权力机关如何撤销政府立法？

根据《立法法》第九十七条规定，全国人民代表大会常务委员会有权撤销同宪法和法律相抵触的行政法规，地方人民代表大会常务委员会有权撤销本级人民政府制定的不适当的规章，授权机关有权撤销被授权机关制定的超越授权范围或者违背授权目的的法规，必要时可以撤销授权。

81. 行政机关如何改变或者撤销政府立法？

根据《立法法》第九十七条规定，国务院有权改变或者撤销不适当的部门规章和地方政府规章，省、自治区的人民政府有权改变或者撤销下一级人民政府制定的不适当的规章。

82. 如何对政府立法进行后评估？

《国务院全面推进依法行政实施纲要》规定，规章施行后，制定机关、实施机关应当定期对其实施情况进行评估。实施机关应当将评估意见报告制定机关。《国务院关于加强法治政府建设的意见》要求积极探索开展政府立法成本效益分析、社会风险评估、实施情况后评估工作。

83. 行政法规可以设定哪些种类的行政处罚？

根据《行政处罚法》第十条规定，行政法规可以设定除限制人身自由以外的行政处罚。

84. 部门规章可以设定哪些种类的行政处罚？

根据《行政处罚法》第十二条规定，国务院部、委员会制定的规章可以在法律、行政法规规定的给予行政处罚的行为、种类和幅度的范围内作出具体规定。尚未制定法律、行政法规的，国务院部、委员会制定的规章对违反行政管理秩序的行为，可以设定警告或者一定数量罚款的行政处罚。罚款的限额由国务院规定。国务院可以授权具有行政处罚权的直属机构依照《行政处罚法》的相关规定，规定行政处罚。

85. 地方政府规章可以设定哪些种类的行政处罚？

根据《立法法》、《行政处罚法》第十三条规定，省、自治区、直辖市人民政府和省、自治区人民政府所在地的市人民政府以及经国务院批准的较大的市人民政府制定的规章可以在法律、法规规定的给予行政处罚的行为、种类和幅度的范围内作出具体规定。尚未制定法律、法规的，省、自治区、直辖市人民政府和省、自治区人民政府所在地的市人民政府以及经国务院批准的较大的市人民政府制定的规章对违反行政管理秩序的行为，可以设定警告或者一定数量罚款的行政处罚。罚款的限额由省、自治区、直辖市人民代表大会常务委员会规定。

86. 行政法规、规章设定行政处罚应当遵循哪些规定？

根据《行政处罚法》第四条第二、三款规定，设定行政处罚必须以事实为依据，与违法行为的事实、性质、情节以及社会危害程度相当。对违法行为给予行政处罚的规定必须公布；未经公布的，不得作为行政处罚的依据。

87. 地方政府规章对公民设定罚款的限额是多少？

根据一些地方人大常委会的有关规定，省人民政府、较大的市人民政府制定的规章对公民违反公共安全、生态环境保护、有限自然资源开发利用以及直接关系人身健康、财产安全方面的行政管理秩序的行为，从事经营活动的，设定罚款不超过5万元；非从事经营活动的，设定罚款不超过3万元；对公民违反其他行政管理秩序的行为，设定罚款不超过500元。

88. 地方政府规章对法人或者其他组织设定罚款的限额是多少？

根据一些地方人大常委会的有关规定，省人民政府、较大的市人民政府制定的规章，对法人或者其他组织违反公共安全、生态环境保护、有限自然资源开发利用以及直接关系人身健康、财产安全方面的行政管理秩序的行为，从事经营活动的，设定罚款不超过 15 万元；非从事经营活动的，设定罚款不超过 10 万元。可以同时对其主要负责人、直接责任人设定不超过 3 万元的罚款；对法人或者其他组织违反其他行政管理秩序的行为，设定罚款不超过 3 万元，可以同时对其主要负责人、直接责任人设定 100 元以上 500 元以下的罚款。

89. 行政法规如何设定行政许可？

根据《行政许可法》第十四条规定，《行政许可法》第十二条所列事项，法律可以设定行政许可。尚未制定法律的，行政法规可以设定行政许可。必要时，国务院可以采用发布决定的方式设定行政许可。实施后，除临时性行政许可事项外，国务院应当及时提请全国人民代表大会及其常务委员会制定法律，或者自行制定行政法规。

90. 地方政府规章是否可以设定行政许可？

根据《行政许可法》第十五条规定，《行政许可法》第十二条所列事项，尚未制定法律、行政法规和地方性法规的，因行政管理的需要，确需立即实施行政许可的，省、自治区、直辖市人民政府规章可以设定临时性的行政许可。临时性的行政许可实施满一年需要继续实施的，应当提请本级人民代表大会及其常务委员会制定地方性法规。省、自治区、直辖市人民政府规章不得设定应当由国家统一确定的公民、法人或者其他组织的资格、资质的行政许可；不得设定企业或者其他组织的设立登记及其前置性行政许可。省、自治区、直辖市人民政府规章设定的行政许可，不得限制其他地区的个人或者企业到本地区从事生产经营和提供服务，不得限制其他地区的商品进入本地区市场。

91. 部门规章是否可以设定行政许可？

不能。根据《行政许可法》第十七条规定，除法律、行政法规、地方性法规和省、自治区、直辖市人民政府规章外，其他规范性文件一律不得设定行政许可。

92. 行政法规、规章设定行政许可应当遵循哪些规定？

根据《行政许可法》第十八条、第十九条规定，设定行政许可，应当规定行政许可的实施机关、条件、程序、期限。起草行政法规草案和省、自治区、直辖市人民政府规章草案，拟设定行政许可的，起草单位应当采取听证会、论证会等形式听取意见，并向制定机关说明设定该行政许可的必要性、对经济和社会可能产生的影响以及听取和采纳意见的情况。

93. 行政法规、规章规定行政许可应当遵循哪些规定？

根据《行政许可法》第十六条规定，行政法规可以在法律设定的行政许可事项范围内，对实施该行政许可作出具体规定。规章可以在上位法设定的行政许可事项范围内，对实施该行政许可作出具体规定。行政法规、规章对实施上位法设定的行政许可作出的具体规定，不得增设行政许可；对行政许可条件作出的具体规定，不得增设违反上位法的其他条件。

94. 如何对设定的行政许可进行后评估？

根据《行政许可法》第二十条规定，行政许可的设定机关应当定期对其设定的行政许可进行评价；对已设定的行政许可，认为通过《行政许可法》第十三条所列方式能够解决的，应当对设定该行政许可的规定及时予以修改或者废止。行政许可的实施机关可以对已设定的行政许可的实施情况及存在的必要性适时进行评价，并将意见报告该行政许可的设定机关。公民、法人或者其他组织可以向行政许可的设定机关和实施机关就行政许可的设定和实施提出意见和建议。

95. 行政法规可以设定哪些种类的行政强制措施？

根据《行政强制法》第十条第一、二款规定，行政强制措施由法律设定。尚未制定法律，且属于国务院行政管理职权事项的，行政法规可以设定除限制公民人身自由，冻结存款、汇款和应当由法律规定的行政强制措施以外的其他行政强制措施。

96. 规章是否可以设定行政强制措施？

不能。根据《行政强制法》第十条第四款规定，法律、法规以外的其他规范性文件不得设定行政强制措施。

97. 法律规定特定事项由行政法规规定具体管理措施时，行政法规是否可以设定行政强制措施？

根据《行政强制法》第十一条第二款规定，法律中未设定行政强制措施的，行政法规、地方性法规不得设定行政强制措施。但是，法律规定特定事项由行政法规规定具体管理措施的，行政法规可以设定除限制公民人身自由、冻结存款、汇款和应当由法律规定的行政强制措施以外的其他行政强制措施。

98. 起草行政法规草案如何设定行政强制？

根据《行政强制法》第十四条规定，起草行政法规草案，拟设定行政强制的，起草单位应当采取听证会、论证会等形式听取意见，并向制定机关说明设定该行政强制的必要性、可能产生的影响以及听取和采纳意见的情况。

99. 行政法规是否可以设定行政强制执行？

不能。根据《行政强制法》第十三条规定，行政强制执行由法律设定。

100. 如何对设定的行政强制进行后评估？

根据《行政强制法》第十五条规定，行政强制的设定机关应当定期对其设定的行政强制进行评价，并对不适当的行政强制及时予以修改或者废止。行政强制的实施机关可以对已设定的行政强制的实施情况及存在的必要性适时进行评价，并将意见报告该行政强制的设定机关。公民、法人或者其他组织可以向行政强制的设定机关和实施机关就行政强制的设定和实施提出意见和建议。有关机关应当认真研究论证，并以适当方式予以反馈。

第二章

规范性文件制定和管理

101. 什么是规范性文件?

规范性文件有广义和狭义之分。广义的规范性文件包括法律、法规、规章和其他规范性文件，即凡是有权机关在职权范围内制定的涉及公民、法人和其他组织权利义务关系，在一定行政区域内具有普遍约束力的决定、命令，规定的行政措施，都是规范性文件。广义的规范性文件，最早出现在1989年出台的《行政诉讼法》中，该法第三十二条规定："被告对作出的具体行政行为负有举证责任，应当提供作出该具体行政行为的证据和依据的规范性文件。"

其后，相关的立法对广义的规范性文件中不同效力等级的规范进行了更为细致明确的界分，进一步将法律、法规、规章以外的行政规范性文件，即狭义的规范性文件，以其他指称与法律、法规和规章区别开来，如"其他规范性文件"、"规定"、"其他具有普遍约束力的行政决定、命令"等。如，1996年制定的《行政处罚法》第十四条规定："除本法第九条、第十条、第十一条、第十二条以及第十三条的规定外，其他规范性文件不得设定行政处罚。"1999年出台的《行政复议法》第七条规定："公民、法人或者其他组织认为行政机关的具体行政行为所依据的下列规定不合法，在对具体行政行为申请行政复议时，可以一并向行政复议机关提出对该规定的审查申请：（一）国务院部门的规定；（二）县级以上地方各级人民政府及其工作部门的规定；（三）乡、镇人民政府的规定。前款所列规定不含国务院部、委员会规章和地方人民政府规章。"2001年施行的《规章制定程序条例》第三十六条规定："依法不具有规章制定权的县级以上地方人民政府制定、发布具有普遍约束力的决定、命令，参照本条例规定的程序执行。"2002年实施的《法规规章备案条例》第二十一条规定："省、自治区、直辖市人民政府应当依法加强对下级行政机关发布的规章和其他具有普遍约束力的行政决定、命令的监督，依照本条例的有关规定，建立相关的备案审查制度，维护社会主义法制的统一，保证法律、法规的正确实施。"

首次以国家文件的形式直接确认狭义规范性文件法律地位的，是2004年国务院制定的《全面推进依法行政实施纲要》。该《纲要》在其第六部分"提高制度建设质量"第14小点"制度建设的基本要求"中明确提出,"法律、法规、规章和规范性文件的内容要具体、明确,具有可操作性,能够切实解决问题;内在逻辑要严密,语言要规范、简洁、准确"。在这里,规范性文件与法律、法规、规章不再是包含与被包含的关系,而是并列关系,专指各级人民政府及县级以上人民政府所属工作部门制定和发布的具有普遍约束力的决定、命令等。《纲要》颁布以后,在行政立法与实践中,提及规范性文件,一般仅指狭义含义。

目前,对规范性文件概念的界定散见于省级规范中,国家尚无统一规定。《江苏省规范性文件制定和备案规定》(江苏省政府令第54号)根据国家有关规定,综合借鉴各省市的经验,从主体的行政性、对象的外部性、内容的抽象性、程序的规定性、适用的强制性角度,在总则第三条第一款中对规范性文件的内涵作出了规定,即:"本规定所称规范性文件,是指除规章以外,由本省行政机关依照法定权限和规定程序制定,涉及公民、法人和其他组织权利义务,并具有普遍约束力的各类文件的总称,包括政府规范性文件和部门规范性文件。"其他省市的规定还有:《云南省行政机关规范性文件制定和备案办法》第二条第一款"本办法所称规范性文件,是指行政机关制定并公布,在一定范围、时间内对公民、法人和其他组织具有普遍约束力的文件";《上海市行政规范性文件制定和备案规定》第二条"本规定所称的行政规范性文件(以下简称规范性文件),是指除政府规章外,行政机关依据法定职权或者法律、法规、规章的授权制定的涉及公民、法人或者其他组织权利、义务,具有普遍约束力,在一定期限内可以反复适用的文件"。

102. 规范性文件可以使用哪些名称?

规范性文件的名称,可以根据需要称"决定"、"办法"、"规定"、"细则"、"意见"、"通告"等,但不得称"法"、"条例"。

103. 哪些主体可以制定规范性文件?

可以制定规范性文件的行政机关包括:地方各级人民政府、县级以上地方人民政府所属工作部门、县级以上地方人民政府依法设立的派出机关,以及法律、法规授权的组织。地方各级人民政府设立的非常设机构,以及行政机关的内设机构、下设机构,不得制定规范性文件。

104. 规范性文件调整何种类型的权利和义务关系?

规范性文件调整的是作为行政主体的行政机关与作为行政相对人的公民、法人和其他组织之间的权利、义务关系。

105. 制定规范性文件应当遵循哪些原则?

制定规范性文件，应当符合《立法法》确定的立法原则，同时，根据《规章制定程序条例》等有关规定，还应当遵循以下原则：(1) 符合法定的权限和程序，坚持依法行政，维护法制统一，保证政令畅通；(2) 体现行政机关权力与责任相统一，促进政府职能转变和管理创新，提高行政效率；(3) 坚持以人为本，保障公民、法人和其他组织的合法权益；(4) 从实际出发，推动科学发展，促进社会和谐。

106. 行政机关制定的规范性文件可以设定行政许可、行政处罚、行政强制等事项吗?

2014年10月23日中国共产党第十八届中央委员会第四次全体会议通过的《中共中央关于全面推进依法治国若干重大问题的决定》提出明确要求，"行政机关不得法外设定权力，没有法律法规依据不得作出减损公民、法人和其他组织合法权益或者增加其义务的决定。"制定规范性文件，应当以实施法律、法规、规章的相关规定为主，并不得创设行政许可、行政处罚、行政强制以及行政征收征用（法律、法规另有规定的除外）、机构编制事项和其他应当由法律、法规、规章或者上级行政机关规定的事项。规范性文件为实施法律、法规、规章作出具体规定的，不得违法增加公民、法人和其他组织的义务或者限制公民、法人和其他组织的权利。

107. 法律、法规、规章已经明确规定的内容，规范性文件可以重复规定吗?

法律、法规、规章已经明确规定的内容，规范性文件原则上不作重复规定；上级规范性文件已经明确规定的内容，下级规范性文件也不再作重复规定。

108. 规范性文件可以分章、节吗?

除内容复杂的外，规范性文件一般不分章、节。

109. 制定规范性文件，是否需要编制年度计划？

行政主体制定规范性文件，应当根据实际需要进行立项审查或者编制年度计划。规范性文件制定计划，由制定机关负责法制工作的机构负责拟订，经制定机关批准后组织实施。

110. 制定规范性文件一般应当经过哪些程序？

规范性文件从起草到最终发布一般应当经过调研、起草、听取意见、合法性审核、审议决定、主要负责人签发、向社会公布等程序。规范制定程序的重点是：加强制定规范性文件的计划性；起草、审核规范性文件，应当广泛听取意见；规范性文件必须经制定机关的法制机构进行合法性审核，并提交制定机关常务会议或者专门办公会议集体审议、决定，经制定机关主要负责人签署；规范性文件应当以制定机关文件形式发布，并按照政府信息公开的规定向社会公布。

111. 行政机关起草规范性文件，需要公众参与吗？

行政机关起草规范性文件，应当广泛听取有关机关、组织和公民的意见。听取意见可以采取书面征求意见和座谈会、论证会、听证会等多种形式。

112. 制定机关的法制机构如何审核规范性文件草案送审稿？

一是形式审查，主要包括：（1）起草单位报送材料是否齐全。报送材料除规范性文件草案送审稿外，还应包括起草说明以及制定依据等相关材料。（2）材料内容是否完整。如起草说明是否包括制定的必要性、拟规定的主要制度和措施、征求意见的情况等内容；相关材料是否包括制定依据、汇总的意见、听证会笔录、调研报告、有关参考资料等。二是内容审核，主要包括：（1）规范性文件草案送审稿的内容是否合法，与其他相关规范性文件是否协调一致；（2）草案起草程序是否符合规定；（3）草案规定的主要制度和措施是否合理、可行；（4）草案的体例结构和文字表述是否规范。

113. 制定机关的法制机构审核规范性文件草案送审稿应当遵循哪些程序？

审核应当按照如下程序进行：初步审查、征求和听取意见、调研、协调、送审。因突发公共事件等特殊情况，需要立即制定规范性文件的，可以对上述程序进行必要的调整。

114. 规范性文件"三统一"是指哪三个统一?

规范性文件"三统一"是指统一登记、统一编号、统一发布。"三统一"制度是各地贯彻落实《国务院关于加强法治政府建设的意见》(国发〔2010〕33号)精神,加强规范性文件监督管理而推行的一项重要制度。该《意见》提出,"县级以上地方人民政府对本级政府及其部门的规范性文件,要逐步实行统一登记、统一编号、统一发布。"适应全面推进依法治国的新形势、新要求,江苏省人民政府《关于深入推进依法行政加快建设法治政府的意见》(苏政发〔2015〕1号)进一步明确,"实行规范性文件统一登记、统一编号、统一公布,做到全程留痕、立卷归档。"

江苏省自2009年6月1日起实行规范性文件统一登记、统一编号、统一公布的"三统一"制度,《江苏省规范性文件制定和备案规定》第十九条规定,"制定机关应当对规范性文件统一编排文号。"为贯彻实施该规定,江苏省政府法制办公室印发了《关于贯彻实施〈江苏省规范性文件制定和备案规定〉有关事项的通知》(苏府法〔2009〕41号),通知具体明确,规范性文件编号方式为:以命令形式发布规范性文件的,其编号为"××(地方名称)人民政府令,第××号",不分年度和行政首长任期连续编号;以非命令的文件形式发布规范性文件的,其编号为"××规×〔(年度)〕××号",分年度、地区(部门)编号;规范性文件编号,在同一制定机关,应当明确统一由一个机构承担;具体编号方案和承担职责的机构,由制定机关报备案监督机关的法制机构备查;鼓励有条件的地区在本行政区域内实行统一的编号体系,并对规范性文件进行电子编码认别。

115. 规范性文件的施行日期应当如何规定?

《规章制定程序条例》第三十六条规定:"依法不具有规章制定权的县级以上地方人民政府制定、发布具有普遍约束力的决定、命令,参照本条例规定的程序执行。"第三十二条规定:"规章应当自公布之日起30日后施行;但是,涉及国家安全、外汇汇率、货币政策的确定以及公布后不立即施行将有碍规章施行的,可以自公布之日起施行。"

规范性文件的施行日期应当参照上述规定执行,一般自公布之日起30日后施行;涉及国家安全、外汇汇率、货币政策的确定以及公布后不立即施行将有碍文件施行的，可以自公布之日起施行。规范性文件应当具体标明施行的年、月、日。

116. 规范性文件应当如何发布？

经制定机关常务会议或者办公会议集体审议通过的规范性文件，由制定机关主要负责人签署后，以制定机关文件形式发布，并按照有关政府信息公开的规定，向社会公布。制定机关文件形式，不包含制定机关的批复、会议纪要等内部文件种类。

117. 对规范性文件进行备案审查的法律依据和最新要求有哪些？

《地方各级人民代表大会和地方各级人民政府组织法》第五十九条规定，"县级以上的地方各级人民政府行使下列职权：……（三）改变或者撤销所属各工作部门的不适当的命令、指示和下级人民政府的不适当的决定、命令"；《法规规章备案条例》第二十一条规定，"省、自治区、直辖市人民政府应当依法加强对下级行政机关发布的规章和其他具有普遍约束力的行政决定、命令的监督，依照本条例的有关规定，建立相关的备案审查制度，维护社会主义法制的统一，保证法律、法规的正确实施。"国务院《全国推进依法行政实施纲要》要求，"加强对规章和规范性文件的监督。规章和规范性文件应当依法报送备案。对报送备案的规章和规范性文件，政府法制机构应当依法严格审查，做到有件必备、有备必审、有错必纠。"此外，《国务院关于加强法治政府建设的意见》、《国务院关于加强市县政府依法行政的决定》等多次要求，要"强化规章和规范性文件备案审查"、"完善规范性文件备案制度"。

2014年10月23日中国共产党第十八届中央委员会第四次全体会议通过的《中共中央关于全面推进依法治国若干重大问题的决定》首次以中央文件的形式，从加强宪法实施的高度，专门提出，"加强备案审查制度和能力建设，把所有规范性文件纳入备案审查范围，依法撤销和纠正违宪违法的规范性文件"。

118. 规范性文件备案审查的总体要求是什么？

规范性文件备案审查的总体要求有三个方面：一是有件必备；二是有备必审；三是有错必纠。

119. 地方各级人民政府制定的规范性文件向哪个机关报送备案？

（1）省级人民政府制定的规范性文件向同级人民代表大会常务委员会备案；

（2）市、县级人民政府制定的规范性文件向上一级人民政府和同级人民代表大会常务委员会备案；

（3）乡（镇）人民政府制定的规范性文件向县级人民政府备案。

120. 县级以上地方人民政府向同级人大常委会报备规范性文件有哪些基本要求？

县级以上地方人民政府制定的规范性文件向同级人大常委会报送备案的基本要求包括：（1）自规范性文件公布之日起30日内报送备案；（2）提交备案报告、规范性文件正式文本和说明各一式5份，同时附送规范性文件的电子文本；（3）每年1月31日前，将上一年度制定的规范性文件目录报送备查。

121. 县级以上地方人民政府的工作部门制定的规范性文件向哪个机关报送备案？

县级以上地方人民政府的工作部门制定的规范性文件向本级人民政府报送备案。

122. 县级以上地方人民政府的派出机关制定的规范性文件向哪个机关报送备案？

县级以上地方人民政府依法设立的派出机关制定的规范性文件，向设立该派出机关的县级以上地方人民政府报送备案。

123. 作为部门管理机构的法律法规授权组织制定的规范性文件向哪个机关报送备案？

作为部门管理机构的法律法规授权组织，具有独立"三定"方案的，其所制定的规范性文件向本级人民政府报送备案；无独立"三定"方案的，其所制定的规范性文件向该政府工作部门报送备案。

124. 垂直管理部门制定的规范性文件向哪个机关报送备案？

根据《地方各级人民代表大会和地方各级人民政府组织法》的有关规定

精神，实行垂直管理部门的下级机关制定的规范性文件，应当同时向本级人民政府和上一级行政主管部门报送备案。

125. 联合制定的规范性文件，备案责任主体如何确定？

两个以上行政机关联合制定的规范性文件，由主办机关报送备案。主办机关的确定，按照《党政机关公文处理工作条例》的规定执行。

126. 规范性文件备案监督关系，具体由谁确定？

规范性文件备案的具体监督关系，由各级人民政府法制机构在公布依法可以制定规范性文件的行政机关时，一并予以确定并公布。

127. 报送规范性文件备案，有何时间要求？

《国务院关于加强市县政府依法行政的决定》规定，市县政府发布规范性文件后，应当自发布之日起15日内报上一级政府备案；市县政府部门发布规范性文件后，应当自发布之日起15日内报本级政府备案；其他行政机关制定的规范性文件的备案时间应当参照此规定执行。

一些地方性法规规定，县级以上地方人民政府制定的规范性文件，自公布之日起30日内报送同级人大常委会备案。

128. 备案监督机关的哪个部门具体承担规范性文件备案审查工作？

报送县级以上地方人民政府备案的规范性文件，径送该级人民政府的法制机构。备案监督机关的法制机构具体负责规范性文件备案审查工作，履行备案审查监督职责。

129. 报送规范性文件备案，需要提交哪些材料？

报送规范性文件备案，应当提交备案报告、规范性文件正式文本和制定说明；规范性文件有法律、法规、规章以外制定依据的，报送备案时，应当附具该制定依据；报送规范性文件备案，应当同时报送规范性文件的电子文本。具体报备材料要求，按照备案监督机关的规定执行。

130. 提交备案的规范性文件制定说明应当包括哪些内容？有哪些规范要求？

规范性文件制定说明应当包括制定的必要性、制定依据、制定过程、主要制度和特别说明等必要内容，具体要求一般包括：(1)制定的必要性应当体现精简、效能的原则，主要说明制定或者修订的原因。规范性文件是创设性规定的，重点说明上位法空白与现实需要；规范性文件是实施性规定的，重点说明上位法依据、本地区实际情况和细化要求。因上位法修订而制定或者修订规范性文件，或者因实际情况变化而修订规范性文件的，应当予以说明。(2)制定依据应当现行有效，并在制定说明中详尽列举。法律、法规、规章以外的制定依据应当写明制定机关、文件全称、文号和发布日期。(3)制定过程主要包括听取意见和意见采纳情况、制定机关法制机构审核情况、集体审议和决定情况、主要负责人签署情况等。(4)主要制度可以是对创设或者实施性措施的具体说明，也可以是对审核、协调中的主要问题的具体说明。涉及行政许可、行政处罚、行政强制、行政征收征用等事项的，应当重点说明，并写明具体依据。(5)规范性文件施行日期与公布日期的间隔期限不足30日的，应当在制定说明中特别予以说明。特别说明中阐述的原因应当符合《规章制定程序条例》第三十二条等相关规定。

131. 规范性文件备案登记有哪几种方式？

规范性文件备案登记一般有以下三种方式：(1)制定机关报送的文件，属于规范性文件的范畴且符合报送的形式要求的，备案监督机关的法制机构予以备案登记；(2)制定机关报送的文件，不属于规范性文件范畴的，不予备案登记；(3)制定机关报送的文件，属于规范性文件的范畴，但不符合报送形式要求的，暂缓办理备案登记。暂缓办理备案登记的，由备案监督机关的法制机构通知制定机关补充报送备案或者重新报送备案；补充或者重新报送备案符合规定的，予以备案登记。

132. 年度规范性文件目录是否应当报送备案监督机关？

规范性文件制定机关应当在每年一月底之前，将本机关上一年度制定的规范性文件目录，报送备案监督机关的法制机构备查。

133. 对报送备案的规范性文件，应当审查哪些事项？

备案监督机关的法制机构对报送备案的规范性文件，主要就下列事项进行审查：(1)是否超越权限；(2)是否违反法律、法规、规章和政策规定，是否同其他规范性文件相矛盾；(3)具体规定是否适当；(4)是否违反制定程序。

134. 规范性文件备案审查工作中，是否需要有关部门出具意见？

备案监督机关的法制机构审查规范性文件时，认为需要有关部门或者地方人民政府提出意见的，有关机关应当在规定期限内回复；认为需要制定机关说明有关情况的，制定机关应当在规定期限内予以说明。

135. 违法或者不当的规范性文件如何处理？

备案监督机关的法制机构经审查发现备案的规范性文件存在违法或者不当内容等问题的，可以按照下列规定予以处理：（1）由备案监督机关的法制机构要求制定机关在规定时间内自行纠正，制定机关应当在规定期限内纠正，并向备案监督机关的法制机构书面报告处理结果；制定机关无正当理由逾期未纠正的，由备案监督机关的法制机构制发《行政执法监督决定书》，责令制定机关限期纠正；仍拒不纠正的，由备案监督机关的法制机构提请备案监督机关决定撤销或者改变。（2）继续执行可能造成严重后果的，在制定机关改正之前，备案监督机关的法制机构可以提请备案监督机关及时作出中止执行该规范性文件部分或者全部内容的决定。

136. 备案审查中发现规范性文件之间存在冲突如何处理？

下级政府规范性文件与上一级部门规范性文件之间有矛盾或者同级部门规范性文件之间有矛盾的，由备案监督机关的法制机构进行协调，提出处理意见；涉及行政职责划分的，还应当会同机构编制部门一起进行协调。备案监督机关的法制机构认为报送备案的规范性文件制定依据相互矛盾或者抵触，同级人民政府无权处理的，应当向上一级人民政府法制机构报告，由上一级人民政府法制机构依法处理，或者提请有权机关处理。

137. 公民、法人和其他组织对规范性文件提出审查建议，应当如何处理？

（1）公民、法人和其他组织认为规范性文件与法律、法规、规章相抵触的，可以向备案监督机关提出书面审查建议，由备案监督机关的法制机构予以核实、研究并提出处理意见，按照规定程序处理。备案监督机关的法制机构认为需要制定机关说明有关情况的，制定机关应当在规定期限内予以说明；认为需要有关部门或者地方人民政府提出意见的，有关机关应当在规定期限内回复。

（2）制定机关对公民、法人和其他组织提出修改或者撤销其规范性文件的书面建议，应当予以核实；发现本机关制定的规范性文件确有问题的，应当予以修改或者撤销。

138. 制定机关不按规定要求报备规范性文件，应当如何处理？

制定机关不按照规定要求将规范性文件报送备案的，由备案监督机关的法制机构通知制定机关限期改正；情节严重的，由备案监督机关的法制机构给予通报批评。

139. 制定机关拒不纠正、拖延纠正规范性文件存在问题，应当承担哪些责任？

制定机关对规范性文件存在的问题拒不纠正、拖延纠正的，由备案监督机关的法制机构给予通报批评；情节严重、造成不良后果的，备案监督机关的法制机构可以提出处理建议，由制定机关的上级行政机关或者监察机关对直接负责的主管人员和其他直接责任人员依法给予处分。

140. 什么是规范性文件定期清理制度？

规范性文件定期清理，是指规范性文件的制定机关，根据法律、法规和国家政策的要求或者本行政区域经济社会发展的需要，按照法定权限和程序，定期对规范性文件进行审查，确定其是否继续适用或者修改、废止、宣布失效的工作制度。

141. 规范性文件应当多长时间清理一次？

《国务院关于加强市县政府依法行政的决定》要求，市县政府及其部门每隔两年要进行一次规范性文件清理工作，对不符合法律、法规、规章规定，或者相互抵触、依据缺失以及不适应经济社会发展要求的规范性文件，特别是对含有地方保护、行业保护内容的规范性文件，要予以修改或者废止。

142. 规范性文件实施后，何种情形下应当即时清理？

一般而言，下列情形下，应当对规范性文件进行即时清理：

（1）规范性文件所涉及的领域制定新的上位法、作出新的制度安排，或者规范性文件所依据、所涉及的上位法、上级文件被修改、废止、宣布失效的；

（2）上级行政机关对规范性文件提出清理要求的；
（3）制定机关发现规范性文件存在重大问题的；
（4）制定机关认为规范性文件不适应发展需要，应当即时进行清理的。

143. 清理规范性文件应当遵循哪些原则？

目前，国家对于清理规范性文件应当遵循的原则尚无统一规定。各地在清理实践和具体规定中归纳出一些清理原则，虽不尽相同，但具有共性特点。譬如，《上海市政府规章和行政规范性文件即时清理规定》（沪府发〔2014〕72号）第三条规定，规范性文件清理应当遵循依法、及时、公开、有序原则。再如，《辽宁省规章规范性文件定期清理规定》（辽宁省政府令第237号）第六条规定，清理规范性文件应当坚持以下原则：（1）合法原则。即清理程序和清理结果应当维护法制统一，符合法律、法规、规章和国家有关规定。（2）科学原则。即清理应当从实际出发，清理程序和内容应当有利于提高行政效能，有利于经济社会的发展。（3）民主原则。即清理过程应当采取多种形式，充分听取和采纳公民、法人和其他组织的意见和建议，充分反映最广大人民群众的根本利益。（4）及时原则。即对与法律、法规规定不一致或者与经济社会发展的需要不相适应的规范性文件，应当及时予以修改、废止或者宣布失效。江苏省《无锡市规章规范性文件清理规定》（无锡市政府令第141号）第四条还规定，规范性文件清理坚持程序规范、民主科学、注重实效的原则。

144. 清理规范性文件应当符合哪些标准？

清理规范性文件应当对照以下标准：（1）合法性标准，即规范性文件是否与上位法一致或者相抵触；（2）合理性标准，即规范性文件是否与经济社会发展需要相适应；（3）协调性标准，即规范性文件之间是否协调一致；（4）操作性标准，即规范性文件是否需要进一步完善；（5）实效性标准，即规范性文件是否实现了制定目的。

145. 何种情形下规范性文件应予废止？

下列情形下，规范性文件应予废止：（1）规范性文件的主要内容与新的法律、法规等上位法或者政策规定相抵触的；（2）规范性文件所依据的法律、法规等上位法已经废止的；（3）规范性文件的主要内容已经被新制定或者修订后的法律、法规等上位法涵盖的;(4)规范性文件的主要内容已经被新制定的规范性文件替代的;(5)规范性文件的主要内容已经不适应经济社会发展要求的;(6)依法应予废止规范性文件的其他情形。

146. 何种情形下规范性文件应当宣布失效?

下列情形下,规范性文件应当宣布失效:(1)规范性文件的适用期已经结束,或者规范性文件的有效期已经届满的;(2)规范性文件的调整对象已经消失的;(3)规范性文件规定的任务已经完成的;(4)依法应当宣布规范性文件失效的其他情形。

147. 何种情形下规范性文件应予修改?

下列情形下,规范性文件应予修改:(1)规范性文件的部分内容与法律、法规等上位法不一致或者相抵触的;(2)国家政策重大调整,规范性文件的部分内容与之不相适应的;(3)规范性文件的部分内容明显不适应经济社会发展要求的;(4)规范性文件的部分内容程序性、可操作性不强,需要予以细化和完善的;(5)规范性文件之间规定不一致的;(6)依法应予修改规范性文件的其他情形。

148. 规范性文件清理结果应当向社会公布吗?

《政府信息公开条例》规定,县级以上各级人民政府及其部门应当在各自职责范围内确定主动公开的政府信息的具体内容,并重点公开规范性文件等政府信息。规范性文件清理结果涉及规范性文件的存废和内容的调整,同样应当以规范性文件形式发布,因此,清理后继续有效、废止和失效的规范性文件目录,应当向社会公布。

149. 哪些情形下需要对规范性文件进行后评估?

下列情形下,应当对规范性文件进行后评估:(1)规范性文件有效期届满后需要继续实施的;(2)规范性文件拟上升为法规、规章的;(3)规范性文件拟废止或者作重大修改的;(4)公民、法人或者其他组织对规范性文件提出较多意见的;(5)制定机关或者备案审查机关根据实际需要,决定对规范性文件进行评估的。

150. 可以针对规范性文件设定的某一项具体制度，开展规范性文件后评估吗？

规范性文件后评估工作既可以针对特定的规范性文件开展，也可以针对特定规范性文件中设定的某一项具体制度实施。

151. 规范性文件后评估应当遵循哪些原则？

关于规范性文件后评估原则的规定，散见于各级政府及其部门相关文件中。《国土资源部规章和规范性文件后评估办法》（国土资源部令第 47 号）第四条规定，后评估应当坚持客观公正、公开透明、公众参与、注重实效的原则，把握重点，有序推进。《广东省政府规章立法后评估规定》（广东省人民政府令第 127 号）第七条规定，后评估应当遵循合法、公正、公开、公众参与的原则。

152. 规范性文件后评估应当把握哪些标准？

规范性文件后评估主要依据以下标准进行：（1）合法性标准，即各项规定是否与法律、法规以及国家有关政策的规定相一致；（2）合理性标准，即公平、公正原则是否得到体现，各项管理措施是否必要、适当，是否采用对行政相对人权益损害最小的方式实现立法目的，法律责任是否与违法行为的事实、性质、情节以及社会危害程度相当；（3）协调性标准，即规范性文件之间是否存在冲突，规定的制度是否互相衔接，要求建立的配套制度是否完备；（4）可操作性标准，即规定的制度是否有针对性地解决行政管理中存在的问题，规定的措施是否高效、便民，规定的程序是否正当、简便、易于操作；（5）规范性标准，即制定技术是否规范，逻辑结构是否严密，表述是否准确，是否影响到规范性文件的正确、有效实施；（6）实效性标准，即规范性文件是否得到普遍遵守和执行，是否实现制定的预期目的。

153. 规范性文件后评估可以采取哪些方法？

规范性文件后评估可以采取文献研究、问卷调查、实地调研、专家咨询、数据分析、案例分析、现场访谈等方法开展。

154. 规范性文件后评估的实施方式有哪些？

规范性文件后评估可以由起草部门或者实施机关组织开展，也可以委托第三方机构具体承担。《安徽省政府立法后评估办法》(皖府法〔2011〕52号)第五条对委托评估作了具体规定：评估机关可以将后评估工作的全部或者部分事项委托有关高等院校、科研机构、社会团体、中介组织等单位实施；受委托从事后评估工作的单位在委托的范围内，以评估机关名义开展后评估的有关工作，不得将评估工作再委托其他单位或者个人。

155. 规范性文件后评估完成后，是否应当形成后评估报告？包括哪些内容？

规范性文件后评估工作完成时，应当起草后评估报告。后评估报告应当包括下列内容：(1)规范性文件后评估工作的基本情况；(2)规范性文件规定的主要制度和措施的数据信息分析，重点问题的论证情况；(3)规范性文件后评估结论，包括规范性文件的执行效果、执行成本、社会反映、存在的主要问题，以及修改、废止、解释、制定配套制度、改进管理等相关建议；(4)其他有关情况。

156. 规范性文件制定卷宗是什么？

规范性文件制定卷宗，是指制定机关在规范性文件制定过程中制作和收集的有关法律文书和材料，经整理归档形成的卷宗材料。

157. 规范性文件制定卷宗应当包含哪些材料？

规范性文件制定卷宗一般包含以下材料：
(1)规范性文件制定计划或者立项报告；
(2)规范性文件送审报告；
(3)规范性文件送审稿；
(4)规范性文件起草说明；
(5)制定规范性文件所依据的法律、法规、规章和上级机关的规范性文件，其中，援引法律、法规、规章的只需摘录名称及相应条款，法律、法规、规章以外的制定依据须有完整文本；
(6)起草阶段的调研报告，征求意见的方式、主要意见及采纳情况记录等，起草单位集体研究的会议纪要或者会议记录；
(7)法制机构合法性审查意见及相关的征求意见记录等材料；
(8)法制机构提交会议审议意见、文件草案，会议记录或者会议纪要；
(9)规范性文件发布记录及证明材料；

（10）规范性文件正式文本及备案报告。

规范性文件制定卷宗材料应当按照规定顺序排列、装订。

158. 规范性文件制定卷宗立卷归档有哪些基本要求？

规范性文件制定卷宗立卷归档，应当遵守以下基本要求：（1）使用国际标准 A4 型纸，不符合标准的，进行复制或者折叠；（2）使用耐久、不易褪色的书写材料，字迹清晰、整齐；（3）卷中无金属物；（4）使用统一的封皮，材料齐全、手续完备；（5）根据材料多寡，规范性文件制定卷宗可以一件一卷，也可以多件一卷，材料过多的可以一卷多册。卷宗应当有卷皮、卷内目录和备考表，采用软卷皮装订后装盒保管，等等。

159. 规范性文件制定卷宗由谁制作？

规范性文件制定机关为一级政府的，规范性文件制定卷宗由政府法制机构负责制作。规范性文件制定机关为政府部门的，制定卷宗由该部门的法制机构负责制作。规范性文件相关资料的收集和制定卷宗的管理工作应当确定专人负责。

160. 规范性文件制定卷宗应当如何保管？

规范性文件制定卷宗装订立卷后，应当明确保管期限，移交规定的档案管理机构归档。立卷单位应当按照国家有关规定，定期向同级国家综合档案馆移交规范性文件档案。已经归档的规范性文件制定卷宗，不得从中抽减或者增添材料。确需抽减或者增添的，应当经制作机关负责人批准，并由卷宗管理人员和档案管理人员共同办理。

第三章

重大行政决策

161. 什么是重大行政决策？

行政决策是行政管理工作的首要环节和重要内容。重大行政决策一般是指由县级以上地方人民政府依照法定职权，对关系本行政区域经济社会发展全局、社会涉及面广，与公民、法人和其他组织利益密切相关的决定。

162. 规范重大行政决策程序的依据有哪些？

规范重大行政决策程序的依据，主要有国务院《全面推进依法行政实施纲要》、《国务院关于加强市县政府依法行政的决定》、《国务院关于加强法治政府建设的意见》、《中共中央关于全面推进依法治国若干重大问题的决定》以及一些地方性法规规章。建立健全科学民主决策机制已成为近年来政府自身建设和管理体制改革的主要目标之一。

163. 重大行政决策事项范围包括哪些？

重大行政决策事项范围一般包括：（1）编制国民经济和社会发展规划、重要的区域规划和专项规划以及财政预算；（2）制定行政管理体制改革的重大措施；（3）制定公共服务、市场监管、社会管理、环境保护等方面的重大措施；（4）确定和调整重要的行政事业性收费以及政府定价的重要商品、服务价格；（5）决定政府重大投资项目和重大国有资产处置；（6）需要由政府决策的其他重大事项。

164. 如何确定重大行政决策事项？

由于重大行政决策中的"重大"本身是一个抽象性、模糊性用语，各地立法文本大都通过"概括＋列举＋排除"的立法模式，但这并不能穷尽、涵盖所有重大行政决策的事项，特别是在实施过程中，很多具体行政决策事项很难与列举的情形相对应。作为不确定法律概念，其有效实施有赖于执行层面机制的创新。对此，实践中一般是两种做法：

一种是实体角度的规范，即赋予行政机关较大的自由裁量权，采用细化

重大行政决策裁量基准的方式，将对重大行政决策事项判断权授予下级行政机关，由下级制定、明确重大行政决策具体事项和量化标准或者进行执行层面的解释。例如，《江苏省行政程序规定》第二十七条第二款规定，重大行政决策的具体事项和量化标准，由县级以上地方人民政府在前款规定的范围内确定，并向社会公布。

另一种是程序角度的规范，即设立重大行政决策确定管理机制，湖北省、广州市、苏州市等地的"重大行政决策计划"、"重大行政决策目录管理"等做法就属于这种情形。例如，《苏州市重大行政决策程序规定》明确，重大行政决策实行目录管理。市政府办公室应当会同市发改、监察、财政、法制、风险评估管理等部门每年制定年度重大行政决策事项目录，报市政府批准后公布实施。目录包括项目名称、承办单位、完成时间等内容。目录有调整的，应当及时公布。这种做法本质上将"确定重大行政决策事项"本身也视为"重大行政决策"，将重大行政决策事项的确定通过行政机关内部的层级管理、分权制衡、民主协商等程序予以形成。通过健全完善重大行政决策确定管理程序，有助于缓解"重大行政决策"本身作为不确定法律概念在实体法界定上的先天不足。

165. 重大行政决策包括哪些法定程序？

《中共中央关于全面推进依法治国若干重大问题的决定》要求，把公众参与、专家论证、风险评估、合法性审查、集体讨论决定确定为重大行政决策法定程序。

166. 重大行政决策程序如何启动？

政府行政首长提出的重大行政决策事项，由行政首长交承办单位承办，启动决策程序。政府分管负责人、政府工作部门和下一级人民政府提出的重大行政决策事项的建议，由政府行政首长确定是否进入决策程序。

167. 什么是重大行政决策公众参与制度？

公众参与，即公民、法人和其他组织有目的地参与和政府管理相关的一系列活动。重大行政决策公众参与制度的目的，主要是保证各种利益群体都能有表达诉求的机会和途径，从而能够最大限度地实现各种利益之间的平衡，保证行政决策的民主性。

《国务院全面推进依法行政实施纲要》要求，除依法应当保密的外，决策事项、依据和结果要公开，公众有权查阅。社会涉及面广、与人民群众利益密切相关的决策事项，应当向社会公布，或者通过举行座谈会、听证会、论证会等形式广泛听取意见。《国务院关于加强法治政府建设的意见》规定，作出重大决策前，要广泛听取、充分吸收各方面意见，意见采纳情况及其理由要以适当形式反馈或者公布。完善重大决策听证制度，扩大听证范围，规范听证程序，听证参加人要有广泛的代表性，听证意见要作为决策的重要参考。《中共中央关于全面推进依法治国若干重大问题的决定》要求，把公众参与、专家论证、风险评估、合法性审查、集体讨论决定确定为重大行政决策法定程序。

一些地方政府规章规定，除依法不得公开的事项外，决策事项承办单位应当向社会公布重大行政决策方案草案，征求公众意见。除法律、法规、规章规定应当举行听证的外，重大行政决策事项涉及公众重大利益以及公众对决策方案草案有重大分歧的，也应当举行听证。

168. 如何处理重大行政决策程序中公开征求的意见？

《国务院关于加强法治政府建设的意见》明确要求，作出重大决策前，要广泛听取、充分吸收各方面意见，意见采纳情况及其理由要以适当形式反馈或者公布。《江苏省行政程序规定》第三十三条规定，决策事项承办单位应当将公众对决策方案草案的意见和建议进行归类整理，对公众提出的合理意见应当采纳；未予采纳的，应当以适当方式说明理由。

169. 什么是重大行政决策专家论证制度？

《国务院全面推进依法行政实施纲要》规定，涉及全国或者地区经济社会发展的重大决策事项以及专业性较强的决策事项，应当事先组织专家进行必要性和可行性论证。《中共中央关于全面推进依法治国若干重大问题的决定》要求，积极推行政府法律顾问制度，建立政府法制机构人员为主体、吸收专家和律师参加的法律顾问队伍，保证法律顾问在制定重大行政决策、推进依法行政中发挥积极作用。重大行政决策中的专家论证，主要是对重大行政决策中涉及的专业性、技术性较强的问题进行论证，从而保证行政决策的科学性。专家论证的形式一般有专家论证会、专业咨询机构的论证等。

170. 什么是重大行政决策风险评估制度？

重大行政决策风险评估，就是对重大行政决策涉及的经济、社会、环境等风险因素进行可行性论证的评估工作。《国务院关于加强法治政府建设的意见》要求，凡是有关经济社会发展和人民群众切身利益的重大政策、重大项目等决策事项，都要进行合法性、合理性、可行性和可控性评估，重点是进行社会稳定、环境、经济等方面的风险评估。建立完善部门论证、专家咨询、公众参与、专业机构测评相结合的风险评估工作机制，通过舆情跟踪、抽样调查、重点走访、会商分析等方式，对决策可能引发的各种风险进行科学预测、综合研判，确定风险等级并制定相应的化解处置预案。要把风险评估结果作为决策的重要依据，未经风险评估的，一律不得作出决策。《中共中央关于全面推进依法治国若干重大问题的决定》要求，把公众参与、专家论证、风险评估、合法性审查、集体讨论决定确定为重大行政决策法定程序。

171. 什么是重大行政决策合法性审查制度？

合法性审查是指在重大行政决策过程中，为防止违法决策而对行政决策权限、内容、程序等是否合法进行审核的一种行政程序制度。《国务院全面推进依法行政实施纲要》要求，重大行政决策在决策过程中要进行合法性论证。《国务院关于加强市县政府依法行政的决定》明确，建立重大行政决策的合法性审查制度。市县政府及其部门作出重大行政决策前要交由法制机构或者组织有关专家进行合法性审查，未经合法性审查或者经审查不合格的，不得作出决策。《国务院关于加强法治政府建设的意见》规定，重大决策事项应当在会前交由法制机构进行合法性审查，未经合法性审查或者经审查不合法的，不能提交会议讨论、作出决策。《中共中央关于全面推进依法治国若干重大问题的决定》规定，建立行政机关内部重大决策合法性审查机制，未经合法性审查或经审查不合法的，不得提交讨论。

172. 什么是重大行政决策集体讨论决定制度？

集体讨论决定是行政首长负责制背景下保障科学民主决策的重要制度选择，有助于平衡重大行政决策中效率和民主的关系。《国务院全面推进依法行政实施纲要》要求完善政府内部决策规则。《国务院关于加强市县政府依法行政的决定》进一步明确，坚持重大行政决策集体决定制度。重大行政决策应当在深入调查研究、广泛听取意见和充分论证的基础上，经政府及其部门负责人集体讨论决定，杜绝擅权专断、滥用权力。《中共中央关于全面推进依法治国若干重大问题的决定》要求，把公众参与、专家论证、风险评估、合法性审查、集体讨论决定确定为重大行政决策法定程序。

《江苏省行政程序规定》第三十五条、第三十六条规定，重大行政决策方案草案经政府分管负责人审核后，由政府行政首长决定提交政府常务会议或者全体会议讨论。重大行政决策在集体讨论的基础上，由政府行政首长作出同意、不同意、修改、暂缓或者再次讨论的决定。政府常务会议或者全体会议应当记录重大行政决策方案草案的讨论情况及决定，对不同意见应当载明。

173. 重大行政决策程序是否都要听证？

听证是重大行政决策程序中的一项重要制度，但这并不表明每项重大行政决策都需要经过听证程序。《国务院关于加强市县政府依法行政的决定》要求，法律、法规、规章规定应当听证以及涉及重大公共利益和群众切身利益的决策事项要进行听证。《江苏省行政程序规定》第三十二条规定，除法律、法规、规章规定应当举行听证的外，重大行政决策事项涉及公众重大利益以及公众对决策方案草案有重大分歧的，也应当举行听证。

174. 什么是重大行政决策后评估？

重大行政决策后评估是指重大行政决策实施后，对重大行政决策的决策质量、实施绩效、存在问题及其影响因素等进行的跟踪调查和分析评估活动。对重大行政决策的实施情况进行后评估，是及时发现并纠正决策中存在的问题，提高决策质量的重要手段。

《国务院全面推进依法行政实施纲要》提出，行政机关应当确定机构和人员，定期对决策的执行情况进行跟踪与反馈，并适时调整和完善有关决策。《国务院关于加强市县政府依法行政的决定》要求，建立重大行政决策实施情况后评价制度。市县政府及其部门作出的重大行政决策实施后，要通过抽样检查、跟踪调查、评估等方式，及时发现并纠正决策存在的问题，减少决策失误造成的损失。《国务院关于加强法治政府建设的意见》规定，在重大决策执行过程中，决策机关要跟踪决策的实施情况，通过多种途径了解利益相关方和社会公众对决策实施的意见和建议，全面评估决策执行效果，并根据评估结果决定是否对决策予以调整或者停止执行。

175. 什么是重大行政决策过错责任追究机制？

落实重大行政决策制度，严格责任追究是保障。严格责任追究，是惩戒违规行为，确保制度落实的重要措施。《国务院关于加强法治政府建设的意见》要求，对违反决策规定、出现重大决策失误、造成重大损失的，要按照谁决策、谁负责的原则严格追究责任。

对违反重大行政决策程序，导致重大行政决策错误或者失误的，《行政机关公务员处分条例》第十九条第一项规定，负有领导责任的公务员违反议事规则，个人或者少数人决定重大事项，或者改变集体作出的重大决定的，给予警告、记过或者记大过处分；情节较重的，给予降级或者撤职处分；情节严重的，给予开除处分。另外，《国务院关于加强市县政府依法行政的决定》明确，对应当听证而未听证、未经合法性审查或者经审查不合法、未经集体讨论做出决策的，要依照《行政机关公务员处分条例》第十九条第一项的规定，对负有领导责任的公务员给予处分。

对依法应当作出决策而不作出决策，玩忽职守、贻误工作的，《行政机关公务员处分条例》第二十条规定，有玩忽职守、贻误工作的行为的，给予记过、记大过处分；情节较重的，给予降级或者撤职处分；情节严重的，给予开除处分。

对在重大行政决策中违反财经纪律，挥霍浪费国家资金的，《行政机关公务员处分条例》第二十四条规定，违反财经纪律，挥霍浪费国家资财的，给予警告处分；情节较重的，给予记过或者记大过处分；情节严重的，给予降级或者撤职处分。

对于决策过错责任的减免，《公务员法》第五十四条明确规定，公务员执行公务时，认为上级的决定或者命令有错误的，可以向上级提出改正或者撤销该决定或者命令的意见，上级不改变决定或者命令，或者要求立即执行的，公务员应当执行该决定或者命令，执行的后果由上级负责，公务员不承担责任。但是，公务员执行明显违法的决定或者命令的，应当依法承担相应的责任。

176. 重大行政决策监督工作如何开展？

《国务院全面推进依法行政实施纲要》提出，要加强对决策活动的监督，完善行政决策的监督制度和机制，明确监督主体、监督内容、监督对象、监督程序和监督方式。《江苏省行政程序规定》第三十八条规定，监督机关应当加强对重大行政决策执行的监督。决策执行机关、监督机关及公民、法人或者其他组织认为重大行政决策及执行有违法或者不适当的，可以向决策机关提出。决策机关应当认真研究，并根据实际情况作出继续执行、停止执行、暂缓执行或者修订决策方案的决定。

177. 党的十八届四中全会决定对建立重大行政决策问责制度有哪些要求？

党的十八届四中全会通过的《中共中央关于全面推进依法治国若干重大问题的决定》要求，建立重大决策终身责任追究制度及责任倒查机制，对决策严重失误或者依法应该决策但久拖不决造成重大损失、恶劣影响的，严格追究行政首长、负有责任的其他领导人员和相关责任人员的法律责任。

178. 规范重大行政决策的创新性工作制度机制主要有哪些？

为贯彻党的十八届四中全会精神，一些地区推出了重大行政决策制度创新机制。江苏省人民政府提出，实行重大行政决策目录管理制度，规范重大行政决策事项的提出、确定、调整、公布、备案等环节，推进重大行政决策草案和听证、论证、评估、审查报告格式化、规范化。探索建立行政决策信息化管理系统，实现节点管理、流程控制、规范运行。江苏、四川等地方人民政府还规定，建立重大行政决策全过程记录制度，实行重大行政决策立卷归档和案卷管理制度。青海省人民政府要求，监察机关、督查机构要定期对行政决策执行情况进行跟踪调查并及时通报。

第四章

政府法律顾问制度

179. 为什么要建立政府法律顾问制度？

依法行政是依法治国的重要组成部分和关键环节，是政府行使行政权力的基本准则。党的十八届三中全会通过的《中共中央关于全面深化改革若干重大问题的决定》要求"普遍建立法律顾问制度"。党的十八届四中全会通过的《中共中央关于全面推进依法治国若干重大问题的决定》更加明确提出："积极推行政府法律顾问制度，建立政府法制机构人员为主体、吸收专家和律师参加的法律顾问队伍，保证法律顾问在制定重大行政决策、推进依法行政中发挥积极作用。"建立政府法律顾问制度是全面推进依法行政、建设法治政府的客观要求，是推进国家治理体系和治理能力现代化的有效途径和现实选择，是促进法治中国、平安中国建设的重要举措。

180. 政府法律顾问工作的目标是什么？

地方各级人民政府都应当建立健全政府法律顾问制度，完善政府法律顾问服务架构，实现省、设区的市、县（市、区）、乡（镇）四级政府全部建立起法律顾问制度。同时，通过政府法律顾问制度建设，示范带动企业、农村、社区建立完善法律顾问制度，形成与经济社会发展和公众法律服务需求相适应的法律服务体系，满足社会各层次和领域的法律服务需求。

181. 如何实施政府法律顾问制度？

（1）建立政府法律顾问委员会。县级以上地方人民政府应当依托本级政府法制机构成立政府法律顾问委员会，法律顾问委员会办公室设在同级政府法制机构，负责政府法律顾问委员会日常工作。县级以上地方人民政府法制机构负责本级人民政府法律顾问的聘任、联络、组织和协调等具体工作。

（2）加强政府法律顾问队伍主体力量。县级以上地方人民政府要从促进改革发展稳定，深入推进依法行政，加快法治政府建设的高度，调整、充实政府法制机构人员力量，使政府法制机构在政府法律顾问工作中真正发挥主体作用。在政府法制机构人员不足、无法适应新形势繁重任务的情况下，县

级以上地方人民政府法制机构可以采取政府购买服务的方式，聘用一定数量具有法律专业本科以上学历的法律人才作为政府法律顾问助理，协助处理政府法律顾问日常工作，相关工作经费纳入财政预算予以保障。根据政府法律事务工作需要，也可以通过政府购买服务的方式，聘请专家或者律师提供法律服务。

182. 政府法律顾问如何聘任？

县级以上地方人民政府法制机构应当严格按照聘任条件和程序，做好政府法律顾问的遴选工作。政府法律顾问从精通行政法、经济法、社会法、民商法等理论和实务的政府法制机构经验丰富的工作人员、高等院校或者科研机构的法学专业知名学者以及律师事务所知名执业律师中产生，经政府法制机构初步审核，报政府同意后聘任。政府法律顾问任期一般5年，可以连聘连任。聘任期间，根据工作需要和履职情况，可以由政府法制机构提请政府进行调整。

183. 政府法律顾问应当具备什么基本条件？

政府法律顾问应当具备下列基本条件：
（1）遵守宪法和法律，拥护党的路线、方针和政策，具有良好的职业操守和道德修养；
（2）从事行政法、经济法、社会法、民商法等领域的研究、教学且具有高级职称，或者长期从事政府法律事务、法律实务工作经验丰富，享有一定的社会知名度；
（3）熟悉省情、社情、民情和政府工作规则，有较强的分析和处理问题的能力；
（4）热心社会公共事业，有时间和精力履行职责。

184. 政府法律顾问的工作职责范围是什么？

政府法制顾问主要履行下列职责：
（1）重大行政决策的法律论证、合法性审查；
（2）重要政府立法项目和规范性文件的研究、论证；
（3）重要、疑难行政复议、行政应诉案件的研究、论证；
（4）重要经济项目、资产处置、涉及社会稳定的重要事项、重大突发事件的法律论证；

（5）重要合同、协议的审查、洽谈；
（6）政府交办或者委托的诉讼、仲裁及其他工作事项。

185. 政府法律顾问在聘任期间享有哪些权利？

政府法律顾问在聘任期间一般享有下列权利：
（1）独立发表自己的法律意见，不受任何单位和个人干涉；
（2）应邀列席政府有关会议和其他相关会议；
（3）根据工作需要，查阅与履行职责相关资料；
（4）参与有关事项的调查、研究；
（5）优先了解本行政区域有关行政事务的信息、材料。

186. 政府法律顾问在聘任期间应当履行哪些义务？

政府法律顾问在聘任期间一般应当履行下列义务：
（1）不得泄露所知悉的国家秘密、商业秘密、个人隐私和不应公开的信息；
（2）不得利用工作便利，为本人或者他人牟取不正当利益；
（3）不得以政府法律顾问的名义招揽或者办理与政府法律事务无关的业务；
（4）不得同时接受他人委托，办理与政府有利害关系的法律事务；
（5）不得从事有损政府利益或者形象的其他活动。

187. 政府法律顾问如何提供法律服务？

政府法律顾问办理政府法律事务，一般应当出具书面法律意见，也可以通过参加咨询会、论证会、听证会、座谈会等形式提出法律意见。

188. 政府法律顾问工作经费如何保障？

政府法律顾问委员会工作经费和采取政府购买服务的方式聘用政府法律顾问助理的经费，应当在政府法制机构设立政府法律顾问专项经费，纳入政府法制机构部门预算予以保障。具体办法由县级以上地方人民政府法制机构会同财政部门制定。

189. 政府法律顾问在哪些情形下应当予以解聘？

政府法律顾问有下列情形之一的，由政府法制机构报经政府同意后予以

解聘并向社会公告：

（1）泄露所知悉的国家秘密、商业秘密、个人隐私和不应公开的信息的；

（2）利用工作便利，为本人或者他人牟取不正当利益的；

（3）以政府法律顾问的名义招揽或者办理与政府法律事务无关的业务的；

（4）同时接受他人委托，办理与政府有利害关系的法律事务的；

（5）从事有损政府利益或者形象的其他活动的；

（6）因身体原因无法胜任法律顾问工作的；

（7）无正当理由，两次以上不参加政府法律顾问工作会议或者不按时提供法律意见的；

（8）受所在单位处分、司法行政部门行政处罚或者律师协会行业处分的；

（9）被依法追究刑事责任的；

（10）政府法制机构认为的其他情形。

190. 如何加强对政府法律顾问工作的组织领导？

地方各级人民政府都要将建立政府法律顾问制度作为推进依法行政、建设法治政府的重要内容，列入议事日程，研究制定推进计划，确定推进目标，切实抓出实效。省人民政府法制机构应当加强对全省政府法律顾问工作的指导、监督和协调。县级以上地方人民政府法制机构负责政府法律顾问制度的推进和管理工作，并对本级人民政府所属工作部门的政府法律顾问工作进行指导和规范。乡（镇）人民政府、街道办事处的政府法律顾问工作，由县（市、区）人民政府法制机构负责指导和规范。县级以上地方人民政府法制机构应当定期向本级人民政府、上一级人民政府法制机构报告政府法律顾问制度相关工作情况。

第五章

行政审批制度改革

191. 什么是行政审批、行政许可？两者是否同一概念？

国务院取消非行政许可审批事项后，行政审批即指行政许可，是指行政机关根据公民、法人或者其他组织的申请，经依法审查，准予其从事特定活动的行为。

行政审批概念的内涵经历了一个演变过程：

（1）行政审批制度改革之始，行政审批一直是一个宽泛的概念，既包含准予公民、法人或者其他组织从事特定活动、认可其资格资质的行为，也包含确认特定民事关系或者特定民事权利能力和行为能力的行为；既包含行政主体实施的外部行政行为，甚至也包含部分行政主体实施的内部行政行为。

（2）2003年8月颁布的《行政许可法》，第一次明确了行政许可的法定概念。2004年8月2日，国务院办公厅印发《关于保留部分非行政许可审批项目的通知》（国办发〔2004〕62号）指出，经国务院同意，对其中的211项非许可审批项目暂予保留，这些项目主要是政府的内部管理事项，不属于行政许可。第一次以规范性文件的形式肯定了非行政许可审批，并成为地方政府清理非行政许可审批事项的重要依据。自此，行政审批包括行政许可和非行政许可审批。

（3）2014年4月14日，国务院印发《关于清理国务院部门非行政许可审批事项的通知》（国发〔2014〕16号），决定将面向公民、法人或其他组织的非行政许可审批事项取消或依法调整为行政许可，将面向地方政府等方面的非行政许可审批事项取消或调整为政府内部审批事项，不再保留"非行政许可审批"这一审批类别。

（4）2015年5月10日，国务院印发《关于取消非行政许可审批事项的决定》（国发〔2015〕27号），在前期大幅减少部门非行政许可审批事项的基础上，再取消49项非行政许可审批事项，将84项非行政许可审批事项调整为政府内部审批事项，并规定今后不再保留"非行政许可审批"这一审批类别。

因此，行政审批即指行政许可，是行政许可的通俗表达。

192. 行政审批制度改革推进的总体情况如何？

为加强对行政审批制度改革工作的领导，2001 年 9 月 24 日，国务院办公厅印发《关于成立国务院行政审批制度改革工作领导小组的通知》（国办发〔2001〕71 号），成立国务院行政审批制度改革工作领导小组，领导小组办公室设在监察部，承担领导小组的日常工作。国务院行政审批制度改革工作领导小组的成立，标志着我国行政审批制度改革的正式启动，共取消、下放和调整六批行政审批项目。

（1）2002 年 11 月 1 日，国务院发布《国务院关于取消第一批行政审批项目的决定》（国发〔2002〕24 号），重点是取消行政审批项目。

（2）2003 年 2 月 27 日，国务院发布《国务院关于取消第二批行政审批项目和改变一批行政审批项目管理方式的决定》（国发〔2003〕5 号），将取消行政审批项目和改变管理方式共同推进。

（3）2004 年 5 月 19 日，国务院发布《国务院关于第三批取消和调整行政审批项目的决定》（国发〔2004〕16 号），重点是取消行政审批项目、改变管理方式和下放管理层级。

（4）2007 年 10 月 9 日，国务院发布《国务院关于第四批取消和调整行政审批项目的决定》（国发〔2007〕33 号），重点是取消行政审批项目和调整行政审批项目（下放管理层级、改变实施部门、合并同类事项）。

（5）2010 年 7 月 4 日，国务院发布《国务院关于第五批取消和下放管理层级行政审批项目的决定》（国发〔2010〕21 号），重点是取消行政审批项目和下放管理层级。

（6）2012 年 9 月 23 日，国务院发布《国务院关于第六批取消和调整行政审批项目的决定》（国发〔2012〕52 号），重点是取消和调整行政审批项目。

2013 年 6 月，国务院明确行政审批制度改革工作牵头单位由监察部调整为中央编办，国务院审改办设在中央编办。自此，启动了新一轮的行政审批制度改革。

193. 党的十八大决定对深化行政审批制度改革提出了哪些要求？

党的十八大决定提出，要深化行政审批制度改革，继续简政放权，推动政府职能向创造良好发展环境、提供优质公共服务、维护社会公平正义转变。稳步推进大部门制改革，健全部门职责体系。优化行政层级和行政区划设置，有条件的地方可探索省直接管理县（市）改革，深化乡镇行政体制改革。创新行政管理方式，提高政府公信力和执行力，推进政府绩效管理。

194. 党的十八届三中全会决定对行政审批制度改革有哪些总体部署？

党的十八届三中全会决定对行政审批制度改革作了总体部署，要求进一步简政放权，深化行政审批制度改革，最大限度减少中央政府对微观事务的管理。市场机制能有效调节的经济活动，一律取消审批，对保留的行政审批事项要规范管理、提高效率。直接面向基层、量大面广、由地方管理更方便有效的经济社会事项，一律下放地方和基层管理。

195. 推进简政放权、深化行政审批制度改革的总体要求是什么？

推进简政放权、深化行政审批制度改革的总体要求是：按照使市场在资源配置中起决定性作用和更好发挥政府作用的要求，进一步理顺政府与市场、政府与社会、政府层级间的关系，以简政放权为核心、提升政府治理能力为目标，把深化行政审批制度改革作为重要抓手和突破口，推动政府职能向创造良好发展环境、提供优质公共服务、维护社会公平正义转变。

196. 推进简政放权、深化行政审批制度改革的基本原则是什么？

推进简政放权、深化行政审批制度改革应坚持以下基本原则：

（1）全面清理。对现有的行政许可项目、非行政许可审批项目进行全面清理，完整列出行政审批项目清单并实现目录化管理。最大限度减少对微观事务的管理，市场机制能有效调节的经济活动，一律取消审批；直接面向基层、量大面广、由地方管理更方便有效的经济社会事项，一律下放地方和基层政府。

（2）突出重点。集中关注重点领域、关键环节中具有重要影响的行政审批事项，重点取消行政相对人反映强烈、影响社会创造活力和市场自主调节作用发挥的事项。

（3）规范审批。按照高效便民、公开透明的要求，进一步健全政务服务体系。充分发挥各级政务服务中心作用，规范管理保留的行政审批事项，优化流程、简化手续、压缩时限、提高效率，建立岗位职责清晰、审批权限明确、工作标准具体的行政审批运行机制。

（4）强化监管。加强对行政审批运行的监督管理，充分发挥网上权力公开透明运行机制，健全监督制约机制，促进全面正确履行职能。强化后续监管，切实改变"重审批、轻监管"、"重制约、轻服务"的状况。

197. 新一轮行政审批制度改革的主要任务是什么？

按照国务院审改办要求，新一轮行政审批制度改革主要有五项任务：

（1）摸底核实。所谓摸底核实，就是要把各部门的行政审批事项的底数摸清楚，把真的全找出来，把假的全剔出去，确保审批事项的真实性、准确性、完整性、规范性，汇总形成"行政审批事项目录"，锁定行政审批制度改革的目标。这是推进整个行政审批制度改革工作的起点。

（2）取消下放。加大力度取消和下放行政审批事项，这是行政审批制度改革的重点任务。国务院提出本届政府任期内本级政府部门行政审批项目减少三分之一以上。

（3）规范优化。所谓规范优化，就是对各部门保留下来的审批事项，公开信息，规范审批行为，优化流程，提高行政效率。

（4）严控新增。深化行政审批制度改革，一方面要根据释放经济社会发展活力的需要，大力削减现有行政审批事项，这是针对存量的改革。另一方面，还要以更加严格的措施坚决控制新增行政审批事项，切实把增量管住，否则这边减那边增，按下葫芦浮起瓢，不可能见到实效。

（5）强化监管。在大量减少行政审批事项后，政府管理要由事前审批更多地转为事中事后监管，这是深化行政审批制度改革的题中应有之义。行政审批制度改革公开改革全过程和各部门所有行政审批项目，接受全社会监督。重点做到四公开：①公开现有审批事项总清单。摸底核实完成后，将所有行政审批事项（保密事项除外）的总清单向社会公开。②公开减少的审批事项清单。每一批取消和下放的行政审批事项，都向社会公开，防止改头换面后变相审批。③公开保留的审批事项和流程。改革后，哪些事项需要部门审批，部门应该如何审批，也要向社会公开，接受社会监督。对保留的行政审批事项，各部门要进行流程再造，并将审批依据、审批标准、审批时限和审批状态全部公示。④公开监督举报方式。在公开相关事项的同时，举报电话、电子邮箱等渠道也必须公开，全天候接受群众的投诉举报。

198. 新一轮行政审批制度改革以来国务院取消和下放行政审批事项情况如何？

2013年5月15日，国务院发布《国务院关于取消和下放一批行政审批项目等事项的决定》(国发〔2013〕19号),国务院决定,取消和下放一批行政审批项目等事项,共计117项。其中,取消行政审批项目71项,下放管理层级行政审批项目20项,取消评比达标表彰项目10项,取消行政事业性收费项目3项;取消或下放管理层级的机关内部事项和涉密事项13项(按规定另行通知)。

2013年7月13日,国务院发布《国务院关于取消和下放50项行政审批项目等事项的决定》(国发〔2013〕27号),国务院决定,再取消和下放一批行政审批项目等事项,共计50项。其中,取消和下放29项、部分取消和下放13项、取消和下放评比达标项目3项;取消涉密事项1项(按规定另行通知);有4项拟取消和下放的行政审批项目是依据有关法律设立的,国务院将依照法定程序提请全国人民代表大会常务委员会修订相关法律规定。

2013年9月5日,国务院发布《国务院关于取消76项评比达标表彰评估项目的决定》(国发〔2013〕34号),国务院决定,再取消一批评比达标表彰评估项目76项。

2013年11月8日,国务院发布《国务院关于取消和下放一批行政审批项目的决定》(国发〔2013〕44号),国务院决定,再取消和下放68项行政审批项目(其中有2项属于保密项目,按规定另行通知)。另建议取消和下放7项依据有关法律设立的行政审批项目,国务院将依照法定程序提请全国人民代表大会常务委员会修订相关法律规定。《国务院关于取消和下放一批行政审批项目等事项的决定》(国发〔2013〕19号)中提出的涉及法律的16项行政审批项目,国务院已按照法定程序提请全国人民代表大会常务委员会修改了相关法律,一并予以公布。所以,本次公布取消和下放管理层级的行政审批项目82项。

2014年1月28日,国务院发布《国务院关于取消和下放一批行政审批项目的决定》(国发〔2014〕5号),国务院决定,再取消和下放64项行政审批项目和18个子项。另建议取消和下放6项依据有关法律设立的行政审批项目,国务院将依照法定程序提请全国人民代表大会常务委员会修订相关法律规定。

2014年7月22日,国务院发布《国务院关于取消和调整一批行政审批项目等事项的决定》(国发〔2014〕27号),国务院决定,取消和下放45项行政审批项目,取消11项职业资格许可和认定事项,将31项工商登记前置审批事项改为后置审批。另建议取消和下放7项依据有关法律设立的行政审批事项,将5项依据有关法律设立的工商登记前置审批事项改为后置审批,国务院将依照法定程序提请全国人民代表大会常务委员会修订相关法律规定。《国务院关于取消和下放 50 项行政审批项目等事项的决定》（国发〔2013〕27 号）和《国务院关于取消和下放一批行政审批项目的决定》（国发〔2013〕44 号）中提出的涉及修改法律的行政审批项目，有 8 项国务院已按照法定程序提请全国人民代表大会常务委员会修改了相关法律，一并予以公布。所以，本次公布取消和下放管理层级的行政审批项目 53 项、取消的职业资格许可和认定事项 11 项、改为后置审批的工商登记前置审批事项 31 项。

2014 年 10 月 23 日，国务院发布《国务院关于取消和调整一批行政审批项目等事项的决定》（国发〔2014〕50 号），国务院决定，取消和下放 58 项行政审批项目，取消 67 项职业资格许可和认定事项，取消 19 项评比达标表彰项目，将 82 项工商登记前置审批事项调整或明确为后置审批。另建议取消和下放 32 项依据有关法律设立的行政审批和职业资格许可认定事项，将 7 项依据有关法律设立的工商登记前置审批事项改为后置审批，国务院将依照法定程序提请全国人民代表大会常务委员会修订相关法律规定。

2015 年 2 月 24 日，国务院发布《国务院关于取消和调整一批行政审批项目等事项的决定》（国发〔2015〕11 号），国务院决定，取消和下放 90 项行政审批项目，取消 67 项职业资格许可和认定事项，取消 10 项评比达标表彰项目，将 21 项工商登记前置审批事项改为后置审批，保留 34 项工商登记前置审批事项。同时，建议取消和下放 18 项依据有关法律设立的行政审批和职业资格许可认定事项，将 5 项依据有关法律设立的工商登记前置审批事项改为后置审批，国务院将依照法定程序提请全国人民代表大会常务委员会修订相关法律规定。《国务院关于取消和下放一批行政审批项目的决定》（国发〔2014〕5 号）中提出的涉及修改法律的行政审批事项，有 4 项国务院已按照法定程序提请全国人民代表大会常务委员会修改了相关法律，一并予以公布。所以，本次公布取消和下放管理层级的行政审批项目 94 项、取消的职业资格许可和认定事项 67 项、取消的评比达标表彰项目 10 项、决定改为后置审批的工商登记前置审批事项 21 项、决定保留的工商登记前置审批事项目录 34 项。

199. 国务院对严格控制新设行政许可提出了哪些新要求？

2013 年 9 月，国务院印发《国务院关于严格控制新设行政许可的通知》（国发〔2013〕39 号），要求严格控制新设行政许可，要做到：

（1）严格行政许可设定标准。今后起草法律草案、行政法规草案一般不新设行政许可,确需新设的,必须严格遵守行政许可法的规定,严格设定标准。除法律、行政法规外,对行政机关实施行政许可以及监督检查被许可人从事行政许可事项的活动,一律不得设定收费;不得借实施行政许可变相收费。

(2)规范行政许可设定审查程序。法律草案、行政法规草案拟设定行政许可的,起草单位和审查机关都要深入调查研究,加强合法性、必要性和合理性审查论证。

(3)加强对设定行政许可的监督。对已设定的行政许可,要加强跟踪评估、监督管理。

200. 国务院对规范行政审批行为有哪些总体要求?

2015年1月,国务院印发《国务院关于规范国务院部门行政审批行为改进行政审批有关工作的通知》(国发〔2015〕6号),《通知》提出对规范行政审批行为的总体要求是:以邓小平理论、"三个代表"重要思想、科学发展观为指导,认真贯彻落实党的十八大、十八届二中、三中、四中全会精神和党中央、国务院决策部署,加快转变政府职能,坚持依法行政,推进简政放权、放管结合,规范行政审批行为、提高审批效率,激发市场社会活力、营造公平竞争环境,减少权力寻租空间、消除滋生腐败土壤,确保行政审批在法治轨道运行,进一步提升政府公信力和执行力,建设创新政府、廉洁政府和法治政府。

(1)坚持依法审批。严格落实行政许可法和有关法律法规,规范行政审批受理、审查、决定、送达等各环节,确保行政审批全过程依法有序进行。

(2)坚持公开公正。依法全面公开行政审批信息,切实保障申请人知情权,规范行政裁量权,实行"阳光审批"。

(3)坚持便民高效。减少审批环节,简化审批程序,优化审批流程,依法限时办结,进一步缩短办理时间,加快审批进程,提高审批效率。

(4)坚持严格问责。加强对行政审批行为的监管,建立健全监督机制,严肃查处违法违纪审批行为,严格责任追究。

201. 对保留的行政审批事项如何规范审批行为?

根据2015年1月国务院印发的《关于规范国务院部门行政审批行为改进行政审批有关工作的通知》(国发〔2015〕6号),对保留的行政审批事项应当从以下几个方面规范行政审批行为:

（1）全面实行"一个窗口"受理。承担行政审批职能的部门要将审批事项集中到"一个窗口"受理，申请量大的要安排专门场所，积极推行网上集中预受理和预审查，创造条件推进网上审批。

（2）推行受理单制度。各有关部门对申请材料符合规定的，要予以受理并出具受理单；对申请材料不齐全或者不符合法定形式的，要当场或者在5个工作日内一次性书面告知申请人需要补正的全部内容。

（3）实行办理时限承诺制。各有关部门要依法依规明确办理时限，在法定期限内对申请事项作出决定，不得以任何理由自行延长审批时限；依法可延长审批时限的，要按程序办理。建立审批时限预警制，针对审批事项办理进度，实行分级预警提醒。进一步压缩审批时限，对批准的事项，要在法定期限内向申请人送达批准文书；不予批准的，要在法定期限内出具书面决定并告知理由。

（4）编制服务指南。各有关部门要对承担的每项行政审批事项编制服务指南，列明设定依据、申请条件、申请材料、基本流程、审批时限、收费依据及标准、审批决定证件、年检要求、注意事项等内容，并附示范文本以及常见错误示例，做到具体翔实、一目了然，内容发生变更时要及时修订。

（5）制定审查工作细则。各有关部门要对承担的审批事项制定审查工作细则，逐项细化明确审查环节、审查内容、审查标准、审查要点、注意事项及不当行为需要承担的后果等，严格规范行政裁量权。审查人员要遵守行政审批规定，严格按细则办事，不得擅自增设或减少审批条件、随意抬高或降低审批门槛。

（6）探索改进跨部门审批等工作。对于多部门共同审批事项，进行流程再造，明确一个牵头部门，实行"一个窗口"受理、"一站式"审批；相关部门收到牵头部门的征求意见函后，应当及时研究，按时答复。确需实行并联审批的，不得互为前置条件。探索优化内部审批流程，减少审查环节，有条件的部门要将分散在多个内设机构的审批事项相对集中，将一般事项审批权限下放给窗口审查人员，提高窗口办结率。

202. 如何优化投资建设领域行政审批流程？

投资建设领域是行政审批的主要领域。针对企业普遍反映当前行政审批过程中存在行政审批时限长、收费多、盖章多、中介多、材料多等"一长四多"问题，可以从清理规范中介服务、优化项目审批流程、构建联合审批平台、深化价格监管等方面着手,通过部门协调配合,共同治理"一长四多"突出问题。

(1) 全面推进企业投资建设项目并联审批。按流程分为前期核准、土地出让、规划设计、工程施工、竣工验收五个环节,明确环节牵头部门。企业投资建设项目各环节前置或互为关联影响的事项能够并联的,都应列入并联审批事项,只保留规划选址、用地预审(用海预审)两项前置审批。各环节的审批时限要在法定时限内尽量压缩,原则上每个环节时限力争压缩至10个工作日内,最长不得超过15个工作日,全部审批完成时间一般控制在50个工作日以内,最长不超过70个工作日。通过推行"联合评估"、"联合审图"、"联合勘测"、"联合验收"、"区域性评价"等创新办法,减少环节、压缩时限、规范审批行为。

(2) 实行"一个窗口"受理。在各级政务服务中心实行"一个窗口"对外,项目审批事项"一个窗口受理一次性告知",提高审批效能。切实减少申报材料。各审批部门要认真梳理审批事项申报材料,减少不必要的申报材料,做到能省则省、能减则减、能简则简。统一受理申报材料。牵头部门应当指定窗口统一受理本环节纳入并联审批事项的所有申报材料,并及时分送或抄送相关部门。各部门要协同审查建设单位的申请材料,在规定时限内将审批结果推送给牵头部门,由牵头部门统一发放。

(3) 建立网上审批平台。在政务服务网上建立企业投资建设项目网上审批平台,实现网上申报、网上审批、网上监管。核准机关受理申请后生成的项目代码,作为项目建设周期唯一的身份标识,企业凭项目代码可实时查询办理情况。同时在审批平台设置电子监察功能,全程跟踪监督、及时预警纠正,并依纪依法问责处理。

(4) 严格规范中介服务。全面清理中介服务项目,凡无法律法规依据或行政机关自行设定的,原则上一律取消;有法律法规依据但有明确范围限定的,要严格按照限定范围实施;法律法规明确由行政机关实施的,不得交由中介服务机构办理。规范中介服务行为,法律法规明确要求开展的中介项目,由企业自主选择中介机构,行政机关不得指定;治理中介服务收费,大力精简合并收费项目,力求实现"一窗收费"。

203. 如何强化事中事后监管?

转变政府职能,简政放权,管和放同等重要,缺一不可。在大力简政放权,

不断取消行政审批事项以后，如何加强事中事后监管，这是对政府转变管理理念、转变方式的重大挑战。为防止一放就乱，江苏着眼于建立健全功能完善、防控严密、执行高效的事中事后监管工作体系，研究形成了"1主7辅"的事中事后监管制度体系。"1主"是指江苏省审改办制定全省加强事中事后监管的意见，"7辅"是指省发改委、省经信委、省工商局、省质监局、省食药监局、省安监局、省环保厅7个重点部门分别制定的投资管理、信用管理、维护市场公平交易秩序、加强产品质量、食品安全、安全生产、环境保护等关键领域的事中事后监管办法，其他部门也针对本部门的取消下放事项制定了加强事中事后监管的具体措施。江苏省人民政府已经出台《关于深化行政审批制度改革加强事中事后监管的意见》（苏政发〔2015〕42号）、《关于加强和改进事业单位监管与服务的意见》（苏政发〔2015〕43号），努力打造行政监管、信用管理、行业自律、社会监督、公众参与的综合监管体系，健全横向到边、纵向到底的监管网络和科学有效的监管机制。

204. 如何规范行政审批中介服务？

行政审批中介服务存在着环节多、耗时长、收费乱、垄断性强等问题，加重了企业和群众负担，扰乱了市场秩序，甚至成为腐败滋生的土壤，必须进行清理规范。2015年4月27日，国务院办公厅发布《关于清理规范国务院部门行政审批中介服务的通知》（国办发〔2015〕31号），对清理规范行政审批中介服务作出统一要求：

（1）清理中介服务事项。对行政审批涉及的中介服务事项进行全面清理。除法律、行政法规、国务院决定和部门规章按照行政许可法有关行政许可条件要求规定的中介服务事项外，审批部门不得以任何形式要求申请人委托中介服务机构开展服务，也不得要求申请人提供相关中介服务材料。审批部门能够通过征求相关部门意见、加强事中事后监管解决以及申请人可按要求自行完成的事项，一律不得设定中介服务。现有或已取消的行政审批事项，一律不得转为中介服务。严禁将一项中介服务拆分为多个环节。依照规定应由审批部门委托相关机构为其审批提供的技术性服务，纳入行政审批程序，一律由审批部门委托开展，不得增加或变相增加申请人的义务。

（2）破除中介服务垄断。放宽中介服务机构准入条件，除法律、行政法规、国务院决定明确规定的资质资格许可外，其他各类中介服务机构资质资格审批一律取消。各部门设定的区域性、行业性或部门间中介服务机构执业限制一律取消。进一步放开中介服务市场，严禁通过限额管理控制中介服务机构数量，各部门现有的限额管理规定一律取消。

（3）切断中介服务利益关联。审批部门所属事业单位、主管的社会组织及其举办的企业，不得开展与本部门行政审批相关的中介服务，需要开展的应转企改制或与主管部门脱钩。对专业性强、市场暂时无力承接、短期内仍需由审批部门所属（主管）单位开展的中介服务，审批部门必须明确过渡期限，提出改革方案，经组织专家论证后按程序报批。审批部门不得以任何形式指定中介服务机构，对各类中介服务机构提供的服务应同等对待；对申请人已委托中介服务机构开展的服务事项，不得再委托同一机构开展该事项的技术性审查。行业协会商会类中介服务机构一律与审批部门脱钩，平等参与中介服务市场竞争。政府机关工作人员一律不得在中介服务机构兼职（任职），政府机关离退休人员在中介服务机构兼职（任职）的，必须符合国家有关规定且不得领取报酬。

（4）规范中介服务收费。对于市场发育成熟、价格形成机制健全、竞争充分规范的中介服务事项，一律通过市场调节价格；对于垄断性较强、短期内无法形成充分竞争的，实行政府定价管理，同时深入推进中介服务收费改革，最大限度地缩小政府定价范围。事业单位提供中介服务的，纳入行政事业性收费管理。审批部门在审批过程中委托开展的技术性服务活动，必须通过竞争方式选择服务机构，服务费用一律由审批部门支付并纳入部门预算。严禁通过分解收费项目、重复收取费用、扩大收费范围、减少服务内容等变相提高收费标准，严禁相互串通、操纵中介服务市场价格。

（5）实行中介服务清单管理。对清理规范后保留为行政审批受理条件的中介服务事项，实行清单管理，明确项目名称、设置依据、服务时限，其中实行政府定价或作为行政事业性收费管理的项目，同时明确收费依据和收费标准。有关部门对审批部门提出拟保留的中介服务事项进行研究论证，在听取各方面意见、组织专家评估的基础上，编制中介服务事项清单并向社会公布，接受社会监督。凡未纳入清单的中介服务事项，一律不得再作为行政审批的受理条件。今后确需新设的，必须进行必要性、合理性、合法性审查论证，依照法定程序设定并纳入清单管理。各审批部门要在本部门网站将中介服务事项及相关信息与行政审批事项一并向社会公开。

（6）加强中介服务监管。各行业主管部门要制定完善中介服务的规范和标准，指导监督本行业中介服务机构建立服务承诺、限时办结、执业公示、一次性告知、执业记录等制度，细化服务项目、优化服务流程、提高服务质量。规范中介服务机构及从业人员执业行为。建立惩戒和淘汰机制，严格查处违规收费、出具虚假证明或报告、谋取不正当利益、扰乱市场秩序等违法违规行为。完善中介服务机构信用体系和考核评价机制，相关信用状况和考评结果定期向社会公示。

205. 商事制度改革主要内容有哪些？

商事制度改革也叫工商登记制度改革，主要内容包括：按照便捷高效、规范统一、"宽进严管"的原则，创新公司登记制度，放宽注册资本登记条件，降低准入门槛。根据国务院统一部署，推进工商注册制度便利化，精简工商登记前置审批项目，削减资质认定项目，由"先证后照"改为"先照后证"，把注册资本实缴登记制逐步改为认缴登记制。放宽市场主体住所（经营场所）登记条件。将企业年检制度改为年度报告制度，并建立公平规范的抽查制度，提高政府管理的公平性和效能。大力推进企业诚信制度建设，完善信用约束机制。推行电子营业执照和全程电子化登记管理，与纸质营业执照具有同等法律效力。加快推进工商营业执照、组织机构代码证和税务登记证"三证合一"，通过"一口受理、并联审批、信息共享、结果互认"，实现"一照一码"，即由一个部门核发加载统一社会信用代码的营业执照。加快制定完善配套措施，加强对市场主体、市场活动的监督管理，切实维护市场秩序。

206. 如何完善政务服务平台建设？

作为深化行政审批制度改革的重要载体，政务服务平台应当实现网上办事大厅和实体大厅"线上线下、虚实一体"运行。

（1）把网上平台建设成集行政审批、便民服务、政务公开、效能监察等为一体的网上办事大厅，对权力运行进行全程、实时监控。

（2）全面实行行政审批服务"三集中三到位"，即部门行政审批职能向一个处室集中，承担审批职能的处室向省政务服务中心集中，行政审批事项向电子政务平台集中，做到审批事项进驻中心到位、授权到位、电子监察到位。

（3）推进政务服务中心与公共资源交易中心一体化管理模式。整合工程建设项目招投标、土地使用权和矿业权出让、国有产权交易、政府采购等平台，建立健全统一规范、上下衔接的公共资源交易平台。

（4）推进政务服务规范化建设，规范和统一服务名称、标识和运行机制等，建立管理、监督、评价和责任追究机制，健全违法行政责任追究制度，强化对行政不作为、乱作为的问责。

（5）健全完善上下联动、功能完备、便捷高效的省市县乡（镇）村五级政务服务体系，普遍开通12345便民服务热线，着力强化乡（镇）村基层便民服务平台建设。

（6）建立绩效评价制度，优化编制资源配置，确保政务服务工作管理规范、运转有序、阳光透明、高效廉洁。

207. 如何开展非行政许可审批清理？

2014年4月14日，国务院印发《国务院关于清理国务院部门非行政许可审批事项的通知》（国发〔2014〕16号）提出，按照行政审批制度改革工作要求，对各部门现有非行政许可审批事项进行清理。此次清理对象是已向社会公开的国务院各部门行政审批事项汇总清单所列非行政许可审批事项。根据审批对象的不同，这些事项包括面向公民、法人或其他组织的审批事项和面向地方政府等方面的审批事项。清理工作要按照统一要求，分类处理，分步实施，该取消的一律取消，该调整的坚决调整，最终将面向公民、法人或其他组织的非行政许可审批事项取消或依法调整为行政许可，将面向地方政府等方面的非行政许可审批事项取消或调整为政府内部审批事项，不再保留"非行政许可审批"这一审批类别。

2015年5月10日，国务院发布《国务院关于取消非行政许可审批事项的决定》（国发〔2015〕27号），国务院决定，在前期大幅减少部门非行政许可审批事项的基础上，再取消49项非行政许可审批事项，将84项非行政许可审批事项调整为政府内部审批事项。今后不再保留"非行政许可审批"这一审批类别。并且要求各地区、各有关部门要认真做好取消事项的落实工作，加强事中事后监管，防止出现管理真空，且不得以任何形式变相审批。调整为政府内部审批的事项，不得面向公民、法人和其他社会组织实施审批；审批部门要严格规范审批行为，明确政府内部审批的权限、范围、条件、程序、时限等，严格限制自由裁量权，优化审批流程，提高审批效率。

208. 地方政府在新一轮行政审批制度改革中采取的主要措施有哪些？

为了系统推进政府职能转变，加快形成权界清晰、分工合理、权责一致、运转高效、法治保障的地方政府机构职能体系，各地在新一轮行政审批制度

改革中采取的主要措施包括：

（1）推进简政放权，建立权力清单。江苏省大力推行五张权力清单：大力精简行政审批事项，建立行政审批事项目录清单；全面梳理政府职权，建立政府行政权力清单；深化投资审批制度改革，试点探索投资审批"负面清单"管理；清理项目资金，建立政府部门专项资金管理清单；减少收费项目，建立行政事业性收费目录清单。浙江省实行"政府权力清单、企业投资项目负面清单、财政专项资金管理清单和责任清单"四张权力清单制度。

（2）完善政务服务体系，打造政务服务平台。江苏省着力打造网上办事大厅和实体大厅"线上线下、虚实一体"的政务服务平台，将网上平台建设成集行政审批、便民服务、政务公开、效能监察等为一体的网上办理大厅，实现对权力运行进行全程、实时监控；在实体大厅全面实行省级行政审批服务"三集中三到位"，探索推进政务服务中心与公共资源交易中心一体化管理模式。

（3）创新行政管理方式，加大审批制度改革力度。2014年，上海市为加强企业投资项目管理，制定了《上海市企业投资项目核准管理办法》、《上海市企业投资项目备案管理办法》、《上海市外商投资项目核准和备案管理办法》、《上海市境外投资项目备案管理办法》、《上海市政府核准的投资项目目录细则（2014年本）》、《上海市政府备案的投资项目目录（2014年本）》、《上海市政府审批的投资项目目录（2014年本）》7个文件。为规范行政审批行为，广东省出台了《广东省行政审批事项目录管理办法》政府规章，制定了行政审批标准，推行行政审批标准化。浙江省对"零土地"技改项目实行审批目录清单管理制度，对于清单以外的项目，企业向经信部门立项备案后，可同时向节能、消防、环保、建设（规划）、安监、气象等部门办理承诺验收手续。宿迁市在全国首推资格资质去行政化改革，率先开展先照后证、并联审批和"四证（照）一体"改革，搭建全国首个证照联动监管平台。

209. 地方政府在取消下放行政审批权方面有哪些特色做法？

2013年新一轮行政审批制度改革工作启动后，各地在做好国务院下放事项承接工作的同时，进一步加大了取消下放行政审批事项的力度。

（1）全面取消非行政许可审批事项。2014年4月17日，天津市政府通过2014年版《天津市行政许可事项目录》，废止了54项非行政许可审批事项，自此非行政许可审批事项在天津成为历史。江苏省对省级224项非行政许可审批事项进行全面清理，成为继天津之后全国第二个取消非行政许可审批事项的省份。

（2）对涉及投资、创业、创新、就业、经济增长及企业生产经营活动相关的行政审批事项进行重点清理。

（3）面向基层、涉及民生的行政审批事项原则上下放基层政府管理。

（4）大力清理抬高就业创业门槛的资质资格认定事项。

210. 什么是行政权力清单制度？

行政权力清单制度是指各级政府及其工作部门行使的各项行政职权及其依据、行使主体、运行流程、对应的责任等，以清单形式明确列示出来，向社会公布，接受社会监督。通过建立权力清单和相应责任清单制度，进一步明确各级政府及其工作部门职责权限，大力推动简政放权，加快形成边界清晰、分工合理、权责一致、运转高效、依法保障的政府职能体系和科学有效的权力监督、制约、协调机制。

针对不同的权力类型，行政权力清单可以划分为不同类型行政权力事项相对独立的清单，如行政许可类事项清单、行政处罚类事项清单等。

211. 什么是行政权力事项？

行政权力事项，是指依据法律、法规、规章、规范性文件和部门职责分工的规定，由法定行政机关或者组织实施，对公民、法人或者其他组织的权利义务产生直接影响的具体行政行为。

根据实施对象的不同，广义的行政权力事项包括外部权力事项和内部管理事项。外部权力事项的实施对象为特定的公民、法人或者其他组织等行政相对人。内部管理事项的实施对象为相同层级的行政机关（包括其所属的事业单位）之间、不同层级的上级行政机关和下级行政机关之间以及行政机关内部。

212. 行政权力如何分类？

2015年3月，中共中央办公厅、国务院办公厅印发《关于推行地方各级政府工作部门权力清单制度的指导意见》（中办发〔2015〕21号），将行政权力划分为行政许可、行政处罚、行政强制、行政征收、行政给付、行政检查、行政确认、行政奖励、行政裁决和其他10种类型。同时规定，地方各级政府工作部门可参照上述分类方式，结合本地实际，制定统一规范的分类标准。江苏结合本省实际，将行政权力分为行政许可、行政处罚、行政强制、行政征收、行政给付、行政奖励、行政确认、行政裁决、行政征用、其他行政权力 10 类。

213. 推行权力清单制度要遵循哪些原则？

开展政府职权清理、推行权力清单制度，应当以法律、法规、规章和规范性文件为依据，按照全面深化改革、加快转变政府职能的要求积极有序推进。应当遵循以下基本原则：

（1）职权法定原则。政府的行政权力来源于法律、法规、规章的规定。没有法律、法规、规章依据、现实中却在行使的行政权力，要纳入重点清理范围。

（2）简政放权原则。坚持使市场在资源配置中起决定性作用，充分发挥社会力量在管理社会事务中的作用，更好发挥基层政府贴近群众、就近管理的优势，加大向市场、社会和下级政府放权力度，激发经济社会发展活力。

（3）便民高效原则。优化权力运行流程，减少办事环节，简化办事程序，提高办事效能，提供优质服务，方便公民、法人和其他组织。

（4）权责一致原则。政府履行行政管理职责，依法具有相应管理权限。违法或者不当行使权力，依法承担法律责任。行政权力依法调整，其责任须作相应调整。

（5）公开透明原则。政府行使行政权力（除涉及国家秘密及其他依法不予公开外），应当完整、准确地向社会公开权力的基本内容、运行流程等信息，接受社会监督。

214. 推行行政权力清单制度的主要任务有哪些？

党的十八届三中、四中全会决定指出，要推行地方各级政府及其工作部门权力清单制度，依法公开权力运行流程。通过推行政府权力清单制度，坚决消除权力设租寻租空间。根据 2015 年 3 月中共中央办公厅、国务院办公厅印发《关于推行地方各级政府工作部门权力清单制度的指导意见》（中办发〔2015〕21 号）的要求，推行行政权力清单制度的主要任务是：

（1）全面梳理现有行政职权。地方各级政府工作部门对行使的直接面对公民、法人和其他组织的行政职权，可参照行政许可、行政处罚、行政强制、行政征收、行政给付、行政检查、行政确认、行政奖励、行政裁决和其他类别的分类方式，分门别类进行全面彻底梳理，逐项列明设定依据，汇总形成部门行政职权目录。

（2）大力清理调整行政职权。在全面梳理基础上，要按照职权法定原则，对现有行政职权进行清理、调整。对没有法定依据的行政职权，及时取消，确有必要保留的，按程序办理；对虽有法定依据但不符合全面深化改革要求和经济社会发展需要的，法定依据相互冲突矛盾的，调整对象消失、多年不发生管理行为的行政职权，及时提出取消或调整的建议。

（3）依法律法规审核确认。地方各级政府要对其工作部门清理后拟保留的行政职权目录，按照严密的工作程序和统一的审核标准，依法逐条逐项进行合法性、合理性和必要性审查。需修改法律法规的，先修法再调整行政职权，先立后破，有序推进。审查结果按规定程序由同级党委和政府确认。

（4）优化权力运行流程。对确认保留的行政职权，地方各级政府工作部门要按照透明、高效、便民原则，制定行政职权运行流程图，切实减少工作环节，规范行政裁量权，明确每个环节的承办机构、办理要求、办理时限等，提高行政职权运行的规范化水平。

（5）公布权力清单。地方各级政府对其工作部门经过确认保留的行政职权，除保密事项外，要以清单形式将每项职权的名称、编码、类型、依据、行使主体、流程图和监督方式等，及时在政府网站等载体公布。垂直管理部门设在地方的具有行政职权的机构，其权力清单由其上级部门进行合法性、合理性和必要性审核确认，并在本机构业务办理窗口、上级部门网站等载体公布。

（6）建立健全权力清单动态管理机制。权力清单公布后，要根据法律法规立改废释情况、机构和职能调整情况等，及时调整权力清单，并向社会公布。建立权力清单的动态调整和长效管理机制。

（7）积极推进责任清单工作。在建立权力清单的同时，要按照权责一致的原则，逐一厘清与行政职权相对应的责任事项，建立责任清单，明确责任主体，健全问责机制。

（8）强化权力监督和问责。权力清单公布后，地方各部门、单位要严格按照权力清单行使职权。推进行政职权网上运行，加大公开透明力度，建立有效权力运行监督机制。对不按权力清单履行职权的单位和人员，依纪依法追究责任。

215. 如何建立行政权力清单制度？

行政权力清单制度按照清权、减权、制权、晒权四个阶段分步推进。

（1）清权。在明确了清理范围、对象和行政权力分类标准后，首先由政府各部门对行政权力进行全面梳理。

（2）减权。对各部门梳理过的行政权力事项进行逐项审核，对没有法定依据以及与全面深化改革方向要求不相适应的事项进行清理。经过审核、反馈、征求意见、调整修改、专家论证、合法性审查、政府常务会议审议等程序，最终确定政府各部门行政权力事项清单。

（3）制权。权力清单确定后，按照"透明、高效、便捷"原则，着力优化权力运行流程，简化权力运行环节，缩短办事时限，提高行政效率。

（4）晒权。清理后的行政权力清单通过政务服务网等载体对外公布，接受社会监督，并根据清单运行的实际效果，综合各方意见，进一步调整完善。

216. 采取哪些处理方式对行政权力进行全面清理？

在全面摸清底数基础上，区别不同情况，采取保留、取消、转移、下放等方式对行政权力进行全面清理。

（1）保留的情形：对符合《立法法》《行政许可法》《行政处罚法》《行政强制法》《规章制定程序条例》等法律、行政法规的规定，依据充分且确需继续行使的权力事项，予以保留。

（2）取消的情形：凡没有相应法定依据或者法定依据不充分的行政权力，一律予以取消。不再保留非行政许可审批这一审批类别，确需保留且有充分法律、法规依据的，调整为行政许可事项，没有法律、法规依据的，通过法定程序调整为行政许可；可以通过改变管理方式达到管理目的的，调整为其他类型的权力。大力取消与投资、创业、创新、就业有关的权力事项，没有法律、法规依据或虽有地方性法规、规章依据，但不符合全面深化改革要求和经济社会发展需要的，立即予以取消或提请修改地方性法规、规章后予以取消。

（3）转移的情形：行规行约制定、行业技术标准规范制定、行业统计分析和信息预警、行业学术和科技成果评审推广、行业纠纷调解等行业管理和协调事项，原则上转移给行业组织承担。对公民、法人和其他组织水平能力的评价、认定，相关从业执业资格、资质类管理，原则上交由行业协会等社会组织认定评价、自律管理。

（4）下放的情形：确有必要保留且直接面向基层、量大面广、由基层管理更方便有效的经济社会管理事项，一律下放地方和基层管理。除法律、法规、规章明确规定应由省级部门行使的事项，涉及国家安全、公共安全、生态环境保护、资源开发与利用等领域需要由省级部门统筹协调的重大事项，以及涉及跨区域、跨流域联合执法的事项外，按照方便公民、法人和其他组织办事、提高管理服务效率、便于监管的原则，一律下放市、县（市、区）人民政府管理，实行属地管理。凡设定依据规定由县级以上行政机关实施的行政权力事项，除省、市本级事项和需省、市人民政府统筹协调、综合平衡的事项外，一律交给县（市、区）人民政府管理。

（5）整合的情形：对部门职责交叉、管理分散、职责不清的权力事项，厘清涉及部门、职责交叉情况及原因，提出整合意见，明确责任主体，做到一件事情由一个部门负责，一项权力由一个部门行使。对工作内容相同或相似，具有前后环节的审查、核准、确认等情况的事项，按照简化办事环节、优化办事流程、提高管理效率的要求进行整合。

（6）限制的情形：有法律、法规、规章依据，但不符合全面深化改革要求和经济社会发展需要、一时难以通过修改相关法律、法规、规章进行调整或取消的行政权力，以及日常管理中很少使用的行政权力，建立严格的管理措施，首次行使后必须报同级机构编制部门和法制部门备案，并实现统一网上办理、全程实时监督。

217. 如何实现省、市、县三级行政权力事项的统一规范？

省、市、县（市、区）人民政府按照统一的清理范围、权力分类、编制标准、审核口径等编制规范，编列权力事项名称、权力类型、行使主体、实施依据等，落实本级政府行政权力的清理、审核和确认等工作。省级部门牵头做好本系统省、市、县三级行政权力清理的统一规范指导工作，做到相同的行政权力事项，省、市、县三级权力名称、权力编码、法定时限、收费标准、自由裁量基准等方面的统一，并按规则编制事项序号，逐步建立涉及权力运行所有环节的标准、条件、权责、时限等制度规范，实行标准化运行。

218. 行政权力的行使主体应如何界定？

行政权力的行使主体是指依据法律、法规、规章、规范性文件和部门职

责分工，具备相应主体资格且具体行使相应行政权力事项的行政机关、授权组织、依法受委托的行政机关或组织。

219. 什么是行政权力行使状态？

所谓行政权力行使状态，是根据行政权力事项近三年的行使状况，将行政权力事项分为常用权力和非常用权力。具体而言，列为常用权力的情形有：一是近三年中行使过的行政权力事项；二是新增加的行政权力事项；三是个别行政权力事项有明确行使期限要求，近三年中虽未行使，可以列为常用权力。

除列为常用权力的特殊情形外，其他近三年未行使过的行政权力事项列为非常用权力。

220. 如何划分权力行使层级？

为便于分类管理，将各部门行政权力分为省属行政权力和属地管理行政权力，称为行使层级。

（1）省属权力事项主要有三类：一是法律、法规、规章明确规定由省级部门行使的权力；二是涉及国家安全、公共安全、生态环境保护、资源开发与利用等领域的重大事项；三是涉及跨区域、跨流域联合执法事项。

（2）法律、法规、规章规定由县级以上人民政府实施，直接面向基层、面广量大，由基层管理更方便有效的权力事项，按照方便公民、法人和其他组织办事，提高管理服务效率，便于监督的原则，作为属地管理权力事项，由市、县（市、区）政府行使。

221. 纳入清单编制范围的行政权力事项是如何确定的？

经清理，纳入行政权力事项清单编制范围的行政权力事项是指法定行政机关或组织实施的对公民、法人和其他组织权利义务产生直接影响的行政职权事项，也即外部行政权力事项。

222. 不列入清单的行政权力事项的情形有哪些？

不列入清单的行政权力事项主要有以下情形：

（1）行政复议、常规性或者行业性监督检查（如巡查、抽样）等共有的行政权力事项不单独列入部门清单。

（2）不列入清单的行政权力事项有：政策制定、规划编制、标准制定、政策调研等属于部门履行宏观管理职责的事项；内部管理事项；其他属于履行法定义务的事项；各类资金项目统一列入资金类清单。

（3）不作为单独的行政权力事项列入清单的情形有：属于行政许可后续管理环节和相关监管措施的变更、延续、撤销、注销等；单独的责令（限期）改正（整改、缴纳）、证据先行登记保存等过程性行政措施；在行使行政许可、行政确认、其他行政权力事项中依法收取的工本费、考试培训费、检测费等有偿服务性收费。

（4）特殊情形：涉及保密的行政权力事项应当列入行政权力事项清单，但不向社会公布。部分依据涉密的，不应当列为保密事项，但在公布时不公布涉密的依据。判断是否涉密的依据是设立依据是否为密件。如设定依据不是密件，仅申报件、批复件涉密的，不能认定为密件，相应事项也不应认定为保密事项。

223. 行政权力事项具体内容的编制应遵循哪些基本规范？

编制行政权力事项应遵循以下基本规范：

（1）权力名称。权力名称是对行政权力事项的概括，一个权力名称对应一个行政权力事项。权力名称的编写应当以所依据的法律、法规、规章和规范性文件为依据，尽量使用法定条文的文字，或者用法定条文的文字组合，并力求简明、准确，能够反映法定文件条文的本质特征。合并的行政权力事项的名称应当对各子项的名称进行概括。权力名称一般采用"权力规范对象（名词或名词性词组）+权力行使方式（动词）"的形式编写。

（2）权力依据。权力依据应当引用实施该行政职权所依据的法律、法规、规章和规范性文件的具体条款和内容，由上级部门下放的行政权力事项，应当写明下放的法定依据。所引用的法定条文应当准确、完整，并选取直接对应的内容。款下分若干项，且需按项列为不同事项的，仅需引用对应的项。

一个行政权力事项需要引用多个法律、法规、规章和规范性文件依据的，按照依据的位阶从高到低的顺序排列。引用的法规文件的名称应当使用全称，名称前应当分别用"法律"、"行政法规"、"地方性法规"、"规章"、"规范性文件"标明位阶。

（3）权力状态。权力状态按照规定分别填写"常用"或者"非常用"。

（4）行使层级。行使层级按照规定分别填写"省级行使"或者"属地行使"。

224. 各类行政权力事项的编制有什么具体要求？

行政权力事项的编制要分别遵循以下要求：

（1）行政许可类

法律、法规中对行政许可事项的名称有确定的表述的，直接使用法定名称；法律、法规中没有确定表述的，一般采用"……（事项名称）的许可（核准、审查、审批、认定等）"。如"煤矿企业开办许可"、"货物进出口许可证核准"等。

除临时性许可外，必须有法律或者法规依据，规章及规范性文件只能作为实施法律、法规规定的行政许可事项的补充或者具体规定。法规、规章、规范性文件的规定不符合《行政许可法》规定的，相应部分的内容不得作为依据。

（2）行政处罚类

原则上以一个违法行为作为一个事项。同一个条款中包括有多个违法行为的，原则上以一个条款作为一个事项，确需分开的，可以分为多个事项。同一条分为若干款，且为不同的违法行为的，每款可作为一个事项。同一条或者同一款下分多个项，且各项为不同违法行为的，可分为多个事项。同一违法行为的不同情形应当合并为一个事项。

同一条款中与具体的处罚种类并列出现的责令（限期）改正（整改），与具体的处罚种类共同列为一个处罚事项；单独的责令（限期）改正（整改）不作为单独的处罚事项列入清单，证据先行登记保存作为过程性措施不作为单独的处罚事项列入清单。

名称一般采用"对……（违法行为描述）的处罚"。如"对擅自迁移、拆除不可移动文物的处罚"等。

依据应当为法律、法规和规章，规范性文件只能作为法律、法规、规章规定的处罚种类和幅度的补充和具体规定。

一个行政处罚事项引用多个法定依据，且上、下位法之间对处罚的种类和幅度规定不一致的，以上位法规定的处罚种类和幅度为准。

（3）行政强制类

名称一般采用"对……（违法行为描述）的……（行政强制种类）"。如"对违法生产、经营种子的封存、扣押"、"封存未依照规定标明相关标识的疫苗"等。

依据包括法律、法规。

（4）行政征收类

名称一般采用"……（征收项目名称）的征收"。如"水资源费的征收"、"教育费附加的征收"等。

依据包括法律、法规、规章、规范性文件。

（5）行政征用

名称一般采用"对……（征用内容）的征用"。如"对测绘单位的测绘设备和测绘成果的征用"等。

依据包括法律、法规、规章。

（6）行政奖励

名称一般采用"对……的奖励"。如"对检举违反税收法律、行政法规行为的奖励"、"对在保护风景名胜区工作中成绩显著或者做出贡献的单位和个人的表扬和奖励"等。

行政奖励予以保留的情形：权力依据为法律、法规、规章的行政奖励事项应以保留；省委、省政府开展评比达标表彰等事项清理后明确予以保留的奖励事项可以保留；清理之后由省委、省政府文件规定开展的行政奖励可以保留。其他规范性文件规定的奖励不予保留。

（7）行政确认

名称一般采用"对……（事项名称）的确认（登记、认定、鉴定等）"。

依据包括法律、法规、规章和规范性文件。

（8）行政给付

名称一般采用"……的给付（支付）"。如"省级医疗、工伤、生育保险待遇支付"、"对艾滋病防治个人的补助抚恤"等。

依据包括法律、法规、规章和规范性文件。

（9）行政裁决

名称一般采用"对……（事项名称）的裁决"。

依据包括法律、法规、规章。

（10）其他行政权力

名称一般采用"权力规范对象（名词或名词性词组）+权力行使方式（动词）"。如"食品安全企业标准备案"等。

依据包括法律、法规、规章和规范性文件。

225. 行政权力事项编码是如何规范统一的?

为了做好行政权力事项统一编码工作,江苏省出台了《行政权力事项编码规则》(苏审改办〔2015〕6号),规定了行政权力事项及业务编码的编制规则与相关使用规定,各级发布的行政权力清单中所有权力事项及各级政务大厅实际运行的行政权力事项及其业务都需要按照规则进行编码,同时江苏省建设的所有涉及行政权力运行的信息系统在建设、运行维护以及系统之间数据交换共享中的行政权力事项及业务按照规则进行编码。

行政权力事项业务编码包括行政权力基本编码、行政权力实施事项编码、行政权力实施业务编码和行政权力办件流水号编码四类。

(1)行政权力基本编码:行政权力基本编码是指全省每一项行政权力的唯一标识代码。即不同实施主体(如省市县各级部门)行使的相同权力事项,应视为同一项权力,采用唯一的行政权力基本编码。行政权力基本编码共10位。

(2)行政权力实施事项编码:行政权力实施事项编码在行政权力基本编码的基础上扩展而来,用于表明行政权力在实施过程中的具体事项,同一项权力由不同实施主体行使时,分别被赋予一个行政权力实施事项编码。行政权力实施事项编码共32位。

(3)行政权力实施业务编码:为方便行政相对人办理业务、提高办事效率,同时便于主管部门加强对行政权力运行事中事后的监管,行政权力实施主体可按照具体业务类型等对行政权力实施事项进行业务分类,即在实际运行过程中,一项行政权力实施事项可以由一至多项业务组成,其中每项业务均要分配一个行政权力实施业务编码。行政权力实施业务编码共34位。

(4)行政权力办件流水号编码:行政权力办件流水号编码用于标识各级行政机关在行使行政权力的过程中产生的具体办件的流水号。各级政府或部门建立的行政权力运行的信息系统必须按照本规则为每起行政权力办件分配流水号。行政权力实施业务编码与行政权力办件流水号编码组合在一起可以唯一标识全省每一起行政权力办件。行政权力办件流水号编码共12位。

226. 行政权力事项编码是如何进行管理的?

行政权力事项编码一般按照以下要求进行管理:

(1)行政权力基本编码的管理:行政权力基本编码由省行政审批改革联席

会议办公室统一管理。原则上，各市、县（市、区）只能选择自身需要的权力及其编码。有立法权的市依法设立的行政权力的编码，由该市行政权力事项清单管理机构向省行政审批改革联席会议办公室申请。

新增权力：新增行政权力应按规定的方法，在原有事项编码之后进行编码。

取消权力：行政权力依法取消后，由省行政审批改革联席会议办公室统一对其代码进行作废处理，由该基本编码扩展而来的所有行政权力实施事项编码及实施业务编码自动同步作废。作废的代码做特殊标识后进入代码废置库，可用于查询、追溯使用，不再重新赋予其他权力。

合并权力：两项或以上的权力合并为一项权力时，原权力视同被取消，合并而成的权力视同为新增。

（2）行政权力实施事项编码的管理：行政权力实施事项编码由各级行政权力事项清单管理机构分级管理，在全省统一管理的行政权力基本编码基础上编制。

（3）行政权力实施业务编码的管理：行政权力实施主体对其行使的行政权力实施事项进行业务划分，并对划分后的业务统一编码，报该行政权力实施主体的省级主管部门进行审批，批准后将行政权力实施业务编码报本级行政权力事项清单管理机构进行备案。行政权力实施主体对原有业务划分进行优化调整或拆分合并等修改时，将新的业务划分及分配的行政权力实施业务编码报该行政权力实施主体的省级主管部门进行审批，批准后将新的行政权力实施业务编码报本级行政权力事项清单管理机构进行备案。

各级行政权力事项清单管理机构分级维护本级所有行政权力实施业务编码。

（4）行政权力办件流水号编码的管理：行政权力办件流水号编码由各级行政机关自行管理，在行政权力实施事项编码的基础上编制。

227. 行政权力事项的运行流程有哪些要求？

行政权力事项的运行流程遵循以下要求：

（1）在建立行政权力清单的同时，编制权力事项责任清单，以流程图形式将涉及的所有盖章、中介、收费等环节全部晒在政务服务网等载体上，接受社会监督。

（2）按照规范行政权力运行和便民高效的要求，制定行政权力运行流程

图，有法定程序的，按照法定要求细化流程；没有法定程序的，按照便民高效原则设置流程。

（3）优化运行程序，简化办事环节，规范行政裁量权，明确和强化工作责任，提高运行效能。

228. 如何对行政权力清单进行动态管理？

对行政权力清单进行动态管理，按照以下要求依法及时更新：

（1）具有下列情形之一的，行政主体应当向机构编制部门提出增加行政权力事项的申请：一是因法律、法规、规章和规范性文件的颁布、修订需增加行政权力的；二是因上级政府下放行政权力，依法承接的；三是因行政主体职能调整，相应增加行政权力的；四是其他应当增加行政权力的情形。

（2）具有下列情形之一的，行政主体应当予以清理，向机构编制部门提出取消、下放或变更的申请：一是上级政府依法予以取消、下放、调整的；二是设定依据已经被废止或修改的，或者省政府规章设定的临时性行政许可实施满一年后，未制定地方性法规的；三是依法可以整合、转移或下放的；四是机构职能调整的；五是其他应予调整的情形。

（3）依法增加、取消、下放行政权力或对行政权力名称、类别、实施主体、法律依据、外部流程等进行变更的，应当在法定依据公布或者机构职能调整确定后规定时间内向机构编制部门提出申请，机构编制部门在规定时间内审核并经本级政府法制机构合法性审查后，予以调整。

行政主体因机构撤销、合并、分设的，由继续行使行政权力事项的行政主体提出申请。

行政主体和机构编制部门应当定期或不定期对行政权力事项进行评估，根据评估结果，提出清理意见。

229. 责任清单与权力清单有何联系和区别？

责任清单和权力清单都是围绕政府自身改革和转变政府职能展开，既有联系，又有区别。

（1）目的不同。权力清单是将政府及部门行使的行政权力以清单形式加以详细列举并对社会公开，使之科学有效运行；而责任清单则从责任的角度对部门职责进行直观表述，明确部门职责，界定职责界限，加强公共服务，防止政府管理缺位。

（2）作用不同。权力清单按照"法无授权不可为"的要求，主要解决部门乱作为的问题，重点是简政放权，把"该放的权放开"；而责任清单是按照法定职责必须为的要求，主要解决部门不作为的问题，加强公共服务，把"将该管的管住、该扶的扶好"。

两张清单相互配套，着力构建"权界清晰、分工合理、权责一致、运转高效"的现代化政府治理体系，旨在推进政府职能转变。

230. 编制责任清单应遵循哪些原则？

编制责任清单应遵循以下原则：

（1）坚持职责法定。部门责任清单原则上以法律法规规章、部门"三定"规定，以及党中央、国务院和省委、省政府规范性文件为依据。没有上述依据的，不纳入编制范围，切实落实"法定职责必须为"。

（2）坚持问题导向。根据全面深化改革的要求，围绕全面正确履行政府职能，以社会关注和人民群众反映的突出问题为导向，重点明确部门履职范围，厘清责任边界，加强事中事后监管和公共服务。

（3）坚持公开透明。部门权力事项责任清单应完整、规范、清晰、准确，并主动向社会公开（涉及国家秘密及其他依法不予公开的除外），方便公民、法人和其他组织办事，确保阳光透明，杜绝寻租漏洞，接受社会监督。

231. 哪些部门纳入编制责任清单的范围？

编制权力事项责任清单的部门范围与推行权力清单制度的部门范围相一致。一是政府工作部门和部门管理机构；二是具有行政主体资格并依法承担行政职能的事业单位；三是列入党委工作机构序列但依法承担行政职能的部门或单位。

232. 责任清单包括哪些内容？

责任清单的内容包括部门职责、职责边界、公共服务、对应行政权力、行政权力运行流程、涉及中介项目及收费和加强事中事后监管的制度措施七个方面。

（1）部门职责。根据有关法律法规规章和部门"三定"规定，对部门职责进行认真梳理，按照"发展规划、政策法规、专项业务和其他事项"等顺序，明确具体工作事项。

（2）职责边界。对涉及多个部门管理的职责，特别是社会关注度高、群众反映强烈的市场监管、食品安全、安全生产、环境保护等方面的职责，依据现有规定明确相关部门的职责分工和牵头部门，建立健全部门间的协调配合机制，分清主办、协办关系，落实监管责任。

（3）公共服务。按照强化公共服务的要求，梳理本部门以促进社会发展为目的、直接为行政相对人行使各项权利创造和提供必要条件所开展的具体服务事项，以方便群众办事，接受社会监督。

（4）对应行政权力。依据部门职责，对照行政权力清单，梳理与履行职权所对应的行政权力事项，严格限定权力使用范围，做到"法无授权不可为"。

（5）行政权力运行流程。按照从严规范、从严监督、阳光公开、便民高效的要求，逐项梳理行政权力运行的具体流程。在法定权责和时限内，减少运转环节，简化办事程序，优化办理流程，整合办理事项。从严规范自由裁量权，明确工作职责，确定履职程序、办理期限和承办机构等，编制行政权力运行流程图，确保每项行政权力按照规定的权限和程序行使。

（6）涉及中介机构及收费。梳理权力运行过程中涉及的所有中介、盖章、收费等情况，最大限度压缩办事环节、减少中介服务、降低收费标准、削减收费项目。

（7）加强事中事后监管的制度措施。对取消、下放（含属地管理）、转移、保留的权力事项，分类建立健全事中事后监管制度，明确本部门与下级部门、社会组织职责分工和工作重点，落实日常监管、危险隐患排查、责任追溯、专项整治、信用管理、联合惩戒、黑名单制度等方面的具体措施，避免管理缺位。

第六章

行政执法

233. 什么是行政执法？

行政执法的概念有广义和狭义之分，广义的行政执法与立法相对应，是指所有的行政执法主体在行政管理的一切活动中遵守和依照法律、法规、规章和规范性文件进行行政管理，以达到维护公共利益和服务社会的目的的行政行为。狭义的行政执法，是指法律、法规和规章所规定的行政执法主体，把法律、法规、规章和规范性文件的规定适用于具体对象或案件的活动，直接影响公民、法人或者其他组织的权利义务。如行政许可是赋予行政相对人某种资格或者权利；行政确认是通过确定、证明等方式决定管理相对人某种法律地位；行政处罚是以惩罚违法行为为目的，对违法相对人权益的限制、剥夺或者对其科以新的义务。本章主要围绕狭义的行政执法作有关介绍。

根据不同的标准，行政执法可以分为不同的种类和形式。例如，以行政执法涉及的事项和领域为标准，可分为公安行政执法、财政行政执法、交通行政执法、海关行政执法、税务行政执法、劳动行政执法、科文卫行政执法、市场监督管理行政执法等；以行政执法的内容和特征为标准，可分为行政许可、行政处罚、行政强制、行政征收、行政给付、行政裁决、行政调解等；以行政执法受到法律规范拘束程度的不同，可分为羁束性执法和自由裁量性执法；以行政机关是否主动采取执法行为标准，可分为依职权的执法和依申请的执法。

234. 什么是行政执法主体？

行政执法主体是指享有行政权力，能以自己的名义行使行政权，作出影响行政相对人权利义务的行政行为，并能独立承担由此产生的相应法律责任的组织。根据2014年11月1日全国人民代表大会常务委员会修订通过的《行政诉讼法》第二条规定，可以作出行政行为的行政执法主体既包括行政机关，也包括法律、法规、规章授权的组织。

235. 行政执法主体应当具备哪些条件？

根据我国有关法律法规的规定，行政执法主体一般应当具备以下条件：

（1）行政执法主体应当是组织而不是自然人。虽然具体的行政执法行为是由行政执法人员来实施的，但他们是以组织名义而不是以个人名义实施的，因此，行政执法人员只是行政执法主体的构成要素，而不是行政执法主体本身。

（2）行政执法主体的成立应当有合法的依据。行政执法是行使行政权的行为，承担行政执法任务的组织不能任意成立，必须有法律依据。

（3）行政执法主体应当具有明确的职责范围。行政执法主体的职责范围是该组织行使权力的空间，也是其活动发生法律效力的空间。任何一个行政执法主体都必须具备明确、具体的职责范围。否则，其执法活动的法律效力就无法实现。

（4）行政执法主体应当能以自己的名义作出行政行为并承担相应的执法责任。行政执法主体实施行政行为除了能以自己名义作出外，如果当事人既不起诉又不履行，行政执法主体能以自己的名义强制执行或者申请法院强制执行。如果当事人认为自己的合法权益受到该行政行为的侵犯而提起行政诉讼或者申请行政复议，行政执法主体能以自己的名义独立承担行政责任。这是衡量一个组织是否是独立的行政执法主体的重要条件。

（5）具体开展行政执法活动的行政执法人员应当是正式在编的工作人员。行政执法机关的行政执法权靠行政执法人员的执法活动付诸实施，行政执法人员必须是某一特定的国家行政机关的在编人员。行政执法人员占用该特定的国家行政机关编制，接受该国家行政机关的管理。行政执法人员可以以机关的名义行使机关享有的职权，对相对人实施某些法律行为。行政执法人员还必须取得执法资格，没有取得执法资格的不得从事行政执法工作。行政执法人员的执法后果由其所在的行政机关承担。行政执法人员在被授权的职权范围内实施的任何行政执法活动，都是代表其所在的行政执法机关进行的。

以上五个条件相互依存，缺一不可。2004年，国务院《全面推进依法行政实施纲要》（以下简称国务院《纲要》）提出："建立健全行政执法主体资格制度。行政执法由行政机关在其法定职权范围内实施，非行政机关的组织未经法律、法规授权或者行政机关的合法委托，不得行使行政执法权；要清理、确认并向社会公告行政执法主体；实行行政执法人员资格制度，没有取得执法资格的不得从事行政执法工作。"2008年，《国务院关于加强市县政府依法行政的决定》（以下简称国务院《决定》）要求："实行行政执法主体资格合法性审查制度。"市县政府应当严格按照有关法律、法规和规章的规定，设立行政执法机构；对已有的行政执法主体，特别是事业单位执法主体的资格应当定期进行合法性审查和清理，对不合法、不合格的行政执法主体，要坚决予以取消。经审查确认和取消的行政执法主体，应当通过报纸、电视台、政府网站等媒体及时向社会公告。

我国一些省、市先后出台了有关行政执法主体管理的地方性法规和政府规章。如《湖北省行政执法条例》、《广东省行政执法责任制条例》、《深圳市行政执法主体公告管理规定》、《大连市行政执法主体资格审查及公告办法》和《贵阳市行政执法主体资格审核确认规定》等。

236. 什么是授权行政执法？

授权行政执法是指法律、法规或者规章将某项或某一方面的行政职权的一部分或全部，通过法定方式授予某个组织执行的行为。这一概念的内涵包括：（1）授权行政执法必须以法定方式进行授权；（2）授权行政执法可以由法律、法规、规章授权，其他规范性文件不具备授权资格；（3）被授权的组织必须依法成立，具有相应的机构、人员、经费，具有管理公共事务的职能，能以自己的名义实施执法权并对自己的行为承担相应的法律后果。

如《行政处罚法》第十七条规定："法律、法规授权的具有管理公共事务职能的组织可以在法定授权范围内实施行政处罚。"《行政许可法》第二十三条规定："法律、法规授权的具有管理公共事务职能的组织，在法定授权范围内，以自己的名义实施行政许可。被授权的组织适用本法有关行政机关的规定。"《行政强制法》第十六条第一款规定："行政机关履行行政管理职责，依照法律、法规的规定，实施行政强制措施。"该法第七十条规定："法律、行政法规授权的具有管理公共事务职能的组织在法定授权范围内，以自己的名义实施行政强制，适用本法有关行政机关的规定。"《行政诉讼法》第二条规定："公民、法人或者其他组织认为行政机关和行政机关工作人员的行政行为侵犯其合法权益，有权依照本法向人民法院提起诉讼。前款所称行政行为，包括法律、法规、规章授权的组织作出的行政行为。"

237. 什么是委托行政执法?

委托行政执法是指行政执法主体将其执法职权的一部分，依法委托给其他行政机关或者组织来执行的行为。这一概念的内涵包括：

（1）委托机关必须是具有行政执法主体资格的行政主体。

（2）委托必须有法律、法规和规章的规定为依据。如《行政处罚法》第十八条规定："行政机关依照法律、法规或者规章的规定，可以在其法定权限内委托符合本法第十九条规定条件的组织实施行政处罚。"对于法律禁止开展委托的，必须遵从法律规定，如《行政强制法》第十七条规定："行政强制措施由法律、法规规定的行政机关在法定职权范围内实施。行政强制措施权不得委托。"因此，行政强制措施不得委托行政机关和有关组织实施。

（3）委托内容是行政执法职权而非其他职权，是行政执法职权的一部分而非全部职权。

（4）受委托的可以是行政机关或者是符合法定条件的组织。如《行政处罚法》第十九条规定："受委托组织必须符合以下条件：（一）依法成立的管理公共事务的事业组织；（二）具有熟悉有关法律、法规、规章和业务的工作人员；（三）对违法行为需要进行技术检查或者技术鉴定的，应当有条件组织进行相应的技术检查或者技术鉴定。"《行政许可法》第二十四条规定："行政机关在其法定职权范围内，依照法律、法规、规章的规定，可以委托其他行政机关实施行政许可。"因此，行政许可只能委托行政机关，不能委托有关组织。

（5）受委托组织在委托范围内，以委托行政机关名义实施行政行为；不得再委托其他任何组织或者个人实施行政行为。如《行政许可法》第二十四条规定："受委托行政机关在委托范围内，以委托行政机关名义实施行政许可；不得再委托其他组织或者个人实施行政许可。"

（6）委托的行政机关对受委托的行政机关或者组织实施的行政行为应当负责监督，并对该行为的后果承担法律责任。如《行政许可法》第二十四条规定："委托行政机关对受委托行政机关实施行政许可的行为应当负责监督，并对该行为的后果承担法律责任。"

238. 授权行政执法与委托行政执法有哪些区别?

授权行政执法与委托行政执法是两个不同的法律概念，它们之间的区别主要表现在法律根据、法定方式和法律后果三个方面。

（1）法律根据方面：授权行政执法只能以法律法规规章的明文授权为依据，而委托行政执法可以以法律、法规或规章为依据。在授权执法方面，有的法律还明确规定，某些事项只能由行政法规授权，地方性法规不能授权。如《行政强制法》第七十条规定："法律、行政法规授权的具有管理公共事务职能的组织在法定授权范围内，以自己的名义实施行政强制，适用本法有关行政机关的规定。"根据该条规定，地方性法规不能授权有关组织实施行政强制。

（2）法定方式方面：授权行政执法必须符合法定的方式，其方式一般由法律、法规直接授予。而委托行政执法的方式则是行政主管部门以比较具体的委托决定来进行。委托决定以书面形式载明：委托事项、范围、职权内容、委托时间、委托人和被委托人之间的关系等。如《行政许可法》第二十四条明确要求，委托机关应当将受委托行政机关和受委托实施许可的内容予以公告。

（3）法律后果方面：授权行政执法的法律后果是使被授权的组织取得了行政执法主体资格，成为法定的行政执法主体，使该组织可以以自己的名义行使执法权并承担由此而产生的法律后果。而委托行政执法则不会发生职权及职责的转移，被委托组织不能以自己的名义作出具体行政行为，其法律后果由委托的行政机关承担。受托组织接受委托后也不能再转委托。

239. 行政机关内设机构和派出机构是否具有处罚主体资格？

一般情况下，行政机关内设机构和派出机构不具有行政处罚、行政许可、行政强制等行政执法主体资格。但是，法律、法规明确授予行政处罚权的行政机构或者派出机构具有独立行政处罚权的权力，即可以自己的名义作出行政处罚决定。如《治安管理处罚法》第九十一条规定："治安管理处罚由县级以上人民政府公安机关决定；其中警告、五百元以下的罚款可以由公安派出所决定。"又如武汉市出台的《武汉市街道办事处条例》第八条规定："在街道组建市容监察队。市容监察队是具有管理公共事务职能的组织，由街道办事处领导，并接受有关行政主管部门的业务指导和监督。市容监察队应当宣传爱国卫生、市容环境、城市绿化等法律、法规，教育公民、法人或其他组织自觉守法。对街道辖区里巷、居民区内违反上述法律、法规规定，以及违法搭盖、占道、挖掘的单位和个人，市容监察队应当进行批评教育、责令改正，并可以依照处罚权限和《中华人民共和国行政处罚法》规定的处罚程序给予行政

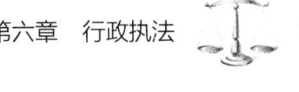

处罚。市容监察队实施行政处罚的权限为警告、对单位处以1000元以下的罚款、对个人处以50元以下的罚款、拆除违法搭盖物、清除违法占道物。"

240. 什么是行政执法依据？

行政执法依据是指行政执法活动赖以成立的法律根据。主要有：法律、行政法规、地方性法规、规章及其他规范性文件等。如行政许可的依据有《行政许可法》，以及对具体行政许可事项作出具体规定的单行法律、法规和规章；行政处罚的依据有《行政处罚法》，以及对应受行政处罚的具体违法行为作出规定的单行法律、法规和规章，如《治安管理处罚法》；行政强制的依据有《行政强制法》，以及对具体事项作出规定的单行法律，如《税收征收管理法》等；行政征收的依据见之于单行的法律法规规定，如《防洪法》、《国有土地上房屋征收与补偿条例》等；行政给付的依据见之于单行的法律法规规定，如《残疾人保障法》、《军人抚恤优待条例》等；行政裁决的依据见之于单行的法律法规规定，如《土地管理法》、《专利法》等；行政奖励的依据见之于单行的法律法规规定，如《教学成果奖励条例》、《自然科学奖励条例》等。

241. 行政执法依据的适用规则有哪些？

根据我国《宪法》和《立法法》、《行政复议法》、《行政诉讼法》等有关法律法规，行政执法依据的适用规则主要有：

（1）实体法与程序法并重。从法律意义上说，程序依据与实体依据有着相同的法律地位，违反程序法同样是一种违法，而且是极为严重的违法，因为程序上违法往往导致实体上执法的无效。

（2）上位法优于下位法。当不同效力等级的执法依据对某一问题的规定不尽一致时，行政执法机关及其执法人员在适用时应当适用效力等级高的上位执法依据，而不能执行效力等级低的下位执法依据。当然，上位法已明确授权下位法可以作出特殊规定的除外。根据我国《立法法》的规定，行政执法依据的效力等级按下列顺序确定：宪法，法律，行政法规，地方性法规，部门规章、地方政府规章，具有普遍约束力的决定、命令等其他规范性文件。其中省、自治区的人民政府制定的规章的效力高于本行政区域内设区的市人民政府制定的规章，部门规章之间、部门规章与地方政府规章之间具有同等效力，在各自权限范围内施行。

（3）新法优于旧法。同一机关就同一问题制定了两个或者两个以上的执法依据，行政执法机关应当优先适用后制定的依据。

（4）特别法优于一般法。特别法是根据某种特殊情况和需要所制定的专门调整某种特殊社会关系的执法依据，其对特定主体、事项，或在特定地域、特定时间有效。一般法是为调整某一类社会关系而制定的，有普遍效力的执法依据。当同一效力等级的执法依据相互矛盾或者执法依据有特别规定时，应当按照特别法优于一般法的方法，可优先适用特别法。法律之间、行政法规之间或者其他执法依据之间对同一事项的新的一般规定与旧的特别规定不一致时，新的一般规定允许旧的特别规定继续适用的，适用旧的特别规定；新的一般规定废止旧的特别规定的，适用新的一般规定。如不能确定新的一般规定是否允许旧的规定继续适用，则应送请制定机关裁决。

（5）实体从旧，程序从新。实体从旧、程序从新是指行政执法机关对行政相对人作出具体行政行为时，对实体事项的处理，应当适用旧的执法依据，而正在进行的执法程序则应适用新公布生效的执法依据。但有下列情形的应除外：一是执法依据另有规定的；二是适用新的执法依据对保护行政相对人的合法权益更为有利的；三是按照具体行政行为的性质应当适用新执法依据的实体规定的。

242. 什么是行政执法管辖？

行政执法管辖是指国家行政机关体系中不同种类、不同层级、不同区域的行政执法机关之间的行政执法权限和职责范围的划分。一般分为职能管辖、属地管辖、层级管辖三类。

职能管辖通常是指对不同种类行政执法机关之间的行政执法权限和职责范围的划分。属地管辖通常是指对不同区域的行政执法机关之间的行政执法权限和职责范围的划分。层级管辖通常是指对不同层级的行政机关之间的行政执法权限和职责范围的划分。

243. 什么是行政执法程序？

行政执法程序是指行政执法主体实施行政执法行为时所应遵循的方式、步骤、时限和顺序的规则。公正的、完备的行政执法程序，有利于平衡行政执法主体与相对人之间的不对等地位，保证行政执法结果的公正，也有利于人们对行政执法的监督和理解。国务院《纲要》提出："严格按照法定程序行使权力、履行职责。"国务院《决定》要求："市县政府及其部门要严格执行法律、法规、规章，依法行使权力、履行职责。要完善行政执法程序，根据有关法律、法规、规章的规定，对行政执法环节、步骤进行具体规范，切实做到流程清楚、要求具体、期限明确。"《国务院关于加强法治政府建设的意见》（以下简称国务院《意见》）进一步要求："各级行政机关都要强化程序意识，严格按程序执法。加强程序制度建设，细化执法流程，明确执法环节和步骤，保障程序公正。"党的十八届四中全会决定进一步强调："完善执法程序，建立执法全过程记录制度。"

目前，我国没有一部统一的行政程序法，但这并不意味着我国没有执法程序的法律规范。关于行政执法程序的规定，一是散见于单行法律规定之中，如《行政处罚法》、《行政许可法》和《行政强制法》等；二是分散在一些部门法律规定中，如《治安管理处罚法》、《税收征收管理法》等；三是国家不少部委颁布的有关行政执法程序的规章，如《建设部建设行政处罚程序暂行规定》、《工商行政管理机关行政处罚程序规定》和《反价格垄断行政执法程序规定》等；四是各地方出台的有关行政执法程序的地方性法规和规章，如《湖南省行政程序规定》、《山东省行政程序规定》、《江苏省行政程序规定》和《广西壮族自治区行政执法程序规定》等。

244. 什么是行政执法裁量权基准制度？

行政执法裁量权是指行政执法机关在行政执法过程中，依照法律、法规、规章规定的条件、种类、时限和幅度等，结合具体情形进行审查、判断并作出处理的权力。行政执法裁量权基准是指行政执法机关依职权对法定裁量权具体化的控制规则，是行政执法机关结合行政执法实践，对法律、法规、规章中行政执法裁量权的适用条件、情形等予以细化、量化而形成的具体标准。

建立行政执法裁量权基准制度，在一定程度上对执法裁量权进行细化、量化，对执法权逐一建立具体的细化标准，明确适用条件、情形，有利于规范行政机关的执法尺度，防止和减少行政机关随意执法、选择性执法和机械性执法等问题，合理调整执法权行使的弹性空间，有利于促进行政执法裁量定位更准确，操作更规范，避免行政裁量权的滥用而损害相对人的合法权益。

245. 规范行政执法裁量权有哪些基本要求？

2004年国务院《纲要》提出："行使自由裁量权应当符合法律目的，排除不相关因素的干扰；所采取的措施和手段应当必要、适当"；"行政机关行使自由裁量权的，应当在行政决定中说明理由"。2006年9月，中共中央办公厅、国务院办公厅发布的《关于预防和化解行政争议健全行政争议解决机制的意见》明确指出："对执法机关的行政裁量权进行细化、量化和规范，防止滥用行政裁量权。"2008年5月，国务院《决定》要求："要抓紧组织行政执法机关对法律、法规、规章规定的有裁量幅度的行政处罚、行政许可条款进行梳理，根据当地经济社会发展实际，对行政裁量权予以细化，能够量化的予以量化，并将细化、量化的行政裁量标准予以公布、执行。"党的十八届四中全会决定进一步提出："建立健全行政裁量权基准制度，细化、量化行政裁量标准，规范裁量范围、种类、幅度。"2010年国务院《意见》，党的十八届三中、四中全会，都明确对进一步建立行政裁量权基准制度不断提出新的更具体的要求。

目前，国家不少部委和地方都相继出台了行政执法裁权基准制度。如财政部《财政部门行使行政处罚裁量权指导规范》、国家税务总局《关于规范税务行政裁量权工作的指导意见》、《四川省规范行政执法裁量权规定》、《山东省规范行政处罚裁量权办法》、《上海市人民政府关于本市建立行政处罚裁量基准制度的指导意见》、《南京市规范行政执法裁量权规定》、《广州市规范行政执法自由裁量权规定》等。这些出台的行政执法裁量基准制度明确要求：规范行政执法裁量权应当遵循公开、公平、公正和程序正当原则，体现合法性、合理性、公开性、科学性和可操作性；规范行政执法裁量权应当符合立法目的和原则，采取的措施和手段应当必要、适当，以执行基准为原则，以特殊情形为例外。确定给予行政处罚的种类和幅度，应当考虑：违法行为的事实、性质、情节和社会危害程度以及主客观因素等，界定违法行为的违法程度；根据相关法律、法规和规章的规定，考虑违法行为是否具有从重、从轻、减轻，或者不予行政处罚的情形；根据相关法律、法规和规章的规定，决定是否对违法行为予以处罚，予以何种处罚，以及何种幅度的处罚等。

246. 行政执法文书主要有哪些类型？

行政执法文书是行政机关按照法定的执法程序和执法内容，在行政执法过程中根据有关法律、法规、规章的规定和实体问题所制作、发布的反映行政执法活动过程和每个环节内容并且具有法律效力或者有法律意义的文书。

根据不同的标准，可以将行政执法文书分为不同的类型：

（1）根据文书制作主体名义的不同可以分为以个人名义制作的文书和以机关名义制作的文书。所谓以个人名义制作，是指以行政执法人员个人名义制作，由制作人对文书的真实性、准确性、正确性负责，如《调查笔录》；以机关名义制作，是指行政执法人员以机关的名义制作的文书，由该机关对文书的真实性、准确性和正确性承担法律责任，如《行政处罚决定书》、《登记保存（封存）（扣押）决定书》等。

（2）根据文书内容的不同可以分为描述事实的文书和表示意思的文书。描述事实的文书，是指制作人只对看见的、了解的、掌握的事实进行客观的记录，不掺杂任何个人意思，不作任何主观评价的文书，如《调查笔录》、《现场检查笔录》等；表示意思的文书，是指制作人对事实情况，依照法律规定作出处理决定的文书，如《行政处罚决定书》、《登记保存（封存）（扣押）决定书》等。

（3）根据文书外在表现形式的不同可以分为表格类文书、填空类文书和笔录类文书。表格类文书如《立案审批表》、《送达回证》等；填空类文书如《当场处罚决定书》等；笔录类文书如《现场检查笔录》、《调查笔录》等。

（4）根据文书使用范围的不同可以分为内部使用的文书和外部使用的文书。内部使用的文书对外不具有法律效力，如《立案审批表》等；外部使用的文书，是指对制作机关以外的机关、公民、法人或者其他组织适用的文书，如《封存决定书》、《行政处罚决定书》等。外部使用的文书，具有法律上的执行效力。

（5）根据办案需要分为必用类文书和择用类文书两大类。

247. 什么是重大行政执法决定？

行政执法决定是指行政执法机关在执法过程中，按照法定权限和程序，针对行政相对人作出的直接产生外部法律效果的决定。对于如何划定"重大行政执法决定"，国家没有统一规定。各地通过制订地方政府规章或者规范性文件做法作了一些规定，有的是在行政执法裁量制度中予以划分，有的是在备案审查制度中予以明确。如《商务行政处罚程序规定》、《重庆市规范行政处罚裁量权办法》、《南京市规范行政执法裁量权规定》、《辽宁省重大行政处罚备案审查规定》、《南昌市重大行政执法决定备案办法》等。从已经出台的规定看，重大行政执法决定一般是指重大行政许可、重大行政处罚、重大行政强制、重大行政征收、重大行政确认、重大行政给付、重大行政裁决等行政执法决定。

248. 什么是重大行政执法决定法制审核制度?

十八届四中全会决定明确提出:"严格执行重大执法决定法制审核制度。"重大行政执法决定法制审核制度是行政执法程序的重要内容。这一制度要求行政执法主体作出重大行政执法决定前,必须进行法制审核;未经法制审核或者审核未通过的,不得作出重大行政执法决定。

249. 什么是重大行政执法决定备案制度?

重大行政执法决定备案制度是指行政执法主体将作出的重大行政执法决定向监督部门上报备案审查的一种监督制度。主要包括向同级人民政府法制部门进行备案和向上一级行政主管部门备案两种方式。

250. 什么是柔性执法方式?

柔性执法方式是指行政执法主体运用非强制手段依法实施的一种行政行为,主要是指运用行政指导、行政合同、行政调解、行政奖励等一系列不具有法律强制力的新型行政行为的总称。具体方式可概括为:

(1) 行政指导。主要体现在:①劝告、说服。劝告即主动和善意地劝说行政相对人不要进行某种活动,以避免不必要的错误和损失。说服即通过语重心长、耐心细致地讲解道理,使相对人心悦诚服地配合执法机关实现行政目标。②指点、提醒。即针对行政相对人容易疏忽和出错之处,以平等身份从旁提醒,促使其加以注意和警惕,避免不必要的错误和损失。如执法机关对于初次违法的相对人给予提醒,而不是立即给予处罚,这样有助于缓解执法中与相对人的冲突。③协商、沟通。即执法机关与行政相对人共同商量讨论、交换意见,以就某个事项取得一致意见,使行政相对人对执法机关某些活动的理解和主动配合,促使某些较大、较复杂的问题获得较好解决。

(2) 行政合同。行政合同是现代行政法上较为新型且重要的一种行政管理手段,它引进了公民参与国家行政的新途径。执法机关可以与特定的行政管理相对人签订行政合同,约定双方的权利和义务,使相对人可以以积极的权利方式而不仅仅是负担义务直接参与实施行政职能特别是经济职能。行政合同以协商的方式提出要求和义务,便于公民理解,容易被公民接受和赞同,从而减少因双方利益和目的的差异而带来的对立性,有利于化解矛盾,创造和谐社会。

（3）行政奖励。行政奖励是行政机关依法对模范守法的单位或个人给予物质、精神鼓励的执法手段，它以正面、积极的方式引导、鼓励相对人参与执法事务，具有强大的教育和导向作用，有利于形成一种良好的守法的氛围。执法机关在具体的执法中对表现良好的执法对象给予精神奖励，如颁发守法商户等证书，可以增加商户的信誉度，促进其积极守法、配合执法。

251. 什么是全程说理式执法？

全程说理式执法是指行政执法主体在实施行政行为时充分运用说理技巧，将法理、事理、情理、文理融为一体贯穿于行政执法调查、告知、决定等全过程的一种工作方式。

说理式行政执法中，依法说理是核心、以理服人是目的。其主要做法是：调查取证过程平等说理，告知听证过程充分说理，作出行政执法决定过程全面说理，力求做到"说明事理、说通情理、说透法理"，达到事理、情理与法理相互交融。

252. 什么是行政执法争议协调制度？

行政执法争议是指行政执法主体在实施法律、法规、规章和规范性文件过程中，因执法职责、依据、环节、标准、范围以及执法协助等因素，与其他行政执法主体之间发生的争议。

行政执法争议协调是指政府法制工作部门根据行政执法机关的申请或者依据职权，对本行政区域内发生的行政执法争议依法进行协调处理的活动。

对行政执法争议的主要处理机制在行政系统内部，即由发生执法争议的行政主体的共同上级机关依职权进行协调解决。目前，一些地方通过地方立法对行政执法争议协调工作进行了积极的探索，推进行政执法争议协调制度化、规范化、科学化。如在地方性法规方面，有《安徽省行政执法监督条例》、《湖南省行政程序规定》等；在地方政府规章方面，有《湖北省行政执法争议协调办法》、《广州市行政执法协调规定》、《南京市行政执法争议协调办法》等。这些地方性法规或规章都明确规定实行行政执法争议协调制度，对行政执法争议协调的情形范围、协调主体、协调程序、处理方式、法律责任等作出了具体规定。

253. 什么是行政执法公示制度?

行政执法公示制度是指为了增加执法过程的透明度,将执法权力放在阳光下运行,增强监督的一项制度。行政执法公示的主要内容通常包括向社会公示:执法主体、执法依据、执法范围、职责权限、标准条件、程序步骤、具体时限、执法结果及责任追究、监督形式等。

254. 什么是行政执法全程记录制度?

行政执法全过程记录制度,是指利用办案信息系统、现场记录设备、视频监控设施等技术手段,推行行政执法文书电子化,实现对立案、调查取证、决定、执行等行政执法活动全过程的跟踪记录,确保所有执法工作都有据可查的一项制度。

党的十八届四中全会决定强调:"坚持严格规范公正文明执法。依法惩处各类违法行为,加大关系群众切身利益的重点领域执法力度。完善执法程序,建立执法全过程记录制度。"执法全程记录制度,主要有三个方面的要求:一是要明确行政监督检查记录的内容。行政机关在对公民、法人和其他组织进行行政监督检查时,应当对检查的人员、时间、形式、内容、结果、处理决定等进行记录。二是要明确行政监督检查记录的程序。对于记录的制作时间、记录的立卷归档等应当明确规定。三是要明确行政监督检查记录的制作要求。在制作填写行政监督检查记录时,要内容完整、用语规范、具体明确。

255. 什么是行政执法档案管理制度?

行政执法档案是指在实施行政许可、行政处罚、行政强制、行政检查及其他行政执法活动中形成的各种文字、图表、声像和电子载体等形式的历史记录。

国务院《纲要》要求:"行政机关应当建立有关行政处罚、行政许可、行政强制等行政执法的案卷。对公民、法人和其他组织的有关监督检查记录、证据材料、执法文书应当立卷归档。"国务院《决定》进一步要求:"要建立监督检查记录制度,完善行政处罚、行政许可、行政强制、行政征收或者征用等行政执法案卷的评查制度。市县政府及其部门每年要组织一次行政执法案卷评查,促进行政执法机关规范执法。"国务院《意见》强调:"充分利用信息化手段开展执法案卷评查、质量考核、满意度测评等工作,加强执法评议考核,评议考核结果要作为执法人员奖励惩处、晋职晋级的重要依据。"

第六章　行政执法　99

目前不少国家部委和地方已制定了行政执法档案管理制度。如《民航行政机关执法案卷管理规定》、《质量技术监督行政处罚案卷电子档案制作及管理规范》、《北京市行政处罚案卷标准》、《大连市行政执法档案管理办法》、《南京市行政执法处罚案卷规则》等都规定行政执法单位应当建立健全行政执法档案的收集、整理、立卷、归档制度，将档案管理工作纳入行政执法责任制考核内容。

256. 什么是行政执法人员资格管理制度？

行政执法人员资格管理制度是指对行政执法机关中承担行政执法任务的工作人员进行资格认证审查和考核的制度。行政执法机关的工作人员未取得行政执法资格的，不得申领和持有执法证，不得上岗执法。

国务院《纲要》规定：实行行政执法人员资格制度，没有取得执法资格的不得从事行政执法工作。国务院《决定》要求：健全行政执法人员资格制度，对拟上岗行政执法的人员要进行相关法律知识考试，经考试合格的才能授予其行政执法资格、上岗行政执法。进一步整顿行政执法队伍，严格禁止无行政执法资格的人员履行行政执法职责，对被聘用履行行政执法职责的合同工、临时工，要坚决调离行政执法岗位。健全纪律约束机制，加强行政执法人员思想建设、作风建设，确保严格执法、公正执法、文明执法。国务院《意见》进一步要求：加强行政执法队伍建设，严格执法人员持证上岗和资格管理制度，狠抓执法纪律和职业道德教育，全面提高执法人员素质。党的十八届四中全会决定强调：严格实行行政执法人员持证上岗和资格管理制度，未经执法资格考试合格，不得授予执法资格，不得从事执法活动。

257. 行政执法人员申领行政执法证件应当具备哪些条件？

根据国家有关部委和全国各地出台的行政执法证件管理办法，行政执法人员申领行政执法证件必须参加法律知识培训和考试，并应当符合下列条件：（1）能够坚定执行党的路线、方针、政策，遵纪守法；（2）有相应的文化水平和行政执法基础知识；（3）熟悉本部门、本岗位业务和相关的法律、法规、规章；（4）忠于职守，尽职尽责；（5）清正廉洁，不谋私利，秉公执法。

《行政执法证》应当载明以下信息：（1）证件编号；（2）持证人的照片等基本信息及所属行政执法机构名称；（3）执法区域；（4）证件有效期；（5）执法权来源。

258. 什么是行政执法人员培训制度?

行政执法人员处在执法第一线,他们的依法行政水平,直接关系行政管理目标的实现,是密切政府和人民群众的关系的重要纽带。这就必然要求行政执法人员必须具有较高的法律素质、较高的专业素质。因此,也就必须强化行政执法人员培训,提高行政执法人员素质。行政执法人员培训由本机关、行政执法资格证发放管理机构、上级机关组织开展,所有行政执法人员都应当接受法制培训,培训内容以行政执法所依据的法律、法规、规章为主,同时兼顾国家有关依法治国、依法行政方面的政策文件。行政执法人员每年都要接受一定时间法制培训,一般要求不少于15天。国务院《决定》要求,把培训情况、学习成绩作为考核内容和任职晋升的依据之一,并把培训考核结果与行政执法资格证管理有机结合起来。

259. 行政执法风纪主要有哪些规定?

国务院《纲要》提出:要切实解决行政机关违法行使权力侵犯人民群众切身利益的问题。国务院《决定》进一步要求:健全纪律约束机制,加强行政执法人员思想建设、作风建设,确保严格执法、公正执法、文明执法。国务院《意见》进一步强调:加强行政执法队伍建设,严格执法人员持证上岗和资格管理制度,狠抓执法纪律和职业道德教育,全面提高执法人员素质。党的十八届四中全会决定强调:把思想政治建设摆在首位,加强理想信念教育,深入开展社会主义核心价值观和社会主义法治理念教育,坚持党的事业、人民利益、宪法法律至上,加强立法队伍、行政执法队伍、司法队伍建设。行政执法风纪主要内容包括:

(1)执法人员不得以任何名义索取、接受行政管理相对人(请托人、中间人)的宴请、礼品、礼金和各种有价证券以及消费性的娱乐活动。

(2)执法人员不得利用职权为配偶、子女及其他亲属从事营利性活动提供便利条件;不得向行政管理相对人借款、借物、赊账、推销产品、报销任何费用或者要求行政管理相对人为其提供服务。

(3)严禁执法人员从事或者参与和职权有关的各种营利性活动。

(4)执法人员不得弄虚作假,隐瞒、包庇、纵容违法行为,不得为当事人的违法行为开脱、说情。

(5)执法人员必须严格按照法定权限和程序,在法定职责范围内实施行政行为，不得推诿或者拒绝履行法定职责。严禁越权执法、滥用职权。

（6）严禁执法人员酒后上岗执法。

（7）非因公务需要，执法人员不得在非办公场所接待行政管理相对人及其亲属，不得单独找当事人调查询问。

（8）执法人员与案件当事人有直接利害关系或者其他关系，可能影响案件公正处理的，应当回避。

（9）行政执法机关不得下达或者变相下达罚没指标，或者将罚没收入与单位业务经费、工作人员福利待遇等直接、间接挂钩。

（10）执法人员在执行公务中遇到群众合理求助时，应当及时提供必要的帮助和服务。

260. 行政执法人员职业道德主要包括哪些内容？

根据全国各地出台的有关制度规定，行政执法人员职业道德主要内容有以下几个方面：

（1）执法人员必须忠于职守、秉公执法、团结协作、风纪严整、廉洁奉公，不徇私枉法，不以权谋私，主动接受监督，切实维护行政执法机关的尊严和执法人员的良好形象；

（2）执法人员应当加强自身修养，培养良好的政治、业务素质和良好的品行，忠实地执行宪法和法律；

（3）执法人员应当热爱本职工作，加强学习，努力钻研和掌握相应的法律知识和业务技能。

261. 什么是行政许可？

根据《行政许可法》第二条规定，行政许可是指行政机关根据公民、法人或者其他组织的申请，经依法审查，准予其从事特定活动的行为。

262. 如何认定行政许可？

行政许可具有六个明显的特征：（1）行政许可是一种依法申请的行政行为。无申请则无许可。（2）行政许可是一种经依法审查的行为。行政许可并不是一经申请即可取得，而要经过行政机关的依法审查。（3）行政许可是一种授益性行政行为。行政许可是行政主体实施的赋予行政相对人某种法律资格或法律权利的具体行政行为。（4）行政许可是一种外部行政行为。其针的对象是提出申请的公民、法人或者其他组织。(5)行政许可是准予行政相对人从事特定活动的行为。(6)行政许可是一种要式行政行为,行政许可必须遵循一定的法定形式。

判断一个行为是否属于行政许可,主要根据行政许可的特征。通常需要把握以下几点:

(1)行政许可是行政机关对经济和社会事务的管理行为,不包括对民事权利、民事关系的确认。据此,植物新品种权的授予,组织机构代码、商品条码的注册,产权登记、机动车登记、婚姻登记、户籍登记、抵押登记等,不是行政许可;而城市规划管理中选址意见书的批准,土地管理中建设用地的批准,是行政许可。

(2)行政许可是行政机关的外部行政管理行为。外交部门对地方政府外事办公室护照签证自办权等的审批,不是外部行政管理行为,不是行政许可。

(3)行政许可是行政机关对公民、法人或者其他组织的申请经审查后决定其可以从事有关活动的行为。因此,行政机关采用检验、检测等手段对市场的日常监督不是行政许可。

263. 哪些事项可以设定行政许可?

根据《行政许可法》第十二条规定,下列事项可以设定行政许可:

(1)需要按照法定条件予以批准的事项。这类事项是指直接涉及国家安全、公共安全、经济宏观调控、生态环境保护以及直接关系人身健康、生命财产安全等特定活动的事项。

(2)需要赋予特定权利的事项。这类事项是指有限自然资源开发利用、公共资源配置以及直接关系公共利益的特定行业的市场准入等需要赋予特定权利的事项。

(3)需要确定资格、资质的事项。这类事项是指提供公众服务并且直接关系公共利益的职业、行业,需要确定具备特殊信誉、特殊条件或者特殊技能等资格、资质的事项。

(4)需要对物进行审定的事项。这类事项是指直接关系公共安全、人身健康、生命财产安全的重要设备、设施、产品、物品,需要按照技术标准、技术规范,通过检验、检测、检疫等方式进行审定的事项。

(5)需要确定主体资格的事项。这类事项是指企业或者其他组织的设立等,需要确定主体资格的事项。

（6）其他事项。这类事项是指法律、行政法规规定可以设定行政许可的其他事项。

264. 哪些事项可以不设定行政许可？

根据《行政许可法》第十三条规定，法律法规规定可以设定行政许可的事项，通过下列方式能够予以规范的，可以不设行政许可：

（1）公民、法人或者其他组织能够自主决定的。也就是说，按照私法上的意思自治原则，对民事权利法律一般不加以限制，由公民、法人或者其他组织自己判断、自主决定。只有当公民、法人或者其他组织行使这些民事权利可能会对他人利益或者公共利益造成损害，并且这种损害难以通过事前预防方式予以控制时，才设定行政许可。

（2）市场竞争机制能够有效调节的。也就是说，要充分发挥市场在资源配置中的决定性作用，利用市场竞争机制最具活力、平等、自主、开放的机制，使参与市场活动的各方主体，按照等价交换的原则参与竞争，从而使社会资源得以有效配置。只有对通过市场竞争机制解决不了的事项，才可设定行政许可。

（3）行业组织或者中介机构能够自律管理的。也就是说，行业组织或者中介机构运行相对成熟的领域，其运行更能充分反映出市场主体的意志、利益和要求。因此，对行业组织或者中介机构能够自律管理的事项，一般不需要设定行政许可。

（4）行政机关采用事后监督等其他行政管理方式能够解决的。也就是说，行政管理方式多种多样，既可以通过事前控制来管理，也可以通过事后监管达到目的，如何选择要看效果和成本。行政许可是一种事前控制方式，与监督检查等事后监督方式相比，行政许可方式的成本要高。因此，凡是能采用事后监督方式解决的事项，不需要设定行政许可。

265. 法律可以设定哪些行政许可？

法律设定行政许可的权限是：(1) 对《行政许可法》已列明属于可以设定行政许可事项范围的任何事项，法律可以设定行政许可；(2) 对《行政许可法》未列明属于可以设定行政许可事项范围的其他事项，法律可以规定其属于可以设定行政许可的事项范围，并设定相应的行政许可。可见，法律想设定什么样的行政许可就可设定什么样的行政许可，其设定行政许可的事项范围和权限，在法理上是没有限制的。也就是说，法律所享有的行政许可设定权是全面的、完整的。当然，行政许可作为一项重要的行政权力，法律在设定时不能不受现实生活条件的限制，也就是不能不考虑需要与可能，并必须遵守行政许可设定规则。

266. 行政法规可以设定哪些行政许可？

《行政许可法》第十四条规定，"尚未制定法律的，行政法规可以设定行政许可"。第十六条规定，"行政法规可以在法律设定的行政许可事项范围内，对实施该行政许可作出具体规定"。所以，行政法规设定行政许可的权限比法律以外的其他法律规范大，但在法律已经设定行政许可的，行政法规只能作出具体规定，不能增设行政许可。

267. 国务院决定可以设定哪些行政许可？

《行政许可法》第十四条规定，国务院必要时，可以采用发布决定的方式设定行政许可。实施后，除临时性行政许可事项外，国务院应当及时提请全国人民代表大会及其常务委员会制定法律，或者自行制定行政法规。

268. 地方性法规可以设定哪些行政许可？

《行政许可法》第十五条规定，"尚未制定法律、行政法规的，地方性法规可以设定行政许可"。第十六条规定，"地方性法规可以在法律、行政法规设定的行政许可事项范围内，对实施该行政许可作出具体规定"。所以，地方性法规可以设定行政许可，但法律、行政法规已经对有关事项设定行政许可的，地方性法规只能作出具体规定，不得增设行政许可。

269. 省级政府规章可以设定哪些行政许可？

《行政许可法》第十五条规定，"尚未制定法律、行政法规和地方性法规的，因行政管理的需要，确需立即实施行政许可的，省、自治区、直辖市人民政府规章可以设定临时性的行政许可。临时性的行政许可实施满一年需要继续实施的，应当提请本级人民代表大会及其常务委员会制定地方性法规。地方性法规和省、自治区、直辖市人民政府规章，不得设定应当由国家统一确定的公民、法人或者其他组织的资格、资质的行政许可；不得设定企业或者其他组织的设立登记及其前置性行政许可。其设定的行政许可，不得限制其他地区的个人或者企业到本地区从事生产经营和提供服务，不得限制其他地区的商品进入本地区市场"。第十六条规定，"规章可以在上位法设定的行政许可事项范围内，对实施该行政许可作出具体规定。法规、规章对实施上位法设定的行政许可作出的具体规定，不得增设行政许可；对行政许可条件作出的具体规定，不得增设违反上位法的其他条件"。

270. 规范性文件是否可以设定行政许可？

根据《行政许可法》规定，只有法律，行政法规和国务院决定，地方性法规，省、自治区、直辖市政府规章可以设定行政许可，其他规范性文件一律不得设定行政许可。

但是，其他规范性文件可以在上位法设定的行政许可事项范围内，对实施该行政许可作出具体规定。规范性文件对实施上位法作出的具体规定，不得增设行政许可；对行政许可条件作出的具体规定，不得增设违反上位法的其他条件。

271. 设定行政许可应当遵循哪些实体性规则？

设定行政许可的实体性规则，即设定行政许可在实体内容上应当遵循的规则。根据《行政许可法》第十一条规定，主要包括以下四个规则：

（1）设定行政许可应当遵循经济和社会发展规律。核心要求是要正确界定政府与市场、政府与社会的关系。

（2）设定行政许可应当有利于发挥公民、法人或者其他组织的积极性、主动性。关键是要处理好权力（公权）与权利（私权）的关系，实行政企分开、政资分开、政事分开。

（3）设定行政许可应当有利于维护公共利益和社会秩序。公共利益在本质是一种非人格化的利益，其主体是非特定的多数人。社会秩序也称公共秩序，是指社会公共生活赖以存在和发展所必需的秩序，包括生产秩序、工作秩序、教学秩序、群众生活秩序、交通秩序、公共场所秩序等。设定行政许可的目的，是通过限制少数人的权利以维护多数人的利益，保证不损害公共利益、社会秩序或者他人合法权益。

（4）设定行政许可要有利于促进经济、社会和生态环境的协调发展。关键是要按照"五个统筹"的要求，树立全面、协调、可持续的发展观，处理好成本与效益的关系。

272. 设定行政许可应当遵循哪些程序性规则？

根据《行政许可法》第十九条、第二十条规定，设定行政许可在程序上应当遵守以下两个规则：

（1）设定行政许可应当事先听取意见。因为行政许可设定不仅直接影响公民、法人或者其他组织的权利义务，而且事项本身涉及的利益关系复杂，或涉及的专业性问题很强。为保证行政许可设定的合理性，保护公民、法人和其他组织的合法权益，防止和克服部门保护主义、地方保护主义倾向，凡拟设定行政许可的，起草单位都应当广泛听取各方面的意见，尤其是专家和基层群众的意见。听取意见可以采取听证会、论证会等形式。

（2）设定行政许可应当说明理由。拟设定行政许可的，起草单位除了要听取意见外，还要向制定机关说明理由。说明理由，主要包括三个方面的内容：①设定行政许可的必要性。即起草单位要向制定机关说明为什么要设定行政许可。②设定行政许可对经济和社会可能产生的影响。即起草单位要向制定机关说明拟设定行政许可的效益性。③拟设定行政许可听取和采纳意见的情况。即起草单位要就拟设定的行政许可向制定机关说明听取和采纳意见的情况，包括说明征求意见的范围对象、收集的各方面主要意见、采纳的具体意见、未采纳的具体意见以及相应的理由及反馈情况。

273. 如何理解行政许可的规定权？

行政许可规定权是指下位法在上位法已设定的行政许可事项范围内对实施该行政许可作出具体规定的权力。行政许可规定权与行政许可设定权不同，两者的区别用一句形象的语言来概括，那就是：行政许可设定权解决行政许可从"无"到"有"的问题，而行政许可规定权则解决行政许可从"粗"到"细"的问题。

行政许可规定权可以分为两种：

（1）法定的行政许可规定权。行政法规可以在法律设定的行政许可事项范围内，对实施该行政许可作出具体规定。地方性法规可以在法律、行政法规设定的行政许可事项范围内，对实施该行政许可作出具体规定。规章可以在上位法设定的行政许可事项范围内，对实施该行政许可作出具体规定。法规、规章对实施上位法设定的行政许可作出的具体规定，不得增设行政许可；对行政许可条件作出的具体规定，不得增设违反上位法的其他条件。

（2）推定的行政许可规定权。即法律、法规、规章以外的其他规范性文件对行政许可的规定权，《行政许可法》虽然没有明文规定，但依照宪法、组织法的原则和其他规范性文件制定机关承担的职责，可以推定其他规范性文件应当具有行政许可规定权，我们称之为推定的行政许可规定权。

274. 行政许可的实施机关有哪些？

根据《行政许可法》的规定，行政许可的实施机关为：

（1）具有行政许可权的行政机关。《行政许可法》第二十二条规定，行政许可由具有行政许可权的行政机关在其法定职权范围内实施。第二十五条规定，经国务院批准，省、自治区、直辖市人民政府根据精简、统一、效能的原则，可以决定一个行政机关行使有关行政机关的行政许可权。

（2）法律、法规授权的具有管理公共事务职能的组织。《行政许可法》第二十三条规定，法律、法规授权的具有管理公共事务职能的组织，在法定授权范围内，以自己的名义实施行政许可。被授权的组织适用本法有关行政机关的规定。

（3）受委托的行政机关。《行政许可法》第二十四条规定，行政机关在其法定职权范围内，依照法律、法规、规章的规定，可以委托其他行政机关实施行政许可。委托机关应当将受委托行政机关和受委托实施行政许可的内容予以公告。委托行政机关对受委托行政机关实施行政许可的行为应当负责监督，并对该行为的后果承担法律责任。受委托行政机关在委托范围内，以委托行政机关名义实施行政许可；不得再委托其他组织或者个人实施行政许可。

275. 行政许可的一般程序有哪些基本规定？

依照《行政许可法》第四章的规定，行政许可的一般程序，主要分为申请、受理和决定程序。

（1）申请程序：公民、法人或者其他组织从事特定活动，依法需要取得行政许可的，应当向行政机关提出申请。申请一般是书面提出，也可以以信函、电报、电传、传真、电子数据交换和电子邮件提出，或者由申请人委托代理人提出。申请人应当如实反映有关情况，提供有关资料。行政机关应当公开行政许可规定，提供申请书格式文本，答复申请人的疑问，不得要求申请人提交与申请的行政许可事项无关的材料。

（2）受理程序：行政机关经对公民、法人或者其他组织提出的申请进行审查,即申请事项是否属本行政机关管辖范围;是否属于依法需要取得行政许可的事项;是否按规定提交了申请材料;申请材料是否符合规定的格式,根据不同情况,按《行政许可法》第三十二条分别作出受理或者不予受理的处理。

(3)审查程序:行政机关应当对申请人提交的申请材料进行审查。根据法定条件和程序,需要对申请材料的实质内容进行核实的,行政机关应当指派两名以上工作人员进行核查。依法应当先经下级行政机关审查后报上级行政机关决定的行政许可,下级行政机关应当在法定期限内将初步审查意见和全部申请材料直接报送上级行政机关。上级行政机关不得要求申请人重复提供申请材料。行政机关对行政许可申请进行审查时,发现行政许可事项直接关系他人重大利益的,应当告知该利害关系人。申请人、利害关系人有权进行陈述和申辩。行政机关应当听取申请人、利害关系人的意见。

(4)决定程序:行政机关受理行政许可申请进行审查后,应当在法定期限、按照规定程序作出行政许可决定。行政机关作出的准予行政许可决定,应当予以公开,公众有查阅权,需要颁发有关行政许可证件的,应当在法定期限内颁发、送达。行政机关作出不予行政许可的必须作出书面决定,说明理由并告知申请人享有申请行政复议、提起行政诉讼的权利。

276. 行政许可的听证程序有哪些基本规定?

依照《行政许可法》第四章的规定,行政许可直接涉及申请人与他人之间重大利益关系的,行政机关在作出行政许可决定前,应当告知申请人、利害关系人享有要求听证的权利;申请人、利害关系人在被告知听证权利之日起5日内提出听证申请的,行政机关应当在20日内组织听证。申请人、利害关系人不承担行政机关组织听证的费用。行政机关应当根据听证笔录,作出行政许可决定。行政许可的听证程序为:

(1)行政机关应当于举行听证的7日前将举行听证的时间、地点通知申请人、利害关系人,必要时予以公告;

(2)听证应当公开举行;

(3)行政机关应当指定审查该行政许可申请的工作人员以外的人员为听证主持人,申请人、利害关系人认为主持人与该行政许可事项有直接利害关系的,有权申请回避;

(4)举行听证时,审查该行政许可申请的工作人员应当提供审查意见的证据、理由,申请人、利害关系人可以提出证据,并进行申辩和质证;

（5）听证应当制作笔录，听证笔录应当交听证参加人确认无误后签字或者盖章。

277. 行政许可的特别程序有哪些基本规定？

依照《行政许可法》第四章的规定，行政许可的特别程序，主要分为特许、认可、核准和登记程序。

（1）特许程序：特许是行政机关代表国家向被许可人授予某种权利的许可方式，主要适用于自然资源的开发利用、公共资源的配置以及直接关系公共利益的特定行业的市场准入等，需要赋予特定权利的事项，行政机关应当通过招标、拍卖等公平竞争的方式作出决定。

（2）认可程序：认可是行政机关确定申请人是否具备特殊信誉、特殊条件或者特殊技能的许可方式，主要适用于确定申请人是否具备为从事提供公众服务并且直接关系公共利益的职业、行业所必需的特殊信誉、特殊条件或者特殊技能等资格、资质的事项，赋予公民特定资格，行政机关根据国家考试成绩和其他法定条件作出行政许可决定；赋予法人或者其他组织特定的资格、资质的，行政机关根据申请人的专业人员构成、技术条件、经营业绩和管理水平等的考核结果作出行政许可决定。

（3）核准程序：核准是行政机关对某些事项是否达到特定技术标准、技术规范作出判断的许可方式，主要适用于直接关系公共安全、人身健康、生命财产安全的重要设备、设施、产品、物品，需要按照技术标准、技术规范，通过检验、检测、检疫等方式进行审定的事项，行政机关应当按照技术标准、技术规范依法进行检验、检测、检疫，并根据检验、检测、检疫的结果作出行政许可决定。

（4）登记程序：登记是行政机关确立企业或者其他组织主体资格的许可方式，申请人提交的申请材料齐全、符合法定形式的，行政机关应当予以登记。

278. 什么是行政处罚？

行政处罚是指行政主体为达到对违法者予以惩戒，促使其以后不再犯，有效实施行政管理，维护公共利益和社会秩序，保护公民、法人或者其他组织的合法权益的目的，依法对行政相对人违反行政管理秩序的行为，给予人身的、财产的、名誉的及其他形式的法律制裁的行政行为。根据《行政处罚法》第二条规定："公民、法人或者其他组织违反行政管理秩序的行为，应当给予行政处罚的，依照本法由法律、法规或者规章规定，并由行政机关依照本法规定的程序实施。"

279. 行政处罚的种类有哪些？

根据《行政处罚法》第八条规定，我国行政处罚的种类主要为：（1）警告；（2）罚款；（3）没收违法所得、没收非法财物；（4）责令停产停业；（5）暂扣或者吊销许可证、暂扣或者吊销执照；（6）行政拘留；（7）法律、行政法规规定的其他行政处罚。

280. 法律可以设定哪些行政处罚？

《行政处罚法》第九条规定，"法律可以设定各种行政处罚。限制人身自由的行政处罚，只能由法律设定"。所以，法律可以设定《行政处罚法》中规定的六类行政处罚，同时还可以设定《行政处罚法》中没有规定的其他行政处罚。

281. 行政法规可以设定哪些行政处罚？

《行政处罚法》第十条规定，"行政法规可以设定除限制人身自由以外的行政处罚。法律对违法行为已经作出行政处罚规定，行政法规需要作出具体规定的，必须在法律规定的给予行政处罚的行为、种类和幅度的范围内规定"。所以，行政法规可以设定除限制人身自由以外的行政处罚，即警告，罚款，责令停产停业，暂扣或者吊销许可证、暂扣或者吊销执照，没收违法所得、没收非法财物这五类的行政处罚，以及除限制人身自由以外的其他行政处罚。但是，法律对违法行为已经作出行政处罚规定的，行政法规不能与法律抵触或者相悖。

282. 地方性法规可以设定哪些行政处罚？

《行政处罚法》第十条规定，"地方性法规可以设定除限制人身自由、吊销企业营业执照以外的行政处罚。法律、行政法规对违法行为已经作出行政处罚规定，地方性法规需要作出具体规定的，必须在法律、行政法规规定的给予行政处罚的行为、种类和幅度的范围内规定"。所以，地方性法规可以设定除限制人身自由、吊销企业营业执照以外的行政处罚，即警告，罚款，责令停产停业，暂扣或者吊销许可证、暂扣执照、吊销除企业营业执照以外的其他执照,没收违法所得、没收非法财物的行政处罚。地方性法规可以在一定范围内,对带有地方特点的行政管理中的违法行为设定行政处罚,作为行政处罚的补充。有两种情况:(1)已经有法律、行政法规的,地方性法规可以结合本地具体情况,根据法律、行政法规关于行政处罚的规定,予以具体化,但是不得超越法律、行政法规关于哪些违法行为应当给予行政处罚,给予什么种类的行政处罚和行政处罚的幅度等的规定;(2)尚未制定法律、行政法规的,地方性法规可以设定除限制人身自由、吊销企业营业执照的行政处罚。

283. 规章可以设定哪些行政处罚?

《行政处罚法》第十二条规定,"国务院部、委员会制定的规章可以在法律、行政法规规定的给予行政处罚的行为、种类和幅度的范围内作出具体规定。尚未制定法律、行政法规的,前款规定的国务院部、委员会制定的规章对违反行政管理秩序的行为,可以设定警告或者一定数量罚款的行政处罚。罚款的限额由国务院规定。国务院可以授权具有行政处罚权的直属机构依照本条第一款、第二款的规定,规定行政处罚"。第十三条规定,"省、自治区、直辖市人民政府和省、自治区人民政府所在地的市人民政府以及经国务院批准的较大的市人民政府制定的规章可以在法律、法规规定的给予行政处罚的行为、种类和幅度的范围内作出具体规定。尚未制定法律、法规的,前款规定的人民政府制定的规章对违反行政管理秩序的行为,可以设定警告或者一定数量罚款的行政处罚。罚款的限额由省、自治区、直辖市人民代表大会常务委员会规定"。这是地方性政府规章可以设定行政处罚的法律依据。根据《立法法》规定,设区的市人大常委会和人民政府"可以对城乡建设与管理、环境保护、历史文化保护等方面的事项"制定地方性法规、政府规章,享有与省、自治区、直辖市人民政府和省、自治区人民政府所在地的市人民政府以及经国务院批准的较大的市人民政府制定的规章一样的地方立法权限,包括设定行政处罚事权。

284. 行政处罚的实施机关有哪些?

根据《行政处罚法》的规定,行政处罚的实施机关为:

(1)具有行政权的行政机关。《行政处罚法》第十五条规定,行政处罚由具有行政处罚权的行政机关在法定职权范围内实施。第十六条规定,国务院或者经国务院授权的省、自治区、直辖市人民政府可以决定一个行政机关行使有关行政机关的行政处罚权,但限制人身自由的行政处罚权只能由公安机关行使。

(2)法律、法规授权的具有管理公共事务职能的组织。《行政处罚法》第十七条规定,法律、法规授权的具有管理公共事务职能的组织可以在法定授权范围内实施行政处罚。

(3)受委托的组织。《行政处罚法》第十八条规定,行政机关依照法律、法规或者规章的规定,可以在其法定权限内委托符合该法第十九条规定条件的组织实施行政处罚。行政机关不得委托其他组织或者个人实施行政处罚。委托行政机关对受委托的组织实施行政处罚的行为应当负责监督,并对该行为的后果承担法律责任。受委托组织在委托范围内,以委托行政机关名义实施行政处罚;不得再委托其他任何组织或者个人实施行政处罚。这说明受委托组织可以以委托行政机关名义实施行政处罚。

285. 行政处罚的简易程序有哪些基本规定?

根据《行政处罚法》第五章第一节的规定,行政处罚简易程序的基本规定包括:

(1)对于违法事实确凿并有法定依据,对公民处以50元以下、对法人或者其他组织处以1000元以下罚款或者警告的行政处罚的,可以当场作出行政处罚决定。

(2)执法人员当场作出行政处罚决定的,应当向当事人出示执法身份证件,填写预定格式、编有号码的行政处罚决定书。行政处罚决定书应当当场交付当事人。

(3)行政处罚决定书应当载明当事人的违法行为、行政处罚依据、罚款数额、时间、地点以及行政机关名称,并由执法人员签名或者盖章。

(4)执法人员当场作出的行政处罚决定,必须报所属行政机关备案。

(5)当事人对当场作出的行政处罚决定不服的,可以依法申请行政复议或者提起行政诉讼。

286. 行政处罚的一般程序有哪些基本规定?

《行政处罚法》第五章第二节对行政处罚一般程序作了详细规定,具体为:

(1)除《行政处罚法》第三十三条规定的可以当场作出的行政处罚外,

行政机关发现公民、法人或者其他组织有依法应当给予行政处罚的行为的，必须全面、客观、公正地调查、收集有关证据；必要时，依照法律、法规的规定，可以进行检查。

（2）行政机关在调查或者进行检查时，执法人员不得少于两人，并应当向当事人或者有关人员出示证件。当事人或者有关人员应当如实回答询问，并协助调查或者检查，不得阻挠。询问或者检查应当制作笔录。

（3）行政机关在收集证据时，可以采取抽样取证的方法；在证据可能灭失或者以后难以取得的情况下，经行政机关负责人批准，可以先行登记保存，并应当在7日内及时作出处理决定，在此期间，当事人或者有关人员不得销毁或者转移证据。

（4）执法人员与当事人有直接利害关系的，应当回避。

（5）调查终结，行政机关负责人应当对调查结果进行审查，根据不同情况，分别作出如下决定：①确有应受行政处罚的违法行为的，根据情节轻重及具体情况，作出行政处罚决定；②违法行为轻微，依法可以不予行政处罚的，不予行政处罚；③违法事实不能成立的，不得给予行政处罚；④违法行为已构成犯罪的，移送司法机关。

（6）对情节复杂或者重大违法行为给予较重的行政处罚，行政机关的负责人应当集体讨论决定。

（7）行政机关依法给予行政处罚，应当制作行政处罚决定书。行政处罚决定书应当载明下列事项：①当事人的姓名或者名称、地址；②违反法律、法规或者规章的事实和证据；③行政处罚的种类和依据；④行政处罚的履行方式和期限；⑤不服行政处罚决定，申请行政复议或者提起行政诉讼的途径和期限；⑥作出行政处罚决定的行政机关名称和作出决定的日期。

（8）行政处罚决定书必须盖有作出行政处罚决定的行政机关的印章。

（9）行政处罚决定书应当在宣告后当场交付当事人；当事人不在场的，行政机关应当在7日内依照民事诉讼法的有关规定，将行政处罚决定书送达当事人。

（10）行政机关及其执法人员在作出行政处罚决定之前，不依法向当事人告知给予行政处罚的事实、理由和依据，或者拒绝听取当事人的陈述、申辩，行政处罚决定不能成立；当事人放弃陈述或者申辩权利的除外。

287. 什么是罚缴分离制度?

罚缴分离是指作出罚款决定的行政机关应当与收缴罚款的机构分离,即行政执法机关依法对违法者实施行政处罚时,不得自行收缴罚款,而只能向当事人开具行政处罚决定书,由当事人持行政处罚决定书到指定的代收银行缴纳罚款,由代收银行向当事人开具罚款收据,并将代收的罚款直接上缴国库。《行政处罚法》第四十六条规定:作出罚款决定的行政机关应当与收缴罚款的机构分离。罚缴分离是我国行政处罚确立的、存在于行政处罚的执行环节的一项重要制度,是与作为特例存在的当场收缴罚款相对应的行政处罚执行的一般性原则。

实施罚缴分离制度,消除了行政执法机关自罚自收的可能,堵住了罚款收缴中的各种漏洞,从机制上彻底解决了屡禁不止的乱罚款、罚款创收等现象和问题,对于促进政府职能转变,提高行政处罚权威和行政效率,规范行政执法行为,加强廉政建设,防止财政收入流失,维护公民、法人和其他组织的合法权益都具有重要意义。

为了确保罚款决定与罚款收缴相分离,加强对罚款收缴活动的监督,保证罚款及时上缴国库,1997年11月国务院发布了《罚款决定与罚款收缴分离实施办法》,对于罚款代收机构的确定、行政机关与代收机构签订的代收罚款协议、罚款代收的内容、程序及监督等作出了明确规定。这是落实行政处罚规定的罚缴分离制度的专门性的行政法规,有关行政执法机关、代收机构和主管机关都必须严格遵照执行。2000年12月国务院发布的《违反行政事业性收费和罚没收入收支两条线管理规定行政处分暂行规定》第十一条还进一步规定,违反罚款决定与罚款收缴分离的规定收缴罚款的,对直接负责的主管人员和其他直接责任人员给予记大过或者降级处分。

288. 什么是行政强制?

根据《行政强制法》第二条规定:我国的行政强制,包括行政强制措施和行政强制执行。

行政强制措施,是指行政机关在行政管理过程中,为制止违法行为、防止证据损毁、避免危害发生、控制危险扩大等情形,依法对公民的人身自由实施暂时性限制,或者对公民、法人或者其他组织的财物实施暂时性控制的行为。

行政强制执行，是指行政机关或者行政机关申请人民法院，对不履行行政决定的公民、法人或者其他组织，依法强制履行义务的行为。

289. 行政强制措施的种类有哪些？

根据《行政强制法》第九条规定，行政强制措施的种类包括：（1）限制公民人身自由；（2）查封场所、设施或者财物；（3）扣押财物；（4）冻结存款、汇款；（5）其他行政强制措施。

290. 行政强制设定权有哪些基本内容？

《行政强制法》规定了行政强制措施和行政强制执行设定权。

（1）《行政强制法》第十条规定：行政强制措施由法律设定。尚未制定法律，且属于国务院行政管理职权事项的，行政法规可以设定除限制公民人身自由、冻结存款或者汇款和应当由法律规定的行政强制措施以外的其他行政强制措施。尚未制定法律、行政法规，且属于地方性事务的，地方性法规可以设定查封场所、设施或者财物、扣押财物的行政强制措施。法律、法规以外的其他规范性文件不得设定行政强制措施。法律对行政强制措施的对象、条件、种类作了规定的，行政法规、地方性法规不得作出扩大规定。法律中未设定行政强制措施的，行政法规、地方性法规不得设定行政强制措施。但是，法律规定特定事项由行政法规规定具体管理措施的，行政法规可以设定除限制公民人身自由、冻结存款或者汇款和应当由法律规定的行政强制措施以外的其他行政强制措施。

（2）《行政强制法》第十三条规定：行政强制执行由法律设定。法律没有规定行政机关强制执行的，作出行政决定的行政机关应当申请人民法院强制执行。

291. 行政强制执行的方式有哪些？

根据《行政强制法》第十二条规定：行政强制执行的方式包括：（1）加处罚款或者滞纳金；（2）划拨存款、汇款；（3）拍卖或者依法处理查封、扣押的场所、设施或者财物；（4）排除妨碍、恢复原状；（5）代履行；（6）其他强制执行方式。

292. 行政机关在什么条件下可以实施行政强制措施？

根据《行政强制法》第三章第一节的规定，行政机关实施行政强制措施的条件是：（1）必须在履行行政管理职责的过程中由法律、法规规定的行政机关，在法定职权范围内实施。（2）必须依照法律、法规的明确授权规定。（3）必须符合法律、法规规定的可以实施行政强制措施的情形。实施行政强制措施时，必须已取得确凿的证据。（4）按规定需报上级行政部门或者同级人民政府批准的，必须经批准后方能实施。

293. 哪些机关、组织可以实施行政强制措施？

根据《行政强制法》第十七条的规定，只有行政机关才能实施行政强制措施，行政强制措施权不得委托；行政机关中，只有法律、法规授予行政强制措施权的才能实施，未经授权的行政机关不得作为实施主体；法律、行政法规授权的具有管理公共事务职能的组织在法定授权范围内，可以实施行政强制。行使相对集中行政处罚权的行政机关，可以实施法律、法规规定的与行政处罚权有关的行政强制措施。行政强制措施应当由行政机关具备资格的行政执法人员实施，其他人员不得实施。

294. 实施行政强制措施应当遵循哪些具体程序要求？

根据《行政强制法》第十八条的规定，行政机关实施行政强制措施时，应当遵守下列规定：（1）实施前须向行政机关负责人报告并经批准；（2）由两名以上行政执法人员实施；（3）出示执法身份证件；（4）通知当事人到场；（5）当场告知当事人采取行政强制措施的理由、依据以及当事人依法享有的权利、救济途径；（6）听取当事人的陈述和申辩；（7）制作现场笔录；（8）现场笔录由当事人和行政执法人员签名或者盖章，当事人拒绝的，在笔录中予以注明；（9）当事人不到场的，邀请见证人到场，由见证人和行政执法人员在现场笔录上签名或者盖章；（10）法律、法规规定的其他程序。

295. 行政执法机关强制执行程序的一般规定有哪些内容？

根据《行政强制法》第三十四条至第四十四条的规定，行政执法机关强制执行程序的一般有以下规定：

（1）行政机关作出强制执行决定前，应当事先催告当事人履行义务；

（2）充分听取当事人的陈述和申辩，对当事人提出的事实、理由和证据，应当进行记录、复核；（3）经催告，当事人逾期仍不履行行政决定，且无正当理由的，行政机关可以作出强制执行决定；（4）催告书、行政强制执行决定书直接送达当事人；（5）符合中止执行、终结执行、执行回转、执行和解条件的，应当依照法律规定；（6）对违法的建筑物、构筑物、设施等需要强制拆除的，应当由行政机关予以公告，限期当事人自行拆除。当事人在法定期限内不申请行政复议或者提起行政诉讼，又不拆除的，行政机关可以依法强制拆除。

296. 什么情况下行政执法机关可以向人民法院申请强制执行？

根据《行政强制法》第五十三条的规定，行政机关作出行政决定后，当事人在法定期限内不申请行政复议或者提起行政诉讼，又不履行行政决定的，没有行政强制执行权的行政机关可以自期满之日起3个月内，申请人民法院强制执行。

297. 行政执法机关申请人民法院强制执行的程序有哪些？

根据《行政强制法》第五十四条的规定，行政执法机关申请人民法院强制执行程序有：行政机关申请人民法院强制执行前，应当催告当事人履行义务。催告书送达10日后当事人仍未履行义务的，行政机关可以向所在地有管辖权的人民法院申请强制执行；执行对象是不动产的，向不动产所在地有管辖权的人民法院申请强制执行。

298. 什么是行政征收？

行政征收是指行政机关或者法定组织根据国家和社会公共利益的需要，依法向行政相对人强制地、无偿地征集一定数额金钱或实物的一种行政行为。

实施行政征收，一般按照以下程序：

（1）现场核查：行政征收机关指派两名以上工作人员核实被征收对象征收内容的具体情况，并根据核实情况，向主管领导报告；

（2）拟定行政征收通知书：确认行政征收标准、额度，拟定征收通知书，并按照规定审批；

（3）送达行政征收通知书：向行政相对人送达缴费通知书；

（4）开具征收凭证；

（5）对未按照规定履行义务的处理。

299. 什么是行政征用？

行政征用是指行政主体出于公共利益的需要，依据法律、法规的规定，强制性的取得行政相对人财产所有权、使用权或劳务并依法给予经济补偿的一种行政行为。实施行政征用，一般按照以下程序：

（1）提出征用需求。行政主体为了公共利益的需要，如在紧急防汛期，根据防汛抗洪形势发展，出现需要征用物资、设备、交通运输工具和人力的情形，责任部门制作征用文件，按照规定的程序报批。

（2）认定公共利益目的并作出决定。行政主体对征用请求事项的合法性、合理性、必要性和可行性进行审查，作出行政征用的决定。

（3）办理征用手续。向征用单位和个人出具征用文件；紧急情况下征用物资、设备、交通运输工具或者人力的，出具收据。

（4）给付征用物的归还和补偿金。根据征用文件，应当发放补偿金的，按规定发放征用补偿金；根据行政相对人的征用收据，归还被征用的物品，或者依法给予补偿。

300. 什么是行政给付？

行政给付是指行政机关或者法定组织依法向符合条件的申请人提供物质利益或者赋予与物质利益有关的权益的一种行政行为。

实施行政给付，一般按照以下程序：

（1）行政相对人提出申请。由给付对象或者其所在的基层组织、单位向行政机关提出。

（2）审查。按等级给付的，需要评定等级；需要进行检查或者专门鉴定的，委托具有相应资质的单位或者组织进行检查验收或者鉴定。对申请材料不齐全的，一次性告知申请人在法定的期限内补正。

（3）决定。对申请材料不属实、申请不符合法定条件的，作出不予行政给付的决定；对申请材料属实、申请符合法定条件的，作出给予行政给付的决定。

（4）实施。根据不同情况，向申请人发放现金、给付实物、救助安置、减免费用等。

301. 什么是行政确认？

行政确认是指行政机关和法定组织依照法律法规文件规定的权限和程序

对有关身份、能力、资格、法律事实、法律地位或者法律关系等进行甄别，通过确定、证明等方式决定行政相对人法律地位、法律关系或者权利义务的一种行政行为。

实施行政确认，一般按照以下程序：

（1）确认申请。行政确认可以分为依申请的确认和主动的确认。凡规定应当依申请确认的事项，需先由相对人提出要求行政机关进行确认的申请，申请应当采用书面形式。凡规定属依职权确认的事项，行政机关则应主动进行确认。

（2）确认审查。行政机关对确认事项所作的审查、审核，包括对相对人申请的确认事项是否属于行政确认的范围，是否属于受理申请的行政机关管辖的审查；对申请人的要求是否合法、合理的审查；对有关证据、材料的审查等。

（3）作出确认决定。行政机关经审查，在充分调查、研究和掌握证据的基础上，应当依法作出行政确认决定，并按照法定形式制作相应的确认文书，及时送达有关当事人，并告知其依法享有的救济权利。

302. 什么是行政奖励？

行政奖励是指行政机关或者法定组织依照法定条件和程序，对为国家、人民和社会作出突出贡献或者模范地遵纪守法的行政相对人，给予物质或精神奖励的一种行政行为。

实施行政奖励，一般按照以下程序：

（1）奖励的提出。一般有三种提出奖励的途径：群众评选、由特定的单位向法定的行政主管机关推荐、自行申请或申报。

（2）审批。由法定权限机关对奖励进行审查批准。审批权限同奖励权限一般相一致。

（3）公布。行政奖励审查批准后，一般应由一定机关给予一定方式予以公布。公布程序是行政奖励生效的必经程序。

（4）授奖。采取一定的仪式，发放奖品或者以资证明的证、章。

（5）存档。对于个人的奖励，一般应书面通知受奖人，同时将奖励材料存入个人人事档案。但对于行政机关依照管理权限对无行政隶属关系的一般管理对象实施的奖励，只作为文书档案归档。

303. 什么是行政裁决？

行政裁决是指行政机关或法定组织依照法律法规的规定，对当事人之间发生的、与行政管理活动密切相关的、与合同无关的民事纠纷进行审查，并作出裁决的一种行政行为。

实施行政奖励，一般按照以下程序：

（1）申请。申请是当事人请求行政机关保护合法民事权益的一种表示。当事人认为自己的权益受损或者其他原因与对方当事人发生纠纷时，可依法向主管行政机关提出申请。

（2）受理。行政机关收到当事人的申请书后，应当对申请书进行初步审查。对于符合申请条件的，行政机关应当受理；对于不符合申请条件的，行政机关应当在合理的期限内通知申请人并说明理由。

（3）调查。调查是向纠纷当事人之外的其他人了解纠纷事实真相的询问和对相关证据进行收集的活动。行政裁决机关应当进行深入、充分的调查，全面了解案情。

（4）听证。裁决机关要面对面听取当事人对纠纷事实的叙述和对纠纷处理所持的意见和理由。

（5）调解和裁决。行政裁决机关受理民事纠纷后，在作出裁决之前，都应进行调解。当事人不愿调解或者经调解仍不能结案的，行政机关应当依法在认定事实清楚、证据确凿的基础上及时作出裁决。

（6）执行。行政机关作出的行政裁决生效后，有关当事人必须执行。对于拒不执行的，应当强制执行。

第七章

行政执法监督

304. 什么是行政执法监督？

行政执法监督是指上级政府对下级政府、各级政府对所属行政执法部门、上级行政执法部门对下级行政执法部门及其行政执法人员的行政行为实施的监督。

根据国务院《全面推进依法行政实施纲要》（以下简称国务院《纲要》）、《国务院关于中强市县政府依法行政的决定》（以下简称国务院《决定》）和《国务院关于加强法治政府建设的意见》（以下简称国务院《意见》）规定，要加强和发挥行政机关内部层级监督作用，强化上级行政机关对下级行政机关的监督。上级行政机关要建立健全经常性的监督制度，探索层级监督的新方式，加强对下级行政机关行政行为的监督。

305. 行政执法监督工作有哪些主要作用？

行政执法监督工作应当遵循依法、公正、公开和有错必纠的原则，促进各级行政执法机关及其执法人员严格依法行政，维护公民、法人和其他组织的合法权益。行政执法监督作用主要体现在以下几方面：

（1）保障作用。即能够保证国家法律、法规、规章和其他规范性文件在行政活动中得以贯彻执行。

（2）预防作用。可根据监督对象执法活动的特点和内容，及时进行事前监督。对于容易出现问题的执法活动可事前向监督对象发出提醒、提出要求和告诫，以引起监督对象的注意，从而起到预防作用。

（3）纠正作用。发现监督对象正在实施的行政行为存在不符合国家法律、法规、规章和其他规范性文件以及不合理的问题时，能及时令其停止执行或责令其立即撤销或修正。对于由于监督对象错误的行政行为而造成不良影响的，能责令其自行更正挽回影响；对于监督对象不当执法而给公民、法人或者其他组织造成损失的，能责令其依法赔偿损失，因此具有纠正作用。

（4）惩戒作用。对于发现的监督对象徇私舞弊、滥用职权或者有渎职、失职等违法违纪行为，以及其他违法履职的行为，可依据有关法律、法规、规章和其他规范性文件给予相应的行政处分，并可对违法违纪者进行公开处理，使其错误行为在社会上"曝光"，以充分发挥执法监督的惩戒作用。

（5）教育作用。通过对监督对象进行具有针对性的教育，能够有效地使监督对象树立正确的执法意识，提高其廉洁执法、依法执法的自觉性。

（6）评价作用。对监督对象的执法活动进行监督检查后，可就检查情况作出结论。

（7）建设作用。一方面通过提出相应的修改意见，使行政机关的行政行为更具有科学性、合法性和合理性；另一方面，通过检查监督对象内部监督机制和有关规章制度的建设情况，可以帮助监察对象找出制度上的漏洞，并协助其搞好内部监督机制和有关规章制度的建设，使其内部监督机制更加完善。

（8）预测作用。通过开展执法监督，能够及时发现监督对象在执法活动中的一些带有苗头性和倾向性的问题，在此基础上进行调查研究和科学的分析，进而有针对性地提出有价值的预见。

306. 行政执法监督有哪些分类？

根据不同标准，可将行政执法监督分为以下几类：

（1）以监督的阶段性为标准，可以分为事前监督、事中监督与事后监督。

（2）以被监督的行政行为性质为标准，可以分为对抽象行政行为的监督和对具体行政行为的监督。

（3）以监督的行政行为内容为标准，可以分为对行政行为合法性的监督和对行政行为合理性的监督。

（4）以监督主体的能动性为标准，可以分为主动监督和被动监督。

307. 行政执法监督有哪些内容？

根据国家和一些地方出台的有关行政执法监督的有关规定，行政执法监督的内容概括起来主要包括以下方面：

（1）法律、法规、规章和其他规范性文件实施的情况；

（2）规章、规范性文件等抽象行政行为的制定和备案审查；

（3）上级机关的行政决定、命令及行政复议决定的执行；

（4）行政处罚、行政许可、行政强制、行政征收、行政给付、行政确认、行政裁决等行政执法中认定违法事实是否准确、程序是否合法、行政执法文书是否规范，作出的决定是否合法和适当；

（5）重大行政处罚、许可、强制决定是否经过法制审核、负责人集体讨论和实施备案审查；

（6）罚缴分离、收支两条线及罚没财物的管理、处置；

（7）行政执法举报、投诉案件的处理；

（8）行政执法部门联合执法、协同行政执法情况；

（9）推进行政执法体制改革，相对集中行政处罚权、相对集中行政认可权、规范行政处罚自由裁量权和规范行政审批自由裁量权等工作情况；

（10）行政执法部门之间行政执法争议的协调；

（11）行政执法涉刑案件是否及时按规定移送；

（12）行政执法机关是否具备行政执法主体资格；

（13）行政执法人员是否具备行政执法资格和条件并持证上岗、亮证执法情况；

（14）行政执法人员行为、用语、着装等风纪是否合规、文明；

（15）行政执法人员配备和行政执法经费的保障；

（16）行政执法责任制和评议考核制的落实；

（17）行政执法过错责任的追究；

（18）其他应当监督的事项。

308. 什么是违法行政行为？

违法行政行为是指行政主体实施的行为违反行政法律规范，侵害受法律保护的行政关系而尚未构成犯罪的有过错的行为。根据《行政诉讼法》第七十条和《行政复议法》第二十八条规定，行政行为有下列情形之一的，属于违法行政行为：（1）主要证据不足（事实不清）的；（2）适用法律、法规（依据）错误的；（3）违反法定程序的；（4）超越职权的；（5）滥用职权的；（6）明显不当的。

309. 什么叫行政不作为？

目前我国尚没有对行政不作为作出专门的法律规定。法学界对行政不作为的涵义大致有以下几种表述：（1）行政不作为是指行政主体依公民、法人或其他组织的合法申请，应当履行相应的法定职责，却不履行或者拖延履行的一种行为方式。（2）行政不作为是指行政主体依行政相对人的合法申请，应当履行也有可能履行相应的法定职责,但却不履行或者拖延履行的行为形式。(3)行政不作为是行政机关不履行法定职责的行为。(4)行政不作为是指行政主体在负有某种法定的作为义务,在应当为之且可能为之的情况下,却拒绝履行或拖延履行的一种行为形式。(5)行政不作为是指行政主体及其工作人员负有某种作为的法定义务,并且具有作为的可能性而在程序上逾期有所不为的行为。

《行政复议法》第六条第八、九、十项列举了可以申请行政复议的行政不作为,即"认为符合法定条件,申请行政机关颁发许可证、执照、资质证、资格证等证书,或者申请行政机关审批、登记有关事项,行政机关没有依法办理的"、"申请行政机关履行保护人身权利、财产权利、受教育权利的法定职责,行政机关没有依法履行的"、"申请行政机关依法发放抚恤金、社会保险金或者最低生活保障费,行政机关没有依法发放的"。《行政诉讼法》第十二条第三、六、十、十一项列举了可以提起行政诉讼的行政不作为行为,即"申请行政许可,行政机关拒绝或者在法定期限内不予答复"的,"申请行政机关履行保护人身权、财产权等合法权益的法定职责,行政机关拒绝履行或者不予答复的","行政机关没有依法支付抚恤金、最低生活保障待遇或者社会保险待遇的","行政机关不依法履行、未按照约定履行或者违法变更、解除政府特许经营协议、土地房屋征收补偿协议等协议的"。

有些地方出台的规范性文件对行政不作为进行了定义,如《南京市行政执法监督办法》规定,行政执法机关及其行政执法人员有下列情形之一的,属于行政执法不作为:(1)对法定的依申请行为,在法定时限或者承诺时限内不受理、审查、决定的;(2)发现违法行为不予制止、纠正或者查处的;(3)应当履行巡查、检查、检验、检测、检疫等法定职责而不履行的;(4)对投诉、举报不按照规定受理、调查、处理并告知投诉人、举报人的;(5)不依法给予行政赔偿或者补偿的;(6)对司法判决或者行政复议决定不执行的;(7)其他行政执法不作为的情形。

310. 什么是行政不履职?

行政不履职是指行政机关不履行法定的行政权力行为,广义上讲也是行政不作为。但近年我国有些地方立法把行政不履职从行政不作为中划分出来作出特别规定。如《山东省行政执法监督条例》第三十条规定,"行政执法机关无正当理由不履行或者拖延履行法定职责的,由行政执法监督机关责令其限期履行"。《四川省行政执法监督条例》第三十三条规定,"行政机关不履行或者拖延履行法定职责的,应当督促其履行或者责令限期履行"。《南京市行政执法监督办法》第二十六条规定,行政执法机关有下列情形之一的,属于行政执法职责不履行:(1)对上级机关的决策事项不执行、变相不执行或者懈怠执行,不在规定时限完成行政执法任务的;(2)行政执法主管机关与配合协助机关、行政区与综合管理区之间相互推诿的;(3)应当移交的案件不按照规定移交的;(4)对其他行政执法机关商请提供认定、鉴定或者有关资料,无正当理由拒绝或者拖延提供导致相关行政执法延误或者无法正常进行的;(5)对执法争议事项不申请协调,又不履行行政执法职责的;(6)法律、法规、规章规定的其他行政执法职责不履行的情形。

311. 什么叫行政乱作为?

行政乱作为通常是指行政机关及其工作人员不正确履行职责的行为,主要是不按照法律职权、依据、程序等作出的具体行为,包括违法行为和不当行为。

全国不少省市出台的地方性法规和政府规章对行政执法乱作为作出了具体规定。如《北京市行政执法责任追究办法》第五条规定:行政执法部门及其行政执法人员有下列违法或者不当履行行政执法职责情形的,应当追究行政执法责任:

(1)无法定依据实施行政处罚、行政许可、行政强制、行政征收等行政执法行为的;

(2)未按照规定履行调查取证、告知、听证等法定程序,做出行政处罚、行政许可、行政强制、行政征收等行政决定的;

(3)超越行政执法职权的;

(4)适用法律依据错误的;

(5)违反规定委托实施行政执法的;

(6)无法定事由或者违反法定程序擅自改变已做出的行政执法决定的;

(7)违反规定截留、挪用、私分或者变相私分查封、扣押、没收、征收的财物的;

(8)滥用行政处罚自由裁量权的;

(9)不具有行政处罚执法资格或者不按照规定使用执法证件的;

(10)违反规定乱收费,或者要求行政相对人接受有偿服务、购买指定商

品以及承担其他非法定义务的；

（11）实施行政处罚、行政强制和行政征收，未按照规定制作法律文书、使用合法票据的；

（12）刁难、谩骂、殴打行政相对人的；

（13）其他违法或者不当履行行政执法职责的。

312. 行政执法监督有哪些方式？

行政执法监督一般采取日常监督、专项监督、综合检查等方式进行，也可以采取抽查或者暗访等方式对行政执法行为实施监督。主要有以下方式：

（1）对行政执法实施专项检查；

（2）受理公民、法人或者其他组织的投诉、举报；

（3）对重大行政执法决定实施备案审查；

（4）对规范性文件进行备案审查、评估；

（5）通过行政复议案件进行审查；

（6）开展行政执法案卷评查；

（7）采取组织考评、个人自评、互查互评相结合的方法定期组织开展行政执法评议考核；

（8）法律、法规和规章规定的其他方式。

313. 行政执法监督的机构有哪些？

行政执法监督的机构分为两部分：一部分为政府监督机构；另一部分为政府部门监督机构。具体承担行政执法监督工作的是政府或者政府部门负责法制工作的机构。

（1）政府监督机构。目前我国县级以上人民政府的行政执法监督机构基本形成体系。基本情况是：国务院法制办公室内设政府法制协调司，省、自治区、直辖市的人民政府法制办公室内设政府法制监督处（局），市（地、州）、县（市、区）政府法制机构内设政府法制监督科，具体承担行政执法监督工作。

（2）政府部门监督机构。国家一级行政执法部门的法制机构比较健全，如大多数部委和国务院直属局都设立了政策法规司（条法司）；省级以下各级政府的部门多数设立了政策法规处（科），如公安、住建、交通运输、环保、工商、质监等部门，成为与政府法制机构相辅相成的又一支行政机关内部的监督力量。

314. 政府及其部门法制机构在行政执法监督方面的主要职责有哪些?

根据国家有关规定和一些地方出台的行政执法监督制度,政府及其部门法制机构在行政执法监督方面的主要职责有:

(1)建立完善行政执法监督制度、评议考核制度并组织实施;

(2)监督行政执法机关执行法律、法规、规章;

(3)督促行政执法责任制的落实;

(4)向本级人民政府提交行政执法监督年度报告,列入本级人民政府年度依法行政工作报告对外公布;

(5)实施行政执法主体和行政执法人员的资格管理;

(6)对重大行政执法行为进行备案审查;

(7)协调行政执法职能争议;

(8)设立行政执法监督电话和网上窗口,受理行政执法投诉、举报,立案查处重大行政执法投诉、举报案件;

(9)对重点领域开展专项行政执法检查,邀请公众评议;

(10)法律、法规、规章和规范性文件规定的其他监督事项。

315. 什么是行政执法责任制?

行政执法责任制通常是指行政执法部门依法确认行政执法主体,界定行政执法职责,规范行政执法程序,明确行政执法标准,开展行政执法评议考核活动和落实行政执法责任的综合制度。

1997年党的十五大报告中强调:"一切政府机关都必须依法行政,切实保障公民权利,实行执法责任制和评议考核制。"2004年国务院《纲要》提出要推行行政执法责任制。2005年国务院办公厅《关于推行行政执法责任制的若干意见》对推进行政执法责任制作出全面部署。2008年国务院《决定》进一步要求:全面落实行政执法责任制。2010年国务院《意见》再次强调:严格落实行政执法责任制。2013年党的十八届三中全会决定要求:完善行政执法程序,规范执法自由裁量权,加强对行政执法的监督,全面落实行政执法责任制和执法经费由财政保障制度,做到严格规范公正文明执法。2014年党的十八届四中全会决定提出更高要求,即"全面落实行政执法责任制,严格确定不同部门及机构、岗位执法人员执法责任和责任追究机制,加强执法监督,坚决排除对执法活动的干预,防止和克服地方和部门保护主义,惩治执法腐

败现象"。全国各地相继出台了行政执法责任制地方性法规和规章,如《广东省行政执法责任制条例》《重庆市行政执法责任制条例》等。一些省市还把推行行政执法责任制纳入依法行政考核,如《江苏省依法行政考核办法》。

316. 推行行政执法责任制有哪些要求?

推行行政执法责任制应当做到:执法主体合法,执法依据明确,执法职责落实,执法程序严密,执法行为规范,执法行为公开、执法评议考核和责任追究机制健全。

317. 什么是行政执法评议考核制?

行政执法评议考核制,是指行政执法评议考核机关对评议考核对象行使行政执法职权和履行法定义务情况进行的检查、评价和奖惩等活动。

1997年党的十五大报告中明确提出:"一切政府机关都必须依法行政,切实保障公民权利,实行执法责任制和评议考核制。"1999年11月国务院《关于全面推进依法行政的决定》中明确要求:"要积极推行行政执法责任制和评议考核制度,不断总结实践经验,充分发挥这两项相互联系的制度在行政执法监督中的作用。"2004年3月国务院《纲要》中明确要求:"要建立公开、公平、公正的评议考核制和执法过错或者错案责任追究制,评议考核应当听取公众的意见。要积极探索行政执法绩效评估和奖惩办法。"2005年7月国务院办公厅《关于推行行政执法责任制的若干意见》指出:"行政执法评议考核是评价行政执法工作情况、检验行政执法部门和行政执法人员是否正确行使执法职权和全面履行法定义务的重要机制,是推行行政执法责任制的重要环节。……地方各级人民政府负责对所属部门的行政执法工作进行评议考核,同时要加强对下级人民政府行政执法评议考核工作的监督和指导。国务院实行垂直管理的行政执法部门,由上级部门进行评议考核,并充分听取地方人民政府的评议意见。实行双重管理的部门按照管理职责分工分别由国务院部门和地方人民政府评议考核。各行政执法部门对所属行政执法机构和行政执法人员的行政执法工作进行评议考核。"2008年5月国务院《决定》要求:"全面落实行政执法责任制,健全民主评议制度,加强对市县行政执法机关及其执法人员行使职权和履行法定义务情况的评议考核,加大责任追究力度。"

318. 行政执法评议考核内容主要有哪些？

根据国务院《纲要》规定，行政执法评议考核的主要内容是：行政执法部门和行政执法人员行使行政执法职权和履行法定义务的情况，包括行政执法的主体资格是否符合规定，行政执法行为是否符合执法权限，适用执法依据是否规范，行政执法程序是否合法，行政执法决定的内容是否合法、适当，行政执法决定的行政复议和行政诉讼结果，案卷质量情况等。评议考核主体要结合不同部门、不同岗位的具体情况和特点，制定评议考核方案，明确评议考核的具体标准。

319. 行政执法评议考核方式主要有哪些？

根据2005年7月国务院办公厅《关于推行行政执法责任制的若干意见》的规定，行政执法评议考核可以采取组织考评、个人自我考评、互查互评相结合的方法，做到日常评议考核与年度评议考核的有机衔接、内部评议考核与外部评议有机结合。行政执法评议考核应遵循公开、公平、公正的原则。

320. 什么是行政执法责任追究制？

行政执法责任追究制是指对行政执法部门、法律法规授权具有行政执法职能的组织、受行政执法部门委托执法的组织及其行政执法人员作出违法、不当的行政执法行为或者不履行法定职责进行追究的制度。

321. 行政执法责任制追究范围是什么？

行政执法责任追究的范围是：（1）无法定依据、法定职权的；（2）超越、滥用法定职权的；（3）违反法定程序的；（4）主要事实认定不清、证据不足的；（5）适用依据错误的；（6）行政执法行为明显不当的；（7）不履行法定职责的；（8）其他违法或者不当行使行政执法职权的。

322. 行政执法责任的承担主体有哪些？

行政执法责任由直接责任人员和直接主管人员承担。行政执法事项的具体承办人为直接责任人员，行政执法事项的审核人和批准人为直接主管人员。行政执法责任划分与承担主要有以下情形：

（1）承办人直接作出违法、不当行政执法行为或者不履行法定职责的，由承办人承担全部行政执法责任。

（2）承办人未经审核人、批准人批准，直接作出行政执法行为的，由承办人承担。

（3）虽经审核人审核、批准人批准，但承办人不依照审核、批准的内容和要求实施的，由承办人承担。

（4）承办人弄虚作假、徇私舞弊，致使审核人、批准人无法正确履行审核、批准职责的，由承办人承担。

（5）承办人提出的方案或者意见有错误，审核人、批准人应当发现而没有发现，或者发现后未予纠正，按所起作用大小分别由承办人、审核人、批准人承担。

（6）审核人不采纳或者改变承办人的正确意见，经批准人批准的，按所起作用大小分别由审核人、批准人承担。

（7）审核人未报请批准人批准而直接作出决定的，由审核人承担。

（8）审核人弄虚作假、徇私舞弊，直接导致批准人作出错误决定的，由审核人承担。

（9）审核人作出的错误指令经批准人同意的，按所起作用大小分别由审核人、批准人承担。

（10）批准人不采纳或者改变承办人、审核人正确意见的，由批准人承担。

（11）未经承办人拟办、审核人审核，批准人直接作出决定的，由批准人承担。

（12）违法、不当行政执法行为或者不履行法定职责的行为，由一个行政执法部门单独决定而产生的，由该行政执法部门承担全部责任；由两个以上行政执法部门共同决定而产生的，由主办部门承担主要责任，其他部门承担相应责任。

（13）行政执法部门经领导集体决策程序后作出决定，导致产生违法、不当行政执法行为或者不履行法定职责的，参与作出决定的主要领导视为批准人、分管领导视为审核人，按直接主管人员承担责任。

（14）上级行政执法部门改变、撤销下级行政执法部门作出的行政执法行为，导致产生违法或者不当行政执法行为的，上级行政执法部门的承办人、审核人、批准人分别承担相应的责任。

（15）行政执法人员执行上级错误的决定或者命令，依照《公务员法》有关规定确定行政执法责任。

323. 对行政执法部门执法责任的追究方式有哪些？

对行政执法部门执法责任的追究方式有以下几种：（1）责令作出书面检查；（2）限期整改；（3）通报批评；（4）取消当年相关评比先进的资格；（5）法律、法规和规章规定的其他责任追究方式。这些行政执法责任追究方式，可以单独或者合并适用。

324. 对行政执法人员执法责任的追究方式有哪些？

对行政执法人员执法责任的追究方式有以下几种：（1）责令作出书面检查；（2）限期整改；（3）通报批评；（4）离岗培训；（5）取消当年相关评比先进的资格；（6）取消行政执法资格；（7）调离执法岗位；（8）依法追偿部分或者全部行政赔偿费用；（9）给予行政处分；（10）法律、法规和规章规定的其他责任追究方式。这些行政执法责任追究方式，可以单独或者合并适用。行政执法人员违反政纪的，由任免机关、纪检监察机关依法依纪作出处理；涉嫌犯罪的，应移送司法机关依法处理。

325. 什么是行政执法案卷评查制度？

行政执法案卷评查，是指对各级政府及其部门依据法律、法规、规章和规范性文件实施行政处罚、行政许可、行政强制、行政征收或者征用等制作的行政执法案卷进行审查、评议并实施监督的活动。行政执法案卷评查制度的建立，有利于加强对行政执法行为的监督，及时纠正案卷评查中发现的违法行政问题。

326. 行政处罚案卷评查的主要内容有哪些？

行政处罚案卷评查的主要内容包括：
（1）行政处罚实施主体是否合法；
（2）事实认定是否清楚，证据是否确凿、合法，证据与事实是否具有关联性；
（3）适用法律是否准确；
（4）程序是否合法、文书是否完整齐全；
（5）自由裁量权运用是否适当；
（6）行政处罚决定书是否符合说理式文书要求；

（7）是否按规定实行罚缴分离；

（8）违法行为应当追究刑事责任的是否移送司法机关；

（9）行政处罚决定履行情况的资料或记载是否完整；

（10）卷宗立案归档是否符合相关规定。

327. 行政许可案卷评查的主要内容有哪些？

行政许可案卷评查主要内容包括：

（1）行政许可实施主体是否合法；

（2）是否具有实施该项行政许可的权限；

（3）行政许可的申请材料是否齐全；

（4）行政许可内部审批程序是否完备；

（5）行政许可的受理、听证、决定文书是否齐全；

（6）行政许可收费是否符合规定；

（7）行政许可受理期限是否合法；

（8）行政许可程序是否规范。

328. 行政强制案卷评查的主要内容有哪些？

行政强制案卷评查主要内容包括：

（1）是否有法律、法规依据；

（2）改变行政强制对象、范围、条件、方式和期限是否合法；

（3）实施行政强制是否符合法定程序；

（4）是否违反《行政强制法》规定，在夜间或者法定节假日实施行政强制执行；

（5）是否对居民生活采取停止供水、供电、供热、供燃气等方式迫使当事人履行相关行政决定；

（6）是否扩大查封、扣押范围；

（7）是否使用或者损毁查封、扣押的场所、设施或者财物；

（8）是否承担查封、扣押发生的保管费；

（9）扣押在查封、扣押法定期间不作出处理决定或者未依法及时解除查封、扣押；

（10）扣押有其他违法实施行政强制情形的。

329. 对行政执法案卷形式评查主要包括哪些内容？

对行政执法案卷形式评查主要包括：
（1）文书格式是否统一规范；
（2）文书材料是否完整，要件无一遗漏；
（3）卷宗内容是否填写齐全、做到一案一卷；
（4）是否有卷内目录，材料排列是否有序，是否有页码；
（5）纸张是否无破损，装订是否整齐；
（6）书写文书是否使用耐久的墨水填写。

330. 怎样进行重大行政执法决定备案审查？

根据全国各地对重大行政处罚、许可、强制等重大行政执法决定备案审查的有关规定，重大行政执法决定备案审查主要内容包括：

（1）对重大行政处罚决定从以下方面做书面审查：①行政处罚的主体是否合法；②适用法律、法规、规章等依据是否正确；③认定的违法事实是否清楚、证据是否确凿；④程序是否合法；⑤行使自由裁量权是否适当；⑥行政处罚决定书载明的内容是否符合法律规定和规范要求；⑦处罚决定书表述是否采用说理方式；⑧报送备案的时间是否符合规定；⑨其他需要审查的内容。

（2）对重大行政许可决定从以下方面做书面审查：①作出行政许可的主体是否合法；②是否超出法定职权和范围；③适用法律、法规、规章等是否正确；④是否存在违反法定条件和标准的情形；⑤程序是否合法；⑥是否存在违法收费或者不按照法定项目和标准收费的情形；⑦行政许可文书是否规范；⑧其他根据法律、法规要求应当审查的事项。

（3）对重大行政强制决定从以下方面做书面审查：①实施行政强制的主体是否合法；②是否违反法律、法规规定的权限、对象、范围、条件、方式和期限；③是否违反法定程序；④文书是否规范；⑤《重大行政强制决定备案报告》及附送材料是否齐全；⑥其他与重大行政强制备案有关事宜。

331. 什么是特邀行政执法监督员？

从江苏省、安徽省、江西省、南京市、合肥市等省、市出台的文件和工作实践看，特邀行政执法监督员主要是各级政府、行政执法机关按照规定的条件和程序，从人大代表、政协委员、专家学者、律师、新闻媒体工作者和社区工作者等社会人士中遴选、聘请的兼职从事行政执法监督工作的人员。

聘用特邀行政执法监督员，有规定的条件和程序；特邀行政执法监督员有其工作职责和任务要求，应当按照聘任机关相关要求积极履行职能，参与各项执法监督活动；聘任机关应当加强特邀行政执法监督员日常联系和管理，做好特邀监督员的组织、联络、协调和服务保障工作；被监督单位和人员应当自觉接受特邀行政执法监督员的监督，按照监督意见实施整改。

332. 特邀行政执法监督员监督内容主要有哪些？

根据各地出台的特邀行政执法监督员工作制度规定，特邀行政执法监督员监督内容主要有：

（1）执法人员是否做到持证执法，是否按法定人数执法；

（2）行政执法机关到企业检查程序是否规范，有无乱检查现象；

（3）行政处罚是否依法实施，有无滥用行政处罚自由裁量权、不执行罚款与收缴分离制度的现象；

（4）行政执法机关是否履行法定职责，有无不作为或刁难当事人的现象，行政执法人员有无滥用职权、谋取私利的行为；

（5）监督有无其他违法不当的执法行为。

333. 特邀行政执法监督员的权利和义务主要有哪些？

根据各地出台的特邀行政执法监督员工作制度规定，其享有的权利有：

（1）监督行政执法机关及其执法人员履行法定职责；

（2）根据监督工作需要查阅有关文件和资料；

（3）应邀参加有关政府法制和依法行政工作会议；

（4）向有关行政机关提出规范行政执法的意见和建议，对违法行政执法行为向有关行政机关反映；

（5）调查了解行政执法有关问题的办理情况；

（6）举报行政违法行为；

（7）参加行政执法监督理论和业务知识的学习培训；

（8）政府机关赋予的其他权利。

行政执法监督员应当履行的义务有：

（1）积极参加政府组织的行政执法监督、检查活动；

（2）及时向政府法制机构或者有关部门反映、传递社会各界对行政机关及其工作人员的意见或者建议；

（3）遵守有关工作制度，保守国家秘密；

（4）不得私自接受有关单位或者当事人的财物；

（5）不得非法干预行政机关的正常执法活动；

（6）不得以特邀行政执法监督员名义从事任何有损政府机关形象的活动；

（7）政府机关要求履行的其他义务。

334. 行政执法监督程序有哪些基本规定？

目前国家层面尚无法律法规对行政执法监督程序作出专门规定，但许多地方已经相继出台了有关行政执法监督的地方性法规或规章，如《山东省行政执法监督条例》、《辽宁省行政执法监督规定》等，对行政执法监督程序作出了一些规定，概括起来主要有：立案、调查取证、审查、告知、听证、建议、决定等。

335. 行政执法监督工作有哪些主要文书？

行政执法监督文书主要包括：

（1）行政执法监督立案审批表；

（2）询问笔录；

（3）案件处理意见书；

（4）暂扣行政执法证件通知书；

（5）解除暂扣行政执法证件通知书；

（6）行政执法监督意见函；

（7）收缴行政执法证件决定书；

（8）责令停止行政执法工作通知书；

（9）行政执法监督（责令改正、责令履行）通知书；

（10）责令退还通知书；

（11）行政执法监督通知书；

（12）行政执法监督决定书；

（13）送达回证；

（14）行政执法监督结案报告；

（15）案件移送函。

336. 什么是《行政执法监督意见书》？

行政执法监督机关在监督检查中发现行政执法机关不履行行政执法职责、不作为、乱作为的或者执法不当的，应当发出《行政执法监督意见书》责令其限期纠正。有关行政执法机关应当自收到《行政执法监督意见书》之后，在规定的期限内自行纠正违法或者不当的行政执法行为。

337. 什么是《行政执法监督决定书》？

行政执法机关未按照《行政执法监督意见书》自行纠正违法或者不当的行政执法行为的，由行政执法监督机关根据行政执法行为的性质、程度等情况，按照职责权限分别作出责令限期履行、责令补正或者改正、撤销、确认违法或者无效的决定，并出具《行政执法监督决定书》。有关行政执法机关应当自收到决定书之日在规定的期限内向行政执法监督机关报告执行情况。

338. 政府法制机构如何处理行政执法案件投诉举报？

政府法制机构收到公民、法人或者其他组织对行政执法机关及其行政执法人员不履行行政执法职责、不作为、乱作为的投诉、举报后，应当对投诉、举报进行处理，并在规定时限内将处理结果告知投诉、举报人。

政府法制机构对于行政投诉、举报案件，认为可以通过行政诉讼或行政复议解决的，应当及时告知当事人；确属于本机关管辖范围的案件，应当予以受理。对于不属于本机关管辖范围内的案件，应当及时移送有权机关处理，并告知当事人。

第八章

行政执法体制改革

339. 什么是行政执法体制？

行政执法体制就是行政执法的组织制度，是国家为了顺利实现行政目的，建立的行政执法权力如何配置、怎么运行的制度体系。它是由行政执法主体、行政执法职权和职责、行政执法程序和运行机制等构成的有机体系。实践中，行政执法体制在静态上表现为各个行政执法主体实施各种行政执法行为时的依据，在动态上表现为各种行政执法行为模式。我国现行的行政执法体制在静态上表现为我国现行的行政法律规范和部门"三定"规定及相关的行政规范性文件的规定，在动态上表现为实践中的各种行政执法行为模式。

340. 什么是行政执法机制？

行政执法机制，是行政执法的机构设置、运行方式以及具体操作制度的总称。

341. 行政执法体制与行政执法机制之间有什么区别？

行政执法体制指行政执法机关和执法机构设置和管理权限划分的组织制度；行政执法机制指行政执法机关之间相互作用的过程和方式。概括地说，体制是静态制度，机制是动态制度。

342. 我国现行行政执法体制有哪些不足？

目前，政府职能转变和行政管理体制改革尚未完全到位，行政机关仍在管着许多不该管、管不了、实际上也管不好的事情。一些地方和领域仍存在执法队伍过多、多层执法和重复执法等问题，一些领域不执法、乱执法等问题较为突出，部门之间职权交叉重复，执法效率低，不仅造成执法扰民，也容易滋生腐败，社会反映强烈。

343. 行政执法体制改革的目标是什么？

按照党的十八届三中、四中全会决定要求，整合执法主体，相对集中执

法权，推进综合执法，着力解决权责交叉、多头执法问题，建立权责统一、权威高效的行政执法体制。

344. 行政执法体制改革主要包括哪些方面？

按照党的十八届三中、四中全会决定要求，目前我国行政执法体制改革主要包括以下六个方面：

（1）根据不同层级政府的事权和职能，按照减少层次、整合队伍、提高效率的原则，合理配置执法力量。

（2）减少行政执法层级，加强食品药品、安全生产、环境保护、劳动保障、海域海岛等重点领域基层执法力量。

（3）推进综合执法，大幅减少市县两级政府执法队伍种类，重点在食品药品安全、工商质检、公共卫生、安全生产、文化旅游、资源环境、农林水利、交通运输、城乡建设、海洋渔业等领域内推行综合执法，有条件的领域可以推行跨部门综合执法。

（4）完善市县两级政府行政执法管理，加强统一领导和协调。理顺行政强制执行体制。理顺城管执法体制，加强城市管理综合执法机构建设，提高执法和服务水平。

（5）完善行政执法程序，规范执法自由裁量权，加强对行政执法的监督，严格实行行政执法人员持证上岗和资格管理制度，严格执行罚缴分离和收支两条线管理制度，全面落实行政执法责任制和执法经费由财政保障制度，做到严格规范公正文明执法。

（6）健全行政执法和刑事司法衔接机制，完善案件移送标准和程序，建立行政执法机关、公安机关、检察机关、审判机关信息共享、案情通报、案件移送制度，坚决克服有案不移、有案难移、以罚代刑现象，实现行政处罚和刑事处罚无缝对接。

345. 行政执法体制改革的具体措施有哪些？

加快推进综合执法体制改革试点，加快综合行政执法体制方面的立法步伐，加快执法机构的完善步骤，加快建立完善行政执法监督制度、行政执法保障制度等。

346. 什么是相对集中行政处罚权？

相对集中行政处罚权，是指将若干行政机关的行政处罚权集中起来，交由一个行政机关统一行使；行政处罚权相对集中后，有关行政机关不再行使已经由一个行政机关统一行使的行政处罚权。

347. 相对集中行政处罚权的法律依据是什么？

相对集中行政处罚权作为一项法律制度，是由1996年3月17日第八届全国人大四次会议通过的《行政处罚法》所规定的。该法第十六条规定："国务院或者经国务院授权的省、自治区、直辖市人民政府可以决定一个行政机关行使有关行政机关的行政处罚权，但限制人身自由的行政处罚权只能由公安机关行使"。其后，《国务院关于全面推进依法行政的决定》（国发〔1999〕23号）、《国务院办公厅关于继续做好相对集中行政处罚权试点工作的通知》（国办发〔2000〕63号）、《国务院关于进一步推进相对集中行政处罚权工作的决定》（国发〔2002〕17号）、国务院《全面推进依法行政实施纲要》（国发〔2004〕10号）、《国务院关于加强市县政府依法行政的决定》（国发〔2008〕17号）等文件一直沿用相对集中行政处罚权这个名称，并对推进这项工作有明确部署和要求。

348. 为什么要推进相对集中行政处罚权工作？

推进相对集中行政处罚权工作，主要为解决多头执法、职责交叉、重复处罚、执法扰民和行政执法机构膨胀等问题，深化行政管理体制改革，探索建立与社会主义市场经济体制相适应的行政管理体制和行政执法机制，提高行政执法的效率和水平，保护公民、法人和其他组织的合法权益，保障和促进社会生产力的发展。

349. 省级人民政府决定开展相对集中行政处罚权工作的具体程序有哪些规定？

根据《国务院关于进一步推进相对集中行政处罚权工作的决定》（国发〔2002〕17号）的授权和规定，目前，省级人民政府可以决定在本行政区域内有计划、有步骤地开展相对集中行政处罚权工作。各地相对集中行政处罚权工作方案必须由本级人民政府常务会议讨论决定，并形成会议纪要，以政府名义上报所在的省、自治区人民政府审批。省、自治区人民政府对有关城市

人民政府报送的相对集中行政处罚权工作方案，要依照行政处罚法和本决定以及国务院其他有关文件的规定严格审查，对借机增设机构、增加行政编制或者有其他不符合规定情形的，一律不予批准。

经省、自治区、直辖市人民政府批准的相对集中行政处罚权工作方案，自批准之日起30日内，由省、自治区、直辖市人民政府报送国务院法制办公室备案。

350. 目前开展的相对集中行政处罚权主要集中在哪些方面？

根据《国务院关于进一步推进相对集中行政处罚权工作的决定》（国发〔2002〕17号）规定，目前，相对集中行政处罚权工作主要在城市管理领域开展，主要包括：市容环境卫生管理方面法律、法规、规章规定的行政处罚权；城市规划管理方面法律、法规、规章规定的全部或者部分行政处罚权；城市绿化管理方面法律、法规、规章规定的行政处罚权；市政管理方面法律、法规、规章规定的行政处罚权；环境保护管理方面法律、法规、规章规定的部分行政处罚权；工商行政管理方面法律、法规、规章规定的对无照商贩的行政处罚权；公安交通管理方面法律、法规、规章规定的对侵占城市道路行为的行政处罚权；省、自治区、直辖市人民政府决定调整的城市管理领域的其他行政处罚权。

351. 省级人民政府可以在城市管理领域以外的其他行政管理领域开展相对集中行政处罚权工作吗？

《国务院关于进一步推进相对集中行政处罚权工作的决定》（国发〔2002〕17号）规定，需要在城市管理领域以外的其他行政管理领域相对集中行政处罚权的，省、自治区、直辖市人民政府依照《行政处罚法》第十六条的规定，也可以决定在有条件的地方开展这项工作。如2014年江苏省政府决定在常熟市开展镇域相对集中行政处罚权工作，2004年山东省政府决定在泰山风景名胜区开展相对集中行政处罚权工作。

352. 如何申报开展相对集中行政处罚权工作？

各市、县人民政府在准备开展相对集中行政处罚权工作前，要深入研究本地区特定领域行政执法中的情况和问题，广泛听取各方面意见和建议，充分论证，依照有关规定提出调整行政处罚权的具体方案。方案必须由本级政府常务会议讨论决定，并形成会议纪要，以政府名义逐级上报省级人民政府审批。

353. 相对集中行政处罚权工作方案应当包括哪些内容？

相对集中行政处罚权工作方案的主要内容包括：集中行使行政处罚权的范围、执法机关及执法队伍的组建方案和管理体制、编制和经费保障、组织领导以及相关配套措施等。其中有关机构编制方面的事宜，由编制部门按照国家有关规定和程序办理。

354. 推进相对集中行政处罚权应当坚持哪些原则？

推进相对集中行政处罚权工作，应当坚持以民为本、依法行政、精简统一、权责相当和与深化行政管理体制改革相一致的原则。

355. 推进相对集中行政处罚权应当重点把握好哪些方面？

开展相对集中行政处罚权工作，对于推进依法行政，规范执法行为，深化行政管理体制改革具有重要的意义和作用。

（1）加大宣传力度。通过多种途径和方式，广泛深入地宣传有关法律法规、方针政策、程序步骤，让广大人民群众了解这项制度，支持、配合、监督这项工作。被集中行政处罚权的有关部门要增强政治意识、法治意识、大局意识和责任意识，积极支持、配合做好相对集中行政处罚权工作。

（2）加强组织领导。相对集中行政处罚权，涉及对相关部门职权的调整，关系到现行行政管理体制的改革，协调任务重，工作难度大。各级政府需要加强组织领导，把这项工作列入重要议事日程，认真研究制定方案，精心组织实施。

（3）规范运行机制。集中行使行政处罚权的行政机关，应作为本级政府直接领导的一个独立的行政执法部门，依法独立履行规定的职权，并承担相应的法律责任，不得作为政府某个部门的内设机构或者下设机构，也不得将某个部门的上级业务主管部门确定为集中行使行政处罚权的行政机关的上级主管部门。行政处罚权相对集中后，有关部门如果仍然行使已被调整出的行政处罚权，作出的行政处罚一律无效，还要依法追究该部门有关人员的法律责任。要进一步完善集中行使行政处罚权的行政机关与其他有关部门之间的协调配合机制，有关部门在城市管理领域中作出行政审批、许可的，要加强后续管理，发现违法行为，应当及时告知集中行使行政处罚权的机关；集中行使行政处罚权的机关要将处罚情况及时告知有关部门。集中行使行政处罚权行政机关所需经费一律由财政予以保障，所有收费、罚没收入全部上缴财政，不得作为经费来源。对以暴力、威胁方法阻碍执法人员依法执行职务的行为，公安机关要及时作出处理，直至追究刑事责任，不得作为民事纠纷来进行处理。

（4）加强执法队伍建设。录用行政执法人员，要按照《国家公务员法》和其他有关规定，严格标准，公平竞争，择优录用，切实把住进人关。要加强执法人员的教育和培训，提高政治素质和业务素质，切实改进工作作风，确保严格执法、秉公执法、文明执法，不断提高依法行政水平。

（5）及时总结经验。认真总结相对集中行政处罚权工作经验，明确市、区两级集中行使行政处罚权行政机关的职责，探索同一系统上下级部门之间合理分工、协调运作的新机制，解决多层执法、重复管理问题，加强配套制度建设，完善协调配合机制。

356. 什么是综合执法？

综合执法是指一个行政执法机关在行使法定的本机关行政执法职权的同时，经法定程序批准，综合行使其他行政执法机关的行政执法职权，其实质是行政权力的重新划分与分配，是行政权力的分离和整合。推行综合执法有利于解决我国行政执法领域普遍存在多头执法、多层执法、权责脱节和横向职权冲突与纵向效率低下等问题，是新一轮行政执法体制改革的重要内容。按照党的十八届三中、四中全会提出要推进综合执法、建立权责统一权威高效的行政执法体制的要求，探索整合政府部门间相同相近的执法职能，归并执法机构，统一执法力量，减少执法部门，探索建立适应我国国情和经济社会发展要求的行政执法体制。

2015年4月，中央编办印发《中央编办关于开展综合行政执法体制改革试点工作的意见》，确定在全国22个省（自治区、直辖市）的138个试点城市开展综合行政执法体制改革试点，要求继续推进减少执法层级、明确各级政府执法职责的同时，重点从探索行政执法职能和机构整合的有效方式、探索理顺综合执法机构与政府职能部门职责关系、创新执法方式和管理机制、加强执法队伍建设四个方面推进试点。

357. 目前重点在哪些领域推行综合执法？

根据党的十八届四中全会决定的要求，目前重点在食品药品安全、工商质检、公共卫生、安全生产、文化旅游、资源环境、农林水利、交通运输、城乡建设、海洋渔业等领域内推行综合执法,有条件的领域可以推行跨部门综合执法。

358. 综合执法与相对集中行政处罚权有哪些区别?

相对集中行政处罚权,是根据《行政处罚法》的规定对部分行政处罚权的相对集中。而综合行政执法是在相对集中行政处罚权基础上对行政执法体制更进一步的改革。综合行政执法不仅将日常管理、监督检查和实施处罚等职能进一步综合起来,而且据此对政府有关部门的职责权限、机构设置、人员编制进行相应调整,从体制上、源头上改革和创新行政执法体制,解决行政执法工作中存在的许多弊病,进一步深化行政执法体制改革。

359. 什么是相对集中行政许可权?

根据《行政许可法》规定,相对集中行政许可权是指经国务院批准,省、自治区、直辖市人民政府根据精简、统一、效能的原则,决定一个行政机关行使有关行政机关的行政许可权。行政许可权相对集中到一个行政机关统一行使后,原行政机关不再行使。

360. 相对集中行政许可权的法律依据是什么?

《行政许可法》第二十五条规定:"经国务院批准,省、自治区、直辖市人民政府根据精简、统一、效能的原则,可以决定一个行政机关行使有关行政机关的行政许可权。"

361. 相对集中行政许可权应当坚持哪些原则?

应坚持精简、统一、效能的原则。精简,就是精简机构和人员,解决政府机构庞大,机构臃肿的问题,实行精兵简政;统一就是按照权责一致的原则,调整政府部门的职责权限,明确划分部门之间的职能分工,相同或相近的职能交由一个部门承担,克服多头管理、政出多门的弊端;效能就是提高政府部门的行政效率。

362. 如何申报开展相对集中行政许可权工作?

根据《行政许可法》第二十五条规定,各市、县(市、区)人民政府拟开展相对集中行政许可权工作，应当向省级人民政府提出申请，由省级人民政府根据国务院的授权，决定是否同意开展相对集中行政许可权工作。

363. 目前相对集中行政许可权试点工作如何组织实施？

根据《中央编办、国务院法制办关于印发〈相对集中行政许可权试点工作方案〉的通知》（中央编办发〔2015〕16号）规定，目前相对集中行政许可权试点工作由省级政府负总责，试点所在地政府具体组织实施。各试点地区结合自身实际，确定试点单位，制定试点方案。试点方案经省级党委、政府批准，报中央编办、国务院法制办备案。该文件还确定在天津市、河北省、山西省、江苏省、浙江省、广东省、四川省和贵州省进行试点，探索推进相对集中行政许可权。其主要内容是：

（1）探索相对集中行政许可权的内容范围和实现形式，可将政府各部门的行政许可权交由一个部门行使，或者将一个部门的行政许可权交由另一个部门行使。

（2）探索相对集中行政许可权后，行政审批部门与管理职能部门的职责定位、工作机制，完善行政审批部门与同级其他部门以及上下级政府部门间的工作衔接和协调机制。

（3）探索相对集中行政许可权后，进一步优化审批流程、规范审批行为，逐步实现行政审批程序化、标准化、科学化，建立统一的行政审批网络平台，实现网上受理、审批、公示、查询、投诉等。

（4）探索相对集中行政许可权后，健全审批、管理、监督运行机制，加强事中事后监管，建立健全内外部监督制约机制，加强制度建设。

根据中央编办和国务院法制办联合下发的《相对集中行政许可试点工作方案》，江苏省在南通市、苏州工业园区、盱眙县、大丰市开展相对集中行政许可权改革试点。主要做法是：

（1）借鉴天津滨海、上海自贸区、四川武侯等地经验，由试点地区先行探索，将法律赋予政府分散在各个部门的许可权从许可链条中剥离出来，按照"撤一建一"的要求，组建行政许可局，原部门承担事中事后监管和社会管理、公共服务职能，让部门由重许可向重监管转变，实现许可与监管既相互分离又相互制约。

（2）加强平台建设，通过信息化手段将许可权集中到许可平台，从方便企业和群众的角度，按照"车间式流水线"设计许可流程，全程监控，压缩自由裁量权,让许可在阳光下运行。

(3)开展综合执法改革试点,推进绩效管理,逐步实现"一套清单管边界、一枚印章管审批、一支队伍管执法、一个部门管市场、一张表格管检查、一个平台管信用、一个号码管服务",努力实现创业创新便利化,民生服务便利化,政府治理简约化。

364. 集中行使行政许可权的行政机关与集中办理行政许可的行政服务中心有哪些区别?

集中行使行政许可权的行政机关是经法定程序批准的,有权以自己名义作出行政许可决定的行政执法机关,而集中办理行政许可的行政服务中心是集信息与咨询、审批与收费、管理与协调、投诉与监督于一体的综合性行政服务机构,推行"一站式办公、一条龙服务、并联式审批、阳光下作业、规范化管理"的运行模式。具有行政许可职能的行政机关在行政服务中心设立窗口集中办公,将行政许可申请人需要跑多个部门才能办成的事,变为只跑中心一处就能办成,但行政许可决定仍由相关行政主管部门作出。

365. 什么是联合执法?

联合执法是指两个或两个以上的行政执法机关,按照各自的职责范围,在实施行政执法时进行的联合行动。联合行政执法遵循依法办事,统一指挥,联合行动,各司其职,各负其责的原则。联合行政执法可以是长期性的,也可以是阶段性或临时性的。长期性的联合行政执法一般有统一的组织,阶段性或临时性的联合行政执法一般应当明确负责组织管理的部门。

366. 联合执法有哪些特点?

联合执法的特点主要有:一是原有的组织架构、权力分配不变。联合执法体制中,确定一个牵头部门,负责组织和协调;其他部门派人参加,一起开展执法行动。人员归属不调整、执法主体不调整、执法权限不调整。二是同一时间围绕同一事项执法。三是一般为临时性、集中整治性的活动。四是执法方式不稳定。实施联合执法,需要具备联合执法的相关部门之间能够相互支持或其共同的上级单位要求,否则较为困难。五是执法力量未得到实质性整合。参加联合执法的人员,只能执行本部门的法律法规。在具体执法活动中,只是执法人数增加,没有实现执法力量优化。

367. 实施联合执法一般由谁来启动？

实施联合执法既可由政府指定牵头部门，也可由一个或多个行政主管部门联合发起。

368. 联合执法与集中执法有何区别？

联合执法，是将数个行政机关的部门管理力量抽调到一起，统一行动，集中查处，在调查取证时联合，作出行政决定是各司其职，形式上联合，实体上独立。

集中执法，则是强调人员形式上的集中，主要是各相关部门分别派驻、集中办公。

369. 联合执法与相对集中行政处罚权有何区别？

联合执法，是行政执法机关之间协调一致，统一行动，但各司其职，根据各自的法定职权，分别作出行政决定。

相对集中行政处罚权，则是一个行政机关统一行使其他行政机关的行政处罚权，由其独立作出行政处罚决定。

370. 联合执法与综合执法有何区别？

联合执法是执法机制的整合，在联合执法过程中，各行政执法机关是统一行动，但各司其职。而综合执法是执法体制的调整、行政执法权的整合，原来分散在各个部门的行政执法权统一由一个综合行政执法机关行使，综合执法机关独立承担行政责任。

371. 联合执法有哪些原则？

联合执法应当遵守关联性原则、统一性原则和独立性原则。

372. 联合执法有哪些基本要求？

联合执法自身特点决定了联合执法应当遵守下列要求：

一是必须以行政执法人员各自所属单位的名义进行调查取证和作出行政决定；

二是必须由具备行政执法权限的单位及其执法人员实施行政执法活动；

三是必须建立相应的协调机构和协调机制保证联合执法的统一性。

373. 执法重心下移有哪些基本要求?

执法重心下移主要须做到：执法权力事项的重心下移、执法机构设置的重心下移、执法人员编制的重心下移、执法人员一线的重心下移、执法经费投入的重心下移、执法人员人身保障的重心下移、执法监督事项的重心下移。

374. 执法重心下移对现行的执法体制机制有哪些要求?

按照党的十八届三中、四中全会决定的要求，推进执法重心下移工作，现行的行政执法体制应当按照"减少层次、整合队伍、提高效率"的原则进行调整：

一是行政执法权实施属地管理，设区的市级政府部门原则上不开展日常行政执法活动；

二是合理调整执法机构内部设置，实施综合执法，在执法机构内部，不再设置各类专业或者专项行政执法队伍；

三是执法力量下沉，绝大部分行政执法人员要到基层一线开展日常巡查、管理和执法工作；

四是要充分运用现代科学技术和装备，全面提高行政执法效能。

第九章

两法衔接工作

375. 什么是两法衔接?

两法衔接是行政执法与刑事司法衔接的简称（以下统称两法衔接），是指行政执法机关、公安机关、检察机关、审判机关等国家机关实行的旨在防止以罚代刑、有罪不究、渎职违纪等问题而形成行政执法与刑事司法相互衔接的制度。这一制度主要包含四个方面的内容：一是行政执法机关要依法向公安机关移送涉嫌犯罪案件；二是行政执法机关在执法中、公安机关在侦查中、监察机关在行政监察中、政府法制机构在行政执法监督中，对于发现的涉嫌职务犯罪案件线索要依法向检察机关移送；三是检察机关对公安机关接受行政执法机关移送案件的处理情况进行立案监督；四是检察机关、行政监察机关、行政执法监督机构对行政执法机关和公安机关的违法违规行为进行法律监督，并依法依规追究责任。

376. 两法衔接工作的重要性有哪些?

推进两法衔接，是党的十八届三中、四中全会的明确要求，是党委政府的重要工作部署，是各地各部门能否依法办事的重要体现。实现行政处罚与刑事处罚的无缝对接，有利于及时查办行政执法中的案件，有利于形成预防犯罪的威慑力，为经济社会发展、社会和谐稳定营造良好的环境。做好两法衔接工作，事关依法行政和公正司法，事关经济社会秩序维护，事关人民群众切身利益保障。

377. 两法衔接机制的内涵是什么?

行政执法与刑事司法衔接机制，简称两法衔接机制，是指行政执法机关和刑事司法机关在工作中加强协作配合，完善案件移送标准和程序，建立信息共享、案情通报、案件移送制度，防止以罚代刑、有罪不究，形成执法司法合力的工作机制。

378. 如何加强对两法衔接工作的组织领导？

县级以上地方党委和人民政府应当加强对行政执法与刑事司法衔接工作的领导，加大组织、协调和保障力度，推进行政执法与刑事司法衔接工作有关制度的落实。

379. 两法衔接中行政执法机关的工作职责主要有哪些？

行政执法机关在依法查处违法行为过程中，发现违法事实涉及的金额、违法事实的情节、违法事实造成的后果等，涉嫌构成犯罪，依法需要追究刑事责任的，必须依照规定向公安机关移送，不得以行政处罚代替移送。

380. 两法衔接工作中检察机关的工作职责主要有哪些？

检察机关作为国家的法律监督机关，其对行政执法机关移送涉嫌犯罪案件及对公安机关立案活动的监督，是其在两法衔接工作中的主要职责，具体包括：

（1）接受抄送备案。行政执法机关向公安机关移送涉嫌犯罪案件，应当移交案件的全部材料，同时将案件移送书及有关材料目录抄送人民检察院。行政执法机关在移送案件时已经作出行政处罚决定的，应当将行政处罚决定书一并抄送公安机关、人民检察院。公安机关对行政执法机关移送的涉嫌犯罪案件，应当以书面形式予以受理。受理后认为不属于本机关管辖的应当及时转送有管辖权的机关，并书面告知移送案件的行政执法机关，同时抄送人民检察院。对受理的案件，公安机关应当及时审查，依法作出立案或者不予立案的决定并书面通知行政执法机关，同时抄送人民检察院。公安机关立案后决定撤销案件的，应当书面通知行政执法机关，同时抄送人民检察院。

（2）对行政执法机关移送涉嫌犯罪案件的监督。人民检察院发现行政执法机关不移送或者逾期未移送涉嫌犯罪案件的，应当向行政执法机关提出检察意见，要求其移送。行政执法机关仍不移送的，人民检察院应当将有关情况书面通知公安机关，公安机关应当根据人民检察院的意见，主动向行政执法机关查询案件，必要时直接立案侦查。

（3）对公安机关立案活动的监督。公安机关不受理行政执法机关移送的案件，或者未在法定期限内作出立案或者不予立案决定的，行政执法机关可以建议人民检察院进行立案监督。行政执法机关对公安机关作出的不予立案决定有异议的,可以向作出决定的公安机关提请复议,也可以建议人民检察院进行立案监督;对公安机关不予立案的复议决定仍有异议的,可以建议人民检察院进行立案监督。行政执法机关对公安机关立案后作出撤销案件的决定有异议的,可以建议人民检察院进行立案监督。

人民检察院接到行政执法机关提出的对涉嫌犯罪案件进行立案监督的建议后,应当要求公安机关说明不立案理由,公安机关应当在7日以内向人民检察院作出书面说明。对公安机关的说明,人民检察院应当进行审查,必要时可以进行调查,认为公安机关不立案理由成立的,应当将审查结论书面告知提出立案监督建议的行政执法机关;认为公安机关不立案理由不能成立的,应当通知公安机关立案。公安机关接到立案通知书后应当在15日以内立案,同时将立案决定书送达人民检察院,并书面告知行政执法机关。

(4) 对涉嫌职务犯罪案件依法处理。行政执法机关在查处违法行为,以及公安机关在审查、侦查行政执法机关移送的涉嫌犯罪案件过程中,发现国家工作人员涉嫌贪污贿赂、渎职侵权等犯罪线索的,应当及时向人民检察院移送。人民检察院应当对案件线索进行审查,依法处理,并将处理结果及时书面告知行政执法机关。

381. 两法衔接工作中公安机关的工作职责主要有哪些?

公安机关是武装性质的国家治安行政力量和刑事司法力量,既有行政管理职能,又具有刑事侦查职能。相较于其他行政执法机关与公安机关之间的案件移送和工作衔接,公安机关在行政执法过程中对于涉嫌犯罪行为的内部衔接移送程序不具有典型性。在两法衔接工作中,公安机关更多的是充当着涉嫌犯罪案件移送接受主体的角色。其职责主要有:接受行政执法机关移送的涉嫌犯罪案件,并在法定期限内进行审查,依法作出立案或者不予立案决定;行政执法机关在执法检查时,发现违法行为明显涉嫌犯罪向公安机关通报的,公安机关接到通报后应当立即派人进行调查,依法作出立案或者不予立案的决定;行政执法机关对有证据表明可能涉嫌犯罪的行为人可能逃匿或者销毁证据,需要公安机关参与、配合,行政执法机关商请公安机关提前介入的,公安机关可以派员介入;人民检察院发现行政执法机关不移送或者逾期未移送涉嫌犯罪案件,经人民检察院建议移送仍不移送,人民检察院将有关情况书面通知公安机关的,公安机关应当根据人民检察院的意见,主动向行政执法机关查询案件,必要时直接立案侦查;在审查、侦查行政执法机关移送的涉嫌犯

罪案件过程中，发现国家工作人员涉嫌贪污贿赂、渎职侵权等违纪违法线索的，应当根据案件性质，及时向有调查处理权的监察机关或者人民检察院移送等。

382. 行政执法机关对涉嫌犯罪的案件应当如何处理？

行政执法机关对应当向公安机关移送的涉嫌犯罪案件，应当立即指定 2 名或者 2 名以上行政执法人员组成专案组专门负责，核实情况后提出移送涉嫌犯罪案件的书面报告，报经本机关正职负责人或者主持工作的负责人审批。行政执法机关正职负责人或者主持工作的负责人应当自接到报告之日起 3 日内作出批准移送或者不批准移送的决定。决定批准的，应当在 24 小时内向同级公安机关移送；决定不批准的，应当将不予批准的理由记录在案。

383. 行政执法机关应向公安机关移送哪些材料？

行政执法机关向公安机关移送涉嫌犯罪案件，应当制作涉嫌犯罪案件移送书，附送涉嫌犯罪案件的调查报告、涉案物品清单、有关检验报告或者鉴定意见以及其他有关涉嫌犯罪的材料。同时将涉嫌犯罪案件移送书及有关材料的复印件抄送同级人民检察院。

384. 行政执法机关在移送案件时已作出或未作出行政处罚决定的，分别应如何处理？

行政执法机关在移送案件时已经作出行政处罚决定的，应当将行政处罚决定书一并抄送公安机关、人民检察院；未作出行政处罚决定的，原则上应当在公安机关决定不予立案或者撤销案件、人民检察院作出不起诉决定、人民法院作出无罪判决或者免予刑事处罚后，再决定是否给予行政处罚。

385. 行政执法机关对公安机关决定立案的案件应移交哪些材料？

行政执法机关对公安机关决定立案的案件，应当自接到立案通知书之日起 3 日内将涉案物品以及与案件有关的其他材料移送公安机关，并办结交接手续；法律、行政法规另有规定的，依照其规定办理。

386. 行政执法机关认为公安机关应当立案而未立案的，应当如何处理？

行政执法机关接到公安机关不予立案的通知书后，认为依法应当由公安机关决定立案的，可以自接到不予立案通知书之日起 3 日内，提请作出不予立案决定的公安机关复议，也可以建议人民检察院依法进行立案监督。

387. 行政执法机关、公安机关在两法衔接工作中，发现国家工作人员涉嫌贪污贿赂、渎职侵权等违纪违法线索的如何处理？

行政执法机关在查处违法行为，以及公安机关在审查、侦查行政执法机关移送的涉嫌犯罪案件过程中，发现国家工作人员涉嫌贪污贿赂、渎职侵权等违纪违法线索的，应当根据案件性质，及时向有调查处理权的监察机关或者人民检察院移送。监察机关、人民检察院应当对案件线索进行审查，依纪依法处理，并将处理结果及时书面告知行政执法机关。

388. 公安机关对行政执法机关移送的涉嫌犯罪案件的管辖问题，应当如何区分处理？

公安机关对行政执法机关移送的涉嫌犯罪案件，应当在涉嫌犯罪案件移送书的回执上签字；对不属于本机关管辖的案件，应当在 24 小时内转送有管辖权的机关，并书面告知移送案件的行政执法机关，抄送同级人民检察院。

389. 公安机关对行政执法机关移送的涉嫌犯罪案件的立案问题，应当如何区分处理？

公安机关应当自接受行政执法机关移送的涉嫌犯罪案件之日起 3 日内，依照刑法、刑事诉讼法以及最高人民法院、最高人民检察院关于立案标准和公安部关于公安机关办理刑事案件程序的规定，对所移送的案件进行审查。认为有犯罪事实，需要追究刑事责任，依法决定立案的，应当书面通知移送案件的行政执法机关；认为没有犯罪事实，或者犯罪事实显著轻微，不需要追究刑事责任，依法不予立案的，应当说明理由，并书面通知移送案件的行政执法机关，相应退回案卷材料。

390. 两法衔接联席会议制度如何建立和运作？

各地应当建立行政执法与刑事司法衔接工作联席会议制度。政府法制部门、人民检察院、人民法院、公安机关、国家安全机关、司法行政机关、人力资源和社会保障部门等为联席会议成员单位。联席会议的日常办事机构可以设在相关牵头部门。联席会议主要研究行政执法与刑事司法衔接工作中的重大问题，提出加强衔接工作的对策，原则上每年召开一次全体成员会议；根据实际需要，可以适时召开由成员单位和有关行政执法机关参加的专题会议。

391. 什么是两法衔接联络员制度？

各行政执法机关应当指定专人为本机关两法衔接工作联络员，负责日常信息交流与共享、案件移送、问题咨询等方面的联络、协调，参加两法衔接联席会议下设的联络员例会。联络员例会原则上每半年召开一次，主要通报工作进展情况，研究提出工作建议。

392. 什么是两法衔接咨询制度？

对于案情重大、复杂、疑难，性质难以认定的案件，行政执法机关可以就刑事案件立案追诉标准、证据的固定和保全等问题咨询公安机关、人民检察院、人民法院，公安机关、人民检察院、人民法院可以就案件办理中的专业性问题咨询行政执法机关。受理咨询的机关应当认真研究，并在接受咨询之日起 7 日内书面回复意见。

393. 什么是两法衔接办案情况通报机制？

行政执法机关、公安机关、人民检察院、人民法院应当建立衔接工作办案情况通报机制。行政执法机关在每季度结束后下一个月 10 日前向同级公安机关、人民检察院、人民法院通报上一季度查处、移送案件的情况和数据；公安机关每季度应向同级行政执法机关、人民检察院、人民法院通报上一季度受理移送案件、立案以及撤销案件的情况和数据；人民检察院每季度应向同级行政执法机关、公安机关、人民法院通报上一季度立案监督、批捕、起诉案件的情况和数据；人民法院每季度应当向行政执法机关、公安机关、人民检察院通报上一季度受理、审理移送案件的情况和数据。行政执法机关、公安机关对于上级督办和本级提办涉嫌犯罪的案件办理情况应当向人民检察院通报。上述所列办案情况通报应当同时抄送政府法制部门。

394. 两法衔接信息共享平台如何建设？

各地要充分利用已有电子政务网络和信息共享公共基础设施等资源，将行政执法与刑事司法衔接工作信息共享平台建设纳入电子政务建设规划，加大投入，加快进度，建成具有反映执法动态、显示办案过程、进行数据统计等功能的信息共享平台。积极推进网上移送、网上受理、网上监督，提高衔接工作效率。两法衔接信息平台应当做到省市县互联互通。

395. 两法衔接信息共享平台如何运行？

行政执法机关应当将行政处罚的案件信息、移送案件情况于 7 日内录入信息共享平台，对于查处的符合刑事追诉标准、涉嫌犯罪的案件信息以及虽未达到刑事追诉标准但有其他严重情节的案件信息实行专项录入。公安机关、人民检察院、人民法院应当分别将办理移送案件、监督移送案件、案件审理情况的相关信息及时录入信息共享平台。加强对信息共享平台的管理，严格遵守共享信息的使用权限，保证信息数据安全、规范运行。

第十章 行政指导

396. 什么是行政指导？

行政指导概念最早出现于日本，后来被我国台湾地区的行政法学者引进。进入 20 世纪 80 年代，随着比较法研究的兴起，德国学者对不具有国家强制力的行政活动方式的性质和功效有了更为深入的研究，逐步将它称为"非行使统治权之经济向导"、"非正式行政活动"、"非高权行政行为"。在英美地区则多称为"非强制性行政行为"，也有直呼"行政指导"的。

在我国，尚未制定统一的行政指导法对行政指导予以规定，从已经出台的一些地方立法看，对行政指导的概念表述大体上是相同的。如《江苏省行政程序规定》第八十三条、《湖南省行政程序规定》第九十九条对行政指导的定义采取了相同的表述，即行政指导是指行政机关为实现特定的行政目的，在其法定的职权范围内或者依据法律、法规、规章和政策，以指导、劝告、提醒、建议等非强制性方式，引导公民、法人和其他组织作出或者不作出某种行为的活动。

397. 行政指导制度是何时兴起的？

行政指导作为一种新的政府管理手段，是现代行政发展的必然产物，其产生源于 20 世纪中叶资本主义国家的行政管理模式改革。随着凯恩斯主义的破产，规制缓和运动的兴起，行政指导作为经济管理领域的一种重要的非强制手段，受到实务界和学术界的广泛关注。在实行市场经济的国家的行政管理中，行政指导得到了越来越广泛的应用，尤其在日本，行政指导对日本经济的高速发展发挥了巨大作用，被学界称为战后日本经济发展的一把"金钥匙"。日本行政法学界对行政指导给予了极大关注，行政指导作为法律用语首次在日本法上出现。1993 年出台的日本《行政程序法》第四章针对行政指导作出了专章规定。

398. 行政指导是否符合依法行政原则？

依法行政是现代法治国家所共同遵循的基本原则，一般来说，只有坚持依法行政原则，才能将行政权力关进制度的笼子里。依法行政原则不仅包括

行为法依据，而且包括宪法依据、组织法依据、程序法依据以及这些法律的内在精神。作为一种新型的行政活动方式，目前，有些领域的行政指导具有明确的法律依据，多领域的行政指导缺乏直接的法律依据。但只要行政指导活动符合法律的明文规定和内在精神，符合一定的行政目的，就符合依法行政原则。

399. 行政指导属于什么性质的行政行为？

《湖南省行政程序规定》第九十九条规定，"本规定所称行政指导，是指行政机关为实现特定的行政目的，在其法定的职权范围内或者依据法律、法规、规章和政策，以指导、劝告、提醒、建议等非强制性方式，引导公民、法人和其他组织作出或者不作出某种行为的活动。"江苏、山东等地在其制定的行政程序规定中也对行政指导的性质进行界定，即行政指导属于一种特殊的非强制性权力性的行政行为。

400. 行政指导的构成要件有哪些？

对于行政指导的必备构成要件基本已达成共识，如《江苏省行政程序规定》第八十三条规定，"本规定所称行政指导，是指行政机关为实现特定的行政目的，在其法定的职权范围内或者依据法律、法规、规章和政策，以指导、劝告、提醒、建议等非强制性方式，引导公民、法人和其他组织作出或者不作出某种行为的活动……"湖南、山东等省也有类似规定。根据上述规定，行政指导的构成要件一般包括：

（1）特定的行政目的；
（2）行为主体是行政主体；
（3）非强制性行为方式；
（4）在行政主体法定的职权范围内或者有法律、法规、规章和政策依据。

401. 行政指导有哪些特征？

行政指导主要有八个方面的特征：
（1）非强制性：从行为的法律关系的拘束力度看，行政指导是不具有法律上的强制性和拘束力的行为。
（2）主动补充性：从行为动因和目的角度看，行政指导是适应多样化的社会管理需求的主动行为。

（3）主体优势性：从行为主体的角度看，行政指导主要是由具有综合优势和权威性的行政机关实施的行为。

（4）相对单方性：从行为本身的角度看，行政指导是由行政机关单方实施即可成立的行为。

（5）行为引导性：从行为品格的角度看，行政指导是具有利益诱导性或综合引导性、示范性的行为。

（6）方法多样性：从行为方式的角度看，行政指导是适用范围广泛、方法灵活多样的行为。

（7）广义合法性：从行为受约束的角度看，行政指导是符合现代行政法治原则的行为。

（8）事实行为性：从行为过程的结局看，行政指导是不直接产生法律效果的行为。

402. 行政指导有哪些功能？

在现代市场经济条件下，行政指导广泛运用于经济、科技和社会管理等领域，特别是在经济管理领域运用得更为普遍，并发挥着多方面的作用。从各国行政指导的实践来看，符合现代行政民主和法治精神的行政指导，在现代行政管理过程中有以下几个方面的积极作用：

（1）补充和替代作用。主要表现在：一方面，行政指导可以弥补法律空白，对于立法滞后的事项进行及时灵活地调整；另一方面，对于采用法律强制手段尚不必要或成本太高、效果较差的情况，也可以用行政指导措施来代替法律强制手段来进行调整，以便更加有效地实现行政管理目标。

（2）辅导和促进作用。主要表现在：行政机关与相对人之间是一种平等协商、相互尊重的关系，行政机关利用自己掌握的知识、信息、政策等对相对人进行辅导，引导相对人对自身行为进行正确选择，促进市场经济和社会秩序健康发展。

（3）协调和疏通作用。主要表现在：行政指导主体利用行政指导的非强制性和自主抉择性，以及其所具有的对相对人利益冲突的某种超脱性和中立性，缓解和平衡相对人之间的矛盾和冲突。

（4）预防和抑制作用。主要表现在：行政指导对于可能发生的妨害经济秩序和社会公共利益的行为可起到防患于未然的预防作用，对于刚萌芽的妨害行为则可以起到防微杜渐的抑制作用。

403. 行政指导有哪些基本类型？

关于行政指导的基本类型，可以从不同角度进行划分。一般有以下几类：

（1）按照行政指导的功能划分，行政指导可以分为：规制性或抑制性的行政指导、调整性或调停性的行政指导、助成性或辅助性的行政指导、合作性或号召性的行政指导。

（2）按照行政指导有无具体的法律依据划分，行政指导可以分为：有具体法律依据的行政指导、无具体法律依据的行政指导。

（3）按照救济途径的不同，行政指导可以划分为：期望谋求型的行政指导、协议手续型的行政指导、制裁担保型的行政指导、官方担保型的行政指导。

（4）按照适用行政指导的方式和程序来划分，行政指导可以分为单一型和复合型行政指导。

（5）按照指导方式、相对人是否特定等标准，行政指导可以分为抽象行政指导和具体行政指导。

（6）按照指导是否应当具备一定的法定形式来划分，行政指导可以分为要式行政指导和非要式行政指导。

（7）按照行政指导作用的领域来划分，行政指导可以分为工商行政指导、公安行政指导、教育行政指导等若干类别。

404. 什么是规制性行政指导？

规制性或抑制性行政指导，是指行政机关为了维护和增进公益，预防危害公益的现象发生，对违反公共利益的行为加以规范和制约的行政指导，即对于妨害公共秩序或公益之行为加以预防或抑制。例如，为了规范市场经济秩序，保护消费者合法权益，有关部门对商家进行的提醒、告诫、约谈。

405. 什么是调整性行政指导？

调整性或调停性的行政指导，是指以调整相互对立的当事人之间的利害关系为目的的行政指导，即行政相对人之间发生争持有协商不成时，行政机关出面调停以求达成妥协。这种行政机关主导的调解行为与一般的民间调解的区别在于，行政机关在法律上对当事人某方或双方有一定的权限背景，使得调解行为更容易达到行政机关所期望的结果。例如，消费者和经营者因消费纠纷发生争议而又协商不成时，工商行政机关出面进行调解和劝告即具有调停性作用。

406. 什么是助成性行政指导？

助成性或辅助性行政指导，是指以帮助和促进相对人自身利益或事业的发展为目的，为相对人出主意、指方向的行政指导，即为了促使相对人的行为合理化而给予的行政指导。此类指导行为在实践中运用得特别广泛，例如，政府为了促进中小企业的发展所主动实施的各种指导措施。

407. 什么是合作性行政指导？

这是为了提高行政管理效率和质量，引导相对人自觉遵守法律、法规，倡导相对人参与行政管理，实现合作治理，成为行政机关的合作伙伴而实施的行政指导。具体实例如公安机关号召市民协助维护社会治安、参与交通安全管理、配合公安机关行动的鼓励措施。

408. 实施行政指导有何意义？

行政指导是行政机关为有效实现行政目的而实施的引导、指点、教育、劝告、建议等非强制行为，是对传统行政管理方式和执法方式的重要变革和补充。加强行政指导对于大力推进政府职能转变，努力实现法律效果与社会效果的有机统一具有相当的重要性和紧迫性。

（1）推进行政指导工作是贯彻落实科学发展观的一项重要举措。通过充分发挥行政指导非强制性、高效性、灵活性、民主性等特点和优势，优化服务，完善监管，有力推动经济和社会发展。

（2）推进行政指导工作是建设服务型政府的一种必要手段。建设服务型政府，关键是推进政府职能转变，进一步提高政府为经济社会发展服务、为人民群众服务的能力和水平，行政指导作为直接体现服务理念的现代行政管理手段，为行政相对人服务、为维护市场秩序服务、为经济社会发展服务，有着不可替代的重要作用。

（3）推进行政指导工作是构建和谐社会的有力抓手。通过开展行政指导活动实现政府和市场、权利和权力之间的平衡，缓解和避免了传统行政管理方式可能产生的矛盾和纠纷，促进社会和谐。

（4）推进行政指导工作是全面推进依法行政的内在要求。全面推进依法行政要求各级行政机关深化行政管理体制改革，改进行政管理方式。可以采用多种管理方式实现行政管理目的的，应当避免采用损害当事人权益的方式。

行政指导以寻求相对人的理解和配合为前提，与传统行政管理方式相互补充，既可以更加顺利地实现行政管理目的，又可以最大限度地避免损害相对人的合法权益。同时，行政机关利用行政指导手段还是对目前立法不完备的及时补充。

409. 行政指导在我国的发展情况如何？

在我国，行政指导首先出现在经济领域。建国初期，为了顺利完成资本主义工商业的社会改造和推行农业合作社运动，中央人民政府制定了一系列鼓励、示范、帮助和教育等政策，开始了中国经济发展道路上的行政指导实践。现行宪法、法律、法规中已有关于行政指导的一般性规定，但其提法大多为"指导"、"引导"和"鼓励"等，而未直接使用"行政指导"。"行政指导"一词被首次正式使用是 2000 年 3 月 10 日实施的《最高人民法院关于执行〈中华人民共和国行政诉讼法〉若干问题的解释》。2004 年国务院《全面推进依法行政实施纲要》中明确提出"充分发挥行政规划、行政指导、行政合同等方式的作用"。目前，各地和不少部门都出台了规范行政指导的规定，2008 年《湖南省行政程序规定》设专节、2015 年《江苏省行政程序规定》设专章规定了行政指导。2009 年国家工商行政管理总局发布了《关于工商行政管理机关全面推进行政指导工作的意见》，2013 年又出台了《工商行政管理机关行政指导工作规则》，成为部门推动行政指导工作的典范。实践中，随着经济体制改革的不断深入和依法治国进程的不断推进，行政指导活动已经遍布社会生活的各个领域，在经济发展、民生改善及促进社会稳定等方面发挥了积极作用。

410. 开展行政指导工作的总体要求是什么？

开展行政指导工作应当以邓小平理论和"三个代表"重要思想为指导，深入贯彻落实科学发展观，围绕全面推进依法行政、加快建设法治政府目标，坚持以人为本、执政为民，把行政指导贯穿于行政管理、行政执法工作全过程，综合运用政策辅导、走访约见、规劝提示、奖励引导、示范推荐、信用公示、信息披露、警示告诫、案件回访、行政建议等方式开展行政指导工作，着力提升管理效能和依法行政水平，努力推动经济发展与社会和谐稳定。

411. 行政指导的基本原则有哪些？

从各地的地方立法看，开展行政指导工作应当遵循平等、公开、诚实信用、及时灵活、自愿选择等原则。学界关于行政指导的原则的表述还有合法性原则、正当性原则、必要性原则、合理性原则、互动合作原则、成本效益优化原则、注重社会效果原则、信赖保护原则等。

412. 如何理解行政指导的合法性原则？

合法性原则要求行政主体在实施行政指导时，不得违反具体的法律规范、法的基本原则和原理，也不得与国家的方针政策和社会公德相抵触。一方面，要求行政主体在其职能、职责和管理事务范围内实施行政指导行为；另一方面，如果法律、法规、规章等对实施行政指导的主体、范围、方式等作了具体规定，则应当遵守该规定，任何违反该规定的行政指导都是违法的，这也是法律优先原则。

413. 如何理解行政指导的正当性原则？

正当性原则是指行政指导行为必须最大限度保障行政相对人对行政指导的可接受性。这种可接受性表现为行政相对人对行政机关作出的行政指导主观上认为如果其接受行政指导，将会产生有利于其的法律结果。从利己这一人性本能出发，行政相对人对于可选择的行政指导，其必然会将自己利益在限定的范围内最大化。如果行政相对人认为行政指导对其可能产生不利结果，或者没有什么好处，他一般不会接受行政机关作出的行政指导行为。我们之所以在这里将正当性作这样的界定，是因为行政指导行为是以行政相对人接受为产生预期作用的前提条件。

414. 如何理解行政指导的必要性原则？

必要性原则是指行政主体采取行政指导行为比实施行政行为可能会产生更好的客观效果的一种主观认识。行政主体行使行政职权的基本目的在于维持一个正常的社会秩序，促进社会的全面进步。如果能通过非行政行为也能达到这一目的，或者可以降低行政成本，行政主体完全可以作出选择，采用非行政行为实现行政目的。因此，在行政指导中确立必要性原则，是基于行政效益理论。在现代社会中，行政管理的资源是有限的，有时甚至是稀缺的。为了减轻社会负担，行政机关应当通过主观努力，将有限的行政管理资源最大化利用。

415. 如何理解行政指导的平等原则？

平等原则有两方面的含义：一方面，是指在具体的行政指导活动中，行政指导的主体与指导对象在地位上是相对平等的。它不同于传统刚性行政行为以"管理—服从"为内容的行为模式，而是以"协商—指导—合作"为内容的行为模式。另一方面，是指行政主体在实施行政指导行为时，要平等对待行政相对人，不搞差别待遇。但是这种平等也不是绝对的平等，行政机关要结合特定区域、特定行业实际情况和指导对象的文化素质、接受能力的差别，对相对人实施行政指导。

416. 如何理解行政指导的公开原则？

公开原则的基本含义是指政府行为除依法应当保密的以外，一律公开进行。行政机关作出影响相对人权利义务的行为的依据、标准、条件、程序应当依法公布，提高行政相对人的参与度。但是行政指导在制定法上往往没有明确规定，程序上的规制缺乏，容易导致行政指导自由裁量空间大、随意性大。在此种情况下，行政指导的公开更有助于相对人对行政机关的监督，增强行政指导的公正性和透明度，同时，促进行政机关加强自我约束，提高行政指导的质量。如《湖南省行政程序规定》第一百零五条规定，"行政指导的目的、内容、理由、依据、实施者以及背景资料等事项，应当对当事人或者公众公开，涉及国家秘密和依法受到保护的商业秘密或者个人隐私的除外"。

417. 如何理解行政指导的诚实信用原则？

行政指导的诚实信用原则，是指行政机关基于正当目的对其在行政过程中形成的可预期的行为、承诺、规则、惯例、状态等因素，必须遵守信用，不得随意更改，否则将承担相应的法律责任。如对已经实施的行政指导行为，非经法定程序和法定事由不得随意变更，实施附随奖励承诺的行政指导，事后不得拒绝兑现承诺等。诚实信用原则的贯彻落实有助于行政机关取信于民，提高行政指导的实效性。

418. 如何理解行政指导的及时灵活原则？

现代社会事务纷繁复杂，发展日新月异，传统的刚性行政行为由于受严格的程序上的限制，不能对新生事物和突发事件作出及时回应，而行政指导由于其非强制性、方法多样性等特征比较灵活，有利于行政机关对社会事务进行有效干预。当然，行政机关在利用行政指导及时灵活原则的同时，还要兼顾其他原则，不得采取违法和违背社会公德的方式进行指导。

419. 如何理解行政指导的自愿选择原则？

自愿选择原则要求行政机关在实施行政指导过程中，不能强制或者变相强制行政相对人接受行政指导，应当以相对人自愿为前提。这是由行政指导的自身属性决定的。行政指导行为与行政处罚等刚性行政行为不同，它是一种柔性执法方式，不具有强制性，行政相对人可以选择接受行政指导，也可以选择不接受行政指导。即使不接受行政指导，行政机关也不能对其施加任何法律上的不利后果。

420. 开展行政指导的主体有哪些？

行政指导的主体即行政主体，是指享有国家行政管理职权，能以自己的名义行使，并能独立地承担因此而产生的相应的法律责任的组织。在我国，行政主体包括国家行政机关和法律、法规或者规章授权的组织。

421. 行政指导主要适用于哪些情形？

从地方立法以及行政指导实践来看，行政指导主要适用于下列情形：
（1）需要从技术、政策、安全、信息等方面帮助当事人增进其合法利益；
（2）需要预防当事人可能出现的妨害行政管理秩序的违法行为；
（3）需要行政机关实施行政指导的其他情形。

422. 开展行政指导主要有哪些方式？

从地方立法以及行政指导实践来看，行政指导一般采取下列方式实施：
（1）制定和发布指导、引导性的政策；
（2）提供技术指导和帮助；
（3）发布信息；
（4）示范、引导、提醒；
（5）建议、劝告、说服；
（6）其他指导方式。

423. 开展行政指导可以采取哪些形式？

实施行政指导可以采取书面、口头或者其他合理形式。当事人要求采取书面形式的，行政机关应当采取书面形式。

424. 实施行政指导有哪些法律依据？

一般认为，行政指导的法律依据有三种类型：一是涉及行政权限的法律。行政机关的具体权限，可以实施哪些行政指导行为，一般是由行政性法律中涉及的行政权限确定。二是行政组织法。如果行政行为法的法律规范和法律原则无法推导出行政机关可以实施行政指导，那么行政机关可以根据行政组织法的规定实施行政指导。三是法律原则。法律原则体现的是法律的基本价值，法律原则可以包括宪法、法律、法规中规定的法律原则。例如平等原则、比例原则等。

425. 如何区分行政指导与行政领导？

行政指导和行政领导都是国家行政活动方式的一部分，都是为了实现一定的行政目的，但是两者有明显区别：

（1）主体不同。行政指导的主体是行政主体，而行政领导的主体是国家行政管理活动中的各级领导者。

（2）性质不同。行政指导是行政机关管理公共事务的一种行政活动，它作用的对象是公民、法人及其他组织，属于外部行政行为。行政领导是一种行政组织活动，它作用的对象是行政组织中的被领导者，属于内部行政行为。

（3）内容不同。行政指导是行政主体在其法定的职权范围内或者依据法律、法规、规章和政策，以指导、劝告、提醒、建议等非强制性方式，引导当事人行为方向以实现一定行政目的而实施的非强制行为。行政领导是国家行政机关管理活动中各级领导者领导活动的总和。

（4）效力不同。行政指导对相对方不具有约束力和强制力，相对方可以服从也可以不服从。行政领导是行政组织的领导活动，对被领导方具有约束力和强制力，被领导方必须服从。

426. 如何区分行政指导与行政命令？

行政指导与行政命令都是行政机关单方的行政行为，都要求相对方作出或者不作出一定的行为。行政指导和行政命令的区别在于：

（1）行政命令是指行政主体依职权进行的，对相对方科以义务的行为，它要求相对人必须有一定的作为或不作为的行为，并以法律上的强制力作保证，对于不服从者，应对其进行相应的行政制裁。行政指导虽然也需要相对方的合作，但并不具有法律上的强制力，相对方可以权衡是否予以合作，对于不服从行政指导者，行政机关不能以此为由对其进行行政制裁。

（2）行政命令必须有具体的行为法依据，受法律严格制约，在一定范围内还要受到司法审查，行政指导不必强求有行为法上的依据。

427. 如何区分行政指导与行政合同？

行政合同是指行政主体为实现行政管理目标，基本双方意思表示一致，依法互设权利和义务的协议。行政指导和行政合同都是行政民主化的产物，其负载的行政目标的实现都离不开相对方的合作，两者的区别主要在于：

（1）行政指导是行政机关单方面的行政行为，并不以相对方的合作作为成立要件。而行政合同是行政机关和行政相对方意思表示一致的产物，如果行政相对方不愿意订立行政合同，那么行政合同一般不能成立。

（2）行政指导一般间接产生行政主体与相对方之间的权利义务关系，而行政合同是基于双方意思表示一致而签订的关于确立、变更或消灭双方权利义务的协议。

（3）行政指导对于行政相对方不具有法律上的强制力，相对方不服从行政指导，不受行政制裁。而行政合同一经成立就具有法律效力，合同双方必须信守合同，如有违反，应负违约责任。

（4）行政合同可以通过招标、拍卖、协商等方式订立，而行政指导系由行政主体依职权或依行政相对人申请启动。

（5）行政合同主要表现为协议等，具有契约的基本特征，而行政指导主要通过指导、劝告等方式进行，表现形式上具多元化特征。

428. 如何区分行政指导与政府宏观调控？

政府宏观调控是政府实施的政策措施以调节市场经济的运行。两者的区别主要在于：

（1）主体不同。宏观调控的主体主要来源于宪法和组织法的授权，在我国，一般认为中国人民银行和财政部分别是货币调控主体与财政调控主体，地方各级政府不能实施宏观调控；相比之下行政指导的主体则要宽泛得多，凡是行政主体都可以运用行政指导实施行政管理。

（2）类型不同。宏观调控的对象是宏观经济领域，并非针对特定对象，抽象性、普遍性、全局性是其固有特征；而行政指导可以分为抽象性行政指导与具体性行政指导两种类型。

（3）范围不同。宏观调控主要发生在经济领域，以一国经济运行为调整对象，行政指导则不仅局限在经济领域，在社会、文化等非经济领域同样可以实施行政指导。

（4）手段不同。宏观调控手段包括法律手段、经济手段以及必要的行政手段，行政指导在推行过程中主要靠政策性工具的设置引导相对方在利益驱动下采取合作行为。

429. 如何区分行政指导与行政奖励？

行政奖励是指行政主体依法对为国家社会做出贡献或模范守法的行政相对人，予以物质或精神奖励的具体行政行为。其与行政指导的区别主要在于：

（1）目的不同。行政奖励目的为表彰和鼓励先进，调动社会公众的积极创造性，促进行政相对人模范守法。行政指导主要是行政主体为了实现行政管理目的，采取的积极主动指导措施。

（2）表现形式不同。行政奖励的形式主要有：通报表扬、记功、授予"荣誉称号"或发放奖金等；行政指导表现形式主要有：建议、劝告、重大项目辅导等。

（3）法律要求不同。行政指导大多只有组织法上的依据，对指导的方式、程序等行政主体自由裁量权较大，而行政奖励是法定的赋权行为，奖励的条件、标准、奖励形式、奖励权限和奖励程序必须依照具体的法律规范。

430. 如何正确处理行政指导和行政处罚的关系？

行政处罚是指依法享有行政处罚权的行政机关对违反行政管理秩序的公民、法人或者其他组织所作出的一种法律制裁，具有强制性、羁束性等特征。行政指导作为非强制性行政管理方式，具有"软法"的基本属性，可以弥补和替代"行政处罚"的不足。因此，虽然两者在实施依据、适用范围、实施方式、实施程序等诸多方面存在显著差异，但两者的实施主体、监管对象和最终监管目的是一致的。在日常行政管理活动中，既不能为了行政指导而放弃依法应当实施的行政处罚，也不能只注重行政处罚而忽视行政指导作用的发挥，而是力求把行政指导和行政处罚有机结合，做到刚柔相济，相得益彰。

431. 如何正确处理行政指导和行政许可的关系？

行政许可是指行政主体根据公民、法人或其他组织提出的申请，经依法审查，准予其从事特定活动的行为。从具体行政行为的种类来说，行政指导与行政许可关系最为紧密。行政许可一般要求要符合法定形式、法定程序，实施方式相对单一、固定。而行政指导则可以通过发送许可须知、办事指南、短信提示、告知承诺等灵活多样的方式，指导相对人根据自身实际，作出合理决定。在依法实施行政许可过程中，行政机关要注重运用行政指导方式，对行政许可权过程实施行政指导，以便更加有效地服务经济社会发展。

432. 规范性文件中的指导性条款是不是行政指导？

规范性文件可以分为两类。一种是立法机关制定的法律、地方性法规乃至自治条例、单行条例；另一种是行政机关制定的行政法规、规章和其他行政规范性文件。按照通说，行政指导是行政机关作出的，由此，第一类规范性文件即便规定了行政指导的内容，依然属于立法行为，只是立法机关的指导。第二种情况，在我国，由于行政指导不仅可以指向特定的相对人，还可以是不特定的公民、法人和其他组织，故而，行政指导的内涵和边界应该可以包括规范性文件中的行政指导。

433. 责令行为是不是行政指导？

在现行法律体系中，许多法律、法规、规章规定中有诸如责令改正、责令限期改正、责令停产停业、责令恢复原状等表述，这些类型的责令行为都具有强制性，而行政指导行为必须具备非强制性的特征。因此，责令行为不是行政指导。

434. 行政机关对下级行政机关的指导行为是否属于行政指导？

行政指导是指行政机关为实现特定的行政目的，在其法定的职权范围内或者依据法律、法规、规章和政策，以指导、劝告、提醒、建议等非强制性方式，引导公民、法人和其他组织作出或者不作出某种行为的活动。狭义的行政指导主要调整行政机关与行政管理相对人之间的关系。因此，行政机关对下级行政机关的指导行为一般不属于行政指导。

435. 行政机关可以主动对相对人实施行政指导吗？

行政机关可以主动实施行政指导，但是要在法定职责范围内或者依据法律、法规、规章和政策进行行政指导。实践中，行政机关认为有必要主动实施行政指导的，应当告知行政相对人有关行政指导的目的、内容、理由、依据、实施人员等事项。需要相对人事先做相应的准备的，应当提前告知行政相对人。

436. 相对人如何申请行政机关开展行政指导？

《江苏省行政程序规定》、《湖南省行政程序规定》规定，行政指导可以依相对人的申请实施，但是对当事人申请的形式未作明确规定。《工商行政管理机关行政指导工作规则》把相对人的申请形式规定为书面形式。实践中，相对人申请行政机关实施行政指导的，一般要以书面形式提出，特殊情况下也可以采取其他方式，但是行政机关应记录在案，并以适当方式让相对人予以确认。对相对人的申请，如果行政机关认为不属于自身职权范围或申请事项不适合实施行政指导的，应当向相对人说明理由。对依申请实施的行政指导，如果行政相对人要求撤回或者变更申请，行政机关应当予以准许。

437. 行政机关实施重大行政指导在程序上有何特殊规定？

重大行政指导一般指可能影响社会公共利益或者某一特定行业发展以及可能产生其他重大影响的行政指导。行政机关实施重大行政指导，应当采取公布草案、听证会、座谈会等方式，广泛听取公民、法人和其他组织的意见。

438. 行政指导事项涉及专业性、技术性问题的，行政机关应当如何处理？

实施行政指导涉及专业性、技术性问题的，应当经过专家论证，专家论证意见应当记录在案。

439. 何种情形下行政机关应当终止行政指导？

有下列情形之一的，行政机关应当终止行政指导：
（1）行政相对人明确表示拒绝行政指导、撤回申请或者要求停止行政指导的。

（2）作为行政指导对象的自然人死亡，或者作为行政指导对象的法人或者其他组织终止的。

（3）实施行政指导时的法律依据或者政策依据已经发生变化，继续实施行政指导将违反现行法律、法规、规章的规定，或者与国家政策相抵触，或者将损害他人合法权益、社会公共利益的。

（4）其他需要终止行政指导的情形。

440. 哪些人可以申请参加行政指导听证？

在行政指导程序中适用听证程序主要是为了提高行政行为的透明度，保障行政相对人对行政指导相关信息的知情权，增加其安全感和参与度。同时，行政机关通过听证听取行政相对人的意见和建议，既可以完善行政指导的内容，也可以为行政指导的实施提供社会服从的心理基础。一般情况下，行政指导相对人或其他利害关系人均可以申请参加行政指导听证。

441. 行政指导需要制作行政指导文书吗？

一般情况下，行政机关实施行政指导应当采取书面形式，制发行政指导文书，载明行政指导的目的、内容、时间、对象和实施人员等基本事项，并及时送达行政相对人。但对于一些情况比较简单、影响较小、时效性要求较强的行政指导，则可以根据行政指导及时灵活的特点，兼顾行政效率原则采取简易程序予以实施，如：在办理各类行政许可、审批、咨询等日常业务过程中，当场解答行政相对人对有关事项的疑问；在现场检查中，当场针对行政相对人经营活动中的违法倾向进行预警或劝告；在现场检查中，当场发放宣传资料，推荐示范文本，引导行政相对人合法、规范经营等。

442. 开展行政指导工作需要制作案卷吗？

现有的有关行政指导的地方性立法对开展行政指导工作是否需要制作案卷没有明确规定，但是从档案管理以及执法规范化的角度考虑，开展行政指导工作应当制作案卷，行政指导实施完成或者终止后，行政机关应当将行政指导文书、行政相对人的申请材料、相关批准文书及记录文书、证据材料等及时收集、整理、归档。

443. 应从哪些方面对行政指导工作进行监督？

对行政指导行为的监督一般应当包含如下方面：
（1）实施行政指导是否超越法定职权范围。
（2）实施行政指导是否违反法律、法规、规章的规定，是否与国家政策相抵触。
（3）实施行政指导行为是否谋取不正当利益。
（4）其他有违行政指导目的内容。

444. 开展行政指导监督工作的方式有哪些？

实践中，行政机关可以制定行政指导绩效考核评估办法，将行政指导工作纳入作风效能和依法行政考核范围；并通过行政指导案卷评查、行政指导项目回访等具体措施手段，对行政指导工作开展实效进行监督。发现行政指导行为违法或不当的，应当予以纠正，发现指导实施人员在实施过程中有滥用职权等违法行为的，应当依照相关法律法规的规定予以处理。

445. 行政指导评估的对象和范围有哪些？

行政指导的评估对象和范围主要包括以下内容：
（1）行政指导政策的研究、制定和效果。
（2）行政指导工作意见、工作方案的执行情况与实施成效。
（3）行政指导项目实施的质量、效果、影响。
（4）促成行政相对人事业发展、增进其合法利益的成果。
（5）推动区域或行业进步的成果。
（6）促进行政管理工作健康、有序发展，以有利于建立健全长效监管机制和信用体系，维护社会公共利益的成果。
（7）其他与行政指导工作有关的活动。

446. 如何开展行政指导工作的评估？

根据不同的评估对象和需求，可以采用不同的评估指标和方法。一般来讲，行政指导评估可以采用以下方法：
（1）书面或通过计算机网络实施调查问卷。
（2）实地考察。

（3）召开有关代表共同参加的座谈会。

（4）就专门性问题向有关专家、学者咨询。

（5）征求政府有关部门、行业协会或其他社会组织的意见。

（6）就特别需求对行政相对人进行重点考察、追踪。

（7）委托具备资格的第三方进行评估。

（8）其他行之有效的方式。

实践中，行政机关在实施评估前还要事先对评估对象和范围及评估可行性等进行必要研究分析，制定评估方案；评估结束后，还要撰写评估报告，评估报告应当向受指导方公开。

447. 行政机关实施行政指导后未兑现承诺应当承担何种法律责任？

未兑现承诺的行政指导是指行政主体作出行政指导之后，反复无常，不兑现其事先的承诺。未兑现承诺一般可分为两种情况：一是行政机关作出的行政指导为相对方接受，但随后行政机关却改变了行政指导的内容导致指导接受者的预期利益受到损失，行政机关应当承担赔偿责任。二是行政机关作出行政指导，同时承诺一旦行政相对方达到了行政指导所设定的条件，便享有获得奖励、优惠等权利；但是，指导接受者在符合条件请求行政机关履行承诺时却遭到拒绝。出现这类情形时，指导接受者可以行政机关不履行法定职责、侵害其信赖利益为由提起行政诉讼。

448. 行政机关实施了错误的行政指导应当承担何种法律责任？

错误的行政指导通常也被称为"行政误导"，是指行政机关因信息失真或内容虽合乎法律却属明显决策失误而误导了被指导者，致使其合法权益遭受损害。前者如某地农民接受当地政府的指导，种植大面积辣椒，结果由于大量新品种上市以及市场需求量的减少，致使农民收获的辣椒烂在地里，损失惨重。后者如某地的土壤性质适合种大豆，而乡政府在没有充分调查和论证的基础上指导农民大量种植西瓜，结果使听信的农民遭受重大损失。虽然行政机关在这类行政指导中并不存在违法情形，但考虑到行政机关在收集、占有和处理信息方面的优势，对接受指导者的损失应当承担相应的补偿责任。

449. 行政机关实施了违法的行政指导应当承担何种法律责任？

违法的行政指导包括行政指导的内容违法、超越职权指导和滥用行政指

导等情况。对于违法的行政指导，指导接受者可以按照我国《行政诉讼法》的规定提起行政诉讼。除非接受指导者明知行政指导本身违法（如内容明显违法），但为了自身利益仍然去实施相应的行为，结果造成自身权益的损害，才由接受指导者与行政指导者共同承担责任。

450. 行政机关以行政指导为名、行行政命令之实损害相对方的合法权益应当承担何种法律责任？

这类所谓的"指导"实质上属被异化的行政指导，行政指导者对不接受指导的行政相对人给予不利益处分、公布不服从者的姓名使其产生心理压力等促使其接受指导，或对不服从指导或服从后又加以反悔的行政相对人科以行政处罚、行政强制措施或以权力为手段对行政相对人加以报复等。这类情形的出现，实际上已经完全背离了行政指导的初衷，行政相对人完全可以按照我国《行政诉讼法》的规定提起行政诉讼。

451. 行政指导中受指导方如何承担法律责任？

由于行政指导系不具强制力的行政管理方式，受指导方可以采纳，亦可以拒绝。因此，原则上行政指导中受指导方应该对其自身的行为负责。

452. 受指导方认为指导方的指导有错误时应当怎么办？

受指导方认为指导方的指导有错误时，可以向行政指导方提出相关建议、意见，接受行政机关改正后的行政指导；如果行政机关不予改正，受指导方也可以向行政机关申请撤回行政指导申请或直接拒绝接受错误的行政指导。行政指导内容部分错误的，受指导方还可以向行政机关要求变更行政指导申请，接受其认为合理的行政指导，对其认为错误的行政指导不予接受。

453. 受指导方接受指导利益受损时可否申请国家赔偿？

行政赔偿是指行政机关及其工作人员违法行使职权，侵犯公民、法人、其他组织的合法权益而造成损害，由国家承担赔偿责任的制度。如果行政机关违法实施行政指导行为，导致受指导方利益受损，受指导方可以依法申请国家赔偿。实践中，行政指导主体承担赔偿责任至少应具备如下三个条件：（1）存在侵权损害的事实；（2）行政指导行为违法；（3）违法指导行为与侵权损害之间有因果关系。

454. 受指导方利益受损时可以要求指导方予以补偿吗？

行政补偿是指对行政主体合法行政行为造成行政相对人损失而对行政相对人实行救济的制度。行政补偿与行政赔偿的主要区别在于引起补偿与赔偿的原因不同。引起补偿的原因是合法行为致损，引起赔偿的原因是违法行为致损。在实践中，对于行政主体的合法行政指导行为导致特定受指导方的合法权益受到损失，或受指导方为维护国家、社会公共利益而响应行政主体的指导而使自己的合法权益受到损害的，均可以通过法定程序获得相应的行政补偿。

455. 对行政指导行为不服能否申请行政复议？

行政复议是指行政相对人认为行政机关的具体行为侵犯其合法权益，而依法请求上一级行政机关或法定复议机关重新审查该行为是否合法、适当，并作出决定的活动。从我国现行的行政复议制度来看，没有对行政指导的复议救济作出明确和具体的规定，但也没有作出排除性规定。从行政复议的功能和作用及《行政复议法》规定的排除条款来看，将行政指导行为纳入行政复议范围，也符合行政指导行为救济的基本要求。当然，如能通过立法将其明确纳入行政复议范围则更好。

456. 对行政指导行为不服是否可以提起行政诉讼？

我国《行政诉讼法》并没有明确将行政指导行为列为行政诉讼的受案范围，但是也没有明确地将行政指导行为排除在外，依据《行政诉讼法》第十二条第一款第十二项"认为行政机关侵犯其他人身权、财产权等合法权益的"规定，行政相对人可以对具体行政指导提起行政诉讼，但是《最高人民法院关于执行〈中华人民共和国行政诉讼法〉若干问题的解释》明确地把"不具有强制力的行政指导行为"排除在行政诉讼范围之外。随着行政指导行为在实践中的不断运用，出现了越来越多的声音支持行政指导的可诉性。莫于川教授认为，把那些违法不当且行政相对人有证据证明以便向具有实际强制力的行政指导行为纳入行政诉讼受案范围，有助于防止行政机关的行为逃逸出法治轨道，又可对因行政指导行为受到权益损害的相对人予以司法救济。这是现代法治主义关于规制公共权力和保障公民权利的双重要求，也是审判机关起到"最后一道防线"作用的必要举措。

实践中一些国家也有类似的例子。日本现行的《行政案件诉讼法》、《国家赔偿法》将行政指导排除在行政诉讼和国家赔偿之外，但日本法院在 1971 年"塑料标尺公司诉国际贸易和工业部"一案中首次准予对行政指导直接提起诉讼。美国的新闻稿纠纷案、内部信函纠纷案、咨询解释案也在一定程度上表明美国开始将行政指导行为纳入司法审查的范围。在我国，同样已经有将行政指导纳入司法审查的实践，在《最高人民法院公报》公布的"点头隆胜石材厂诉福鼎市政府行政扶优扶助措施案"中，法院将福鼎市政府的指导行为和帮扶行为认定为侵害点头隆胜石材厂权利的行为，受理并判决原告胜诉。因此，如果行政机关在实施行政指导时，通过利益引诱、反复说服教育甚至威胁等方式强迫行政相对人服从，这种行政指导实际上是行政命令行为，行政相对人可以起诉。如果行政指导行为要求公民、法人或者其他组织必须为或不为一定行为，行政相对人不履行或不执行就要承担不利法律后果，那么这种行政指导行为就具有一定的强制力，行政相对人对此不服，也可以向人民法院提起行政诉讼。为了促使行政指导行为走向合理化、规范化、制度化和法治化的轨道，我国的立法和司法应当作出更加积极的反应。

第十一章

政府信息公开

457. 什么是政府信息？

所谓政府信息，是指行政机关在履行职责过程中制作或者获取的，以一定形式记录、保存的信息。

458. 政府信息公开采取什么样的管理体制？

政府信息公开的管理体制是：县级以上人民政府各部门（单位）在本级人民政府信息公开主管部门的统一指导、协调监督下开展政府信息公开工作。实行垂直领导的部门（单位）在其上级业务主管部门（单位）的领导下，在所在地地方人民政府统一指导、协调下开展政府信息公开工作；实行双重领导的部门（单位）在所在地地方人民政府的领导下开展政府信息公开工作，同时接受上级业务主管部门（单位）的指导。

459. 谁是政府信息公开工作的主管部门？

国务院办公厅是全国政府信息公开工作的主管部门，负责推进、指导、协调、监督全国的政府信息公开工作。

县级以上地方人民政府办公厅（室）或者县级以上地方人民政府确定的其他政府信息公开工作主管部门负责推进、指导、协调、监督本行政区域的政府信息公开工作。

460. 政府信息公开工作机构的具体职责有哪些？

政府信息公开工作机构的具体职责是：
（1）具体承办本行政机关的政府信息公开事宜；
（2）维护和更新本行政机关公开的政府信息；
（3）组织编制本行政机关的政府信息公开指南、政府信息公开目录和政府信息公开工作年度报告；
（4）对拟公开的政府信息进行保密审查；
（5）本行政机关规定的与政府信息公开有关的其他职责。

461. 政府信息公开应当遵循哪些原则？

行政机关公开政府信息，应当遵循公正、公平、便民的原则。

462. 行政机关应当主动公开哪些信息？

行政机关对符合下列基本要求之一的政府信息应当主动公开：
（1）涉及公民、法人或者其他组织切身利益的；
（2）需要社会公众广泛知晓或者参与的；
（3）反映本行政机关机构设置、职能、办事程序等情况的；
（4）其他依照法律、法规和国家有关规定应当主动公开的。

463. 县级以上各级人民政府及其部门应当重点公开哪些信息？

县级以上各级人民政府及其部门应当依照规定，在各自职责范围内确定主动公开的政府信息的具体内容，并重点公开下列政府信息：
（1）行政法规、规章和规范性文件；
（2）国民经济和社会发展规划、专项规划、区域规划及相关政策；
（3）国民经济和社会发展统计信息；
（4）财政预算、决算报告；
（5）行政事业性收费的项目、依据、标准；
（6）政府集中采购项目的目录、标准及实施情况；
（7）行政许可的事项、依据、条件、数量、程序、期限以及申请行政许可需要提交的全部材料目录及办理情况；
（8）重大建设项目的批准和实施情况；
（9）扶贫、教育、医疗、社会保障、促进就业等方面的政策、措施及其实施情况；
（10）突发公共事件的应急预案、预警信息及应对情况；
（11）环境保护、公共卫生、安全生产、食品药品、产品质量的监督检查情况。

464. 设区的市级人民政府、县级人民政府及其部门重点公开的政府信息还应当包括哪些内容？

设区的市级人民政府、县级人民政府及其部门重点公开的政府信息还应当包括下列内容：

（1）城乡建设和管理的重大事项；

（2）社会公益事业建设情况；

（3）征收或者征用土地、房屋拆迁及其补偿、补助费用的发放、使用情况；

（4）抢险救灾、优抚、救济、社会捐助等款物的管理、使用和分配情况。

465. 乡（镇）人民政府应当重点公开哪些政府信息？

乡（镇）人民政府应当依照规定，在其职责范围内确定主动公开的政府信息的具体内容，并重点公开下列政府信息：

（1）贯彻落实国家关于农村工作政策的情况；

（2）财政收支、各类专项资金的管理和使用情况；

（3）乡（镇）土地利用总体规划、宅基地使用的审核情况；

（4）征收或者征用土地、房屋拆迁及其补偿、补助费用的发放、使用情况；

（5）乡（镇）的债权债务、筹资筹劳情况；

（6）抢险救灾、优抚、救济、社会捐助等款物的发放情况；

（7）乡镇集体企业及其他乡镇经济实体承包、租赁、拍卖等情况；

（8）执行计划生育政策的情况。

466. 政府信息主动公开的方式主要有哪些？

行政机关应当主动公开政府信息，其公开方式主要包括：

（1）通过政府公报、政府网站、新闻发布会以及报刊、广播、电视等便于公众知晓的方式公开。

（2）各级人民政府应当在国家档案馆、公共图书馆设置政府信息查询场所，配备相应的设施、设备，为公民、法人或者其他组织获取政府信息提供便利。

（3）行政机关可以根据需要设立公共查阅室、资料索取点、信息公告栏、电子信息屏等场所、设施，公开政府信息。

467. 属于主动公开范围的政府信息由谁负责公开？

行政机关制作的政府信息，由制作该政府信息的行政机关负责公开；行政机关从公民、法人或者其他组织获取的政府信息，由保存该政府信息的行政机关负责公开。

468. 属于主动公开范围的政府信息应当在多少个工作日内公开？

属于主动公开范围的政府信息，应当自该政府信息形成或者变更之日起20个工作日内予以公开。法律、法规对政府信息公开的权限和期限另有规定的，从其规定。

469. 怎样编制政府信息公开指南、目录？

行政机关应当编制、公布政府信息公开指南和政府信息公开目录，并及时更新。

政府信息公开指南，应当包括政府信息的分类、编排体系、获取方式，政府信息公开工作机构的名称、办公地址、办公时间、联系电话、传真号码、电子邮箱等内容。

政府信息公开目录，应当包括政府信息的索引、名称、内容概述、生成日期等内容。

470. 公民、法人或者其他组织能否申请获取政府信息？

根据《政府信息公开条例》第十三条的规定，除行政机关主动公开的政府信息外，公民、法人或者其他组织还可以根据自身生产、生活、科研等特殊需要，向国务院部门、地方各级人民政府及县级以上地方人民政府部门申请获取相关政府信息。

471. 政府信息公开申请形式有哪些？

公民、法人或者其他组织向行政机关申请获取政府信息的，应当采用书面形式（包括数据电文形式）；采用书面形式确有困难的，申请人可以口头提出，由受理该申请的行政机关代为填写政府信息公开申请。

472. 政府信息公开申请的内容有哪些？

政府信息公开申请应当包括下列内容：
（1）申请人的姓名或者名称、联系方式；
（2）申请公开的政府信息的内容描述；
（3）申请公开的政府信息的形式要求。

473. 行政机关对申请公开的政府信息应如何答复？

对申请公开的政府信息，行政机关根据下列情况分别作出答复：

（1）属于公开范围的，应当告知申请人获取该政府信息的方式和途径；

（2）属于不予公开范围的，应当告知申请人并说明理由；

（3）依法不属于本行政机关公开或者该政府信息不存在的，应当告知申请人，对能够确定该政府信息的公开机关的，应当告知申请人该行政机关的名称、联系方式；

（4）申请内容不明确的，应当告知申请人作出更改、补充。

474. 行政机关对公开政府信息的申请应在多长期限内予以答复？

行政机关收到政府信息公开申请，能够当场答复的，应当当场予以答复。行政机关不能当场答复的，应当自收到申请之日起15个工作日内予以答复；如需延长答复期限的，应当经政府信息公开工作机构负责人同意，并告知申请人，延长答复的期限最长不得超过15个工作日。申请公开的政府信息涉及第三方权益的，行政机关征求第三方意见所需时间不计算在规定的期限内。

475. 公民、法人或其他组织申请提供哪些政府信息时应当出示有效身份证件或者证明文件？

根据《政府信息公开条例》第二十五条第一款规定，公民、法人或者其他组织向行政机关申请提供与其自身相关的税费缴纳、社会保障、医疗卫生等政府信息的，应当出示有效身份证件或者证明文件。

476. 公民、法人或者其他组织有证据证明行政机关提供的与其自身相关的政府信息记录不准确时应当如何处理？

根据《政府信息公开条例》第二十五条第二款规定，公民、法人或者其他组织有证据证明行政机关提供的与其自身相关的政府信息记录不准确的，有权要求该行政机关予以更正。该行政机关无权更正的，应当转送有权更正的行政机关处理，并告知申请人。

477. 行政机关对申请公开的政府信息应当以什么形式公开？

行政机关依申请公开政府信息，应当按照申请人要求的形式予以提供；无

法按照申请人要求的形式提供的，可以通过安排申请人查阅相关资料、提供复制件或者其他适当形式提供。

478. 哪些政府信息属于依法不予公开的范围？

行政机关不得公开涉及国家秘密、商业秘密、个人隐私的政府信息。行政机关对申请人申请公开与本人生产、生活、科研等特殊需要无关的政府信息，可以不予公开；对申请人申请的政府信息，如公开可能危及国家安全、公共安全、经济安全和社会稳定，按规定不予提供，可告知申请人不属于政府信息公开的范围。

479. 涉及个人隐私、商业秘密的信息应当如何征求第三方意见？

行政机关认为申请公开的政府信息涉及商业秘密、个人隐私，公开后可能损害第三方合法权益的，应当书面征求第三方的意见；第三方不同意公开的，不得公开。但是，行政机关认为不公开可能对公共利益造成重大影响的，应当予以公开，并将决定公开的政府信息内容和理由书面通知第三方。

480. 依申请提供政府信息的收费要求是什么？

行政机关依申请提供政府信息，除可以收取检索、复制、邮寄等成本费用外，不得收取其他费用。行政机关不得通过其他组织、个人以有偿服务方式提供政府信息。

481. 行政机关收取政府信息公开费用的标准由哪些机关制定？

根据《政府信息公开条例》第二十七条第二款的规定，行政机关收取检索、复制、邮寄等成本费用的标准由国务院价格主管部门会同国务院财政部门制定。

482. 申请公开政府信息的公民确有经济困难的如何处理？

申请公开政府信息的公民确有经济困难的，经本人申请、政府信息公开工作机构负责人审核同意，可以减免相关费用。

483. 申请公开政府信息的公民存在阅读困难或者视听障碍的如何处理？

根据《政府信息公开条例》第二十八条第二款的规定，申请公开政府信息的公民存在阅读困难或者视听障碍的，行政机关应当为其提供必要的帮助。

484. 法律、法规授权的具有管理公共事务职能的组织公开政府信息活动是否适用《政府信息公开条例》？

根据《政府信息公开条例》第三十六条的规定，法律、法规授权的具有管理公共事务职能的组织公开政府信息的活动，适用《政府信息公开条例》。

485. 与人民群众利益密切相关的公共企事业单位在提供社会公共服务过程中制作、获取的信息的公开如何执行？

根据《政府信息公开条例》第三十七条的规定，教育、医疗卫生、计划生育、供水、供电、供气、供热、环保、公共交通等与人民群众利益密切相关的公共企事业单位在提供社会公共服务过程中制作、获取的信息的公开，参照《政府信息公开条例》执行，具体办法由国务院有关主管部门或者机构制定。

486. 行政机关应当在何时公布政府信息公开年度报告？

各级行政机关应当在每年3月31日前公布本行政机关的政府信息公开工作年度报告。

487. 年度报告应当包括哪些内容？

政府信息公开工作年度报告应当包括下列内容：
（1）行政机关主动公开政府信息的情况；
（2）行政机关依申请公开政府信息和不予公开政府信息的情况；
（3）政府信息公开的收费及减免情况；
（4）因政府信息公开申请行政复议、提起行政诉讼的情况；
（5）政府信息公开工作存在的主要问题及改进情况；
（6）其他需要报告的事项。

488. 政府信息公开考核的主要内容有哪些？

政府信息公开考核的主要内容：
（1）政府信息公开工作的组织推进情况。包括组织领导、机构人员、制度建设、保障措施等。

（2）政府信息公开工作情况。包括公开目录、公开指南编制情况；主动公开的政府信息发布情况；依申请公开政府信息受理、答复情况；保密审查制度执行情况；政府信息公开工作年度报告的编制及发布情况。

（3）政府信息公开载体建设情况。包括政府公报、政府网站等政府信息公开载体建设情况；国家档案馆、公共图书馆等政府信息查阅场所建设情况。

（4）政府信息公开监督情况。包括举报、投诉、行政复议和行政诉讼的处理以及应对情况；实行责任追究的情况；对本级政府部门和下级政府工作指导、监督、检查情况。

489. 行政机关违反《政府信息公开条例》的哪些情形应进行问责？

行政机关及其工作人员有下列情形之一的，依法追究责任：

（1）不及时编制、公布、更新本行政机关的政府信息公开指南和政府信息公开目录的；

（2）未按照法定的公开范围公开政府信息或者公开不应当公开的政府信息的；

（3）未按照规定的期限公开政府信息或者不及时更新已公开的政府信息的；

（4）对公民、法人或者其他组织要求提供政府信息的申请，无正当理由不受理，或者对应当提供的政府信息不提供的；

（5）违反政府信息公开工作程序的；

（6）未建立健全保密审查机制，不履行保密审查义务的；

（7）违反规定收取费用或者通过其他组织、个人以有偿服务方式提供政府信息的；

（8）公开的政府信息内容不真实或者虚假公开的；

（9）拒绝、阻挠、干扰依法对政府信息公开工作进行监督检查或者不落实监督检查决定、要求的；

（10）违反政府信息公开有关规定的其他行为。

490. 违反《政府信息公开条例》的追责方式有哪些？

实施政府信息公开责任追究的方式包括：

（1）诫勉谈话；

（2）责令改正；

（3）通报批评；

（4）行政处分；

（5）法律、法规规定的其他方式。

上述所列责任追究方式，可以单独使用，也可以合并使用。

491. 如何建立政府信息发布协调机制？

各级人民政府信息公开工作主管部门要组织、协调有关行政机关建立健全政府信息发布协调机制，形成畅通高效的信息发布沟通渠道。行政机关拟发布的政府信息涉及其他行政机关的，要与有关行政机关沟通协调，经对方确认后方可发布；沟通协调后不能达成一致意见的，由拟发布该政府信息的行政机关报请本级政府信息公开工作主管部门协调解决。

492. 如何开展政府信息保密审查工作？

根据《政府信息公开条例》第十四条的规定，行政机关应当建立健全政府信息发布保密审查机制，明确审查的程序和责任。

（1）行政机关在制作政府信息时，要明确该政府信息是否应当公开；对于不能确定是否可以公开的，要报有关业务主管部门（单位）或者同级保密工作部门确定。

（2）行政机关要严格依照《保守国家秘密法》及其实施办法等相关规定，对拟公开的政府信息进行保密审查。凡属国家秘密或者公开后可能危及国家安全、公共安全、经济安全和社会稳定的政府信息，不得公开。

（3）对主要内容需要公众广泛知晓或参与，但其中部分内容涉及国家秘密的政府信息，应经法定程序解密并删除涉密内容后，予以公开。

（4）已经移交档案馆及档案工作机构的政府信息的管理，依照有关档案管理的法律、行政法规和国家有关规定执行。

493. 对申请公开政府信息的，行政机关处理时应当注意哪些问题？

行政机关要按照条例规定的时限及时答复申请公开政府信息的当事人。同时，对于可以公开的政府信息，能够在答复时提供具体内容的，要同时提供；不能同时提供的，要确定并告知申请人提供的期限。

对于同一申请人向同一行政机关就同一内容反复提出公开申请的，行政机关可以不重复答复。

行政机关对申请人申请公开与本人生产、生活、科研等特殊需要无关的政府信息，可以不予提供；对申请人申请的政府信息，如公开可能危及国家安全、公共安全、经济安全和社会稳定，按规定不予提供，可告知申请人不属于政府信息公开的范围。

494. 对于政府信息公开中的哪些具体行政行为不服的，公民、法人或者其他组织可以申请行政复议？

公民、法人或者其他组织认为行政机关在政府信息公开工作中的以下具体行政行为侵犯其合法权益的，可以申请行政复议：

（1）认为行政机关应当依照《政府信息公开条例》第九条规定主动公开而没有公开的；

（2）依照《政府信息公开条例》第十三条规定申请获取相关政府信息，行政机关不予公开的；

（3）认为行政机关公开政府信息违反《政府信息公开条例》第十四条规定，侵犯其商业秘密或者个人隐私的；

（4）认为行政机关没有按照法律规定的方式和程序公开的；

（5）依照《政府信息公开条例》第二十五条第二款规定认为行政机关提供的与其相关的信息记录不准确申请更正，行政机关不予更正的；

（6）认为行政机关提供政府信息违法收取费用的；

（7）认为行政机关在政府信息公开工作中的其他具体行政行为侵犯其合法权益的。

495. 政府信息公开类行政复议案件审理过程中应当注意哪些问题？

政府信息公开类行政复议案件审理过程中，应当视情采取适当的审理方式，以避免泄露涉及国家秘密、商业秘密、个人隐私或者法律规定的其他应当保密的政府信息。

496. 哪些情形的政府信息公开类行政复议案件可以合并审理？

有下列情形之一的行政复议案件，行政复议机构可以合并审理：

（1）两个以上行政机关针对同一申请人就相同或相关联的政府信息公开申请分别作出行政行为的；

（2）同一行政机关就相同或相关联的政府信息公开申请对若干申请人分

别作出行政行为的；

（3）同一行政机关针对同一申请人就若干政府信息公开申请分别作出行政行为的。

合并审理的行政复议案件，行政复议机关仍然需要分别作出行政复议决定。

497. 哪些政府信息公开类案件属于人民法院应当受理的范围？

人民法院受理政府信息公开类诉讼案件的范围是：

（1）向行政机关申请获取政府信息，行政机关拒绝提供或者逾期不予答复的；

（2）认为行政机关提供的政府信息不符合其在申请中要求的内容或者法律、法规规定的适当形式的；

（3）认为行政机关主动公开或者依他人申请公开政府信息侵犯其商业秘密、个人隐私的；

（4）认为行政机关提供的与其自身相关的政府信息记录不准确，要求该行政机关予以更正，该行政机关拒绝更正、逾期不予答复的；

（5）认为行政机关在政府信息公开工作中的其他具体行政行为侵犯其合法权益的。

498. 哪些政府信息公开类案件属于人民法院不予受理的范围？

人民法院不予受理的政府信息公开类案件的范围是：

（1）因申请内容不明确，行政机关要求申请人作出更改、补充且对申请人权利义务不产生实际影响的告知行为；

（2）要求行政机关提供政府公报、报纸、杂志、书籍等公开出版物，行政机关予以拒绝的；

（3）要求行政机关为其制作、搜集政府信息，或者对若干政府信息进行汇总、分析、加工，行政机关予以拒绝的；

（4）行政程序中的当事人、利害关系人以政府信息公开名义申请查阅案卷材料，行政机关告知其应当按照相关法律、法规的规定办理的。

499. 政府信息公开类诉讼案件中的被告如何确定？

公民、法人或者其他组织对国务院部门、地方各级人民政府及县级以上地方人民政府部门依申请公开政府信息行政行为不服提起诉讼的，以作出答复的机关为被告；逾期未作出答复的，以受理申请的机关为被告。

公民、法人或者其他组织对法律、法规授权的具有管理公共事务职能的组织公开政府信息的行为不服提起诉讼的，以该组织为被告。

500. 政府信息公开类诉讼案件中，哪些情形下应当以在对外发生法律效力的文书上署名的机关为被告？

有下列情形之一的，应当以在对外发生法律效力的文书上署名的机关为被告：

（1）政府信息公开与否的答复依法报经有权机关批准的；

（2）政府信息是否可以公开系由国家保密行政管理部门或者省、自治区、直辖市保密行政管理部门确定的；

（3）行政机关在公开政府信息前与有关行政机关进行沟通、确认的。

501. 政府信息公开类诉讼案件中，作为被告的行政机关应当进行举证和说明的情形有哪些？

被告拒绝向原告提供政府信息的，应当对拒绝的根据以及履行法定告知和说明理由义务的情况举证。

因公共利益决定公开涉及商业秘密、个人隐私政府信息的，被告应当对认定公共利益以及不公开可能对公共利益造成重大影响的理由进行举证和说明。

被告拒绝更正与原告相关的政府信息记录的，应当对拒绝的理由进行举证和说明。

502. 政府信息公开类诉讼案件中，（被告已经履行法定告知或者说明理由义务当事人仍然提起诉讼的）人民法院判决驳回原告的诉讼请求的情形有哪些？

（1）不属于政府信息、政府信息不存在、依法属于不予公开范围或者依法不属于被告公开的；

（2）申请公开的政府信息已经向公众公开，被告已经告知申请人获取该政府信息的方式和途径的；

（3）起诉被告逾期不予答复，理由不成立的；

（4）以政府信息侵犯其商业秘密、个人隐私为由反对公开，理由不成立的；

（5）要求被告更正与其自身相关的政府信息记录，理由不成立的；

（6）不能合理说明申请获取政府信息系根据自身生产、生活、科研等特殊需要，且被告据此不予提供的；

（7）无法按照申请人要求的形式提供政府信息，且被告已通过安排申请人查阅相关资料、提供复制件或者其他适当形式提供的；

（8）其他应当判决驳回诉讼请求的情形。

第十二章

行政复议

503. 什么是行政复议？

行政复议是公民、法人或者其他组织认为行政机关的具体行政行为侵犯其合法权益，依法向有行政复议权的行政机关申请行政复议，由行政复议机关对具体行政行为是否合法、适当进行审查，并作出行政复议决定的行政行为。它是一种"防止和纠正违法的或者不当的具体行政行为，保护公民、法人和其他组织的合法权益，保障和监督行政机关依法行使职权"的制度。概括起来说，行政复议是行政机关对具体行政行为进行层级监督的内部监督制度，也是对公民、法人和其他组织合法权益进行救济的法定制度，还是行政机关解决行政争议的法定机制。

504. 如何正确理解《行政复议法》规定的"认为具体行政行为侵犯其合法权益"的含义？

《行政复议法》第二条规定的申请条件是"认为具体行政行为侵犯其合法权益"，《行政复议法实施条例》第十一条的说法是"对行政机关的具体行政行为不服"，其实都是一个意思。一般来说应包括三层含义：一是行政管理相对人只是"认为"具体行政行为侵犯其合法权益，该行为是否真正侵犯其合法权益需要复议机关审查后才能确定，而审查的前提是必须对"认为"之申请予以立案受理。二是行政管理相对人认为相应的具体行政行为侵犯其本人的权益而非他人权益。三是行政管理相对人认为相应的具体行政行为侵犯的是其合法权益而非非法利益。

公民作为行政管理相对人的，如果认为其合法权益受到行政机关作出的具体行政行为的侵犯，就可以提出行政复议申请。申请人具体提出复议申请的主体资格条件之一是"认为"，不要求具体行政行为确属违法才能申请行政复议。而"认为"应是相对方基于一定事实根据作出的一种主观判断，至于是否侵犯，则是行政复议机关受案后的任务。其实这样的规定和理解也是基于行政复议的最终宗旨，保护当事人的合法权益不受非法侵犯。但应注意把握两个方面：首先，当事人既然认为其合法权益受到侵害，其必须享有这个合法权益，即权益必须是现实存在又为我国法律认可保护的。其次，当事人的合法权益与被申请行政复议的具体行政行为有利害关系，即存在被具体行政行为侵犯的可能性。这种可能性也必须是现实存在的，而非当事人想象出来的。

505. 行政复议有哪些功能？

行政复议主要有四项功能：

（1）化解矛盾。从民主政治的角度来看，这是新形势下行政复议的首要功能。通过行政复议，能够妥善化解行政争议，保障社会公平正义，从而为实现经济社会发展创造和谐稳定的外部环境。

（2）保护权利。从行政复议的启动机制角度来看，这是行政复议制度的普遍价值，是行政复议的基本功能。通过行政复议，能够切实维护人民群众的合法权益，保证宪法和法律赋予人民群众各项权利的实现，真正做到"以人为本"。

（3）纠正错误。从规范行政的角度来看，这是行政复议制度另一个重要的价值和功能。通过行政复议可以促进行政机关依法行政，既能够纠正具体行政行为中主体违法、权限违法、依据违法、程序违法和处理失当的问题，也能够纠正与具体行政行为相关联的行政文件的违法问题；既能够纠正行政机关主动作为的违法问题，也能够纠正违法不作为问题；既能够纠正已经发生的行政违法行为，也能够通过纠正违法的结果警示后人。

（4）教育引导。从法治实现的角度来看，这是行政复议制度平台使实体法得以实现的功能。通过行政复议，能够教育引导群众理性依法维权，增强干部群众的法治观念。能够把处理行政争议的过程变为进行法治教育和法治训练的过程，起到"办结一案，教育一片"的作用，促进全社会法治的进步。

化解矛盾是行政复议的核心功能，这是构建社会主义和谐社会的大背景对行政复议工作提出的必然要求。在法治政府建设实践中，不仅要强调行政复议的内部层级监督功能，更要突出其社会救济功能，突出其在纠纷解决中的重要作用，从而构建行政复议、行政诉讼两大平行并列的行政争议解决的制度平台，并以信访制度作为补充，突出和强化行政复议在解决行政争议中的主渠道作用。

506. 如何理解行政复议、行政诉讼和信访之间的关系？

就目前我国行政争议的解决机制看，行政复议、行政诉讼是解决行政争议的两种平行的法定渠道，其保护的主要是公民、法人和其他组织的生命权、财产权、受教育权等具体的合法权益。其中，行政复议应当是解决行政争议的主渠道，大量的行政争议应先通过行政复议程序得到解决，而行政诉讼在行政争议解决中具有终局裁判的作用，不服行政复议决定可以提起行政诉讼，由司法作出最终裁判。与行政复议和行政诉讼相比，信访主要保护的是公民的批评权、建议权、检举权，在解决行政争议中起补充作用，主要是解决非法律性争议。《信访条例》规定了信访和行政复议、行政诉讼的相互衔接，对于"依法应当通过行政复议、行政诉讼等法定途径解决的"事项，信访机构应当告知当事人依法申请行政复议或者提起行政诉讼。行政复议相对于信访和行政诉讼而言，有其独特的特点和优势。在我国经济发展加快，同时社会矛盾相对增多的新情况下，应根据当前行政争议的特点，着力整合解决行政争议的资源，建立健全行政争议预防和解决机制，尤其要重视发挥行政复议的主渠道作用，强化行政诉讼的监督力度，逐渐实现信访功能定位的转型，从而构建起相对完善的行政争议预防和解决机制。

507. 行政复议的基本原则有哪些？

行政复议的基本原则是指贯彻于行政复议整个过程，对行政复议具有普遍的规范和指导意义的基本行为准则。《行政复议法》第四条规定："行政复议机关履行行政复议职责，应当遵循合法、公正、公开、及时、便民的原则，坚持有错必纠，保障法律、法规的正确实施。"由此确立了合法、公正、公开、及时、便民五项行政复议基本原则。

508. 如何理解行政复议全面审查原则？

全面审查原则，是指行政复议机关在行政复议活动中，既要审查法律问题，也要审查事实问题；既要审查合法性问题，也要审查合理性问题；既要审查具体行政行为方面的问题，也要审查具体行政行为作出依据的问题。

行政复议的全面审查原则，是行政复议制度法定性的要求。首先，根据《行政复议法》规定行政复议的制度设计，行政复议机关要对被申请行政复议的具体行政行为的合法性、适当性进行充分的审查。其次，行政复议在制度设计上授权复议机关全面审查，同时借助组织法上行政管理的层级体系及行政复议机关与被申请人之间存在的上下级关系，行政复议机关有权在行政复议活动中全面审查作为被申请人的行政机关的具体行政行为。最后，《行政复议法》规定，行政复议机关可以依申请人的申请或依职权，对作为被申请行政复议的具体行政行为所依据的规章以下的规范性文件进行审查，或者转送有权机关进行审查。据此，行政复议机关审查中应考虑具体行政行为依据的规章以下的规范性文件的合法性与适当性问题。全面审查原则明确了行政复议的审查范围、方向和要求。但适用这一原则，只能针对那些满足程序要件、需要作出实体裁决的案件。对于那些不属于复议机关管辖、被申请人没有进行答辩的案件，就无从进行全面审查。

509. 行政复议机关如何遵循合法原则？

所谓合法原则，是指行政复议机关必须严格按照法律的规定，以事实为依据，以法律为准绳，严格按照法定职权、法定程序和法定依据，开展行政复议活动。

（1）行政复议机关自身应当合法。①行政复议机关应当是依法成立并依照行政复议法履行行政复议职责的行政机关或者其他组织；②行政复议机关对具体的行政复议案件应当有合法的受理权；③具体承办行政复议案件的应当是行政复议法规定的行政复议机关负责法制工作的机构，而不是其他部门。

（2）行政复议的依据应当合法。行政复议应当以现行有效的法律、法规、规章和其他规范性文件为依据，凡是自然失效或者被明令废止或者与上位法相抵触的法律、法规、规章和其他规范性文件，均不能作为行政复议的依据，否则就构成实体违法。行政复议申请人认为具体行政行为所依据的规定不合法，并提出审查申请的，还应依法启动审查程序。

（3）行政复议的程序应当合法。①要严格按照规定的程序办事，遵循"受理—审查—决定—执行"的顺序，不能先后颠倒，也不能跳过某一必经步骤。②要注意遵循法定的形式，如行政复议法律文书格式的有关规定，行政复议决定书要加盖本行政复议机关的印章等。③要严格遵守《行政复议法》有关期限的规定。④行政复议决定应当合法。行政复议机关应当严格依照法定条件，区别不同情况，依法作出行政复议决定，行政复议决定的内容也要符合有关实体或者程序法律的规定。

510. 行政复议机关如何遵循公正原则？

公正是行政复议制度的灵魂，是行政复议制度能够取得人民群众信任的根本。行政复议机关履行行政复议职责必须遵循公正原则，坚持"法律面前人人平等"，确保地位中立、程序正当、结果公平，真正实现相同情形相同对待，不同情形不同对待。

（1）要对申请人和被申请人一视同仁，平等对待，不能偏听偏信，偏袒一方，给申请人"官官相护"的印象。

（2）应严格依照法定程序审理案件，从程序正当的角度切实保障申请人的相关权利。在阅卷、调查、听证等环节，应特别注意维护申请人的程序权利，听取申请人陈述申辩。

（3）对具体行政行为的适当性进行审查，要严格以法律的目的和社会公认的公正标准为尺度，具体行政行为在时间、空间、适用对象都大致相同的条件下应一视同仁，大体相当。如，行政复议机关不能对事实、性质和情节基本相同的案件作出前后不同的处理决定，对裁量行政行为的审查要符合社会上基本的公平观念。

511. 行政复议机关如何遵循公开原则？

公开性是现代行政管理的基本要求之一，公开是公正的前提。作为解决行政争议的行政法律救济制度，行政复议活动应当尽可能多地体现公开原则。

（1）行政复议案件的材料要公开。在审理行政复议案件中，行政复议机关收集的有关材料，包括被申请人提交的作出具体行政行为的案卷材料以及作为执法依据的法律、法规、规章和其他具有普遍约束力的决定、命令，除了依法涉及国家秘密、商业秘密和个人隐私外，都应依法公开，当事人可以按照《行政复议法》规定查阅。

（2）行政复议过程要公开。行政复议机关在条件允许的情况下，听取当事人意见或听证审理，并逐步推行办理活动公开化。

（3）行政复议结果要公开。行政复议机关作出行政复议决定，要制作行政复议决定书，并送达行政复议参加人。行政复议决定要载明行政复议机关认定的事实、理由、法律依据和行政复议结论。

512. 行政复议机关如何遵循及时原则?

行政复议作为行政活动,应体现现代行政管理的高效率特征,尽可能简便、迅速地处理行政争议;同时,行政复议一般都不具有终局的效力,申请人不服行政复议决定还可以提起行政诉讼,因此它只是整个行政救济制度中的第一个环节,不宜耗费大量的时间。基于行政复议的这种效率特性以及行政复议与司法监督环节衔接的需要,行政复议机关应当在法律规定的期限内,完成行政复议案件的审理工作。

(1)受理行政复议申请应当及时。行政复议机关的法制工作机构在接到行政复议申请后,要在5日内进行审查,凡是符合法律规定的,应当及时受理;符合法律规定,但不属于本机关受理范围的,要及时告知;不符合法律规定的,由行政复议机关决定不予受理,并告知申请人。

(2)审理行政复议案件的各项工作应当及时。行政复议机关在受理行政复议申请后,及时处理和送达各类案件文书,及时调查取证,及时审理案件材料并拟定承办意见。同时,行政复议机关要按照《行政复议法》所规定的受理、审理及期限执行,延长期限必须严格按照法律规定。

(3)作出行政复议决定应当及时。行政复议机关负责人接到拟定的行政复议决定后,要根据具体情况及时进行审批或者集体研究决定。对于行政复议机关负责人已经审查同意的行政复议决定,及时制作行政复议决定书并向各方当事人送达。

(4)对行政复议当事人不履行行政复议决定的行为,行政复议机关应当及时予以查处。对于无正当理由不履行的,要依法及时责令履行,对于经责令履行后仍不履行或者无正当理由拖延履行的,要及时移送行政监察或者人事机关追究有关人员的法律责任。

513. 行政复议机关如何遵循便民原则?

便民原则,简单地说就是行政复议机关在受理、办理行政复议案件时要尽可能方便申请人行使行政复议权,节省当事人复议成本。不得以任何手段和方法,阻碍或干扰行政管理相对人提起行政复议申请,或增加其经济负担。《行政复议法》在制度设计上充分体现了便民原则,尽可能为申请人提供方便。主要体现在:

(1)为行政管理相对人申请行政复议提供良好的条件。行政复议机关要为当事人前来申请复议和查阅材料提供必要的条件，如设立专门的接待室，并耐心接待对前来申请或咨询的行政相对人；对找错了行政复议机关的申请人，应当告知其有权受理的机关。法律规定负有转送义务的行政复议机关不得推诿职责，及时接受申请人的行政复议申请并按规定转送有关行政复议机关。

（2）在行政复议申请方式上，除书面申请外，还可以口头申请行政复议，对于口头申请行政复议的，行政复议人员应当做好记录，并交由申请人确认。有条件的行政复议机构，还可以接受申请人以电子邮件方式提出的行政复议申请。

（3）在行政复议的方式上，实行以书面审查为主。行政复议机关应当集中精力审查被申请人作出具体行政行为的事实是否清楚，内容是否适当等，原则上不能代替被申请人调查取证。被申请人的具体行政行为事实不清、证据不足的，或者提供不出必需的事实和证据材料的，行政复议机关应当决定予以撤销、确认违法或者责令履行。

（4）对于案情简单、法律关系明确、争议不大的行政复议申请，应快审快结，提高行政复议效率。

（5）对于被申请人违法的具体行政行为给被申请人的合法权益造成损害的，即使申请人没有提出行政赔偿请求，行政复议机关在作出撤销、变更具体行政行为或者确认具体行政行为违法的同时，应当依法一并责令被申请人依法给予行政复议申请人相应的赔偿。

（6）行政复议机关受理行政复议，不得向申请人收取任何费用。

514. 行政复议的范围有哪些？

行政复议范围，是指法律规定行政相对人认为行政机关作出的行政行为侵犯其合法权益，依法可以向行政复议机关申请复议的案件范围。行政复议范围与建立行政复议制度的目的以及行政复议机关的监督权限相适应，不可能解决所有行政争议。为便于行政相对方提起行政复议以及复议机关明确受理案件，通过立法规定行政复议范围是必要的。《行政复议法》规定行政复议范围，采取了概括、列举再加排除的形式，规定了可以申请复议的行政行为和不可以申请行政复议的事项。

515. 哪些行政行为可以被申请行政复议？

《行政复议法》第六条规定，下列行政行为公民、法人或者其他组织可以申请行政复议：

（1）对行政机关作出的行政处罚决定不服的。行政处罚是指行政机关对违反行政法律规范，尚未构成犯罪的行政相对人，依法给予的一种法律制裁。《行政复议法》列举的行政处罚有：警告、罚款、没收违法所得、没收非法财物、责令停产停业、暂扣或吊销许可证、暂扣或吊销执照、行政拘留。但并不限于此，凡是行政主体作出的、影响相对人权利义务的行政处罚，行政相对人不服，都可以提起行政复议。

（2）对行政机关作出的行政强制措施决定不服的。根据《行政强制法》规定，行政强制措施是指行政机关在行政管理过程中，为制止违法行为、防止证据损毁、避免危害发生、控制危险扩大等情形，依法对公民的人身自由实施暂时性限制，或者对公民、法人或者其他组织的财物实施暂时性控制的行为。如限制公民人身自由、查封、扣押、冻结等对财产采取的措施等。

（3）对行政机关作出的有关许可证、执照、资质证、资格证等证书变更、中止、撤销等决定不服的。这类证书通常决定着行政相对人从事某种职业的资格，对公民、法人及其他组织的权利有很大影响。

（4）对行政机关作出的关于确认不动产的所有权或者使用权的决定不服的。根据法律规定，这些不动产主要是指土地、矿藏、水流、森林、山岭、草原、荒地、滩涂、海域等自然资源。

（5）认为行政机关侵犯合法经营自主权的。这是《行政复议法》对受案范围的概括性规定。行政机关对这种权利的侵犯，将直接影响到行政相对人的财产权。因此，法律允许行政相对人对这种具体行政行为提起行政复议。如，行政机关强制企业合并、转产、安排人员、转让知识产权等。

（6）认为行政机关变更或者废止农业承包合同，侵犯其合法权益的。

（7）认为行政机关违法要求履行义务的。行政相对人的义务必须由法律规范事先规定，如果行政机关在法律规范之外要求行政相对人履行义务，这种具体行政行为就属于违法要求履行义务。如行政机关乱摊派、乱收费、违法集资、违法征收财物等都属于此类。

（8）认为符合法定条件而行政机关不依法办理行政许可等事项的。行政相对人认为自己符合法定条件，而向行政机关申请许可证、执照、资质证、资格证等证书，或者申请行政机关审批、登记有关事项，行政机关拒绝办理或者不予答复的。

（9）认为行政机关应履行保护人身权、财产权、受教育权等法定职责，而行政机关没有依法履行的。每一个行政机关都具有法定的职责，对涉及行政相对人人身权、财产权和受教育权的法定职责，如果行政相对人认为已经依法申请，但行政机关拒不履行或者不予答复的，行政相对人可以提起行政复议。

（10）申请行政机关依法发放抚恤金、社会保险金或者最低生活保障费，行政机关没有依法发放的。

（11）认为行政机关其他具体行政行为侵犯其合法权益的。这是一条概括性的规定。

未列入上述情形的具体行政行为，只要行政相对人认为该具体行政行为侵犯了自己的合法权益，都可以提起行政复议。

516. 根据行政复议法及相关规定，不属于行政复议范围的事项主要有哪些？

根据《行政复议法》及《行政复议法实施条例》规定，不能提起行政复议的事项有：

（1）行政法规和规章等。包括行政主体制定和发布的行政法规、规章以及其他具有普遍约束力的决定、命令。行政相对人对抽象行政行为中的行政法规、规章不服的，可以向有关国家机关提出，由有关国家机关依照法律、行政法规的有关规定处理，而不能以行政复议方式解决。

（2）内部行政行为。行政主体对其所属的国家公务员作出的行政处分或者其他人事处理决定，属内部行政行为，被处分或被处理的人不服，不能申请复议，可依照有关法律和行政法规的规定提出申诉。

（3）对民事纠纷的调解或其他处理。行政主体对公民、法人或者其他组织之间的民事纠纷作出的调解、仲裁等行为，对双方当事人的约束力取决于其自愿接受，因此，一方当事人如不服，可以向人民法院提起诉讼或者向仲裁机关申请仲裁，但不能申请行政复议。

517. 交通事故认定是否属于行政复议范围？

交通事故认定是指公安机关交通管理部门根据交通事故现场勘验、检查、调查情况和有关的检验、鉴定结论，查明交通事故原因，并制作交通事故认定书。交通事故认定行为是否属于具体行政行为，能否纳入行政复议范围，理论上和实践中曾有比较多的争论。一种观点认为，交通事故认定是一种证据，是公安机关的交通管理部门对查明的事实利用专业知识作出的一种判断，不是具体行政行为,一般不直接影响当事人的权利义务,仅系证据的一种,当事人可以在法庭中进行质证,法院可以决定是否采信。另一种观点认为,交通事故认定是行政机关作出的一种行政确认或者行政证明行为,对当事人权利义务的确定产生重要的影响,属于具体行政行为的范畴,即便作为证据也是一种强势证据,法院很难不采信,如此一来,当事人对交通事故认定行为不服实际上得不到救济,从这个角度看,交通事故认定也应当纳入行政复议范围。

过去,公安机关交通管理部门作出的是交通事故责任认定书。目前,根据修改后的《道路交通安全法》,公安机关交通管理部门作出的是交通事故认定书,取掉了责任两个字,更倾向于将交通事故认定作为纯粹的技术认定行为,是公安机关交通管理部门根据其专业知识作出的一种技术判断,可以作为证据使用,但不是具体行政行为。现行《道路交通安全法》第七十三条规定:"公安机关交通管理部门应当根据交通事故现场勘验、检查、调查情况和有关的检验、鉴定结论,及时制作交通事故认定书,作为处理交通事故的证据。"作为证据,经认定采用方可具有法律效力。全国人大常委会法制工作委员会法工办复字〔2005〕1号《关于交通事故责任认定行为是否属于具体行政行为,可否纳入行政诉讼受案范围的意见》中指出,交通事故责任认定不是具体行政行为,不能向人民法院提起行政诉讼。因此,交通事故认定没有具体行政行为所具有的公定力、确定力和拘束力,不属于具体行政行为,当然也不属于行政复议范围。

518. 公证行为是否属于行政复议范围?

我国法律对公证行为的定位,经过了一个变化过程。《公证暂行条例》(已失效)规定公证处是国家公证机关,而且实行行政管理体制,因此,公证机关作出的证明是一种行政行为,如果侵犯当事人的合法权益,当事人可以申请行政复议。1990年司法部发布的《公证程序规则(试行)》(已失效)第五十五条规定,当事人对公证处作出的不予受理、拒绝公证、撤销公证书的决定有异议的,可以向该公证处的本级司法行政机关申请行政复议。1990年司法部发布的《司法部关于司法行政机关行政复议和行政应诉工作规定(试行)》(已失效)也明确将公证行为纳入行政复议范围。因此,当时对于公证行为不服,是可以申请行政复议的。2001年司法部发布《司法行政机关行政复议应诉工作规定》没有规定公证行为是行政行为,2002年司法部发布的《公证程序规则》规定当事人对公证处作出的不予受理、拒绝公证、撤销公证书的决定有异议的，可以向该公证处的本级司法行政机关提出申诉；对司法行政机关作出的申诉处理决定不服的，可以申请行政复议，不允许对于公证行为直接申请行政复议。

公证机关的公证行为只是对当事人之间权利义务的一种证明，并不产生新的权利义务关系，因此，公证行为不应被认作是具体行政行为。从世界范围来看，公证行为也通常是由非政府组织作出。目前，公证机关性质上不再是国家行政机关，其设置也与行政区划分开，独立作出公证行为。2006年3月1日正式实施的《公证法》第三十九条规定："当事人、公证事项的利害关系人认为公证书有错误的，可以向出具该公证书的公证机构提出复查。"该法第四十条规定："当事人、公证事项的利害关系人对公证书的内容有争议的，可以就该争议向人民法院提起民事诉讼。"因此，司法行政机关不再介入处理当事人就公证书发生的争议，不再需要作出申诉决定，当事人对公证书的内容有争议应通过民事诉讼的渠道解决，而非行政复议。

519. 行政机关执行上级行政机关决定对外部产生法律效果的行为，是否属于行政复议范围？

行政机关执行上级行政机关的决定的行为，通常称为行政执行行为，是一种独立的具体行政行为。如，某市政府作出决定责令市国土资源局负责某一地段的拆迁，市国土资源局依据市政府的决定实施的拆迁行为，即行政执行行为。该执行行为的主体、内容和后果都是独立的，而且执行行为本身也可能侵犯当事人的合法权益，因此，应当属于行政复议范围。此外，有时上级行政机关的决定行为合法适当，但是下级行政机关的执行行为可能会超出或者违背上级行政机关决定的内容，造成对当事人权利的侵害，如果当事人不能对该下级行政机关的执行行为申请行政复议，就无法达到救济的效果。从这也可以看出，应当将行政执行行为纳入行政复议范围。

520. 行政机关协助执行法院的判决、裁定的行为是否属于行政复议范围？

行政机关协助执行法院判决、裁定或者仲裁机构的仲裁裁决的行为，与行政执行行为有区别，因为法院的判决裁定或者仲裁裁决都是司法决定，行政机关具有协助履行的法定义务。但是如果行政机关超出了协助履行的范围，扩大了范围或者方式不适当对当事人权利造成损害的，应当纳入行政复议的范围。对此，最高人民法院的司法解释《最高人民法院关于行政机关根据法

院的协助执行通知书实施的行政行为是否属于人民法院行政诉讼受案范围的批复》（法释〔2004〕6号）规定："行政机关根据人民法院的协助执行通知书实施的行为，是行政机关必须履行的法定协助义务，不属于人民法院行政诉讼受案范围。但如果当事人认为行政机关在协助执行时扩大了范围或违法采取措施造成其损害，提起行政诉讼的，人民法院应当受理。"

521. 如何理解《行政复议法》第三十条第一款和《最高人民法院关于〈行政复议法〉第三十条第一款有关问题的批复》？

《行政复议法》三十条第一款规定，"公民、法人或者其他组织认为行政机关的具体行政行为侵犯其已经依法取得的土地、矿藏、水流、森林、山岭、草原、荒地、滩涂、海域等自然资源的所有权或者使用权的，应当先申请行政复议；对行政复议决定不服的，可以依法向人民法院提起行政诉讼。"最高人民法院2003年作出的《最高人民法院关于适用〈行政复议法〉第三十条第一款有关问题的批复》规定，"公民、法人或者其他组织认为行政机关确认土地、矿藏、水流、森林、山岭、草原、荒地、滩涂、海域等自然资源的所有权或者使用权的具体行政行为，侵犯其已经依法取得的自然资源所有权或者使用权的，经行政复议后，才可以向人民法院提起行政诉讼，但法律另有规定的除外；对涉及自然资源所有权或者使用权的行政处罚、行政强制措施等其他具体行政行为提起行政诉讼的，不适用《行政复议法》第三十条第一款的规定。"从字面意思来看，司法解释将行政机关具体行政行为限定为对自然资源所有权或者使用权的确认行政行为。

所谓行政确认，是指行政主体对行政相对人的法律地位、法律关系或有关法律事实进行甄别，给予确定、认定或证明（否定）并予以宣告的具体行政行为。行政确认是对行政管理相对人的行政法律关系或权利义务关系的认可或否定。发证行为，属于确定形式的行政确认，其中包括发土地使用证的发证行为，当然注销土地使用权也是如此，应当先行政复议，对行政复议决定不服的，才可以向人民法院提起行政诉讼。而对于土地纠纷作出的处理决定，是居间性质的裁决，不属于土地使用权的确认，故而此类行政处理决定，可以直接向人民法院提起行政诉讼。

522. 行政机关作出的信访处理行为是否属于行政复议范围？

（1）严格执行《信访条例》第十四条、第二十一条的有关规定，防止不可以行政复议的案件进入信访程序。即根据《信访条例》第十四条的规定，对已经或者依法应当通过行政复议途径解决的信访事项，信访工作机构不予受理，但应当告知信访人依照有关法律、行政法规规定程序向有关机关提出复议申请。这意味着，可以申请行政复议的信访事项，应该先经过行政复议，即应通过行政复议、行政诉讼等法定救济渠道解决的，应依法通过行政复议、行政诉讼化解争议。从理想状态来讲，凡是信访工作机构作出的信访处理行为，都不是应当通过行政复议途径解决的行为。且实践中，信访工作机构作出的信访答复，多是程序性处理行为，主要是对信访事项的接收、转送及反馈，一般没有实体处分权，也谈不上损害信访人的实体权益。从这个意义上讲，信访工作机构对信访事项作出的处理行为，原则上都不属于行政复议范围。

（2）要注意区别《信访条例》对政府信访机构和政府部门信访职责的不同规定。根据《信访条例》第六条和第二十一条的规定，政府的信访工作机构不是信访事项的责任处理机关，而是负责转办、交办和督办的信访机构，其作为和不作为都不宜纳入行政复议范围；接受转送的政府部门或者下级政府作为信访事项责任处理机关，违反《信访条例》第二十二条的规定，对于收到的信访事项不作答复，构成不作为，信访人可以就此申请行政复议；信访事项责任处理机关对信访人投诉请求作出的信访处理意见、复查复核意见，如果不构成新的具体行政行为，信访人不能就此申请行政复议；如果构成新的具体行政行为，则应当依照《行政复议法》及其实施条例申请复议。但是，也有一种观点认为，在这种情形下，由于信访人申请行政复议，需要向信访处理机关的上一级行政机关提出；按照信访程序，信访人对信访处理机关的处理意见不服，可以提出复查，而复查请求也是向信访处理机关的上一级行政机关提出。所以，信访人无论是申请行政复议还是请求信访复查，受理机关都是原信访处理机关的上一级行政机关，考虑到信访人已经进入了信访程序，为节约解决纠纷的社会成本，提高行政效率，对这种情况应继续通过信访程序，走复查、复核渠道解决，而不允许信访人中途换道而进入行政复议程序，这样更为合理。

（3）行政复议申请超过法定复议期限的处理。行政复议申请超越期限，属于申请人自身原因的，不予受理。但可以依照宪法和组织法规定的"县级以上人民政府有权撤销所属部门和下一级政府的决定和命令"，通过执法监督程序解决，既不违反行政复议法规定，社会效果也更好；因非属于申请人的原因，特别是因行政机关故意不告知行政复议申请权而造成复议申请超越期限并一直持续上访又未处理过的，应当依据《行政复议法》及其实施条例的规定予以受理。

523. 人事部门和教育主管部门的职称评定行为是否属于行政复议范围？

实践中，人事部门和教育主管部门有权对企业事业单位有关人员的职称作出评定，并颁发相应的资格证书或者确定职称等级。职称评定行为的对象是人事、教育等行政机关以外的人员，不是行政机关内部工作人员，因此，该行为不属于内部行政行为的范畴。同时，职称评定通常与当事人的工资待遇等重大权益相关联，因此，该行为能够实际影响到当事人的权利义务。因此，行政机关对企业事业单位人员作出的职称评定行为，是具体行政行为，应当属于行政复议范围。当然，行政机关作出取消职称证书或者改变职称等级的行为也是具体行政行为，属于行政复议范围。

524. 行政奖励行为是否属于行政复议范围？

行政奖励行为，是指行政机关或者法律法规授权的组织为了实现行政目标，通过给予物质上的或者精神上的利益，激励和支持相对人实施一定的符合政府行为意图的非强制性行政行为。比如国家依照法律法规对投资西部地区的企业给予优惠、对从事高新技术企业给予优惠，再比如国家对作出突出贡献的科学家给予奖励，对见义勇为行为给予奖励，也包括虽然没有法律法规的依据，但是行政机关承诺对公民、法人或者其他组织的行为符合其规定的条件即可给予奖励等，主要发生在招商引资、悬赏破案等情况下。

对于行政奖励行为的性质，学术界有不同的看法。一种观点认为，行政奖励不是行政行为，而是民事行为，比如行政机关承诺对成功招商引资的相对人要给予物质奖励，类似于民法上的悬赏广告，行政机关的承诺构成合同法上的邀约，相对人成功招商引资的行为，是一种承诺，两者之间是一种民事关系，如果行政机关不兑现奖励的承诺，相对人应当通过民事诉讼途径解决。另一种观点认为，行政奖励的情形多种多样，除了属于内部行政行为的行政奖励行为之外，行政奖励行为都是行政机关为了实现一定的行政目标，而对相对人作出承诺，一旦相对人的行为符合了规定的奖励条件，行政机关就应当给予相应的奖励，这种情况下，无论从行为主体、行为目的还是行为后果来看，都符合具体行政行为的标准，应当属于行政复议范围。

应当说，行政奖励是一种现代行政管理方式的产物，它意味着行政并非全部都是强制和命令，也有诱导和鼓励。行政奖励的主体只能是行政机关等具有公权力的主体，行政奖励的目的是为了实现一定的行政目标，如果行政机关不给予相对人相应的奖励，既侵犯了相对人的合法权益，也违反了诚信原则，因此，无论从行为主体、行为目的还是行为后果等各个方面看，行政奖励行为都符合具体行政行为的构成要件，应当纳入行政复议范围，赋予相对人行政复议救济渠道。此外，与通过民事诉讼的方式解决行政奖励争议相比，行政复议具有不收费、成本低、相对人举证责任轻、对行政机关的监督力度大等特点，对相对人权益的保护更加充分，而且可以实现监督行政机关依法行政、诚实守信的目的，是一种更好的制度选择。

525. 行政机关作出的行政处分和其他人事处理决定主要情形有哪些？

《公务员法》将原《公务员暂行条例》中的"行政处分"改为"处分"，因此行政复议中行政处分应根据《公务员法》的规定，有警告、记过、记大过、降级、撤职和开除等六种形式。此外，根据公务员法及相关法律法规规定，除行政处分外，行政机关基于行政管理关系，对隶属的工作人员作出以下处理决定：辞退或者取消录用、降职、定期考核为不称职、免职、申请辞职、提前退休未予批准、未按规定确定或扣减工资、福利、保险待遇以及奖惩、交流、培训等方面的处理决定。这些行为当事人不服的，应当根据《公务员法》、《行政监察法》及其实施条例规定进行申诉。

526. 行政协议是否属于行政复议范围？

《行政复议法》第六条对行政复议范围进行列举式概括，并使用兜底条款，"认为行政机关的其他具体行政行为侵犯其合法权益的"，那么行政协议是否属于行政复议范围？首先，考量该协议是否具有单方性；其次，该协议是否与行政管理职权相关联；最后，该协议的内容和指向是否与行政机关行使其法定职责有关，甚至可以视作行使法定职责的一种方式。

具体实务上，建议参照《行政诉讼法》的相关规定，将与行政管理职权相关联的行政协议纳入行政复议范围，这样也与《行政诉讼法》保持一致，而对非行政管理职权签订的协议则仍不予受理。《行政诉讼法》第十二条第一款第十一项规定，受案范围的行政协议为"政府特许经营协议、土地房屋征收补偿协议等协议"。《最高人民法院关于适用〈中华人民共和国行政诉讼法〉若干问题的解释》（法释〔2015〕9号）第十一条规定："行政机关为实现公共利益或者行政管理目标，在法定职责范围内，与公民、法人或者其他组织协商订立的具有行政法上权利义务内容的协议，属于行政诉讼法第十二条第一款第十一项规定的行政协议。"

527. 行政机关对公民、法人或者其他组织的申诉、检举、控告的处理或不处理的行为，是否属于行政复议范围？

对于申诉、举报、控告、检举等事项的处理机关、处理程序和法律后果，我国并未制定统一的举报法。实践中尽管有些法律规定公民有权依法举报，行政机关应当依法查处，但是否属于行政复议范围，则不能一概而论。对于举报类事项主要分三个层次：一是行政机关对于举报事项的处理行为，如果不处理，举报人能否申请行政复议；二是行政机关对举报事项作了处理，是否需要书面告知举报人，如果不告知，举报人能否申请行政复议；三是行政机关将处理结果告知举报人，举报人对行政机关的处理结果不服，能否申请行政复议。一般说来，行政复议机关可以根据以下几个原则判断：

第一，正确认识行政不作处理行为与行政不作为的区别。行政不作为一般需要具备三个要素：法律法规明确规定行政机关负有作为的法定义务，申请人请求行政机关履行该法定义务，行政机关在法定期限内未履行该法定义务或者未作答复。行政机关对举报事项不作处理，如果符合行政不作为的条件，应当构成行政不作为，举报人不服可以依法申请行政复议。

第二，准确判断行政机关的处理行为是否侵害了举报人的合法权益。当事人能够申请行政复议的前提是认为具体行政行为侵犯了其合法权益，主要要件有：其一，侵犯的权益是申请人自己的而不是其他人的，更不是公共利益；其二，具体行政行为和权益受到侵害之间有因果关系，且该权益是实体法认可和保护的权益。

第三，分清争议的本质是民事纠纷还是行政纠纷。

第四，行政监察机关为履行行政纪律监督职责作出的行政处分决定或者其他人事处理决定（包括对相关举报事项的处理决定）不属于行政复议范围，当事人不服处理决定的可以依照《行政监察法》或其他有关法律、法规的规定提出申诉。

528. 法律法规授权行政机关制定实施细则，公民、法人或者其他组织能否以该行政机关未制定实施细则为由提出行政复议？

判断的关键是看行政机关不制定实施细则的行为是否为具体行政行为。行政机关依照法律法规授权具有制定实施细则的义务，该义务的内容不是行政复议法意义上的具体行政行为，而是要制定具有普遍约束力的法律规则。如果行政机关不及时制定有关规则，也是一种抽象行政行为的不作为，而不是具体行政行为，不属于行政复议范围。但根据"法定职责必须为"的规定，法律法规授权行政机关制定实施细则的，行政机关应当根据授权尽快制定实施细则。

529. 行政复议机关将规范性文件转送有权机关处理，有权机关迟迟不作答复，该不答复行为是否属于行政复议范围？

申请人根据《行政复议法》第七条规定，在对具体行政行为提起行政复议的同时对具体行政行为依据的规范性文件提出审查请求，有权处理机关对该抽象行政行为的处理结果，是对该抽象行政行为是否合法的一种判断，其处理行为同属抽象行政行为，与规范性文件一样并非针对特定人、特定事作出的能直接执行的具体行政行为，不属于行政复议范围。有权处理机关审查处理期间，行政复议机关只能中止行政复议。为及时解决行政争议，确保申请人权利及时救济，有权处理机关应及时作出审查决定。此外应当通过立法明确处理机关、处理程序、处理时限、处理形式以及不及时处理的后果，强化审查程序的可操作性，从根本上解决。

530. 行政诉讼法及司法解释规定不属于行政诉讼范围的行政行为是否也不属于行政复议范围？

《行政诉讼法》和最高人民法院的司法解释对不属于行政诉讼范围事项有明确规定。根据《行政复议法》规定，行政复议和行政诉讼受案范围不同，不属于行政诉讼受案范围的仍可能属行政复议范围，如法律规定的由行政机关作出最终裁决的具体行政行为虽不属于行政诉讼范围，但通常属于行政复议范围。但对于《行政诉讼法》、《行政复议法》均明示不属于受案范围的,《行政诉讼法》已经明确规定行政行为具体含义的，行政复议中也应采取和行政诉讼中相同的理解。

531. 行政复议中止、终止、告知书、补正通知书等程序性处理行为是否属于行政复议范围？

我国实行一级行政复议制度，当事人对行政复议决定不服，除非法律另有规定，只能去法院起诉，不能再次申请行政复议。对行政复议不予受理的决定，可以向上级行政机关请求责令受理或者直接受理，但这并非第二次行政复议，因第一次并未进入行政复议的程序。当然，对于不予受理决定，申请人还可以向法院起诉。

行政机关在审查行政复议申请的过程中，可能会作出一些其他处理行为，比如依照《行政复议法》第十八条转送行政复议申请，依照《行政复议法》第二十六条或第二十七条转送有权处理机关审查规范性文件、要求当事人补正行政复议申请材料、告知当事人向有权受理机关申请行政复议、中止或终止行政复议审查、延长行政复议期限等，这些行为都是行政复议机关在行政复议审查过程中作出的一些程序性处理，对行政复议申请人的实体权利义务并不产生实际的影响，因此，不属于行政复议范围。

532. 如何理解行政机关对民事纠纷作出的调解行为以及其他处理行为？

行政机关对民事纠纷作出的调解，是指行政机关主持的，以法律、法规为依据，以自愿为原则，通过说服教育，促使民事争议双方互谅互让，达成协议的一种活动。它与民间调解和司法调解一起构成具有中国特色的调解制度。对解决民事争议、平息社会矛盾和维护安定团结等方面发挥着重要作用。目前，关于行政调解没有统一的法律规定，因此，实践中的行政机关对哪些民事纠纷可以进行调解，是根据需要灵活掌握的。实践中出现较多的调解有：基层行政机关对民事纠纷的调解，如乡政府、城镇街道办事处的司法助理员、民政助理员等主持的调解；行政主管机关在处理民事纠纷时给予的调解，如劳动行政部门对劳动争议的调解等。也有一些单行法律、法规规定了行政调解，如《治安管理处罚法》第九条规定，对于因民间纠纷引起的打架斗殴或者损毁他人财物等违反治安管理行为，情节轻微的，公安机关可以调解处理。行政调解是实践中解决民事纠纷的一种便捷方式，调解的结果要靠双方当事人自觉自愿地遵守执行，对当事人没有法律约束力，当事人不执行调解协议的，不能强制执行。因此，它并不是严格意义上的行政行为，当事人对调解协议不服的，可以向法院提起诉讼或者向仲裁机构申请仲裁，不能申请复议。

关于行政机关对民事纠纷作出的其他处理。这里的"其他处理"是指什么，法律没有明确。一般认为，行政机关对民事纠纷作出处理是指行政裁决。行政裁决是指行政机关作为第三方，依照法律的规定解决与合同无关的民事纠纷的活动。与行政调解相比，行政裁决具有法律效力，但是它的法律效力又不及仲裁，对行政裁决不服的，还可以向法院提起诉讼。

533. 申请人在行政复议中要求对规范性文件进行审查需要满足哪些条件？

《行政复议法》第七条规定了当事人对规章以下的规范性文件，即对抽象行政行为有限度的审查请求权，但并不意味着将规章以下的规范性文件纳入了行政复议的范围。公民、法人或者其他组织如果希望在行政复议程序中能够审查规范性文件，需要注意以下几个方面：

（1）请求审查的规定必须是规章以下的规范性文件，不包括国务院制定的行政法规和有关地方政府和国务院部门制定的规章。对于规章的审查，应按照《法规规章备案条例》规定的备案审查程序实行监督，而非行政复议渠道。

（2）该规定必须是行政机关作出具体行政行为的依据，必须是行政机关在作出的行政执法文书中具体引用到的规范性文件。也就是说，公民、法人或者其他组织不能对与申请行政复议的具体行政行为不相关的抽象行政行为要求进行审查。

（3）必须在对具体行政行为提起行政复议时，一并向行政复议机关提出审查请求，不能在行政复议程序已经终结，行政复议机关已经作出行政复议决定时，才提出行政复议审查请求。也不能不对具体行政行为申请行政复议，而单独对某一规定提出行政复议审查请求，因为行政复议中的这种审查是一种附带性审查，有条件的审查，如果直接对某一规定提出行政复议，行政复议机关可以该行为不是具体行政行为为由，决定不予受理。

（4）对该规定的审查请求必须是明确的，并附有理由。申请人一般不能笼统地要求行政复议机关对规定的全部内容进行审查，而应当指明具体的条款或者具体的内容，否则不好操作。同时，还应当说明提出审查请求的理由，即认为不合法的理由，这与对具体行政行为提出复议请求的要求基本相同。

（5）申请人只能对规定是否"合法"提出附带的审查请求，行政复议机关也只能对规定是否合法进行审查，至于规定的内容是否合理，申请人无权要求复议机关审查。

534. 申请人在行政复议中提出对规范性文件审查的期限如何确定？

根据《行政复议法》规定，行政相对人认为行政机关的具体行政行为所依据的除国务院以外的各级政府的"规定"不合法，在对具体行政行为申请行政复议时，可以一并提出对该规定的审查。申请人可以在对具体行政行为提出行政复议申请的同时审查所依据"规定"，但是并不要求必须同时提出。因为实践中存在申请人在提出行政复议申请时对依据并不知情，如规定必须在申请时一并提出，则可能剥夺了申请人要求审查依据的权利。因此，如申请人在对具体行政行为提起行政复议申请时尚不知道该具体行政行为所依据的规定，应当允许申请人在行政复议机关作出行政复议决定前向行政复议机关提出。但一旦行政复议机关作出行政复议决定，行政复议程序即告终结，申请人就不能再提出申请了。

535. 申请人在行政复议中可以要求对哪些规范性文件一并提出审查？

申请人在申请行政复议时可以一并对作出具体行政行为的依据请求审查，其主要类型有：规章之外的国务院部门的规定；政府规章之外的县级以上地方各级人民政府及其工作部门的规定；乡、镇人民政府的规定。需要注意的是，前述范围并不包含国务院办公厅的文件，国务院办公厅作为国务院的办公机构，不属于国务院组成部门；从公文运转惯例看，国务院办公厅发布的文件一般是经国务院同意的或者国务院领导同意的，或者经国务院审核同意的，代表国务院，尽管《立法法》对该类文件未作规定，但国务院办公厅的文件是根据宪法的授权，国务院执行行政措施和发布决定、命令的具体文件载体，是广义上的国务院文件的范畴。

536. 认定规范性文件"不合法"的情形主要有哪些？

根据《立法法》关于法律规范效力等级的规定，认定具体行政行为所依据的"规定"不合法，主要包括以下三种情况：

（1）该"规定"与法律、法规和规章等上位法的内容相抵触。

（2）对于相关事项上位法没有规定时，该"规定"的内容与法律、法规和规章的原则精神相抵触。

（3）该"规定"的内容超越了规定发布的相关职权。

537. 行政复议申请的期限如何确定？

《行政复议法》第九条规定，公民、法人或者其他组织认为具体行政行为侵犯了其合法权益的，可以自知道该具体行政行为之日起60日内提出行政复议申请；但是法律规定的申请期限超过60日的除外。因不可抗力或者其他正当理由耽误法定申请期限的，申请期限自障碍消除之日起继续计算。期间开始的时和日，不计算在期间内。期间届满的最后一日是节假日的，以节假日后的第一日为期间届满的日期。

具体而言，当场作出具体行政行为的，自具体行政行为作出之日起计算；载明具体行政行为的法律文书直接送达的，自受送达人签收之日起计算；载明具体行政行为的法律文书邮寄送达的，自受送达人在邮件签收单上签收之日起计算；没有邮件签收单的，自受送达人在送达回执上签名之日起计算；具体行政行为依法通过公告形式告知受送达人的，自公告规定的期限届满之日起计算；行政机关作出具体行政行为时未告知公民、法人或者其他组织，事后补充告知的，自该公民、法人或者其他组织收到行政机关补充告知的通知之日起计算；被申请人能够证明公民、法人或者其他组织知道具体行政行为的，自证据材料证明其知道具体行政行为之日起计算。行政机关作出具体行政行为，依法应当向有关公民、法人或者其他组织送达法律文书而未送达的，视为该公民、法人或者其他组织不知道该具体行政行为。

538. 如何认定申请人知道具体行政行为的时间？

确定申请人知道具体行政行为的时间主要是通过被申请人作出具体行政行为方式、行政决定的送达方式，以及具体行政行为的性质等因素综合判定，包括以下几种形式：

（1）当场作出具体行政行为的，具体行政行为作出时间为知道的时间。

（2）作出具体行政行为的法律文书直接送交受送达人的，受送达人签收的时间为知道的时间；送达时本人不在的，与其共同居住的人、有民事行为能力的亲属签收的时间为知道的时间；本人指定代收人的，代收人签收的时间为知道的时间；受送达人为法人或者其他组织的，其收发部门签收的时间为知道的时间。

（3）受送达人拒绝接收作出具体行政行为的法律文书，有送达人、见证人在送达回证上签名或者盖章的，送达回证上签署的时间为知道的时间。

（4）通过邮寄方式送达当事人的，当事人签收邮件的时间为知道的时间。

（5）通过公告形式告知当事人的，公告规定的时间届满之日的次日为知道的时间。

539. 对于行政不作为申请行政复议的，应当如何计算申请人知道具体行政行为的时间？

法律、法规、规章和其他规范性文件未规定履行期限的，行政机关收到履行法定职责申请之日起60日的次日为申请人知道的时间；法律、法规、规章和其他规范性文件规定了履行期限的，期限届满之日为知道的时间。

法律、法规、规章和其他规范性文件规定了履行期限的，从其规定。申请人的合法权益正在受到侵犯或者处于其他紧急情况下请求行政机关履行保护人身权、财产权的法定职责，行政机关不履行的，申请人从即日起可以申请行政复议。

540. 行政机关作出的行政行为未履行行政复议权利告知义务或者进行错误告知的，有什么法律后果？

《行政复议法》对行政机关未履行行政复议权利告知义务或进行错误告知，致使申请人逾期申请行政复议的，应承担的法律后果并无明确规定。《行政诉讼法》对此有着相对明确的规定，行政复议中可以参照行政诉讼司法实践，切实保障当事人的救济权利。需要注意的是：第一，如果行政机关未告知相对人权利，即未妥善履行告知权利的义务，即使行政相对人实际知道，但行政机关仍要承担法律上视为行政相对人不知道的后果，即行政复议申请期限未开始计算。第二，行政机关告知行政复议申请权，并不是行政管理相对人申请行政复议的前提条件，即使行政机关不告知，相对人仍可以申请行政复议。第三，申请人申请期限的顺延并不必然以"致使公民、法人或者其他组织逾期申请行政复议"为前提，而是以此为结果。也就是说，之所以要顺延申请期限，就是因为已经过了行政机关认定的申请期限。第四，知道或者应当知道的判断标准是，知道以补充告知等实际告知为准；应当知道是指有证据证明相对人知道。

541. 人民法院裁决应当"复议前置"，当事人申请行政复议时已超过期限的，应当如何处理？

所谓的行政复议前置，其基本的含义就是当事人对特定的具体行政行为不服，在寻求法律救济渠道时，必须先向行政复议机关申请行政复议，而不能直接提起行政诉讼；如果经过行政复议后当事人仍有不同意见，才可以依法向人民法院提起行政诉讼。如果具体行政行为已经超过法定申请行政复议的期限，根据国务院法制办的批复精神，申请人申请行政复议前先提起行政诉讼，法院认定应当先申请行政复议的，行政复议机关可以根据《行政复议法》第九条第二款规定处理，申请人提起行政诉讼到人民法院裁判送达之日的时间，不计入法定行政复议申请期限；对于其他情形，申请人无正当理由的，行政复议机关依法不予受理。

542. 行政机关作出行政行为时未告知行政复议权利，能否补充告知？

行政复议权利告知制度是公民法人或者其他组织获得教示的权利，也是行政机关应当履行的义务。行政机关告知义务的范围限于其作出对行政相对人产生不利影响的具体行政行为，原则应当在行政决定文书中一并告知，如果补充告知具体行政行为，可以在补充告知时一并告知，如确实在作出具体行政行为的当时未告知的，事后可以及时补充告知。

543. 影响行政复议期限的不可抗力或正当理由主要有哪些情形？

根据《行政复议法》规定，行政复议申请期限可以适当延长的情况有两类：不可抗力或正当理由。一般说来，不可抗力的理解可以参照其他法律的规定，如民法体系中规定，不可抗力是指不能预见、不可避免并不能克服的客观情况，如地震、水灾、战争等。而其他正当理由则相对复杂，需要予以具体判断、权衡。对此，行政复议机关在掌握的时候，要适当放宽，特别是行政机关在执法中故意不告知申请人行政复议权利的，客观上影响了申请人申请行政复议的权利。

544. 因行政机关过错造成申请人超过行政复议期限的，是否属于影响行政复议期限的正当理由？

根据《行政复议法实施条例》规定，行政机关作出的具体行政行为对公民、法人或者其他组织的权利、义务可能产生不利影响的，应当告知其申请行政复议的权利、行政复议机关和行政复议申请期限。因申请人自身原因超过行政复议期限，其后果可能是行政复议申请不予受理，如果因行政机关的过错造成申请人超过行政复议期限，直接不予受理显然违背了公平原则。实务中，行政机关造成超过行政复议申请期限的原因主要有：应当告知未告知，尽管告知但告知的期限、方式或复议机关错误等。根据国务院法制办公室对《甘肃省人民政府法制办公室关于〈中华人民共和国行政复议法〉第九条有关问题的请示》的复函（国法函〔2004〕296号），"申请人在法定期限内申请行政复议，但是由于兰州市土地规划管理局没有向申请人告知诉权和救济途径，甘肃省国土资源厅又没有及时将该案移送，致使申请人申请行政复议期限被耽误，其责任不在申请人方面，属于《中华人民共和国行政复议法》第九条规定的'其他正当理由'范围。"如行政复议机关经查证，申请人申请行政复议期限因行政机关的原因被耽误的，应当属于影响行政复议申请的其他正当理由。

545. 如何确定行政机关依申请履行法定职责的期限？

依申请履行法定职责，《行政复议法》第六条第八项、第九项、第十项有明确规定，主要有三种情形：一是认为符合法定条件，申请许可（审批）事项，行政机关未依法办理的；二是申请行政机关履行保护人身权利、财产权利、受教育权利的法定职责，行政机关未依法履行的；三是申请行政机关依法发放抚恤金、社会保险金或者最低生活保障费，行政机关未依法发放的。由于我国尚无统一的行政程序法，对于依法享有依申请才能行使的法定职责的行政机关履行该职责的期限，并没有统一规定。《行政复议法实施条例》代为规定了一些行政程序法应当规定的内容，即确定行政机关依申请履行法定职责的期限的一般原则，以及行政机关依申请履行法定职责的一般期限。

（1）行政机关依申请履行法定职责的期限的一般原则。履行期限有规定的从其规定，履行期限没有规定的，自行政机关收到申请起60日。需要注意的是：第一，规定履行期限的规范性文件并无限制。无论是法律、法规、规章还是规章以下的规范性文件，都可以规定此等履行期限。这样规定的出发点是，鼓励行政机关从便民、利民角度，规定尽可能短的履行期限。第二，在我国的行政程序领域，首次创设了法定职责的统一的履行期限制度。将履行期限的确定权下放给每一个拥有法定职责的行政机关，只要他们愿意或敢于就其履行法定职责的履行期限作出规定，就要对此承担责任。值得注意的是，《行政复议法实施条例》的该项规定精神被《行政诉讼法》采纳，《行政诉讼法》第四十七条第一款规定："公民、法人或者其他组织申请行政机关履行保护其人身权、财产权等合法权益的法定职责，行政机关在接到申请之日起两个月内不履行的,公民、法人或者其他组织可以向人民法院提起诉讼。法律、法规对行政机关履行职责的期限另有规定的,从其规定。"《行政诉讼法》将例外情形限定为法律、法规,但实际上与《行政复议法实施条例》并不矛盾,实践中行政机关以规范性文件作出的期限规定或者自身向社会作出的履职承诺,一般期限均少于60日,其以国家机关的名义对外许诺,应当承担不履行的违法后果。

(2)行政机关依申请履行法定职责的一般期限,行政机关收到申请满60日。

(3)行政机关依申请履行法定职责的特殊期限。这样的特殊期限,主要是指公民、法人或者其他组织在紧急情况下请求行政机关履行保护人身权、财产权的法定职责,行政机关不履行的,行政复议期限不受60日的限制。这一规定也被《行政诉讼法》采纳,《行政诉讼法》第四十七条第二款规定:"公民、法人或者其他组织在紧急情况下请求行政机关履行保护其人身权、财产权等合法权益的法定职责,行政机关不履行的,提起诉讼不受前款规定期限的限制。"

546. 如何全面理解行政复议不予受理的行政监督?

依照《行政复议法》第二十条、《行政复议法实施条例》第三十一条规定,行政复议不予受理的行政监督主要应从以下几个层面理解:

(1)行政复议机关无正当理由不予受理的通常情形。一般说来,主要有对法律法规理解不一致、怕当被告、怕惹麻烦、怕得罪下级行政机关、办案力量不足等,将符合法律规定的行政复议申请拒之门外。

(2)行政复议机关不予受理理由不正当的,上级行政机关的处理程序。主要有三种:督促受理、责令限期受理和直接受理。

(3)督促受理程序并非法定程序,而是可选择的程序,通过上级与下级协商的方式妥善处理。责令限期受理则是以责令受理通知书的形式,依据行政命令要求下级行政机关主动受理。下级行政复议机关收到责令受理通知后应当直接转入受理程序。穷尽前两程序仍不能解决问题的,则上级行政机关应考虑可以直接受理。

(4)行政复议不予受理理由正当的,上级行政机关应当对申请人的申诉给予答复。

(5)对无正当理由不受理行政复议申请或者经责令受理仍不受理的,可以追究直接负责的主管人员和其他直接责任人员的法律责任，给予行政处分。

547. 上级行政机关直接受理应当由下级行政机关受理的行政复议申请的主要情形有哪些？

《行政复议法》第二十条规定，申请人依法提出行政复议申请，行政复议机关无正当理由不予受理的，上级行政机关应当责令其受理；必要时，上级行政机关也可以直接受理。一般情况下，可以考虑直接受理的主要情形有：(1) 行政复议机关经责令受理仍不受理的。根据《行政复议法》规定上级行政机关对于行政复议不予受理的监督通常通过申请人的申诉发现，申诉并非行政复议性质，对申诉理由成立上级行政机关应先责令行政复议机关受理。(2) 因为不可抗力因素或者其他特殊原因，行政复议机关无法继续履行行政复议职责的。(3) 被申请人作出的具体行政行为事先经过行政复议机关默许或者同意，或者被申请人作出具体行政行为与受理行政复议申请的复议机关有重大牵连，由其受理有一定困难的。

548. 什么是行政复议机关？

行政复议机关是指依照法律的规定，有权受理行政复议申请，依法对具体行政行为进行审查并作出裁决的行政机关。其主要特征有：第一，行政复议机关是行政机关；第二，行政复议机关是有权行使行政复议权的行政机关；第三，行政复议机关是能以自己的名义行使行政复议权，并对行为后果独立承担法律责任的行政机关。如各级人民政府，各级政府的组成部门包括公安、司法、海关、工商管理、教育、卫生等部门，都可以作为行政复议机关。

549. 如何确定行政复议机关？

确定行政复议机关主要有以下几种情形：

（1）作出具体行政行为的地方人民政府的上一级地方人民政府。

（2）作出具体行政行为的是县级以上地方各级人民政府工作部门的，当事人可以作出选择，可以向该部门的本级人民政府申请行政复议，也可以向上一级主管部门申请行政复议。比如，要对县公安局的决定申请行政复议，当事人可以找县政府，也可以找上一级公安部门。

（3）对国务院部门或者省级人民政府的具体行政行为不服的，向作出该具体行政行为的国务院部门或省级人民政府申请行政复议；对行政复议决定不服的，当事人可以作出选择，可以依法向人民法院提起行政诉讼；也可以向国务院申请裁决，由国务院依法作出最终裁决。

（4）对海关、金融、国税、外汇管理等实行垂直领导的行政机关和国家安全机关的具体行政行为不服的，向其上一级主管部门申请行政复议。

（5）对法律、法规授权的组织的具体行政行为不服的，分别向直接管理该组织的地方人民政府、地方人民政府工作部门或者国务院部门申请行政复议。

（6）对两个以上行政机关以共同的名义作出的具体行政行为不服的，向其共同上一级行政机关申请行政复议。

（7）对被撤销的行政机关在撤销前所作出的具体行政行为不服的，向继续行使其职权的行政机关的上一级行政机关申请行政复议。

550. 什么是行政复议机构？

行政复议机构，是指行政复议机关具体办理行政复议事项的工作机构，其在行政复议机关领导下，具体办理行政复议事项处理有关行政复议事务。按照《行政复议法》的规定，行政复议机关中负责法制工作的机构一般是行政复议机构。国务院作为中央人民政府，也承担对省级人民政府和国务院部、委的行政复议行为提出异议的行政复议职责，其行政复议机构设在国务院法制办。

551. 行政复议机构有哪些职责？

《行政复议法》及其实施条例明确规定了行政复议机构的职责：

（1）受理行政复议申请，审查行政复议申请是否符合法定条件。审查的主要内容是：申请人是否具备申请资格；申请理由是否正当；被申请人是否明确；是否超过申请复议期限；申请复议的案件是否属本机关管辖；申请复议的其他要求是否符合。符合法定条件的，应予受理；不符合法定条件的，应请申请人提供或者补充有关材料；属于不予受理的，应当由行政复议机关作出不予受理的决定，并书面通知申请人。依照该法规定，行政复议机构收到申请人的行政复议申请之日即为受理之日，如有不予受理情形的，应当在5日内作出不予受理的决定。

（2）向有关组织和人员调查取证，查阅文件和资料。在调查取证时，行政复议机构应当着重调取被申请人最初作出具体行政行为时的事实根据和法律依据，听取有关组织和个人对行政机关作出的具体行政行为的意见和证言。行政复议机构在履行这一职责时，有关组织和个人应当予以配合和协助。此外，是否听证审理及听证审理也由行政复议机构完成，《行政复议法实施条例》第三十三条规定，对重大复杂的案件，申请人提出要求或者行政复议机构认为必要时，可以听证审理。而地方性规定则更具体化，如根据《江苏省行政复议听证办法》第五条规定，"法制工作机构根据本办法规定，决定案件是否听证。申请人、第三人申请听证的，由法制工作机构决定。"

（3）审查申请行政复议的具体行政行为是否合法与适当，拟定行政复议决定。行政复议机构受理行政复议申请后，应当依据事实与法律，对行政机关作出的具体行政行为进行审查，审查具体行政行为是否合法，除此之外还要审查具体行政行为是否适当。依照本法规定的审查决定程序，行政复议机构经审查后提出处理意见，拟定行政复议决定，报经行政复议机关负责人同意或者领导集体讨论通过后，作出行政复议决定。

（4）处理或者转送《行政复议法》第七条所列有关规定的审查申请。公民、法人或者其他组织在申请对行政机关的具体行政行为复议时，可以提出对作出该具体行政行为的依据进行审查的申请。行政复议机关对其审查申请，如果属于本机关有权处理的，应当由本机关承担对规范性文件备案审查的工作机构予以审查，依法处理。合法的，通知当事人该依据合法；不合法的，依法予以撤销，并通知当事人。如果属于本行政复议机关无权处理的，则应当在7日内转送有权处理的国家机关依法处理。

（5）对行政机关违反《行政复议法》规定的行为，依照规定的权限和程序提出处理建议。《行政复议法》规定，行政复议机关负责法制工作的机构发现有无正当理由不予受理行政复议申请、不按照规定期限作出行政复议决定、徇私舞弊、对申请人打击报复或者不履行行政复议决定等情形的，应当向有关行政机关提出建议，有关行政机关应当依照本法和有关法律、法规的规定作出处理。这是行政复议机构的一项重要的监督职能，即对违法的行政行为的处理建议权。行政复议机构在政府中处于综合性工作机构的地位，超脱于具体工作部门的利益，可以站在中立的角度衡量与判断是非。同时，行政复议机构是政府的法制部门，有责任监督政府及其工作部门依法行政工作。《行政复议法》明确规定行政复议机构有处理建议权，就从法律制度上保障了行政监督的有效性，也使行政复议机构在履行自己的职责时有了法律依据。

（6）办理因不服行政复议决定提起行政诉讼的应诉事项。《行政复议法》规定，行政相对人对行政复议决定不服的，除法律规定行政复议决定为最终裁决的以外，可以依法向人民法院提起行政诉讼。诉讼发生后，行政复议机关可以委托行政复议机构派人代表其出庭应诉。

（7）法律、法规规定的其他职责。由于其他法律、法规可以根据行政复议工作的不同情况，为行政复议机构规定其他的具体职责，《行政复议法》只是作出原则规定，凡是遇有法律、法规对行政复议机构特别设定的权利、义务，行政复议机构都应当执行与遵守。

552. 申请人同时向两个或两个以上的行政复议机关提出行政复议申请，应当如何处理？

收到时间有先后顺序的，由最先收到的行政复议机关受理；同时收到行政复议申请的，由收到申请的行政复议机关10日内协商确定，由其中一个行政复议机关受理；同时收到行政复议申请的行政复议机关协商不成的，由共同上一级行政机关在10日内指定其中一个行政复议机关受理。此处的10日应当是工作日，而不是自然日。行政复议申请的唯一受理机关确定后，受理机关应当及时与申请人联系沟通，并展开案件的审查处理，而不受理的机关可以通知申请人不再受理和处理其行政复议申请。协商确定或者指定受理机关所用时间不计入行政复议审理期限。

553. 对实行相对集中行政处罚权的机关的具体行政行为不服，应当向哪个机关申请行政复议？

对相对集中行政处罚权的行政机关作出的具体行政行为不服，向本级人民政府提出行政复议申请；上一级人民政府设立相对集中行使行政处罚权的行政机关的，申请人可以选择向本级人民政府或者上一级人民政府相对集中行政处罚权的行政机关提出行政复议申请。

554. 对开发区管理委员会的具体行政行为不服，应当向哪个机关申请行政复议？

对国务院或者省级人民政府批准成立的开发区管理机关、保税区管理机关等政府派出机关的具体行政行为不服的，以该开发区管理机关、保税区管理机关为被申请人，向直接管辖该开发区、保税区的地方人民政府申请行政复议；地方人民政府未经有权机关批准设立开发区并自行组建开发区管理委员会及其所属部门的，公民、法人或者其他组织对该管理委员会及其所属部门的具体行政行为不服，可以设立该开发区管理委员会的地方人民政府为被申请人，依法向上一级人民政府提出行政复议申请。

555. 如何确定对两个或者两个以上行政机关以共同的名义作出的具体行政行为不服时的行政复议机关？

（1）同属于一级地方人民政府的两个或者两个以上政府工作部门以共同的名义作出的具体行政行为，向它们的本级人民政府申请行政复议。

（2）两个或两个以上的省级以下地方人民政府共同作出的具体行政行为，向它们的共同上一级人民政府申请行政复议。

（3）上一级地方人民政府工作部门与下一级人民政府共同作出的具体行政行为，向上一级地方人民政府申请行政复议。

（4）两个以上国务院部门共同作出的具体行政行为，可以选择向其中任意一个部门提出行政复议，由它们共同作出行政复议决定。

（5）国务院部门与省级人民政府共同作出的具体行政行为，可以选择向其中任意一个行政机关提出行政复议，由它们共同作出行政复议决定。

556. 行政复议机关履行行政复议职责时的领导责任主要包括哪些方面？

根据《行政复议法》规定，履行行政复议职责的是行政复议机关，行政复议机构具体承办行政复议案件。现实中确实存在行政复议机关忽视行政复议工作，或误将行政复议认作为仅是行政复议机构职责的情况，《行政复议法实施条例》明确了行政复议机关与行政复议机构的关系，强化了对行政复议机关履行行政复议法定职责的要求。行政复议机关履行行政复议法定职责，首先就是要担负起行政复议工作的领导职责，根据《中共中央办公厅、国务院办公厅关于预防和化解行政争议健全行政争议解决机制的意见》（中办发〔2006〕27号）等政策规定，领导职责主要包括：各级行政复议机关都要统一思想、提高认识，把加强行政复议工作，增强通过行政复议解决行政争议的能力作为促进政府职能转变的重要内容；把行政复议工作摆到政府工作的重要位置，统筹规划，突出重点，积极稳妥地加以推进；抓紧建立健全行政复议机关履行行政复议职责的责任制，并纳入各级政府的考核体系；依据职责权限，加强对行政复议工作的监督检查；加强宣传，引导群众通过行政复议理性合法地表达利益诉求等。

557. 行政复议机关履行行政复议法定职责中的支持责任主要包括哪些方面？

行政复议机关支持本级行政复议机构依法办理行政复议事项，是行政复议机关履行行政复议职责的重要体现。支持责任的履行主要体现在：行政复议机关的行政首长要经常听取行政复议机构的工作汇报，认真研究解决行政复议工作中遇到的困难和难题；排除有关方面对行政复议机构审理案件的非法干预，保证行政复议机构依法、公正审理案件；采取有效措施加强行政复议机构和队伍建设；为行政复议机构开展工作创造良好的工作条件和工作环境等。

558. 行政复议机关履行行政复议法定职责中的保障责任主要包括哪些方面？

行政复议机关履行职责的一个重要方面，就是解决行政复议工作中面临的突出问题，为行政复议工作的顺利开展提供保障。保障责任主要体现在：

（1）依照有关法律法规及政策规定配备、充实、调剂专职行政复议人员。需要指出这里的是"专职行政复议人员"，即专门从事行政复议案件办理和相关具体工作的行政机关工作人员，而"配备"、"充实"、"调剂"则是保障专职行政复议人员的方式。

（2）保证行政复议机构的办理能力与工作任务相适应。行政复议机关应通过加强对行政复议人员的培训，逐步推行行政复议人员资格制度，依法保障行政复议办案经费，落实必要的办案条件和人员津贴等切实提高行政复议机构的办案能力，适应行政复议工作任务要求。

559. 行政复议机关履行行政复议法定职责中的亲自履行责任主要包括哪些方面？

各级行政复议机关的行政首长，是本机关行政复议工作的第一责任人，应责无旁贷地履行好第一责任人的职责，除关心、支持行政复议工作，支持行政复议机构办理行政复议案件外，还应认真负责签署有关法律文书。如有些地方严格落实行政复议机关依法履行法定职责的规定，形成行政首长审阅签发行政复议案件的制度，甚至行政首长亲自审理行政复议案件。

560. 行政复议机构如何督促行政复议决定的履行？

根据《行政复议法》及其实施条例规定，行政复议机构负责督促行政复议申请的受理和督促行政复议决定的履行。督促行政复议决定的履行主要有两种情形：一是督促被申请人履行行政复议决定。被申请人不履行或者无正当理由拖延履行行政复议决定的，行政复议机关所属行政复议机构或者上级行政机关所属的行政复议机构应当督促被申请人履行行政复议决定。二是督促申请人履行行政复议决定。《行政复议法》第三十三条规定：维持具体行政行为的行政复议决定，由作出具体行政行为的行政机关强制执行，或者申请人民法院强制执行；变更具体行政行为的行政复议决定，由行政复议机关依法强制执行，或者申请人民法院强制执行。根据《行政复议法实施条例》的规定，行政复议机关所属的行政复议机构督促申请人履行行政复议决定。

561. 什么是行政复议申请人？

行政复议申请人是指认为行政主体作出的具体行政行为侵害其合法权益，依据法律、法规的规定，以自己的名义，向行政复议机关提起行政复议的公民、法人或者其他组织。

562. 行政复议申请人具有哪些特征？

行政复议申请人具有如下法律特征：
（1）行政复议申请人是行政管理的行政相对人。
（2）行政复议申请人必须以自己的名义参加行政复议活动。
（3）行政复议申请人是认为具体行政行为侵犯其合法权益的行政相对人。
（4）行政复议申请人必须在法定期限内申请复议。

563. 如何理解行政复议代表人制度？

行政复议代表人制度实质上是一种特殊的行政复议，是指同一案件申请人超过5人的，推选1至5名代表参加行政复议。行政复议代表人与一般的行政复议代理人不同，一是行政复议代表人享有全权委托，若委托的权利是有限制的，则不符合行政复议代表人推举的要件；二是代表人本身就是行政复议申请人。

行政复议实践中，具体行政行为涉及多人的利益，从而发生群众集体申请行政复议的，如果不推举代表人来处理，既不利于申请人行使其行政复议权利，也不利于行政复议机关及时审理案件。从技术层面上，确立行政复议代表人制度便于行政复议机关更有效地接待申请人。行政复议适用代表人制度是为适应行政复议实践需要，完善和发展了行政复议主体制度。同时，行政复议适用复议代表人制度符合市场经济的效益原则，能达到复议经济的目的。新修订的《行政诉讼法》也增加了诉讼代表人制度。

需要注意的是，行政复议适用代表人制度应具备以下几个条件：其一，中请人一方人数众多，即涉及同一法律问题或者事实问题的利害关系人人数众多，根据《行政复议法实施条例》规定应超过5人。其二，申请人之间存在着共同的法律问题或者事实问题。其三，复议请求和抗辩事由属同一类型。其四，复议代表人合格，即为行政复议案申请人，具有民事行为能力，能公正妥善地维护全体当事人的利益，合法产生并为其他成员所信赖。实践中，推选行政复议代表人时，必须出具全体行政复议申请人签字的书面授权委托书，代表人的权限以书面委托书为准。需要说明的是，推选行政复议代表人主要适用需现场调查取证、参加听证等需要申请人与行政复议机关面对面打交道的情形，才有必要确定到场的适当人数，而书面提出、书面审理的可不必要求申请人推选代表。

564. 行政复议申请人有哪些权利？

（1）复议管辖的选择权。对县级以上地方各级人民政府工作部门的具体行政行为不服的，由申请人选择，可以向该部门的本级人民政府申请行政复议，也可以向上一级主管部门申请行政复议。

（2）行政赔偿请求权。申请人在申请行政复议时可以一并提出行政赔偿请求。

（3）委托权。在行政复议中，复议申请人可以委托1至2名代理人参加行政复议。

（4）停止执行申请权。申请人有申请停止执行被申请的具体行政行为的权利。

（5）申请回避权。认为复议人员与本案有利害关系或者有其他关系可能影响公正审理复议案件的，有权申请复议人员回避。

（6）申请听证权。行政复议案件审理中，申请人可以向复议机关提出听证要求，由复议机关决定是否举行听证。

（7）查阅材料权。申请人可以查阅被申请人提出的书面答复，作出具体行政行为的证据、依据和其他有关材料，除涉及国家秘密、商业秘密或者个人隐私外，行政复议机关不得拒绝。

（8）撤回复议申请权。行政复议决定作出前，申请人要求撤回行政复议申请的，经说明理由，可以撤回。撤回行政复议申请的，行政复议终止。

（9）和解或调解权。公民、法人或者其他组织对行政机关行使法律、法规规定的自由裁量权作出的具体行政行为不服申请行政复议，申请人与被申请人在行政复议决定作出前自愿达成和解的，应当向行政复议机构提交书面和解协议；和解内容不损害社会公共利益和他人合法权益的，行政复议机构应当准许。

（10）申请执行权。对已发生法律效力的复议决定，复议申请人有依法申请执行的权利。

（11）诉权。复议申请人对复议决定不服或者复议机关不予受理复议申请、逾期不作出复议决定的，可在法定时限内依法向人民法院提起行政诉讼。

（12）法律、法规规定的其他权利。

565. 行政复议申请人有哪义务？

（1）如实填写行政复议申请书，并按照要求提交有关证明材料。

（2）在复议过程中，复议申请人应自觉遵守复议纪律，维护复议秩序，听从复议机关依法作出的安排。

（3）在行政复议期间执行被申请人作出的具体行政行为。

（4）行政复议机构认为需要申请人协助调查取证的，申请人应当予以配合。

（5）复议申请人应自觉履行已生效的复议决定。

（6）法律、法规所规定的其他义务。

566. 行政复议申请人的举证义务有哪些？

申请行政复议的主观标准是申请人认为具体行政行为侵犯其合法权益，申请人对其合法权益是否实际受到侵犯不负举证责任。行政复议中，被申请人负举证责任，申请人仅需对特定事项提供证据。但有些事实根据，是证明复议案件案情事实所必需的证据材料，是申请人要求行政复议机关保护其合法权益的重要依据，如申请人能够提供，还是应当提供。具体而言，申请人所负的举证义务主要有：其一，对曾经申请履行法定职责的举证义务。申请人要求被申请人履行法定职责，应该向复议机关提供证据材料，证明自己曾经申请被申请人履行法定职责，而被申请人没有履行或者没有正确履行。其二，对损害事实的举证义务。申请人在申请行政复议时一并提出行政赔偿请求的，应当提供证据证明被申请人的具体行政行为损害了其合法的人身、财产权益，对造成损失的数额也应当提供相应的证据。其三，法律、法规规定的其他举证义务。申请人的举证义务只能由法律、法规确定，其他规范性文件均不得规定，不得加重申请人负担。

567. 行政复议申请中，申请人举证不能时应承担什么法律后果？

申请人如果不能履行举证义务，提供相关事实依据，则没有以事实依据为基础提出的复议请求，复议机关可以不予受理；对于已经受理的，则可以驳回。申请人在申请复议时一并提出行政赔偿申请，却不能承担对损害事实的举证义务，复议机关对行政赔偿的复议请求就不予支持。但需注意，如申请人有多项复议请求，其中一项复议请求因缺乏事实依据未被受理，不影响其他复议请求。

568. 股份制企业中的哪些主体可以以企业名义提出行政复议申请？

企业法人如果认为行政机关侵犯其合法的经营自主权，可以申请行政复议。企业法人提出行政复议申请，一般由其法定代表人提出，因为法定代表人是法律、法规或者组织章程确定的代表法人行使权利的自然人。实践中，可能出现法定代表人主观上不愿意或者客观上无法提出行政复议申请，导致股份制企业无法通过行政复议维护自主经营的合法权利，给企业带来损失的情况。在股份制企业中，股东的利益是包含在企业利益中的，企业的损失同时意味着股东的损失。为避免这种情况的发生，股份制企业的股东大会、股东代表大会、董事会认为行政机关作出的具体行政行为侵犯企业经营自主权的，可以以企业的名义申请行政复议。这样，在企业法定代表人未申请行政复议的情况下，股东大会、股东代表大会、董事会也可以行使行政复议申请权。实践中应注意两个问题：一是股份制企业认为行政机关作出的具体行政行为侵犯企业合法权益的，一般应由企业的法定代表人代表企业申请行政复议，这是法定代表人的法定职责。只有在法定代表人怠于履行这项职责时，股东大会、股东代表大会、董事会有权申请行政复议。二是只能由其中某一个主体提出一个行政复议申请，不能每个主体同时提出不同的行政复议申请。

569. 有权申请行政复议的相对人死亡或终止的，如何确定行政复议申请人？

有权申请行政复议的公民死亡的，其近亲属可以申请行政复议。借鉴最高人民法院对《行政诉讼法》中近亲属的司法解释，近亲属主要包括配偶、父母、子女、兄弟姐妹、祖父母、外祖父母、孙子女、外孙子女和其他具有扶养、赡养关系的亲属。

有权申请行政复议的法人或者其他组织终止的，承受其权利的法人或者其他组织可以申请行政复议。

570. 什么是行政复议被申请人？

行政复议被申请人是指因其具体行政行为与行政相对人发生行政争议而被行政相对人申请复议，并由行政复议机关通知其参加行政复议活动的行政主体。

571. 行政复议被申请人具有哪些特征？

（1）行政复议被申请人必须具有行政主体资格。
（2）行政复议被申请人是作出具体行政行为的行政机关或者法律、法规授权的组织。
（3）行政复议被申请人是被行政相对人提出行政复议的行政主体。
（4）行政复议被申请人必须是行政复议机关通知其参加行政复议的行政主体。

572. 如何确定行政复议被申请人？

（1）公民、法人或者其他组织对行政机关的行政行为不服申请复议，作出具体行政行为的行政机关是被申请人。
（2）两个或两个以上行政机关以共同名义作出具体行政行为的，共同作出具体行政行为的行政机关是共同被申请人。共同作出具体行政行为的主体必须都是行政主体，如果是行政主体与另一非行政主体共同作出某一具体行政行为的情况，则不能视为共同被申请人，非行政主体可视为行政复议第三人。
（3）法律、法规授权的组织作出具体行政行为的，该组织是被申请人。
（4）行政机关委托的组织作出具体行政行为的，委托的行政机关是被申请人。因为受委托的组织本身没有法定授权，只是基于行政机关的委托代为行使行政权，由于受委托组织的行为引起的争议，自然应当由委托机关作为被申请人。
（5）经上级行政机关批准作出具体行政行为的，批准机关是行政复议被申请人。
（6）县级以上地方人民政府依法设立的派出机关作出具体行政行为的，该派出机关是被申请人。例如，省、自治区人民政府设立的地区行政公署作出具体行政行为的，该行政公署就是被申请人，而不能以省或自治区政府为被申请人。

（7）政府工作部门依法设立的派出机构作出具体行政行为的，如果法律、法规或者规章明确授权派出机构可以以自己的名义作出该具体行政行为，该派出机构是被申请人。否则，设立该派出机构的行政机关是被申请人。

（8）作出具体行政行为的行政机关被撤销的，继续行使其职权的行政机关是被申请人。如果原行政职权已经被取消或者转变，不再属于行政机关的管辖范围，那么撤销该行政机关的行政机关为被申请人。

573. 对省以下垂直领导部门作出的具体行政行为不服申请行政复议的，如何确定行政复议机关？

一般情况下，申请人对经国务院批准实行省以下垂直领导的部门作出的具体行政行为不服的，可以选择向该部门的本级人民政府或者上一级主管部门申请行政复议。根据《行政复议法实施条例》规定，省级人民政府对省以下垂直管理的行政机关行政复议的管辖问题根据本省实际作出规定的，与《行政复议法实施条例》规定的一般性规定不一致的，按照省级人民政府的规定办理。但省级人民政府也可以根据《行政复议法实施条例》的精神调整自己的规定。

574. 可以成为行政复议被申请人的行政机关主要有哪些特征？

行政机关是行政复议被申请人的主要类型，包括具体行政行为的作为或不作为的行政机关。这里所说的行政机关是指行使国家行政职能，依法独立享有行使行政职权的国家机关，具有以下基本特征：第一，执掌国家行政职能，管理国家行政事务；第二，依法享有国家行政职权，有规范人们行为的权力；第三，能够以自己的名义独立行使行政职权；第四，有一定的独立的组织形式，而不是一个机关的内部单位。

行政机关主要包括下列几类：一是依照宪法、组织法规定成立的机关，如各级人民政府、国务院各部委；二是列入国务院编制序列的行政机关，如国务院所属的专业局；三是依照宪法、组织法以外的法律、法规授权而享有行政职权的机关，如根据《商标法》第二条授权，国家工商行政管理局下属的商标局。

在行政复议中，被申请人一般恒定为行政机关。从形式上说，行政机关

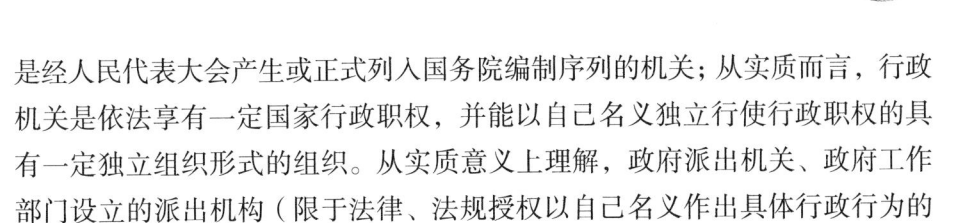

是经人民代表大会产生或正式列入国务院编制序列的机关；从实质而言，行政机关是依法享有一定国家行政职权，并能以自己名义独立行使行政职权的具有一定独立组织形式的组织。从实质意义上理解，政府派出机关、政府工作部门设立的派出机构（限于法律、法规授权以自己名义作出具体行政行为的派出机构），法律、法规授权的组织（如卫生防疫站等）也可以成为行政复议的被申请人。一般来说行政复议法意义上的行政机关，应从广义上去理解。

575. 可以成为行政复议被申请人的组织中，县级以上人民政府依法设立的派出机关主要包括哪些？

《行政复议法》规定的行政复议被申请人包括县级以上人民政府依法设立的派出机关。《行政复议法》规定县级以上地方人民政府依法设立派出机关，对于派出机关作出的具体行政行为，公民、法人或者其他组织不服而申请行政复议的，该派出机关是被申请人。地方人民政府依法设立的派出机关主要包括行政公署、盟、街道办事处、区公所。这些组织通常有独立的拨款，有独立承担责任的能力。

576. 如何理解法律、法规授权组织也可以成为行政复议被申请人？

法律、法规授权组织虽然不是行政机关，但按其权力的来源，凡是由法律、法规授权的有关组织作出的行为，凡具有具体行政行为的性质的，该组织也是《行政复议法》所规定的行政复议被申请人。

法律、法规授权组织主体资格问题在《行政处罚法》中也有类似规定，该法第十七条规定，"法律、法规授权的具有管理公共事务职能的组织可以在法定授权范围内实施行政处罚。"需要注意的是，《行政复议法》第十五条第一款第三项规定，对法律、法规授权组织作出的具体行政行为不服的，该组织为被申请人。该条第一款第二项则明确，政府工作部门依法设立的派出机构依照法律、法规或者规章规定，以自己名义作出的具体行政行为，该派出机构为被申请人。但这里应理解为政府工作部门依法设立的派出机构在有法律、法规明确授权的前提下，根据法律、法规或者规章的规定，以自己的名义作出具体行政行为；而不是在没有法律、法规授权的情况下，只要有规章规定这些政府工作部门设立的派出机构可以以自己的名义作出具体行政行为，这些派出机构就可以具有与法律、法规授权的组织相同的法律地位。这样的考量主要是因为现行规章的规定中，很多情况下委托与授权不分，或者将委托视为授权。但《行政诉讼法》的规定不同，其被告主体资格为行政机关和法律、法规、规章授权的组织。

577. 对于经批准的具体行政行为，如何确定行政复议被申请人？

《行政复议实施条例》规定，"下级行政机关依照法律、法规、规章规定，经上级行政机关批准作出具体行政行为的，批准机关为被申请人。"这与行政诉讼中的规定不同，根据最高人民法院的司法解释，当事人不服经上级行政机关批准的具体行政行为，向人民法院提起诉讼的，应当以对外发生效力的文书上署名的机关为被告。

行政诉讼法规定由盖章机关为被告，降低层级，可以减少阻力和难度。但行政复议如参照行政诉讼法规定，结果就是复议机关是批准机关或者是批准机关的下级机关，行政复议可能形同虚设。从行政复议实际和效果角度看，现有规定比较符合实际。

578. 行政机关设立的派出机构、内设机构或其他组织作出具体行政行为时，如何确定被申请人？

按照现行法律规定，除法律、法规授权的组织外，行政机关设立的派出机构、内设机构或者其他组织，未经法律、法规授权，不得以自己名义作出具体行政行为。但执法实践中，由于工作失误或把关不严或者错误认为自身具备主体资格，行政机关的派出机构、内设机构或者其他组织将本应加盖行政机关章的加盖了派出机构、内设机构或者其他组织的章，并送达当事人。

（1）派出机构作出具体行政行为。对政府工作部门的派出机构的具体行政行为不服，应区别不同情况对待。派出机构是指政府工作部门根据行政管理需要在一定行政地域内设置的管理某项行政事务的机构，根据法律、法规规定，有的派出机构能以自己的名义作出具体行政行为，有的不能。能以自己名义作出的，则该机构为被申请人；不根据法律、法规规定，不能以自己名义作出的，则设立该机构的政府工作部门为被申请人。政府部门的派出机构能否成为被申请人取决于其是否是法律、法规授权的组织，是则可以成为被申请人，不是则只能将其行为依法归附于其所属的政府部门，由该部门作为被申请人。内设机构仅仅行使部分管理服务职能的实施机构，对外不能以自己的名义作出具体行政行为，不具有主体资格。

（2）内部行政机关。内部行政机关是指依法对行政机关系统内部的事务实施管理的行政机关,其管辖的对象是行政机关及其国家公务员。在行政机关内部,它们可以以自己的名义对内部事务进行管理。主要有各级人民政府的办公机构、监察机构、人事机构、事务机构、咨询机构等。一般说来,内部行政机关仅对内部事务进行管理,不属于行政复议范围。但如果内部行政机关作出的行政行为已经超出其内部事务管理权限,或者作出的行政行为严重违法,行政复议机关还是应当受理,将其纳入行政复议监督范围。

(3)其他组织(即非行政机关)作出具体行政行为。这实际上涉及非行政机关能否作为被申请人的问题,这个问题行政复议实务界与行政诉讼实务界都做过具体讨论。《最高人民法院关于执行〈中华人民共和国行政诉讼法〉若干问题的解释》(法释〔2000〕8号)中未用行政主体限定行政行为,而是将限定明确为"具有行政管理职权的行政机关、法律法规授权组织以及工作人员",即一个机构只要具有一定的行政管理职权,作为可诉性行政行为的主体方面的条件就具备了。因此对于《行政复议法》第十条第四款"公民、法人或者其他组织对行政机关的具体行政行为不服申请行政复议的,作出具体行政行为的行政机关是被申请人"中"行政机关"的理由应作广义解释,即还包括法律、法规授予外部行政管理职能的组织。那么对于具有一定公共管理职能的社会组织作出的行为,相对人不服,可以通过行政复议确认该行为的合法性。

579. 可以成为行政复议被申请人的组织职能调整或被撤销,如何确定被申请人?

根据《行政复议法》规定,作出具体行政行为的行政机关被撤销后,申请人不服该机关撤销前作出的具体行政行为而申请行政复议的,由继续行使该机关职权的行政机关作为被申请人。如无继续行使其职权的行政机关,则由作出撤销决定的行政机关或者指定的行政机关作为被申请人。

理论上,这被称为被申请人资格的承受。这样的资格承受是法律规定的,与承受者的主观愿望无关。作出具体行政行为的行政机关被撤销,继续行使职权的行政机关是被申请人,主要有两种情形:一是申请人申请复议前已撤销,确定谁是被申请人的问题;二是复议过程中该行政机关被撤销,产生变换被申请人的问题。无论哪种,其判断标准都只能是在被撤销的行政机关行政职权的转移中,谁承受了这种职权,谁就要对已被撤销的行政机关已作出的具体行政行为负责,谁就是被申请人。无论是合并、分立还是其他方式被撤销,其行政职权一般来讲都要继续行使。继续行使职权分为两类：一类是原行政职权依然存在，现由其他相关行政机关行使；另一类是原行政职权已被取消或转变，不再属于行政机关管辖范围，这时撤销该行政机关的行政机关为被申请人。

需要注意的是，实务中常遇到的是职权的调整，相关职权由一行政机关调整至另一行政机关行使，两行政机关均继续存在。对此类情形下如何确定被申请人，行政复议法并无明确规定。职权调整变更的，建议参照《行政诉讼法》第二十六条第六款规定，"行政机关被撤销或者职权变更的，继续行使其职权的行政机关是被告。"由继续行使其职权的行政机关为被申请人，这也符合行政复议法的立法精神。

580. 行政复议被申请人有哪些权利？

（1）答辩权、申请回避权以及辩论权。

（2）委托权。

（3）停止执行原具体行政行为权。

（4）撤销或改变具体行政行为权。

（5）对已经生效的复议裁决，有申请人民法院执行或依法强制执行的权利。

（6）经过复议机关允许，查阅案卷的权利。

581. 行政复议被申请人有哪些义务？

（1）举证责任，对其作出的具体的行政行为举出所依据的事实和法律、法规等规范性文件的责任。

（2）接受复议机关的传唤，按时参加复议的义务。

（3）遵守复议法律，维护复议秩序的义务。

（4）履行行政复议法律文书的义务。

582. 什么是行政复议第三人？

行政复议第三人是指与被申请复议的具体行政行为有利害关系，依据申请或者经行政复议机关通知而参加已经开始，但尚未结束的行政复议活动的公民、法人或其他组织。

583. 行政复议第三人包括哪些情形？

行政复议第三人主要有下列几种：

（1）有独立请求权的第三人与无独立请求权第三人。

这主要是从复议请求角度进行区分的，有独立请求权是指第三人的复议请求并非依附于申请人或被申请人，而是排斥申请人和被申请人复议请求的独立的复议请求。无独立请求的第三人则是指第三人的复议请求不具有独立性，而是依附于申请人或被申请人的复议请求，该种第三人在复议中处于辅助地位，其复议目的是请求复议机关维护申请人或被申请人的复议请求以保护自己的利益。

（2）作为行政主体的第三人与作为行政相对方的第三人。

这是根据第三人与具体行政行为的关系角度进行区分的。实践中许多具体行政行为是两个以上行政主体共同作出的，而申请人只针对其中部分行政主体提出复议申请，此时原则上应将所有行政主体均列为被申请人。此时，如申请人拒绝追加，为了尊重申请人对利益冲突方当事人的追加权利，只定为第三人而不是被申请人。作为行政主体相对方的第三人是指作为行政管理或服务的对象，其合法权益受到了具体行政行为的影响。

584. 行政复议第三人如何参加行政复议？

第三人参加行政复议的方式主要有两种：行政复议机构通知参加或者第三人申请参加。

（1）行政复议机构通知参加。行政复议期间，行政复议机构认为申请人以外的其他行政相对人与被审查的具体行政行为或者审查结果有利害关系的，可以通知其参加行政复议，但不是必须通知。行政复议期间，行政复议机构并不必然知道是否存在第三人，有多少第三人，如何联系第三人等。因此，通知与否，取决于行政复议机构的自由裁量。但一般而言，为更好地处理纠纷，行政复议机构还是应当尽可能通知所有的第三人参加行政复议。当然，第三人不参加并不影响行政复议案件的审查。

（2）第三人申请参加。行政复议案件受理后，与该案件有关联的其他行政相对人申请参加该行政复议程序，经行政复议机构批准参加的即成为第三人。

585. 什么是行政复议代理人？

行政复议代理人是指行政复议中根据法律的规定或者行政复议机关指定，或者接受当事人法定代理人的委托，以被代理人的名义在代理权范围内代理当事人进行复议的人。在行政复议中，当事人既可以亲自参加复议，也可以委托复议代理人进行复议。

586. 行政复议代理人包括哪些类型？

（1）法定代理人。指根据《行政复议法》规定，代替无民事行为能力或者限制民事行为能力的公民进行复议的人。按照有关法律制度的规定，法定代理人一般为被代理人的父母（包括养父母）、配偶、子女（包括养子女）、监护人等。

（2）指定代理人。根据行政复议机关的指定，代理无民事行为能力或限制民事行为能力的当事人进行复议的人，通常适用于无民事行为能力或限制民事行为能力的当事人没有法定代理人，或者虽有法定代理人，但法定代理人不能行使代理权时，为保证复议顺利进行，由复议机关指定代理人。

（3）委托代理人。指受申请人和被申请人、法定代表人、法定代理人的委托代为复议的人。律师、申请复议的公民的近亲属、法人或者其他组织的工作人员、被申请人的工作人员，均可担任委托代理人，当事人委托他人代为参加复议，必须向复议机关提交由其签名盖章的授权委托书，委托书应对委托事项和代理权限作出明确规定。

587. 什么是行政复议申请？

根据《行政复议法》第二条规定，行政复议申请是指公民、法人或者其他组织认为行政机关的具体行政行为侵犯了其合法权益，依法请求行政复议机关审查和处理该具体行政行为，以期保护自身合法权益的一种意思表示。行政复议是一种依申请行为，未经申请行政复议机关不主动启动，因此行政复议申请是启动行政复议活动的必须程序，是行政复议程序的第一环节，行政复议的受理、审查、决定、履行、监督等程序是否展开均取决于是否提出行政复议申请以及提出的行政复议申请是否符合规定。行政相对人提出行政复议申请后，该行政复议申请经复议机构审查，作出受理行政复议申请进入行政复议审查程序，或作出不予受理行政复议决定不进入行政复议审查程序。

588. 提出行政复议申请应当具备哪些条件？

提出行政复议申请是行政相对人不服行政机关具体行政行为的意思表示。行政复议申请应当满足必要的条件才能被受理，这些条件既包括行政复议法

规定的一般条件也包括其他法律法规所规定的特殊条件。根据《行政复议法》及《行政复议法实施条例》规定，行政复议申请应当具备的条件主要有：

（1）适格的当事人。行政复议当事人主要是指行政复议申请人和被申请人，申请人和被申请人是行政复议活动中不可或缺的行政复议参加人，适格的当事人主要就是指申请人、被申请人应当符合《行政复议法》规定。①适格的申请人。申请人是认为具体行政行为侵犯其合法权益的公民、法人或者其他组织。理解该条件须注意：其一，行政复议的申请人应当是作为行政相对人的公民、法人或者其他组织；其二，认为自身合法权益受到行政机关具体行政行为的侵犯。②有明确的被申请人。行政复议是对行政主体作出的具体行政行为进行审查，行政相对人提出行政复议时应当指明实施（作出）侵犯其合法权益的具体行政行为的行政主体。鉴于我国行政管理体制的复杂性，且《行政复议法》明确了行政复议申请补正和行政复议被申请人变更制度，因此，对行政相对人行政复议确定以谁为被申请人，实务中基本都从宽把握，能指明谁作出具体行政行为即可，经审核错列的仍可以依法变更。

（2）有具体的复议请求和事实根据。第一，申请人申请复议必须有具体的复议请求。具体的行政复议请求，就是行政复议申请人申请复议时向复议机关提出的保护自己合法权益的具体内容，如要求复议机关解决哪些问题，原具体行政行为应当如何处理，如何保护及保护哪些合法权益等。具体的行政复议请求既是行政复议申请人申请行政复议的目的所在，也是复议机关处理复议案件的关键，关系行政复议活动目标是否具体、明确。第二，申请人申请复议必须提出事实根据。事实根据包括两个方面：一是能够证明行政机关已作出某种具体行政行为的材料，如行政处罚决定书、处理决定书等；二是申请人认为能够证明行政机关作出的具体行政行为侵犯其合法权益，支持其复议请求的证据材料。概言之，事实根据就是申请人认为侵犯其合法权益的具体行政行为的作出、存在、变更或消灭的事实经过和认为受具体行政行为侵害的事实经过以及证明这些事实经过必要的证据材料。事实根据包括案情事实和证据事实，前者主要是指认为具体行政行为违法、依据不足或错误、不当的事实等，后者是指为证明案情事实的存在所必需的证据材料。申请人提供证据的义务不同于被申请人的举证责任，也不免除被申请人的举证责任，但申请人申请行政复议时提供的事实根据应证明具体行政行为存在，且事实根据是申请人要求保护其自身合法权益的重要依据，充足的事实根据对申请人取得有利的法律结果意义重大。

（3）属于复议范围和受理机关管辖范围。①属于复议范围。申请人要求解决的问题不属于行政复议的范围，其行政复议申请就不会被复议机关受理，就不能纳入行政复议活动。《行政复议法》第六条、第八条从正反两个方面对哪些事项可以申请行政复议，哪些事项不能申请行政复议分别作了明确规定。实务中，为切实化解行政争议，复议的范围事项大大放宽，几乎所有的具体行政行为都是可以被申请行政复议的。②属于受理机关管辖范围。《行政复议法》第十二、十三、十四、十五条，《行政复议法实施条例》第二十三、二十四、二十五条对复议机关的管辖权进行了明确规定。申请人应当根据前述规定向有管辖权的复议机关申请行政复议。为切实方便申请人申请行政复议，《行政复议法》第十五条第二款、第十八条特别规定了具体行政行为发生地县级地方政府的转送义务，县级地方政府收到行政复议申请后，属于转送范围的应直接转送有管辖权的行政复议机关并告知申请人，如不属于转送范围，应该告知申请人向有管辖权的行政复议机关申请行政复议。

（4）须在法定的期限内申请行政复议。行政复议有着严格的时间限制即复议申请时效，一般情况下只有在法定时效内提出行政复议申请方能启动行政复议审查程序，如超过法定期间，行政复议救济权即告消灭。根据《行政复议法》第九条规定，行政复议申请应在知道或应当知道该具体行政行为之日起60日内提出，但是法律规定的申请期限超过60日的除外。另因不可抗力或者其他正当理由耽误法定申请期限的，申请期限自障碍消除之日起继续计算。

（5）特殊情形。《行政复议法》及《行政复议法实施条例》对行政复议申请的一般情形作出规定，但其他法律、法规针对所涉特殊领域规定的其他条件，针对该领域的具体行政行为提出行政复议申请时同样应该符合该法律、法规的规定。一是法律、法规规定的特殊条件，如不服税务机关征税行为申请行政复议，应当先完税再申请，否则不能申请行政复议。二是依法处理好行政复议与行政诉讼的关系。在无行政复议前置的情形下，申请人一旦提起行政诉讼后，则不能再提起行政复议。

589. 提出行政复议申请有哪几种方式？

根据《行政复议法》第十一条及《行政复议法实施条例》第十八条、第二十条规定，提出行政复议申请可以有两种方式，一种是书面申请，一种是口头申请。前者即申请人自行撰写行政复议申请书，并附相关证据材料，采取当面递交、邮寄或者传真的方式向行政复议机关（复议机构）提出行政复议申请；而口头行政复议申请，则是行政复议机关根据当事人的请求，根据行政复议申请书格式文本要求引导当事人陈述并当场记录申请人的基本情况、行政复议请求、主要事实和理由，并载明申请时间。值得注意的是，如果以传真、电子邮件方式提出行政复议申请，事后应当核对确认申请人身份，防止出现虚假申请行政复议的情形。

590. 行政复议申请书应载明哪些内容？

根据《行政复议法实施条例》第十九条规定，书面申请行政复议的，行政复议申请书应当载明以下主要事项：

（1）当事人基本情况，包括：公民的姓名、性别、年龄、身份证号码、工作单位、住所、邮政编码；法人或者其他组织的名称、住所、邮政编码和法定代表人或者主要负责人的姓名、职务。

（2）被申请人的名称。

（3）行政复议请求、申请行政复议的主要事实和理由。

（4）申请人的签名或者盖章，一般情况下，申请人为公民应当由公民本人签名，申请人为法人或其他组织的应当加盖法人或其他组织印章。

（5）申请行政复议的日期。

591. 行政复议的书面申请方式有哪些？

书面申请是指申请人以向行政复议机关递交行政复议申请书的形式来表达其申请行政复议的意愿。以书面形式申请行政复议，能全面、准确、详尽地表达申请人的行政复议请求、申请行政复议的主要事实、理由等，也有利于复议机关准确地了解有关情况，把握案件关键所在，及时进行审查和判断。行政复议申请应以书面申请为原则，以便于申请人更明确地表达自己的请求，也便于复议机关审理。书面申请的主要方式有：

（1）当面递交。即申请人将行政复议申请书当面交给行政复议机关的工作人员。申请人递交行政复议申请书之日，即为提出行政复议申请之日。

（2）邮寄申请。即申请人将行政复议申请书邮寄至行政复议机关或其法制工作机构。申请人将包含申请书的信件交给邮寄单位之日，即为提出行政复议申请之日。不考虑在途时间。

（3）传真申请。即申请人将行政复议申请书传真至行政复议机关或其法制工作机构。申请人成功将行政复议申请书传真至行政复议机关或其法制工作机构之日,即为提出行政复议申请之日。实践中需要注意,一是申请人必须将行政复议申请书传真至行政复议机关指定的专门接受行政复议申请的传真号码上。二是申请人通过传真方式提交的行政复议申请书和相关证据,复议机关无法判断原件的真实性,在行政复议过程中需要进一步核对。

(4)电子邮件。即申请人通过互联网、以电子邮件方式提出行政复议申请。这是一种新型的书面申请,申请人将行政复议申请书以电子邮件形式发送行政复议机关或其法制工作机构之日,即为提出行政复议申请之日。但因各地发展不平衡,复议机构办公、办案条件有很大差别,这种方式仅仅是有条件的可以先行探索。实践中应注意:申请人通过电子邮件无法提供的相应证据,应在行政复议过程中以其他书面方式提供。

592. 口头申请行政复议,需要注意哪些事项?

根据《行政复议法实施条例》第二十条规定,申请人口头申请行政复议的,行政复议机构应当当场制作行政复议申请笔录交申请人核对或者向申请人宣读,并由申请人签字确认。行政复议机构制作的行政复议笔录实质上即为行政复议申请书,其内容格式应当符合《行政复议法实施条例》第十九条关于行政复议申请书的要求。同时,口头申请行政复议原则上应由申请人到复议机关当面提出,如委托代理人口头代为申请行政复议的,应当出具申请人书面委托书,明确写明委托代理人提出口头申请。申请人不能签字的应当以按指印的方式确认行政复议申请。

593. 当事人提起行政诉讼后又撤诉的,能否再申请行政复议?

现行制度下,除法定的行政复议前置之外,行政复议、行政诉讼作为并行的行政救济方式,当事人可以选择行政复议或者行政诉讼。当事人提起行政诉讼后又撤诉的,如果属行政复议前置,符合法定行政复议受理条件的应当受理;如果并非行政复议前置,由复议机关审查是否符合受理条件,符合法定条件即受理,不服行政复议决定仍可提起行政诉讼。

594. 同一具体行政行为涉及众多当事人,部分当事人选择行政诉讼,部分当事人选择行政复议,应当如何处理?

《行政诉讼法》、《行政复议法》对同一行政相对人对同一行政行为同时提出行政复议和行政诉讼均有着明确规定。当事人已经申请行政复议的,在行政复议期间又向人民法院提起行政诉讼的,人民法院不予受理。当事人向人民法院提起行政诉讼,人民法院已经受理的,不得再申请行政复议。如果当事人既提起诉讼又申请复议的,由先受理的机关管辖,避免人民法院与复议机关同时对同一个具体行政行为进行处理。对于同一具体行政行为涉及众多当事人,部分当事人选择行政诉讼,部分当事人选择行政复议,通常认为应当遵循前述原则处置。如果人民法院受理在先,人民法院应继续审理,并告知行政复议机关。如果行政复议机关受理在先,人民法院应告知当事人向行政复议机关申请参加复议,如当事人拒绝,人民法院应裁定驳回起诉。如果人民法院和行政复议机关同时受理,由当事人选择。当事人之间达不成一致意见的,由复议机关先行复议。这样既保障了申请的行政救济权,又保障了司法裁定的终局性。

595. 行政复议机构审理案件组成人员应当符合哪些条件?

为切实加强行政复议机构和队伍建设,保障行政复议案件办理质量,《行政复议法实施条例》对行政复议机构和人员作出了原则性规定,对行政复议机构人数没有明确规定,但对审理案件人数作了明确规定。一般说来,负责审理行政复议案件的行政复议机构必须有2人以上;应注意的2人是对行政复议审理人员在数量上的最基本要求;参加行政复议案件审理的人员应当是符合一定条件、取得相应专业资格的人员;2名以上行政复议人员具体负责审理行政复议案件。

596. 如何进行行政复议受理审查?

行政复议受理审查是指对申请人提出的行政复议申请进行形式审查,判定申请是否符合法定受理条件,受理审查的结果直接决定是否启动对具体行政行为的审查。根据《行政复议法》及《行政复议法实施条例》规定,行政复议审查主要从以下几个方面进行:

一是行政复议申请是否符合申请行政复议的条件。即有明确适格的申请人,符合规定的被申请人,有具体的行政复议请求和事实根据,申请人与具体行政行为存有利害关系,同时属于行政复议范围和复议机关的管辖范围。二是审查行政复议申请是否在法定申请期限内,或者超过法定申请时限有无正当理由。三是审查同一行政复议申请事项其他行政复议机关是否已经受理,或人民法院是否已经受理。此外，除去《行政复议法》和《行政复议法实施条例》规定的一般审查外，对于某些特定情况下，应当根据该领域的法律、法规规定的受理条件进行审查。

597. 行政复议申请审查后如何处理？

对行政复议申请审查后的处理主要有以下几种方式：

（1）对于符合行政复议申请法定受理条件的且属于本复议机关管辖的，应予受理。

（2）对不符合法律规定的行政复议申请，应当决定不予受理。复议机关应制作不予受理决定书，并送达当事人。不予受理决定书应当载明不予受理的理由并告知不服不予受理决定书如何申请救济。

（3）对于行政复议申请符合《行政复议法》规定，但不属于本机关受理的，应当告知申请人向有管辖权的行政复议机关提出。对县级地方政府而言，则应根据《行政复议法》第十五条第二款规定，在接到行政复议申请之日起7日内转送有关行政复议机关并告知申请人。

（4）对行政复议申请表述不清或申请材料不齐全的，则应在收到行复议申请5日内书面通知申请人补正。

598. 行政复议申请的转送期间是否计入案件审理期限？

根据《行政复议法》第十五条第二款规定，公民、法人或者其他组织难以弄清行政复议机关的，可以直接向具体行政行为作出地的县级地方人民政府提出行政复议申请。县级地方人民政府对这些复议申请进行初步审查，对不属于本机关受理范围的，应当在接到行政复议申请之日起7日内按照规定填写行政复议申请转送函并予以转送。该条规定的主要目的就是便民。对于转送在途中的时间是否计入审理期限，应注意区分两个不同的时间：对于申请人而言，只要在知道该具体行政行为的60日内向县级地方人民政府提出行政复议申请，即符合法律规定的申请期限要求；对于受理的行政复议机关而言，作出行政复议决定的期限应当自该机关收到行政复议申请之日起计算，也就是说行政复议申请在途中时间不能计入行政复议审理期限。需要说明的是，有权受理的行政复议机关收到转送来的行政复议申请后，不论是决定不予受理还是决定受理，都要将收到行政复议申请的时间等告知申请人，以便申请人计算有关期限，以利于维护申请人的合法权益。

599. 县级地方人民政府对有两个以上行政复议机关有权受理的行政复议申请,应当向哪一个行政复议机关转送?

《行政复议法》第十五条第二款规定的县级地方人民政府转送的行政复议申请一般适用于行政复议机关比较特殊、难以确认的情形,主要包括政府和部门以外的一些特殊行政主体或特殊行政管理活动,如派出机关、派出机构、法律法规授权组织、共同行政行为、被撤销行政机关作出的具体行政行为等,这其中也不能排除存在几个有权受理的机关。一般的处理原则为:能够征求申请人意见的,可以征求申请人意见,由其进行选择;申请人沟通不便的,可以根据便民的原则在几个有权受理的行政复议机关中选择一个作为行政复议机关;如在几个有权受理的机关中有政府和部门,一般应选定政府作为复议机关。如果申请人清楚应该向哪一个行政机关申请行政复议,申请人应当根据《行政复议法》规定,直接向有关机关提交行政复议申请。

600. 申请人提出行政复议申请时错列被申请人的,应当如何处理?

根据《行政复议法实施条例》第二十二条规定,"申请人提出行政复议申请时错列被申请人的,行政复议机构应当告知申请人变更被申请人。"没有确定的被申请人,行政复议活动将无法进行,申请人合法权益也难以得到维护。但由于种种原因,申请人有时可能无法搞清楚谁是正确的被申请人,导致错列被申请人。错列被申请人主要有如下情形:一是漏列被申请人,如本来是多个行政机关共同作出但只列了一个行政机关为被申请人;二是错列其他行政机关为被申请人;三是错列被申请人的内设机构、临时机构等为被申请人;四是错列行政机关工作人员或者案件第三人为被申请人。对于错列被申请人的,行政复议机构有通知变更的义务,告知申请人如何改正。一般情况下,申请人为启动行政复议程序维护自身合法权益,都会根据行政复议机构的告知更正被申请人。如果申请人错列被申请人经行政复议机构告知拒不变更,行政复议机构比较恰当的做法是变更被申请人继续案件的审理,而不能简单以申请人错列被申请人且拒绝改正为由不予受理,这样比较符合行政复议制度本身的设计要求。

601. 行政复议申请不明确或材料不齐备时如何处理?

根据《行政复议法实施条例》第二十九条规定,"行政复议申请材料不齐全或者表述不清楚的，行政复议机构可以自收到该行政复议申请之日起5日内书面通知申请人补正。补正通知应当载明需要补正的事项和合理的补正期限。无正当理由逾期不补正的，视为申请人放弃行政复议申请。补正申请材料所用时间不计入行政复议审理期限。"应当注意的是，当面递交的行政复议申请，如需补正且能够当场补正应当允许申请人当场补正，不能当场补正的应当以书面形式通知申请人补正，补正通知上应当包括需要补正的事项和合理的补正期限及不补正的后果。经补正通知后，行政复议申请主要有以下几种处理情形：一是经补正，申请人的行政复议申请符合法定受理条件，复议机关作出受理决定；二是经补正不符合受理条件，行政复议机关应当作出不予受理决定；三是经补正发现属于行政复议受理范围但不属于本复议机关管辖范围，应当告知申请人向有管辖权的行政复议机关申请；四是如果申请人无正当理由逾期不补正，视为放弃行政复议申请。

602. 什么是行政复议审理，有哪几种方式？

行政复议的审理是指行政复议机关对被申请人作出的具体行政行为依法进行全面审查的行为。按照《行政复议法》规定的程序，公民、法人或者其他组织提出的复议申请经复议机关确定受理后，全面审查被申请人提交的原具体行政行为的有关证据、材料，对具体行政行为的合法性和适当性以行政复议决定的方式作出评价。行政复议审理是全面审查，审理范围、审理方式均不依赖与申请人的复议请求或第三人的陈述。根据《行政复议法》第二十二条以及《行政复议法实施条例》第三十三条规定，行政复议审理主要方式有：一是书面审理，这是行政复议最常见最常用的审理方式，根据现行法律规定，行政复议原则上以书面审理为主；二是行政复议机构必要时可以向有关组织和个人调查情况，实地调查核实证据；三是听取申请人、被申请人和第三人的意见；四是对重大、复杂的案件，申请人提出要求或者行政复议机构认为必要时，可以采取听证的方式审理。

603. 实地调查核实证据应注意哪些问题？

根据《行政复议法》及其实施条例规定，调查取证既是行政复议机构的权力，也是应当履行的法定职责。根据《行政复议法》规定的举证责任制度，被申请人负举证责任，如其提供的证据、依据不充分，行政复议机构完全可以撤销有关行政行为，行政复议机构不需要对每个行政复议案件进行调查取证。但行政复议的目的是解决争议、化解矛盾、保障社会的和谐稳定，因此对一些事实不清的案件，有进行调查核实证据的必要，这样才能在查清事实的基础上，正确作出行政复议决定。同时，通过实地调查核实证据，可以与行政复议参加人等进行当面沟通，了解情况、听取意见，尊重当事人的参与权，可以克服书面审理的弊端，提高行政复议案件审理的透明度和公信力。一般情况下，有下列情形的应当实地调查核实证据：一是申请人或者被申请人对于案件事实的陈述有争议的；二是被申请人提供的证据材料之间相互矛盾的；三是第三人提出新的证据材料，足以推翻被申请人认定的事实的；四是行政复议机构认为确有必要的其他情形，比如涉及自然资源确权的行政复议案件。在实地调查核实证据时应简化程序，方便当事人，调查核实活动应符合行政复议活动的要求，保持"居中裁决者"地位，而不是替代被申请人执法。

604. 行政复议审理中，如何理解行政复议人员的调查取证职权？

《行政复议法实施条例》第三十四条规定了行政复议人员的调查取证权，"行政复议人员向有关组织和人员调查取证时，可以查阅、复制、调取有关文件和资料，向有关人员询问。"同时规定，"调查取证时，行政复议人员不得少于2人，并应向当事人或者有关人员出示证件。被调查单位和人员应当配合行政复议人员的工作，不得拒绝或者阻挠。需要现场勘验的，现场勘验所用时间不计入行政复议审理期限。"

理解行政复议调查取证职权应从以下几个方面把握：一是调查取证人员的要求。调查取证人员必须是行政复议人员，人数不得少于2人，应当向当事人或有关人员出示证件。二是调查取证的方式或方法。行政复议人员在调查取证过程中，可以查阅、复制、调取有关文件和资料，向有关人员询问。特殊情况下，还可以现场勘验。取证中，应当告知当事人如实作证的义务，否则要承担法律责任。同时，应当依法取证，不能采取胁迫或者欺骗的手段取证。调查取证是行政复议机构的法定职权，被调查单位和人员应当配合，不得阻挠或者拒绝行政复议人员依法行使调查取证的权利，否则就构成妨碍执行公务的违法行为，应承担相应的法律责任。对于可能灭失或存在灭失风险的证据，则可以先行调取，并采取登记保存的方法保存证据。调查取证要制作笔录，询问笔录要交当事人核对，并逐页签字或盖章确认。三是调查取证的证据种类，主要有书证、物证、视听资料、证人证言、当事人的陈述、鉴定结论、勘验笔录和现场笔录等。

605. 行政复议过程中，行政复议机关依职权调查取证权受到哪些限制？

鉴于《行政复议法》规定被申请人负举证义务，行政复议机关通过调查取证收集和调取的证据不能作为原具体行政行为合法的证据；如行政复议机关收集和调取的证据用作维持原具体行政行为的证据，恰恰说明被申请人作出原具体行政行为时主要证据不足，理应作出改变原具体行政行为的决定。如行政复议机关将复议过程中收集和调取的证据用于维持原具体行政行为，显然有悖于"先取证、后裁决"的原则。此外，最高人民法院也通过司法解释确认，复议机关在复议过程中收集和补充的证据，不能作为人民法院维持原具体行政行为的证据。

606. 行政复议审理前需做好哪些准备工作？

为切实做好行政复议审理工作，行政复议机构在审理复议案件前，应当做好下列准备工作：

（1）确定行政复议人员。复议机关受理案件后，行政复议机构应确定行政复议案件的承办人员。

（2）程序性事务。向被申请人发送复议申请书副本，接收被申请人提交的答复书及证据材料，初审是否需要追加第三人，初审是否需要调查、听证，接待当事人阅卷等。

（3）审查行政复议案件材料。审查行政复议案件材料是了解案情、正确办理行政复议案件并准确作出复议决定的前提。审查的主要内容包括：申请人的复议请求及事实、理由和证据；被申请人的答辩意见及其事实、理由和证据；具体行政行为依据的规范性文件是否合法有效；案件中哪些问题和证据需要进一步调查核实或进行技术鉴定。

（4）决定具体行政行为是否停止执行。在行政复议期间具体行政行为一般不停止执行，但如符合《行政复议法》第二十一条所列举的四种情形，复议机关应根据具体情况作出是否停止执行的决定。

607. 行政复议审理的范围有哪些？

行政复议全面审理具体行政行为的合法性、合理性，并不受申请人复议请求的限制。行政复议的审理范围主要包括以下三个方面：

（1）审查具体行政行为的合法性。具体行政行为的合法性是行政复议机关审查的首要内容，合法性的审查主要从行政行为主体是否合法、案件事实是否清楚、依据是否适当、程序是否合法等几个方面进行。

（2）审查具体行政行为的合理性。行政机关在履行法定职责时，被依法赋予一定程度的自由裁量权，如果不对行政机关的自由裁量权进行监督和约束，可能发生权力滥用进而侵犯行政相对人合法权益。因此有必要从具体行政行为目的是否合理，动机是否合理，作出具体行政行为时所考量的因素、要素是否合理，是否符合公正法则要求等方面进行合理性审查。

（3）审查具体行政行为所依据的规范性文件的合法性。根据《行政复议法》第七条、第二十七条规定，行政复议机关在对被申请人作出的具体行政行为进行审查时，认为其依据的国务院部门规定、县级以上地方各级人民政府及其工作部门规定或乡、镇人民政府规定等不合法的，复议机关有权处理的，应当在30日内依法处理；无权处理的，应当在7日内按照法定程序转送有权处理的国家机关依法处理。处理期间，中止对具体行政行为的审查。

608. 被申请人未依法提交答复、证据、依据的法律后果？

《行政复议法》规定被申请人对作出的具体行政行为负举证责任。根据《行政复议法》第二十三条规定，被申请人应当自收到申请书副本或者申请笔录复印件之日起10日内，提出书面答复，并提交当初作出具体行政行为的证据、依据和其他有关材料。根据《行政复议法》第二十八条第一款第四项、《行政复议法实施条例》第四十六条规定，被申请人未按照《行政复议法》第二十三条规定提交答复、证据、依据和其他有关资料，行政复议机关视为该具体行政行为没有证据、依据，应当撤销该具体行政行为。

此外，被申请人未依法提交答复、证据、依据时，复议机关可以依据《行政复议法》第三十七条规定对相关责任人进行行政处分，或由行政复议机构依据《行政复议实施条例》第六十五条规定向人事、监察部门提出对有关责任人员的处分建议，也可以将有关人员违法的事实材料直接转送人事、监察部门处理。

609. 行政复议审理的依据有哪些？

根据行政复议的基本原理，结合行政复议实践和有关法律的规定，行政复议机关审理复议案件的依据包括以下几种：

（1）法律。这里的法律特指全国人大及其常委会按照立法程序制定的法律性文件。法律的效力仅次于《宪法》，在全国范围内具有普遍约束力。行政复议机关审理复议案件应首先以法律为依据。

（2）行政法规。行政法规是国务院根据宪法和法律赋予的职权制定的法律性文件。行政法规是国家各级行政机关活动的重要准则，同时也是判断行政行为正确与否的标准。

（3）地方性法规。指由省、自治区、直辖市人民代表大会及其常务委员会在不与法律、行政法规相违背的前提下，依法制定的在本行政区域内有效的法律性文件。还包括省会城市、国务院批准的较大的市、全国人大常委会特别授权的经济特区城市的人大及其常委会结合本地实际，在不违背法律、行政法规的前提下，制定并报省级人大常委会批准后在本地实施的法律性文件。

（4）行政规章。行政规章是指具有法定权限的行政机关在法定权限内依法制定和发布的具有普遍约束力的法律性文件。规章不得与法律、法规相抵触。规章可以分为部门规章和地方政府规章。行政复议机关审理复议案件时，除了适用法律、法规外，还适用行政规章。

（5）决定、命令。指行政机关依法制定和发布的除规章以外的其他规范性文件。决定和命令作为法律、法规和规章的重要补充，在保证法律、法规和规章在本部门、本地区的适用上起着重要作用。决定、命令这类规范性文件是行政机关作出具体行政行为的依据，也是行政复议的依据。但复议机关在审查依据这些文件作出的具体行政行为时，还可以对这些规范性文件本身的合法性进行审查。

（6）自治条例、单行条例。自治条例是民族自治地方的人大及其常委会，根据《宪法》和法律的规定，结合本民族的政治、经济、文化等特点制定的保证民族区域自治制度在本地区得以全面实施的综合性条例。单行条例是民族自治地方的人大及其常委会适应当地的民族特点，为解决某一方面的问题而依法制定的条例。自治条例和单行条例在民族自治区域内具有普遍约束力，复议机关在民族自治区域内审理复议案件，除了以法律、法规等为依据外，还应以民族自治地方的自治条例和单行条例为依据。

610. 什么是行政复议审理期限，包括哪几种情况？

行政复议的审理期限是行政复议机构受理复议申请直至作出复议决定所规定的期限。根据《行政复议法》第三十一条规定，"行政复议机关应当自受理申请之日起六十日内作出行政复议决定；但是法律规定的行政复议期限少于六十日的除外。"一般说来，复议审理期限可以分为如下几种情况：

（1）复议机关对具体行政行为的审查期限。一般情况下，行政复议的期限为60日，但是法律规定的行政复议期限少于60日的除外。对于情况复杂的案件，复议机关不能在规定期限内作出复议决定的，经行政复议机关负责人批准，可以适当延长复议期限，并告知申请人和被申请人；但延长期限最多不超过30日。需要注意的是30日这个期限是法定允许延长的最长期限，而不是每次允许或必须延长的期限。

（2）行政机关对具体行政行为依据的审查期限。根据《行政复议法》第七条规定，部分具体行政行为依据纳入了复议审查的范围。申请人在申请行政复议时，可以一并提出对具体行政行为所依据的规范性文件进行审查，行政复议机关对这些规范性文件有权处理的，应当在30日内依法处理；无权处理的，应当在7日内按照法定程序转送有权处理的行政机关依法处理，有权处理的行政机关应当在60日内依法处理。

（3）违反审理期限的法律后果。复议机关逾期未审结将承担相应的法律后果，自行政复议期满之日起，申请人即获得向法院提起行政诉讼的权利；期满后复议机关的审理行为、复议决定合法性可能受到诘难。

（4）不计入期限的情形。根据《行政复议法实施条例》规定，以下情形不计入审理期限：补正申请材料所用时间不计入行政复议审理期限；协商确定或者指定受理机关所用时间不计入行政复议审理期限；需要现场勘验的，现场勘验所用时间不计入行政复议审理期限；行政复议期间涉及专门事项需要鉴定的，鉴定所用时间不计入行政复议审理期限。

611. 申请人撤回行政复议申请须具备哪些条件？

申请人向行政复议机关提出复议申请后，在行政复议决定作出前可以处分自己的行政复议申请权，有权决定是否撤回。根据《行政复议法》第二十五条规定，申请人撤回复议申请须具备以下基本条件：

（1）撤回主体。应当由申请人或其委托代理人申请撤回行政复议申请，申请人为法人或其他组织的，撤回主体还包括其法定代表人。

（2）撤回申请须出于自愿。撤回申请是申请人遵循自己的内心意愿主动放弃复议请求，提出撤回行政复议申请，任何单位和个人都不能欺骗、威胁、强迫申请人撤回复议申请。

（3）时间节点。撤回申请必须在行政复议决定作出前提出。行政复议机关作出复议决定，即标志着行政复议活动结束。如果申请人收到行政复议决定书后不满意，应当通过其他法律渠道解决而不能要求撤回申请。

（4）撤回申请需要说明理由并得到复议机关同意。撤回复议申请是申请人的权利，但也应向行政复议机关说明理由，复议机关准许后撤回申请生效，行政复议终止。

612. 申请人提出撤回行政复议申请的，哪些情形下不应准许？

申请人撤回行政复议申请时，要向行政复议机关说明理由，行政复议机关则要对申请人的要求和理由进行审查，并记录在案。一般说来，有下列情形之一的，不应准许撤回复议申请：一是受被申请人胁迫或欺骗的；二是案件涉及第三人合法权益处置的，且第三人不同意撤回行政复议申请的；三是行政复议机构认为撤回可能影响重大公共利益的；四是申请人不能说明撤回申请理由的。行政复议机关不准撤回行政复议申请，应当作出书面决定，并通知当事人。

613. 申请人撤回申请后，能否以同一事实和理由再次申请行政复议？

《行政复议法实施条例》第三十八条第二款规定："申请人撤回行政复议申请的，不得再以同一事实和理由提出行政复议申请。"因此申请人一旦撤回行政复议申请，行政复议终止，申请人不能再以同一事实和理由再次申请行政复议。但实务中会出现被申请人以申请人撤回行政复议申请为条件答应变更或撤销原行政行为，一旦撤回行政复议申请又拒绝撤销或变更，对于此类情形一味不再受理不符合立法精神。故《行政复议法实施条例》规定了例外情形，"申请人能够证明撤回行政复议申请违背其真实意思表示的除外。"如果申请人确实能证明撤回行政复议申请违背其真实意思表示，其再次申请行政复议应当审查，符合受理条件的应当受理，而不能以曾撤回行政复议申请为由而不予受理。

614. 行政复议中止情形有哪些？

根据《行政复议法实施条例》第四十一条规定，行政复议中止的情形有：
（1）作为申请人的自然人死亡，其近亲属尚未确定是否参加行政复议的。
（2）作为申请人的自然人丧失参加行政复议的能力，尚未确定法定代理人参加行政复议的。

（3）作为申请人的法人或者其他组织终止，尚未确定权利义务承受人的。

（4）作为申请人的自然人下落不明或者被宣告失踪的。

（5）申请人、被申请人因不可抗力，不能参加行政复议的。

（6）案件涉及法律适用问题，需要有权机关作出解释或者确认的。

（7）案件审理需要以其他案件的审理结果为依据，而其他案件尚未审结的。

（8）其他需要中止行政复议的情形，如申请人在申请行政复议时，一并提出对具体行政行为所依据的有关规定的审查申请的，处理期间对具体行政行为的行政复议中止。

需要注意的是，行政复议中止的原因消除后，应当及时恢复行政复议案件的审理。同时，行政复议机构中止、恢复行政复议案件的审理，应当告知有关当事人。

615. 行政复议终止情形有哪些？

行政复议在行政复议期间终结行政复议程序，根据《行政复议法实施条例》第四十二条规定，行政复议终止的情形有：

（1）申请人要求撤回行政复议申请，行政复议机构准予撤回的。

（2）作为申请人的自然人死亡，没有近亲属或者其近亲属放弃行政复议权利的。

（3）作为申请人的法人或者其他组织终止，其权利义务的承受人放弃行政复议权利的。

（4）申请人与被申请人依照该条例第四十条的规定，经行政复议机构准许达成和解的。

（5）申请人对行政拘留或者限制人身自由的行政强制措施不服申请行政复议后，因申请人同一违法行为涉嫌犯罪，该行政拘留或者限制人身自由的行政强制措施变更为刑事拘留的。

（6）其他情形。如作为申请人的自然人死亡，其近亲属尚未确定是否参加行政复议的；作为申请人的自然人丧失参加行政复议的能力，尚未确定法定代理人参加行政复议的；作为申请人的法人或者其他组织终止，尚未确定权利义务承受人的；行政复议中止后满60日行政复议中止的原因仍未消除的，行政复议终止。

616. 什么是行政复议听证?

行政复议听证是《行政复议法》《行政复议法实施条例》规定行政复议案件审理方式之一。行政复议听证一般是指行政复议机关负责办理具体行政复议案件的法制工作机构直接听取案件申请人、被申请人、第三人及其他有关人员就案件事实、证据、依据等问题所作的陈述、举证、质证、辩论的审理方式。

617. 哪些案件应当举行行政复议听证?

应当组织听证的行政复议案件一般包括:对事实认定存在重大争议的;案情疑难、复杂的;对具体行政行为依据的理解和适用存在重大争议的;可能影响申请人重大权益的;被申请人仅提交具体行政行为的证据、依据,但未对其合法性和合理性作出说明的;其他需要组织听证的,即行政复议机构根据申请人的申请或行政复议机构认为有必要听证的行政复议案件。

618. 行政复议听证应当遵循什么程序?

行政复议听证程序一般为:

（1）书记员核实听证参加人的身份及到场情况。

（2）书记员宣读听证纪律。

（3）主持人宣布案由和听证员、书记员名单,询问当事人是否申请回避。

（4）宣布听证会开始。

（5）申请人提出行政复议请求、陈述理由,并举证。

（6）被申请人陈述作出具体行政行为的事实、理由和依据,并举证。

（7）第三人参加听证的,由第三人陈述自己观点,并举证。

（8）申请人、被申请人、第三人对证据进行质证。

（9）主持人对需要查明的问题向听证参加人询问。

（10）主持人宣布听证结束后,主持人、记录人、当事人及其他参加人在听证笔录上签字。当事人及其他参加人拒绝签名或者盖章的,主持人应当在听证笔录中说明情况。

619. 行政复议期间当事人申请鉴定的,鉴定费用应由谁承担?

行政复议活动所需经费是行政复议机构办理行政复议事项所支出的费用。行政复议机关无法判断相关事项真伪的,当事人可以自行委托鉴定机构进行

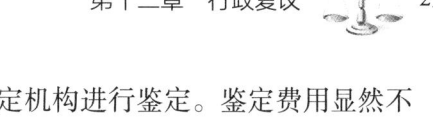

鉴定，也可以申请由行政复议机构委托鉴定机构进行鉴定。鉴定费用显然不属于行政复议活动经费，因此建议借鉴司法实践的做法，由鉴定申请人先行垫付，最终由败诉方承担。

620. 什么是行政复议决定？

行政复议决定是行政复议机关通过对复议案件的审理，在查明事实的基础上，根据事实和法律，对有争议的具体行政行为的合法性和适当性所作出的具有法律效力的处理决定。行政复议决定的效力高于原具体行政行为。行政复议决定作出后，应向案件当事人送达。

621. 行政复议决定书应包括哪些内容？

行政复议机关作出行政复议决定，必须采用书面形式，制作行政复议决定书。行政复议决定书是行政复议机关对复议案件进行权威性判定的法律文书，应当具备一定的格式和内容；在充分保证叙事完整、说理充分的前提下，要简洁。行政复议决定书应包括以下内容：

（1）标题，载明制作机关及文书种类；
（2）申请人、被申请人的基本情况；
（3）申请人申请行政复议的主要请求和理由、被申请人的答复意见；
（4）复议机关认定的事实、理由和适用的法律依据；
（5）行政复议结论；
（6）不服行政复议决定的起诉期限或者终局的行政复议决定，当事人的履行期限；
（7）作出行政复议决定的时间，包括年、月、日；
（8）加盖行政复议机关的印章。

622. 行政复议决定有哪些种类？

根据《行政复议法》第二十八条的规定，行政复议决定的种类包括：维持决定、履行决定、撤销决定、变更决定、确认违法决定、责令被申请人赔偿的决定；《行政复议法实施条例》规定了驳回决定。

623. 如何全面理解禁止行政复议不利变更制度？

不利变更禁止原则是当今许多国家和地区的行政救济制度所确立的一项

基本原则。行政复议中的不利变更禁止是指行政复议机关在审查具体行政行为的合法性和适当性过程中，禁止作出或者要求行政机关作出对行政复议申请人较原具体行政行为更为不利的决定，既不能加重对复议申请人的处罚或苛以更多的义务，也不能减损复议申请人的既得利益或权利。该原则的特点是：第一，适用对象的特定性。行政复议不利变更禁止原则仅适用于申请行政复议的一方。但并非对任何情况下的申请人都不适用不利变更禁止原则，如在行政处罚复议案件中，如行政复议是由违法行为的被侵害人提出的，则不适用不利变更禁止原则。其适用对象的特定性主要表现在它一般只适用于具体行政行为所直接指向的行政相对人申请复议的案件中。第二，复议裁决变更内容的限定性。复议决定的诸多类型中，只有变更的行政复议决定才有可能将复议申请人置于较复议之前更为不利的境地。在行政复议中，确立不利变更禁止原则，就是对复议裁决变更内容的限定。确定不利变更禁止原则，有利于保障行政相对人的行政复议申请权，也有利于行政复议功能的充分发挥。需要注意的是，如果行政复议机关撤销原具体行政行为，责令重新作出具体行政行为的，原行政机关重新处理，不适用不利变更禁止原则；行政复议管理相对方申请行政复议，行政管理利害关系人也申请行政复议的，则不适用不利变更禁止原则；相对方为多人，仅部分行政相对人申请行政复议，不利变更禁止原则同样适用未提出复议申请人相对人；行政复议机关作出撤销原具体行政行为，责令原处理机关重新作出具体行政行为的处理的，必须要有正当理由，不得因原处理决定畸轻为加重申请人负担而责令重新作出。

624. 行政复议维持决定的适用条件是什么？

维持决定是行政复议机关对被申请人的具体行政行为的合法性和适当性的肯定，是对现存法律关系的认可。作出维持决定，具体行政行为必须符合四个条件：认定事实清楚，证据确凿；适用依据正确；程序合法；内容适当。除以上四个条件外，还必须无超越职权和滥用职权的行为。

625. 行政复议撤销决定适用哪些情形？

行政复议撤销决定是行政复议机关经过对具体行政行为的审查，认为具体行政行为违法或不当，所作出否定具体行政行为效力的决定。撤销决定适用于《行政复议法》第二十八条第一款第三项规定的五种情形之一的具体行政行为，即主要事实不清，证据不足；适用依据错误；违反法定程序；超越或者滥用职权；具体行政行为明显不当。撤销决定包括全部撤销、部分撤销以及撤销并责令重新作出等形式。

626. 驳回行政复议申请决定适用的情形有哪些?

驳回行政复议申请决定是在行政机关受理行政复议申请后作出的决定，是终结行政复议程序的处理方式。根据《行政复议法实施条例》第四十八条之规定，驳回申请的行政复议决定适用于以下两种情形：(1) 申请人认为行政机关不履行法定职责申请行政复议，行政复议机关受理后发现该行政机关没有相应法定职责或者在行政复议机关受理行政复议案件前已经履行法定职责。(2) 受理行政复议申请后，发现该行政复议申请不符合《行政复议法》及其实施条例规定的受理条件。前一种情形通常理解为实体驳回，后一种情形为程序驳回。

627. 如何全面理解确认具体行政行为违法的行政复议决定?

确认具体行政行为违法是行政复议决定方式之一，根据《行政复议法》第二十八条第一款第三项规定，确认具体行政行为违法的可能情形有：主要事实、证据不足的；适用依据错误的；违反法定程序的；超越或者滥用职权的；具体行政行为明显不当的等。实务中，确认具体行政行为违法的行政复议决定主要针对行政主体的事实行为、不作为行为以及行政主体已撤销违法行为的情况作出。现实中存在具体行政行为违法，但又不具有可撤销性的情况；有的具体行政行为则是已经执行，撤销并不能解决问题；有的行政不作为，因为时过境迁，决定履行法定职责已无实际意义，甚至申请人也不再要求被申请人履行其职责。这些情况下，行政复议机关可以作出确认被申请人具体行政行为违法的行政复议决定，以宣告被申请人存在违法行使职权侵犯申请人合法权益的事实，以便为申请人获得行政赔偿提供条件。行政复议机关决定确认具体行政行为违法的同时，可以责令被申请人在一定期限内重新作出具体行政行为。

628. 法律规定的行政复议最终裁决主要包括哪些情形?

根据《行政复议法》第十四条规定，申请人对省级人民政府和国务院部门作出的原级行政复议决定不服的，可以选择向法院起诉或者向国务院申请裁决，国务院依法作出的裁决是最终裁决。

除了《行政复议法》规定的最终裁决外，还有三部法律规定了终局裁决：（1）《出境入境管理法》第六十四条规定，"外国人对依照本法规定对其实施的继续盘问、拘留审查、限制活动范围、遣送出境措施不服的，可以依法申请行政复议，该行政复议决定为最终决定。其他境外人员对依照本法规定对其实施的遣送出境措施不服，申请行政复议的，适用前款规定。"这里的行政复议为最终裁决。（2）《集会游行示威法》规定，对公安机关不许可决定申请行政复议的，同级人民政府的行政复议决定是最终裁决。这是因为集会、游行、示威是公民的政治权利，是否许可是专属行政机关的判断权，不能纳入行政诉讼的受案范围，由法院审查和监督。（3）《审计法》第四十八条第二款，"被审计单位对审计机关作出的有关财政收支的审计决定不服的，可以提请审计机关的本级人民政府裁决，本级人民政府的裁决为最终决定。"当然，这里裁决的性质是否属于行政复议以及是否适用《行政复议法》的规定，还可以做进一步的研究。

629. 行政复议机关发现本机关作出的行政复议决定确有错误，能否自行纠正？

行政复议制度既是保护公民、法人和其他组织合法权益的有效救济制度，也是行政机关实现自我纠错的一项重要层级监督制度。根据《行政复议法》第四条规定，行政复议实施有错必纠的原则，行政复议机关对自己作出的确有错误的行政复议决定，进行纠正应当允许。这也符合最高人民法院2004年4月5日《关于复议机关是否有权改变复议决定请示的答复》（〔2004〕行他字第5号）的精神，司法上也支持行政复议机关认为已经作出的发生法律效力的复议决定确有错误的，有权自行改变。因行政机关改变或者撤销其原行政行为给当事人造成损害的，行政机关应该承担相应的责任。但是行政复议机关对行政复议决定的自我纠正应有一定的限制，不能随意。如申请人或第三人已经就该行政复议决定向人民法院提起诉讼，则不能自行纠正。

630. 行政复议过程中，被申请人是否可以收集证据？

《行政复议法》第二十四条规定，被申请人在复议过程中自行向申请人或者其他组织或者个人收集证据，属于违反法定程序的行为，所收集的证据不能作为证明其具体行政行为合法的有效证据。但对于被申请人经复议机关同意而收集的证据的法律效力并未规定。一般说来，复议机关不应同意被申请人收集证据，而应依被申请人提交的证据和依据认定具体行政行为是否合法。如果被申请人在作出具体行政行为时已经收集证据，但因不可抗力等正当事由不能提供的，以及复议申请人或第三人在复议过程中提交了其在被申请人作出具体行政行为过程中没有提出的反驳理由或者证据的，应当允许被申请人收集证据。这也不违背"先取证、后裁决"的原则。复议申请人或第三人在复议过程中提交了其在被申请人作出具体行政行为过程中没有提出的反驳理由或者证据的情形下，被申请人收集的证据只能用于证明否定申请人或第三人的反驳理由和证据，间接证明原具体行政行为的合法性。原具体行政行为是否合法还是应当依据被申请人向行政复议机关提交的在作出具体行政行为时收集的证据和依据。

631. 行政复议审理中，如何保障申请人、第三人行政复议阅卷权？

《行政复议法》明确规定申请人、第三人可以查阅被申请人提出的书面答复和证据材料，这是行政复议公开、公正原则的体现，也是赋予申请人、第三人知情权的重要制度，因此必须保障而不能限制其行使。行政复议机关应当为申请人、第三人查阅有关材料提供场所和必要条件，除涉及国家机密、商业秘密或个人隐私的，申请人、第三人可以复制、摘抄，但行政复议卷宗材料原件不能脱离行政复议机关控制，当事人不能将材料带离复议机关。行政复议机关应当提供相应的物质条件包括查阅场所及复印设备，但需要注意的是，复印、摘抄所需费用，不属于行政复议机关办公支出，应当由复印人、摘录人自行承担。当事人的代理人在其委托权限内与当事人有同等权利，因此其委托代理人也有权查阅，除法律明确规定不得查阅的，行政复议机关不得拒绝，也不得超越法律规定擅自对查阅作出限制性规定。

632. 哪些情形下行政复议申请人可以依法申请行政赔偿？

根据《国家赔偿法》第二条的规定，国家机关和国家机关工作人员行使职权，有该法规定的侵犯公民、法人和其他组织合法权益的情形，造成损害的，受害人有取得国家赔偿的权利。而《国家赔偿法》第三条、第四条分别从人身权、财产权行为进行了规定。第三条规定为，行政机关及其工作人员在行使行政职权时有下列侵犯人身权情形之一的，受害人有取得赔偿的权利：（1）违法拘留或者违法采取限制公民人身自由的行政强制措施的；（2）非法拘禁或者以其他方法非法剥夺公民人身自由的；（3）以殴打、虐待等行为或者唆使、放纵他人以殴打、虐待等行为造成公民身体伤害或者死亡的；（4）违法使用武器、警械造成公民身体伤害或者死亡的；（5）造成公民身体伤害或者死亡的其他违法行为。第四条规定为，行政机关及其工作人员在行使行政职权时有下列侵犯财产权情形之一的，受害人有取得赔偿的权利：（1）违法实施罚款、吊销许可证和执照、责令停产停业、没收财物等行政处罚的；（2）违法对财产采取查封、扣押、冻结等行政强制措施的；（3）违法征收、征用财产的；（4）造成财产损害的其他违法行为。

633. 行政复议机关无正当理由不予受理或者受理后逾期不作出复议决定，是否应当承担赔偿责任？

根据《国家赔偿法》关于行政赔偿的相关规定，行政赔偿的核心是当事人的人身权、财产权等权利是否受到侵害，判断是否应当承担赔偿责任的标准也应是不予受理或逾期不作出复议决定是否侵害当事人的人身权或财产权，如果侵犯了应当承担赔偿责任，这里的"侵犯"包括直接侵犯和加重了原具体行政行为的侵犯后果；如果没有侵犯则不应承担赔偿责任。行政复议机关的不予受理以及受理后逾期不作出复议决定是对行政救济权的调整，申请人权利是否侵害的应是原具体行政行为，而非复议机关的不予受理决定或逾期不作为。

634. 在何种情况下，行政复议决定应同时决定国家赔偿相关内容？

行政复议决定同时决定国家赔偿的内容适用于两种情况：一是公民、法人或其他组织在申请行政复议时可以一并提出行政赔偿请求，行政复议机关对符合《国家赔偿法》的有关规定应当予以赔偿；二是在决定撤销、变更罚款、撤销违法集资、没收财物、征收财物、摊派费用以及对财产的查封、扣押、冻结等具体行政行为时，同时责令被申请人返还财产，解除对财产的查封、扣押、冻结措施，或者赔偿相应的价款。

635. 如果申请人申请行政复议时没有提出赔偿请求，行政复议机关是否可以主动决定赔偿？

为了充分保障申请人的合法权益，我国《行政复议法》第二十九条第二款规定，申请人在申请行政复议时没有主动提出行政赔偿请求的，行政机关对几种违法造成财产损害的具体行政行为在决定撤销、变更时，对申请人因此而造成的财产损害一并决定国家赔偿。即在决定撤销或者变更罚款，撤销违法集资、没收财物、征收财物、摊派费用以及对财产的查封、扣押、冻结等具体行政行为时，同时责令被申请人返还财产，解除对财产的查封、扣押、冻结措施，或者赔偿相应的价款。

636. 行政复议决定何时生效，其法律效力如何体现？

《行政复议法》第三十一条规定："行政复议决定书一经送达，即发生法律效力。"该规定明确了行政复议决定的生效时间是行政复议决定书送达的时间。送达依照《民事诉讼法》关于送达的规定执行。

行政复议决定的效力是指行政复议作出之后发生的法律效力。行政复议决定发生法律效力，具体表现为其在行政管理活动中的确定力、拘束力和执行力。

637. 当事人不服行政复议决定应如何行使救济权利？

我国执行一级行政复议制度，对行政复议决定不服不能再申请行政复议，但行政复议决定作为一种行政行为，对行政复议申请人和第三人的权益都产生影响，存在着侵犯行政管理相对人合法权益的可能，为此，我国《行政复议法》和《行政诉讼法》均规定了相对人对行政复议决定不服可以进行救济的途径。根据《行政复议法》第五条规定，申请人对行政复议决定不服可以依照行政诉讼法的规定向人民法院提起行政诉讼，但是法律规定行政复议决定为最终裁决的除外。可见，当事人除不能对终局裁决的行政复议决定提起诉讼外，对行政复议决定不服可以行使司法救济权，在行使救济权时，应注意按照行政诉讼法规定的受案范围、起诉条件、时限、程序等规定起诉。

638. 申请人不履行行政复议决定时应如何处理？

行政复议决定作出并送达当事人以后，就是发生法律效力的法律文书，申请人应当自觉履行。如果申请人逾期不起诉又不履行行政复议决定，或者不履行最终裁决的行政复议决定，就会构成不履行法律义务的行为，承担被强制执行的法律后果。根据《行政复议法》第三十三条的规定，对行政复议决定的强制执行分两种情况处理：（1）维持具体行政行为的行政复议决定，由作出具体行政行为的行政机关依法强制执行，或者申请人民法院强制执行。（2）变更具体行政行为的行政复议决定，由行政复议机关依法强制执行，或者申请人民法院强制执行。

639. 如何理解和执行行政复议权利告知制度?

行政复议权利告知制度是《行政复议法实施条例》所确立的，行政机关作出的具体行政行为对公民、法人或者其他组织的权利、义务可能产生不利影响的，应当告知其申请行政复议的权利、行政复议机关和行政复议申请期限的法律制度。

行政机关作出的具体行政行为中，很少有不对公民、法人或者其他组织的权利、义务产生影响的，从实际工作情况来看，行政机关作出具体行政行为，都应当告知当事人行政复议权和诉权，这样既有助于理顺行政管理体制，又能督促行政管理相对人尽快行使救济权利，从而稳定管理秩序。执行行政复议权利告知制度，应当注意以下四个问题：一是要准确把握告知义务的范围，限于其作出的对公民、法人或者其他组织的权利、义务产生不利影响的具体行政行为。二是准确把握告知的内容和方式，告知的内容应包括告知其申请行政复议的权利、行政复议机关和行政复议申请期限。三是准确把握未尽告知义务的法律后果。四是在实践中注意处理好告知与"知道"的关系。

640. 什么是行政复议意见书和行政复议建议书?

行政复议意见书是行政复议机关在行政复议期间，发现被申请人或者其他下级行政机关的相关行政行为违法或者需要做好善后工作，向有关机关提出纠正违法行为或者做好善后工作的意见所制发的行政复议文书。行政复议建议书是行政复议机构在行政复议期间，发现法律、法规、规章实施中带有普遍性的问题，向有关机关提出切合实际的、需要改进的完善制度和改进行政执法的意见和建议所制发的行政复议文书。

641. 行政复议意见书和行政复议建议书有何区别?

行政复议意见书和行政复议建议书都是针对行政复议过程中发现的问题制作的行政复议文书，二者的区别主要在于：一是对象不同，行政复议意见书主要是针对被申请人或者其他下级行政机关，而行政复议建议书主要是有关立法机关或其他有关机关作出的；二是目的不同，行政复议意见书主要用于行政机关督促下级行政机关纠正违法或者不当的相关行政行为或者要求下级行政机关就个案做好善后工作，行政复议建议书主要是用于行政复议机构向有关机关提出完善立法、改进执法的建议；三是法律效力不同，有关行政机关收到行政复议意见书后，应当认真执行行政复议意见，并将相关情况通报行政复议机构，而行政复议建议书则属建议性质的法律文书，没有强制力。

642. 什么是行政复议文书？

行政复议文书是行政复议机关在办理行政复议案件过程中形成和制作的具有法律效力或者相应法律意义的文书。它是行政复议机关从收到行政复议申请，到作出行政复议决定，再到行政复议决定的执行这一全部过程的记载。

643. 行政复议有哪些文书种类？

行政复议文书一般分为决定书类、通知书类、函件类、意见建议书类四大类。

决定书类包括行政复议决定书、不予受理行政复议决定书、驳回行政复议申请决定书、行政复议终止决定书、行政复议调解书和解书。

通知书类包括补正行政复议申请通知书、行政复议受理通知书、行政复议告知书、行政复议答复通知书、参加行政复议通知书、责令受理通知书、责令恢复审理通知书、恢复审理通知书、延期审理通知书、中止行政复议通知书、停止执行具体行政行为通知书、责令履行行政复议决定通知书、行政复议案件调查通知书。

函件类包括转送处理规范性文件函、转送函、告知函等。

意见建议书类包括行政复议意见书、行政复议建议书、行政处分建议书等。

644. 行政复议文书包含哪些要素？

行政复议文书是行政复议机关办理行政复议案件时处理实体内容和履行法定程序的凭据。包含以下要素：

（1）制作的合法性，包括制作主体法定、制作于法有据、正确适用实体法、符合法定程序。

（2）形式的程式性，结构固定、用语固定，采用法定格式。

（3）内容的法定性。

（4）语言的精确性。

（5）使用的实效性。

645. 行政复议文书编号有哪些要求？

为避免行政复议文书出现一案多号的情况，有利于行政复议案件的查阅归档，江苏省政府法制办公室《关于行政复议文书文号编排及文书制作有关问题的通知》规定，我省行政复议文书文号统一采取一案一号的方式编排。即案件所有文书文号均统一编为"［年份］复议机关简称行复第 × 号"。

646. 行政复议文书的处理程序及签发权限有哪些规定？

行政复议文书由行政复议机关及其法制工作机构按照《行政复议法》及其实施条例确定的程序和职责处理和签发。其中属于行政复议机关权限的规定有：

（1）行政复议机关收到行政复议申请后，在法定期限内对不符合行政复议法规定，或不属于本机关受理的行政复议申请，决定不予受理或告知申请人向有关行政复议机关提出。

（2）行政复议机关对申请人提出的规范性文件审查申请，或审查具体行政行为时发现其依据不合法，应当按规定权限处理，并中止对具体行政行为的审查。

（3）行政复议机构对具体行政行为进行审查并提出意见，经行政复议机关负责人同意或者集体讨论通过后，按规定作出行政复议决定。

（4）行政复议机关不能在规定期限内作出行政复议决定的，经行政复议机关的负责人批准，可以延长期限并告知案件当事人。

属于行政复议机构的处理权限有：

（1）对错列被申请人的行政复议申请，行政复议机构应当告知申请人变更被申请人。

（2）对材料不齐全或者表述不清楚的行政复议申请材料，行政复议机构可以书面通知申请人补正。

（3）申请人在行政复议决定作出前自愿撤回行政复议申请的，经复议机构同意，可以撤回。

此外，因听证、鉴定等问题需要出具法律文书的，均属行政复议机构处理权限。

647. 行政复议文书由哪些部分构成？

行政复议文书在总体结构上主要为三大部分：即首部、正文、尾部。以行政复议机关制作的文书为例，首部包括文书的名称及行政复议机关名称、编号、主送单位（人员）名称或当事人的基本情况。正文则是制发行政复议文书的事实、理由等，如行政复议决定书就应包括案件的程序陈述、申请人的申请内容、被申请人答复的内容、第三人陈述的内容、复议机关查明的案件事实、复议机关作出决定的理由、决定的内容等。尾部包括文书的效力及当事人诉权的告知、决定书的成文日期、复议机关的盖章等。

648. 行政复议文书有何制作规范要求？

行政复议文书在规范上要求有：

（1）格式规范。行政复议文书应按国务院法制办和省政府法制办发布的行政复议格式文书体例制作，文书用纸为A4纸，一般每个页面排24行，每行排28字，双面排版印刷。从首页至尾页编页码并于每页底居中套正。字符间距为标准值，行间距为固定值26磅至28磅。尾页无正文的，不得书写此页无正文，而应通过调整字符间距或行间距将正文延至下一页。

（2）文字规范。文书名称在首页顶端以"2号小标宋字体"书写，正文以"3号仿宋字体"书写。全文涉及英文或英文字母的，应按照英文的书写习惯书写，但应以3号仿宋字体输入。文中出现的数字统一规范。统一使用汉字或阿拉伯数字。

（3）引用法条规范。全文中第一次出现一个法规名称时用全称，之后可在括号内写明用简称或在书前附一个全文法规名称的缩略语；引用法条时根据法规的正式文本来确定用汉字或者阿拉伯数字；一般引用法条时，法规名称需要用书名号，而非引用时，法条名称可不用书名号；一般全文引用某条时，需要打引号，而概括引用时，可不打引号。

（4）序号排列规范。文字段落间和正文中遵循的序号是一、（一）、1、（1）、①，同一级的文字前用同一级的序号。序号后的句子根据具体情况来判断是否加标点符号。

649. 行政复议法律文书的送达方式有哪些？

行政复议法律文书送达是指行政复议机关将行政复议活动中所制作的法律文书送至受送达人，这里的受送达人包括行政复议申请人、被申请人以及其他行政复议参加人。根据《行政复议法》第四十条的规定，行政复议文书的送达依照民事诉讼法关于送达的规定执行，主要有以下几种：

（1）直接送达。把行政复议文书直接交给受送达人。受送达人是公民的，本人不在交给他的同住成年家属签收；受送达人是法人或者其他组织的，应当由法人的法定代表人、其他组织的主要负责人或者该法人、组织负责收件的人签收；受送达人有委托代理人的，可以送交其代理人签收；受送达人已向行政复议机关指定代收人的，送交代收人签收。受送达人的同住成年家属、法人或者其他组织的负责收件的人、委托代理人或者代收人在送达回证上签收的日期为送达日期。

（2）留置送达。受送达人或者他的同住成年家属拒绝接收行政复议文书的，送达人可以邀请有关基层组织或者所在单位的代表到场，说明情况，在送达回证上记明拒收事由和日期，由送达人、见证人签名或者盖章，把行政复议文书留在受送达人的住所；也可以把行政复议文书留在受送达人的住所，并采用拍照、录像等方式记录送达过程，即视为送达。

（3）委托送达与邮寄送达。直接送达行政复议文书有困难的，可以委托其他行政复议机关代为送达，或者邮寄送达。邮寄送达的，以回执上注明的收件日期为送达日期。

（4）传真、电子邮件送达。经受送达人同意，行政复议机关可以采用传真、电子邮件等能够确认其收悉的方式送达行政复议文书，但不予受理决定书、驳回行政复议申请决定书、行政复议决定书等结论性行政复议文书应除外。采用传真、电子邮件方式送达的，以传真、电子邮件等到达受送达人特定系统的日期为送达日期。

（5）转交送达。受送达人是军人的，通过其所在部队团以上单位的政治机关转交。受送达人被监禁的，通过其所在监所转交。受送达人被采取强制性教育措施的，通过其所在强制性教育机构转交。代为转交的机关、单位收到行政复议文书后，必须立即交受送达人签收，以在送达回证上的签收日期为送达日期。

（6）公告送达。受送达人下落不明，或者用采取规定的其他方式无法送达的，公告送达。自发出公告之日起经过60日，即视为送达公告送达，应当在案卷中记明原因和经过。

650. 行政复议案件档案包含哪些内容？

行政复议档案是指行政复议机关在行政复议活动中形成的、能反映案件真实情况、有保存价值的各种文字、图表、声像、证物等不同形式的历史记录。

包括行政复议活动过程中行政复议当事人提交的以及行政复议机关通过调查取得的证物材料以及在案件审查过程中形成的具有查考利用价值的各种载体形式的材料。

651. 行政复议案件归档应符合哪些原则和要求？

行政复议案件材料原则上一案一卷，材料过多时可以一案数卷。案件材料的归档要符合以下要求：

（1）凡是在行政复议案件审查过程中形成的具有查考利用价值的各种载体形式的案件材料均应收集齐全。

（2）应字迹清楚，不得使用不耐久字迹材料书写，签字手续应当完备。

（3）立卷的案件材料要拆除金属物，对破损、小于、大于卷面的材料，要修补、粘贴、折叠、复制；外语材料应当译成中文附其后；必须归档的信封要展开平放，邮票不得取掉。

（4）案件的录音、录像材料按磁性载体档案的管理办法另行管理。同时应当编制说明，注明声像材料种类、数量、主要内容、档号等归入同案案卷。另行保存的录音、录像材料档案每盘应贴上标签，注明当事人的姓名、案由、案号、承办单位、录制人、录制时间、录制内容。

（5）行政复议证物材料能立卷的随卷归档；不便立卷的作为实物档案另行管理，同时应当拍摄照片并编制说明，注明证物材料种类、数量、主要内容、档号等归入同案案卷。

652. 行政复议案件材料归档有何顺序要求？

根据《江苏省行政复议档案管理办法》第十条规定，归档的行政复议案件材料的排列顺序，遵循以下原则：

（1）密不可分的材料依顺序排列在一起。

（2）文件材料在前、证据材料在后；批复在前、请示在后；正件在前、附件在后。

（3）结论性材料在前，办案的客观进程形成的案件材料按自然顺序排列在后。

653. 行政复议案件档案的保管期限及其划分标准是什么？

行政复议案件档案的保管期限，从每个案件结案后的下　年起算，分为永久、长期、短期三种。根据行政复议机关行政复议案件档案的性质、类型、特点，凡属行政复议机关需要长远利用的档案，划为永久保管。凡属在相当长的时期内需要查考利用的档案，划为长期保管，保管时间为60年。凡属在相对较短的时期内需要查考利用的档案，划为短期保管，保管时间为30年。具体划分标准如下：

（1）永久保管：涉及房屋、土地、矿藏、水流、森林、山岭、草原、荒地、滩涂、海域等不动产权益的案件；行政复议决定撤销、变更或者确认原具体行政行为违法的案件；反映一定的社会历史情况、有代表性的案件；其他需要永久保管的案件。

（2）长期保管：行政复议决定被申请人在一定期限内履行法定职责的案件；申请人超过10人的案件；其他需要长期保管的案件。

（3）短期保管：行政复议决定维持原具体行政行为的案件；行政复议终止的案件；不予受理的案件；其他需要短期保管的案件。

654. 行政复议档案利用范围及条件有何要求？

行政复议档案利用是指有关机关或者行政复议案件当事人及代理人以查阅、调取、复制等方式使用行政复议档案的活动。行政复议机关应当制定行政复议档案利用制度，并依据利用制度提供档案利用服务。具体利用范围及条件如下：

（1）行政复议案件承办人因办案需要，可以按规定调阅本单位归档的档案。

（2）案件代理律师需要查阅已经归档的案卷，应通过该案件承办人员办理。

（3）外单位查阅行政复议案件档案，应凭单位公函并经相关法制工作机构主管领导批准，方得查阅。涉及国家机密、商业秘密和个人隐私的案卷原则上不得查阅，必须查阅时，要经主管领导书面批准。

（4）行政复议档案原则上不借出，因上级行政机关调借案件档案等特殊情况必须借出的，应根据正式调卷函件，经主管领导书面批准后办理借出手续，并规定调借期限。

（5）外单位来函索要法律文书或其他证明材料，根据外调要求，按规定查抄寄送，或通知该单位派人阅卷。

（6）调借的档案，不得转借其他单位或其他人员使用。

655. 行政复议的期间应当如何计算？

根据《行政复议法》第四十条规定，行政复议期间的计算依照民事诉讼法关于期间的规定执行。即期间以时、日、月、年计算，期间开始的时和日，不计算在期间内，而是从开始后的次时、次日起算，即从下一小时和第二日的零点开始起算。期间届满的最后一日是节假日的，以节假日后的第一日为期间届满的日期。期间不包括在途时间。行政复议文书在期满前交邮的不算过期。《行政复议法》关于行政复议期间有关"五日"、"七日"的规定是指工作日，不含节假日。

656. 什么是行政复议调解、和解？

行政复议调解是指在行政复议机关的主持下，对当事人之间的纠纷进行调解解决的一种形式；和解是指争议双方当事人在没有第三方介入的情况下，就双方争议的事项进行协商谈判解决争议的一种形式。

657. 行政复议当事人能否就已经生效的行政复议调解书或和解协议向人民法院提起诉讼？

行政复议当事人就已经生效的行政复议调解书或和解协议可以向人民法院提起诉讼。第一，行政复议调解书或和解协议具有可诉性，与"司法最终解决"原则相适应。根据现行法律规定，行政复议是行政争议解决的前置性程序（复议终局的情况除外），本身不能限制、排除相对人的行政诉权。对于已生效的行政复议决定书，申请人可以在法定期限内提起行政诉讼。复议调解属行政复议程序，其规则不能超越行政复议制度的整体功能边界，即不能彻底限制或排除司法审查。第二，行政复议调解书或和解协议具有可诉性，是对行政复议调解活动进行事后监督的需要，以防止出现复议机关或被申请人强迫申请人进行调解、调解内容损害社会公共利益等情形。第三，这是保护利害关系人合法权益的客观要求。一些行使自由裁量权的行为对利害关系人有重大影响，以行政处罚为例，被处罚人申请复议后，经调解与行政机关达成一致，调解书内容可能导致利害关系人权益的减损。如不允许利害关系人起诉，将导致其告状无门，实则变相剥夺当事人的救济权。

658. 为何要推进行政复议改革?

行政复议是将解决群众利益诉求纳入制度化、规范化、法制化轨道的重要制度,是解决行政争议、化解矛盾纠纷的主要法定渠道,也是规范行政行为、强化政府内部层级监督、预防和惩治腐败问题的有效手段。我国行政复议制度从无到有,特别是《行政复议法》颁布实施以来,在化解行政争议,维护社会公平正义等方面发挥了重要的积极作用。但实践中也暴露出诸多问题,如行政复议体制不合理、复议范围过窄、行政复议机构缺乏独立性、行政复议案件审理模式不够成熟等。这些问题的存在,在一定程度上造成了行政复议制度公信力的缺失,严重制约了行政复议作用的发挥。老百姓宁肯四处奔波上访,也不愿意通过行政复议这种成本低、效率高的法定救济渠道表达利益诉求。可见,行政复议改革创新,势在必行。

(1)推进行政复议改革是经济社会发展的迫切需要。当前,我国既处于发展的重要战略机遇期,又处于社会矛盾凸显期,在社会开放、多元、动态和信息化的条件下,行政争议因面广量大、复杂多样、政治性强等特点,更容易引起社会的关注,特别需要引起警惕和重点解决。因此,利用行政复议制度改革疏导社会矛盾,化解行政争议,维护社会公平和正义,引导人民群众合法合理地表达利益诉求,已经成为摆在各级政府面前的一项迫切任务。

(2)推进行政复议改革是"以人为本,复议为民"的必然要求。由于现行多层次、多机关的行政复议体制,从县级政府到省级政府、从县级政府的部门到国务院部门都可以受理行政复议案件。特别是政府的部门中,可以作为行政复议机关的,多则数十个,少则十多个,甚至事业单位,如国家证券监督委员会、国家保险监督委员会、国家电力监督委员会也可以作为行政复议机关。与此相对应,行政复议工作人员也是多层次、多机关分散办案,部分人员甚至身兼数职。根据2011年的统计数据,全国有行政复议权的机关多达1.8万个,而省、市、县(区)三级政府专职行政复议人员仅有1500余名。且由于行政管理工作的不同特点,政府工作部门间的行政复议工作任务又不平衡,存在有的部门有人没案办,有的部门有案没人办等问题,造成了行政复议资源的极大浪费。另外,行政复议法律法规规定了比较复杂的申请、受理制度,给申请人带来许多不便。

(3)推进行政复议改革是提高行政复议公信力的有效途径。行政复议机关被设置在各有行政复议权的行政机关中,与被申请人存在管理或业务指导等关系，且履行行政复议职责的人员都是所在机关的公职人员，无论从机构设置还是人员配备上都缺乏让人信服的独立性。同时，由于行政复议案件大多为书面审查，复议机关对案件的情况缺乏真实、全面的了解，造成很多监督工作流于形式。老百姓对行政复议制度存在"部门保护主义"或"官官相护"的误解和顾虑，行政复议的公正性、权威性不高。

659. 行政复议改革主要包括哪些方面？

行政复议改革主要体现在行政复议体制机制和制度的改革，现阶段主要表现在以下几个方面：

（1）行政复议机构设置的改革。我国目前的行政复议机构是隶属于各级人民政府和行政职能部门的内部机构，其人员配备和职权行使不具有独立性，使行政复议机构难以公正地进行行政复议裁决。这不仅影响到行政复议工作的规范化开展，更难以保障行政复议的公正性，致使人民群众对行政复议制度缺乏基本的信任。

（2）行政复议工作方式的改革。行政复议的最大特点就是能够快速高效地解决行政争议，避免漫长的司法程序。但在实践中，行政复议程序过于行政化，复议效率低下，繁琐复杂的内部处理程序往往导致行政复议解决行政争议效率不够高。

（3）行政复议委员会的设立。可以保证有一支专业队伍解决行政争议，突出公众参政、议政的执政理念。可以使行政复议机关更具有独立性和代表性，使行政复议案件办理更加体现出公正、公开、透明，增强行政复议的社会公信力。

（4）集中行使行政复议职权。相对集中行使行政复议职权，实行由本级政府"统一受理、统一审理案、统一议决"的"三统一"机制，不仅有利于提高工作效率，增强行政复议队伍的专业性，又能体现行政复议决定的公正性和权威性。

660. 如何全面推进行政复议规范化建设？

加强行政复议工作规范化建设，全面提升行政复议能力，充分发挥行政复议解决行政争议的主渠道作用，应从以下八个方面进行：

（1）规范行政复议组织机构

①重视加强行政复议工作：要有明确的负责人分管行政复议工作；行政复

议机关领导每年研究行政复议工作2次以上。

②规范行政复议机构设置：要设立专门的行政复议机构，具体承担行政复议案件的办理，内设行政复议职能科室；要设立行政复议委员会，并负责重大、疑难、复杂行政复议案件的审理。

③配齐配强行政复议办案人员：行政复议机构要配备专职行政复议办案人员。行政复议办案人员应当取得行政复议应诉人员资格证书，每年参加培训时间不少于15个学时。

（2）规范行政复议案件受理

①规范行政复议权利告知：行政决定文书要依照《行政复议法实施条例》第十七条的规定，落实行政复议权利告知制度。

②规范行政复议接待：健全接待制度；建立统一的行政复议受理中心或窗口，设置专门接待室，在醒目位置公示行政复议机关案件受理范围、条件、程序；行政复议受理中心或窗口，工作时间有专人值班，提供行政复议申请书格式文本；工作人员接待热情，用语文明。

③规范行政复议受理：行政复议受理材料符合要求，以书面申请为主，口头申请的当场制作笔录，网上申请的审核申请人身份和有关材料，申请材料不符合要求的出具补正通知，实行一次性告知，受理行政复议申请出具收件清单和受理通知；行政复议受理时效符合规定；不予受理的文书载明不予受理的理由和依据；符合规定的依法转送；及时依法纠正无正当理由不受理行政复议申请行为，依法受理行政复议申请率达100%。

（3）规范行政复议案件审理

①规范被申请人答复：被申请人在法定时限内提交答复书，答复书内容全面、有针对性；被申请人提交的全部证据、依据和相关材料，制作目录，装订成册。

②规范、创新行政复议案件审理方式：依照法定程序审理行政复议案件，对事实清楚、证据确凿的行政复议案件，实行书面审理；对事实不清、争议较大的案件，进行实地调查，调查取证，行政复议人员不少于2人；对重大、复杂或者专业性较强的案件，邀请有关专家、技术人员一同参与调查，组织行政复议委员会进行审理；符合行政复议听证办法规定情形的，组织听证，被申请人负责人参加行政复议案件听证。

③规范行政复议调解、和解机制：以有效化解争议为出发点和落脚点，健全行政复议调解、和解机制，对涉及民事纠纷的行政复议案件履行调解、和

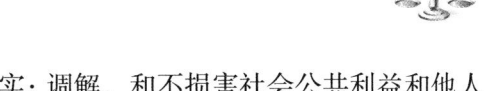

解程序；行政复议调解、和解查清事实；调解、和不损害社会公共利益和他人合法权益；调解、和解遵循自愿、合法、公平原则。

（4）规范行政复议裁决

①规范行政复议文书格式：严格按照国务院法制办公室印发的《行政复议办案规程与法律文书示范文本》制作行政复议法律文书，正确使用文书种类，保证内容完整性。

②规范行政复议决定：行政复议决定依照法定时限作出，按期结案率达100%；行政复议决定法律适用正确，说理透彻，公平公正；行政复议决定依法告知不服行政复议决定的救济途径。

③规范送达方式：行政复议法律文书依法送达当事人，根据具体情况采取直接送达、邮寄送达、委托送达、留置送达或公告送达等方式。直接送达有当事人或其委托代理人的签字；邮寄送达以挂号信或特快专递的形式寄出；留置送达有2名以上见证人签字；无法直接送达、邮寄送达、委托送达、留置送达的，采取公告方式送达，公告内容在当地公开发行的综合性报刊或区行政复议机关、行政复议机构的门户网站上刊载。

（5）规范行政复议档案管理

行政复议档案执行行政复议档案管理办法标准，行政复议档案入卷文书和装订符合规定和要求；行政复议档案落实专人保管。

（6）规范行政复议监督指导

①规范行政复议工作责任制：建立健全行政复议工作责任制，行政复议工作作为政府依法行政、建设法治政府的重要内容，纳入政府及其相关部门工作目标责任制考核体系，定期组织开展行政复议工作监督检查和评比表彰活动；加强行政复议决定履行情况后续监督，建立行政复议决定履行情况反馈制度、责令限期履行制度，对拒不履行、拖延履行、不完全履行行政复议决定的行为实行问责。

②强化行政复议指导：对被申请人或者其他下级行政机关的相关行政违法行为和行政管理中带有普遍性的问题，通过制发行政复议意见书或建议书的方式，做好案件善后工作，提出改进工作建议。

③实行重大行政复议决定备案制度：对于涉及人数众多、法律关系复杂、矛盾纠纷突出、社会影响较大的重大行政复议决定，15日内报上级政府备案。

（7）规范行政复议保障措施

①规范行政复议工作场所建设：行政复议机构应设立专门的办案场所，其

中，接待室不小于20平方米，张挂有相关制度；听证室不小于50平方米，配有视频监控、证据演示系统等符合听证要求的软、硬件设施；查阅案卷场所不小于10平方米，张挂有相关制度；档案室不小于10平方米，配有符合档案管理要求的设施和设备。

②保障行政复议工作经费：设立行政复议工作专项经费，行政复议工作经费列入区财政年度预算，经费标准严格落实省政府相关规定。

③满足行政复议工作装备需要：行政复议机构应配有保证办理复议案件使用的工作车辆，保障调查取证的照相机、摄像机、录音笔，确保工作需要的电脑、打印机、复印机、扫描仪、传真机。

（8）规范行政复议制度建设

①加强行政复议宣传活动：行政复议机构每年广泛组织开展行政复议宣传，定期组织开展行政复议培训活动，并形成长效管理机制；行政复议机关办公区应悬挂行政复议指南。

②建立健全行政复议统计制度：落实专人从事行政复议统计分析工作；每年对行政复议情况进行统计分析；统计分析报告及时上报上级政府法制办公室。

③建立健全行政复议配套制度：健全强化行政复议工作行政首长负责制；建立完善专家论证制度、证据制度、调解制度、听证制度和案件审理会议制度；建立完善办案质量评查制度、重大行政复议决定备案制度、个案分析和情况通报制度。

④建立健全行政复议协调衔接机制：行政复议机关定期与人民法院以及信访机构部门召开联席会议，加强联系沟通，搞好协调衔接，实现同频共振；依法完善行政应诉工作制度。

661. 如何理解专职行政复议人员资格制度？

实行专职行政复议人员资格制度是《行政复议法实施条例》确立的一项重要制度。实行专职行政复议人员资格制度是由行政复议的制度定位和工作性质决定的，也是行政复议长远发展的需要，更是发挥行政复议重要作用的必然要求。就依据而言，除《行政复议法实施条例》外，还有《全面推进依法行政实施纲要》《关于预防和化解行政争议健全行政争议解决机制的意见》、《国务院关于加强市县政府依法行政的决定》等政策依据。实行专职行政复议人员资格制度，有利于提高行政复议人员素质，有利于提高行政复议案件办理质量，有利于提高行政复议的权威性和公信力。行政复议人员作为公务员中的一种特殊岗位，应根据岗位特点和要求研究如何按照《公务员法》第十四条规定进行归类管理。能力素质方面，行政复议人员应当具有相应的品行、专业知识和业务能力，对行政复议人员资格制度的具体实施办法已授权国务院法制机构会同有关部门制定，这里的有关部门主要是人力资源和社会保障部及其管理的国家公务员局以及可能涉及其他国务院部门的职责，如要实行行政复议办案津贴制度就会涉及财政部的职责等。

662. 上级行政复议机构对下级行政复议工作的监督指导主要有哪些方式？

行政复议机构应当在本级行政机关的领导下，按照职责权限对行政复议工作进行具体的督查、指导。一是通过各种方式听取下级行政复议机构的意见和建议，对行政复议工作出现的问题及时加以研究和指导，对行政复议工作的请示及时给予答复。二是要定期召开不同形式和规模的经验交流会、专题研讨会、案例分析会等，交流工作经验，研究解决实际问题。三是在本级行政复议机关的领导下，按照职责权限对行政复议工作开展情况定期组织检查，开展总结表彰活动。四是坚持推行行政复议意见书和行政复议建议书制度。五是完善行政复议、行政应诉案件统计报告和重大行政复议决定备案制度。六是有条件的行政复议机构要建立和完善行政复议信息系统，逐步提高行政复议工作信息化水平。

663. 行政复议指导和监督主要表现在哪些方面？

根据《行政复议法实施条例》规定，行政复议指导和监督主要表现在：第一，行政复议机关和行政复议机构领导机制。行政复议机关应当加强对行政复议工作的领导，行政复议机构应在行政复议机关的领导下，按照职责权限对行政复议工作进行督促、指导。第二，行政复议机关和行政复议机构履行职责的监督机制。县级以上人民政府应当加强对所属工作部门和下级人民政府履行行政复议职责的监督；行政复议机关应当加强其对行政复议机构履行行政复议职责的监督。第三，行政复议工作责任制。县级以上人民政府应当建立健全行政复议工作责任制，并将行政复议工作纳入本级政府目标责任制。第四，行政复议工作检查制度。上级行政机关通过行政复议工作检查，反馈检查结果，监督下级行政复议机关依法受理、审理行政复议案件，保障行政复议法律法规顺利实施。第五，行政复议意见书和建议书制度。第六，行政复议机构定期向本级政府报告制度，行政复议机构应当定期向本级政府提交行政复议工作分析报告。第七，重大行政复议决定备案制度。第八，行政复议人员业务培训制度和行政复议工作表彰制度。

664. 为什么要开展行政复议委员会试点工作？

（1）开展行政复议委员会试点工作是法治政府建设的重要内容。近年来，党中央、国务院从加强法治政府建设出发，对加强和改进行政复议工作，完善行政复议制度，多次提出新要求。2010年国务院出台的《关于加强法治政府建设的意见》，将行政复议作为依法化解社会矛盾纠纷的重要内容，明确要求"探索开展相对集中行政复议审理工作，进行行政复议委员会试点"。

（2）开展行政复议委员会试点工作是加强和创新社会管理的迫切需要。加强和创新社会管理，是摆在各级党委、政府面前的一项重大课题，是协调社会关系、规范社会行为、化解社会矛盾、保持社会良好秩序、有效应对社会风险，为经济社会发展营造更加良好的社会环境，解决影响社会和谐稳定等突出问题的突破口。推行行政复议委员会制度，可以通过一个窗口"综合对外"，更好地畅通行政复议渠道，引导更多的行政争议进入行政复议渠道依法得到有效化解，最大限度减少不和谐因素，有效地实现社会管理创新的初衷；可以强化公众参与和协商、协调机制，保障人民群众在行政管理过程中的知情权、参与权、协商权和监督权，调动人民群众参与社会管理的积极性；可以完善矛盾调处机制，建立健全更加公开、公平、公正的行政复议审理体制机制，为社会矛盾的化解提供及时、便捷、有效的法律救济，努力避免和减少非正常上访和群体性事件，不断构建化解社会矛盾的长效机制。

（3）开展行政复议委员会试点工作是行政复议制度自身完善发展的必然要求。随着人民群众的法治意识、权利意识不断提高，通过法律手段解决与行政机关矛盾纠纷的期待也越来越迫切。这就要求我们要更加公正、更加透明，更多参与、更多协商。开展行政复议委员会试点工作，可以为完善行政复议制度提供新的支撑；可以集中现有分散的复议资源，充分发挥行政复议的功能作用，调整行政复议的制度定位，实现由内部监督机制为主，向权利救济和化解矛盾为主的转变；可以为行政复议能力建设提供新保障，充分发挥行政复议化解行政争议的功能，赢得党和政府的信任与支持。可以说，开展试点工作，有利于充分发挥行政复议自身的制度优势和特点，在维护社会和谐稳定中具有重要作用。

665. 设立行政复议委员会须遵循哪些原则？

（1）统一性原则。统一受理、统一审理行政复议案件，可以有效地避免我国现行行政复议管辖模式存在的缺陷，使行政复议结果更具有公正性和权威性，更能获得行政相对人的信赖。

（2）独立性原则。"行政复议机构独立性和权威性的缺乏是造成行政复议制度失信于民的首要体制性原因"，因此，"完善我国行政复议制度，最为迫切的切入点是改变行政复议审查不独立的现实地位"，突出行政复议机构的独立性，为行政复议的公正开展提供基本保障。

（3）公正性原则。行政复议机关只有严格遵守公正原则的要求，才能取信于民，从而实现行政复议制度维护行政相对人合法权益的根本宗旨。

（4）公开性原则。公开是公正的前提和基础，离开了公开，公正就无从谈起。公开原则是指行政复议活动的过程及其结果都应当公开。具体来说，行政复议案件从受理、审理到作出决定，都应当公之于众，使当事人和社会各界包括新闻媒体都能够充分了解行政复议活动的具体情况。

（5）专业性原则。行政复议是一项法律性和专业性都很强的工作，"行政复议案件往往涉及比较复杂的法律、政策、行政管理等专业性问题，如果承办人不具备良好的法律修养和一定的行政工作经验，就难以胜任行政复议工作。"因此，复议工作的顺利开展需要有一支高素质的复议队伍为保障，复议人员不仅要具备丰富的法律知识，还需要熟悉行政管理工作。

（6）效率性原则。效率性原则充分体现了行政复议快速高效解决行政争议的特点，该原则就是我国行政复议法规定的"及时"原则，由于缺少相关制度的保障，致使行政复议工作出现行政化现象，导致行政复议效率低下，因此，在行政复议制度改革中，应当建立复议案件多样化审理机制，健全复议程序，切实避免复议案件办理过程中的"行政化"现象。

666. 行政复议委员制度改革的核心内容是什么？

行政复议委员制度改革的核心内容是：构造一个独立、专业、权威的行政复议组织机构——行政复议委员会，通过引入社会力量参与，相对集中审理，审案模式追求专业、独立、透明，从而改变决策方式。

667. 当前行政复议委员会试点的主要模式有哪几种？

经过在试点中的不断摸索创新，当前行政复议委员会试点大体上形成了三种主要的模式：全部集中模式、部分集中模式和合议委员会模式。

668. 什么是全部集中模式？

全部集中模式主要是指将原来分散于政府各部门的行政复议权，全部集中到政府设立的行政复议委员会统一行使，即原来由政府及政府各部门受理、审理和分别作出决定的行政复议申请，统一由行政复议委员会办理。这种模式目前在县一级较多采用，黑龙江哈尔滨市、山东济宁市、福建厦门市等地级市也采用这种模式。

669. 什么是部分集中模式？

部分集中模式也称相对集中模式，主要是指行政复议委员会集中行使部分部门的部分权限，即相对集中行政复议审理权，对于部分政府部门的受理、审理权限进行集中。目前大多数试点单位都采用这种模式。

670. 行政复议委员会试点已经取得了哪些成效？

从2008年国务院法制办下发《国务院法制办公室关于在部分省、直辖市开展行政复议委员会试点工作的通知》至今，行政复议委员会试点工作进展平稳有序，作为以"政府主导、专业保障、社会参与"为特点的全新的行政复议工作机制和行政复议案件审理模式，成效初步显现。主要表现在：

（1）试点范围不断扩大，体制集中不断推广。目前，试点单位已经由最初的8个省、直辖市不断扩大，有的单位虽然没有纳入试点范围，也自行组织开展了行政复议委员会试点工作。在借鉴黑龙江、山东等省开展行政复议体制集中试点经验的基础上，各试点单位在相对集中行政复议权方面普遍有新的突破，多数地市级政府均实行了体制集中，绝大多数参与试点的县级政府也都实现了体制集中。

（2）复议工作的统一性和专业性不断增强。由于行政复议委员会实施集中的行政复议权运作机制，行政复议案件收回由委员会统一受理和审理，这使得资源得到优化配置，力量更加集中，专业性更强。由于复议委员会委员吸收了外部专业人员进入案件审理，使得履行案件议决职责的委员在构成上更具有专业性、代表性和独立性。

（3）复议工作制度不断完善。各试点单位普遍将完善制度作为推进试点工作的重要保障。如黑龙江省先后制定了《行政复议委员会暂行工作规则》、《行政机关负责人参加行政复议工作制度》等10项工作制度；贵州省、河南省郑州市和驻马店市、湖北省黄石市、江苏省海门市等试点单位也都结合本单位工作实际，制定了完善行政复议委员会运行的相关制度。

（4）办案质量和效率不断提高。近年来，通过集中行政复议权，高质量、高效率地化解了一大批行政争议，同时也发挥了行政机关内部层级监督作用。通过行政复议对行政行为的有力监督，纠正了行政机关违法和不当的行政行为，起到了规范行政执法、推进依法行政的重要作用。案审会制度的实施，以及行政调解等新元素的融入，使复议案件办理周期明显缩短，办案效率大大提高。

（5）提升了复议人员的办案能力和领导干部的依法行政意识。通过召开案件审理会、听证会来审理、议决行政复议案件，这对组成委员尤其是主持人提出了极高的要求，必须政治思想好、政策水平高、业务素质强、工作作风正，并具有一定组织协调能力。通过参加复议案件的审理，复议工作人员得到了很好的锻炼，业务水平的得到明显提升。复议试点中，通过推进行政机关负责人参加复议听证"出席、出声"和复议机关负责人主持案件审理，提高了各级领导干部的法律意识，增强了依法行政的自觉性，改进了行政机关的执法理念。

（6）政府形象和公信力不断提升。委员会模式审理案件具有了准司法性，更加公正、规范，办案的透明度和公正性大大增加。各级领导给予更多重视，新闻媒体给予更多关注，专家学者给予更多认可，人民群众给予更多期待，"以人为本、复议为民"的宗旨得到更好体现，政府的形象和公信力不断提升。

第十三章

行政应诉

671. 什么是行政应诉？

行政应诉，就是在行政诉讼案件中，作为被告的行政机关和法律、法规、规章授权的组织，积极参加诉讼，履行举证职责，参加开庭审理，发表质证、辩论意见等，并承担相应的法律后果的活动。《行政诉讼法》第三条第三款规定："被诉行政机关负责人应当出庭应诉。不能出庭的，应当委托行政机关相应的工作人员出庭。"第三十四条第一款规定："被告对作出的行政行为负有举证责任，应当提供作出该行政行为的证据和所依据的规范性文件。"第六十七条第一款规定："被告应当在收到起诉状副本之日起十五日内向人民法院提交作出行政行为的证据和所依据的规范性文件，并提出答辩状。"

《国务院关于加强法治政府建设的意见》（国发〔2010〕33号）对"做好行政应诉工作"提出明确要求：完善行政应诉制度，积极配合人民法院的行政审判活动，支持人民法院依法独立行使审判权。对人民法院受理的行政案件，行政机关要依法积极应诉，按规定向人民法院提交作出具体行政行为的依据、证据和其他相关材料。对重大行政诉讼案件，行政机关负责人要主动出庭应诉。尊重并自觉履行人民法院的生效判决、裁定，认真对待人民法院的司法建议。十八届四中全会通过的《中共中央关于全面推进依法治国若干重大问题的决定》进一步明确，为保证公正司法，提高司法公信力，应当健全行政机关依法出庭应诉、支持法院受理行政案件、尊重并执行法院生效裁判的制度。上述有关行政应诉的规定，对行政机关的监督力度大大增强，对加快推进法治政府建设进程具有重大意义。

672. 可以向人民法院提起诉讼的"行政行为"包括哪些？

行政行为，是指行政机关及法律、法规、规章授权的组织在实施行政管理过程中，行使行政职权，对公民、法人或者其他组织产生法律效果的行为。《行政诉讼法》第二条规定："公民、法人或者其他组织认为行政机关和行政机关工作人员的行政行为侵犯其合法权益，有权依法向人民法院提起诉讼。前款所称行政行为，包括法律、法规、规章授权的组织作出的行政行为。"由此可见，行政诉讼法规定的行政行为主要有以下几个方面的内容：

（1）行政行为包括行政机关作出的行政行为，也包括法律、法规和规章授权的组织行使行政管理职权作出的行政行为。

（2）行政行为包括作为，如行政处罚、行政强制措施和行政强制执行、行政许可、征收征用决定及其补偿决定、确认自然资源的所有权或者使用权的决定等。也包括不作为，如拒绝履行保护人身权、财产权等合法权益的法定职责。

（3）行政行为包括产生法律效果的法律行为，也包括事实行为，即行政主体实施的虽不产生法律约束力但影响或改变事实状态的行为，如行政执法人员在行政执法中非法使用暴力手段等。

（4）行政行为包括行政机关的单方行为，也包括签订、履行行政协议的双方行为。

（5）行政机关工作人员履行职务的行为，就是行政机关的行政行为。行政机关工作人员履行职务以外的行为，属于个人行为，不属于行政诉讼法调整的范围。

673. 行政诉讼法保护公民、法人或者其他组织的哪些权利？

《行政诉讼法》第一条明确规定保护公民、法人和其他组织的合法权益；第二条第一款规定，公民、法人或者其他组织认为行政机关和行政机关工作人员的行政行为侵犯其合法权益，有权依法向人民法院提起诉讼。行政诉讼法保护公民、法人或者其他组织的权利主要体现在：

（1）行政诉讼法保护公民、法人或者其他组织的诉权等程序性权利

①明确人民法院和行政机关应当保障当事人的起诉权利。《行政诉讼法》第三条第一、二款规定：人民法院应当保障公民、法人和其他组织的起诉权利，对应当受理的行政案件依法受理。行政机关及其工作人员不得干预、阻碍人民法院受理行政案件。

②明确受案范围。《行政诉讼法》第十二条将行政拘留、暂扣或者吊销许可证和执照、责令停产停业、没收违法所得、没收非法财物、罚款、警告等行政处罚；限制人身自由或者对财产的查封、扣押、冻结等行政强制措施和行政强制执行；申请行政许可，行政机关拒绝或者在法定期限内不予答复，或者行政机关作出的有关行政许可的其他决定；行政机关作出的关于确认土地、矿藏、水流、森林、山岭、草原、荒地、滩涂、海域等自然资源的所有权或者

使用权的决定；征收、征用决定及其补偿决定；申请行政机关履行保护人身权、财产权等合法权益的法定职责，行政机关拒绝履行或者不予答复；行政机关侵犯其经营自主权或者农村土地承包经营权、农村土地经营权；行政机关滥用行政权力排除或者限制竞争；行政机关违法集资、摊派费用或者违法要求履行其他义务；行政机关没有依法支付抚恤金、最低生活保障待遇或者社会保险待遇；行政机关不依法履行、未按照约定履行或者违法变更、解除政府特许经营协议、土地房屋征收补偿协议等协议；行政机关侵犯其他人身权、财产权等合法权益等纳入受案范围。

③明确可以口头起诉，方便当事人行使诉权。《行政诉讼法》第五十条第二款规定：书写起诉状确有困难的，可以口头起诉，由人民法院记入笔录，出具注明日期的书面凭证，并告知对方当事人。

④强化受理程序约束。《行政诉讼法》第五十一条、第五十二条规定：一是人民法院在接到起诉状时，对符合规定的起诉条件的，应当登记立案。起诉状内容欠缺或者有其他错误的，应当给予指导和释明，并一次性告知当事人需要补正的内容。不得未经指导和释明即以起诉不符合条件为由不接收起诉状。二是对当场不能判定是否符合规定的起诉条件的，应当接收起诉状，出具注明收到日期的书面凭证，并应当在7日内决定是否立案。不符合起诉条件的，作出不予立案的裁定。裁定书应当载明不予立案的理由。原告对裁定不服的，可以提起上诉。三是人民法院既不立案，又不作出不予立案裁定书的，当事人可以向上一级人民法院起诉。上一级人民法院认为符合起诉条件的，应当立案、审理，也可以指定其他下级人民法院立案、审理。

⑤明确起诉期限，更好地保障诉权。《行政诉讼法》第四十六条、第四十七条规定了行政诉讼的普通诉讼期限和最长诉讼期限，同时还建立了期限扣除和延长制度。

⑥明确人民法院的相应责任。《行政诉讼法》第五十一条第四款规定：对于不接收起诉状、接收起诉状后不出具书面凭证，以及不一次性告知当事人需要补正的起诉状内容的，当事人可以向上级人民法院投诉，上级人民法院应当责令改正，并对直接负责的主管人员和其他直接责任人员依法给予处分。

（2）行政诉讼法保护公民的符合法律规定的权利和利益

在我国，公民的合法权益包括宪法和法律所规定的人身权利、财产权利、受教育的权利、劳动的权利、休息的权利、获得国家救助的权利、社会保障的权利、从事科学研究和文学艺术创造的权利等。除了这些法定的权利，公民、法人和其他组织还享受广泛的权益,如保障各类市场主体公平竞争,保障他人采光、通风、免受噪音及其他环境污染等。这些权益是行政机关作出行政行为时应当予以充分保障的利益,也是行政诉讼法保护的权利。

(3)行政诉讼法保护公民、法人或者其他组织获得赔偿与补偿的权利

《行政诉讼法》第七十六条规定,被人民法院判决确认违法或者无效的行政行为,给原告造成损失的,人民法院依法判决被告承担赔偿责任。第七十八条规定,被告不依法履行、未按照约定履行或者违法变更、解除行政协议的,人民法院判决被告承担继续履行、采取补救措施或者赔偿损失等责任。被告变更、解除行政协议合法,但未依法给予补偿的,人民法院判决给予补偿。2015年4月22日公布的《最高人民法院关于适用〈中华人民共和国行政诉讼法〉若干问题的解释》(以下简称《适用解释》)第十条第五款规定,原行政行为被撤销、确认违法或者无效,给原告造成损失的,应当由作出原行政行为的行政机关承担赔偿责任;因复议程序违法给原告造成损失的,由复议机关承担赔偿责任。第十五条规定,原告主张被告不依法履行、未按照约定履行协议或者单方变更、解除协议违法,理由成立的,人民法院可以根据原告的诉讼请求判决确认协议有效、判决被告继续履行协议,并明确继续履行的具体内容;被告无法继续履行或者继续履行已无实际意义的,判决被告采取相应的补救措施;给原告造成损失的,判决被告予以赔偿。原告请求解除协议或者确认协议无效,理由成立的,判决解除协议或者确认协议无效,并根据合同法等相关法律规定作出处理。被告因公共利益需要或者其他法定理由单方变更、解除协议,给原告造成损失的,判决被告予以补偿。

674. 行政诉讼的受案范围有哪些?

行政诉讼的受案范围,是指人民法院可以受理行政诉讼案件的范围,是行政诉讼最重要的一环,在行政诉讼法中占有重要位置。准确理解行政诉讼的受案范围,主要从两个方面把握:第一,行政诉讼的受案范围,是人民法院对行政争议的主管范围,即人民法院对行政主体的哪些行政行为可以行使司法审查权。行政诉讼的受案范围表明司法权与行政权的关系,人民法院受理行政案件范围的大小,直接决定了司法权对行政权监督范围的大小。第二,行政诉讼的受案范围,也表明公民、法人或者其他组织对哪些行政行为可以向人民法院提起行政诉讼,这反映了国家对公民、法人或者其他组织的权利提供法律保护的范围。人民法院受理行政案件的范围越宽,公民、法人或者

其他组织的合法权益受到违法行政行为侵犯时获得司法救济的机会就越广。

《行政诉讼法》第二章规定了行政诉讼的受案范围。其中，第十二条第一款明确规定，人民法院受理公民、法人或者其他组织提起的下列诉讼：（1）对行政拘留、暂扣或者吊销许可证和执照、责令停产停业、没收违法所得、没收非法财物、罚款、警告等行政处罚不服的；（2）对限制人身自由或者对财产的查封、扣押、冻结等行政强制措施和行政强制执行不服的；（3）申请行政许可，行政机关拒绝或者在法定期限内不予答复，或者对行政机关作出的有关行政许可的其他决定不服的；（4）对行政机关作出的关于确认土地、矿藏、水流、森林、山岭、草原、荒地、滩涂、海域等自然资源的所有权或者使用权的决定不服的；（5）对征收、征用决定及其补偿决定不服的；（6）申请行政机关履行保护人身权、财产权等合法权益的法定职责，行政机关拒绝履行或者不予答复的；（7）认为行政机关侵犯其经营自主权或者农村土地承包经营权、农村土地经营权的；（8）认为行政机关滥用行政权力排除或者限制竞争的；（9）认为行政机关违法集资、摊派费用或者违法要求履行其他义务的；（10）认为行政机关没有依法支付抚恤金、最低生活保障待遇或者社会保险待遇的；（11）认为行政机关不依法履行、未按照约定履行或者违法变更、解除政府特许经营协议、土地房屋征收补偿协议等协议的；（12）认为行政机关侵犯其他人身权、财产权等合法权益的。第十二条第二款规定，除第一款规定外，人民法院受理法律、法规规定可以提起诉讼的其他行政案件。

理解《行政诉讼法》第十二条受案范围的列举性规定和概括性规定。需要把握以下几个问题：

第一，提起行政诉讼的起诉主体是认为行政机关和行政机关工作人员的行政行为侵犯其合法权益的公民、法人或者其他组织。

第二，被诉的行政主体是具有国家行政职权的行政机关和法律、法规、规章授权的组织。

第三，被诉行政行为是行政主体基于行政职权作出的行政行为。包括作为、不作为、事实行为和行政协议行为。

675. 哪些事项不属于行政诉讼受案范围？

根据《行政诉讼法》第十三条规定，下列事项不属于行政诉讼的受案范围：（1）国防、外交等国家行为；（2）行政法规、规章或者行政机关制定、发布的具有普遍约束力的决定、命令；（3）行政机关对行政机关工作人员的奖惩、任

免等决定;(4)法律规定由行政机关最终裁决的行政行为。

根据 2000 年 3 月 8 日公布的《最高人民法院关于执行〈中华人民共和国行政诉讼法〉若干问题的解释》(以下简称《执行解释》)第一条第二款规定,下列行为不属于行政诉讼的受案范围:(1)《行政诉讼法》(1990 年)第十二条规定的行为;(2)公安、国家安全等机关依照刑事诉讼法的明确授权实施的行为;(3)调解行为以及法律规定的仲裁行为;(4)不具有强制力的行政指导行为;(5)驳回当事人对行政行为提起申诉的重复处理行为;(6)对公民、法人或者其他组织权利义务不产生实际影响的行为。

676. 为什么刑事司法行为不属于行政诉讼的受案范围?

刑事司法行为,是指公安、国家安全等机关依照刑事诉讼法的明确授权实施的行为。公安、国家安全等国家机关具有行政机关和侦查机关的双重身份,可以对刑事犯罪嫌疑人实施刑事强制措施,也可以对公民实施行政处罚和行政强制措施。刑事司法行为与行政行为有着不同的性质,各自针对不同的对象,根据行政诉讼法的规定,我国行政诉讼目前只针对行政行为,因而公安、国家安全等机关的刑事司法行为不在行政诉讼受案范围之内。

刑事司法行为与行政行为的主要区别是:一是刑事司法行为的主体,目前只限于公安机关、国家安全机关、海关、军队保卫部门、监狱等机关。二是所实施的行为必须是刑事诉讼法所明确授权的行为。三是刑事侦查行为的目的,是查明犯罪事实,使有罪的人受到法律追究,无罪的人免受刑事制裁。

677. 为什么调解行为不属于行政诉讼的受案范围?

调解行为,是指行政机关在从事行政管理的过程中,在尊重当事人各方意志的基础上,居间参与协调解决平等主体之间的民事权益争议,经说服教育和劝导后,由当事人双方自愿达成解决纠纷协议的一种处理行为。调解行为是否产生法律效力,不取决于行政机关的意志,而取决于当事人各方的意志。当事人如对调解行为持有异议,可以不在调解协议上签字,没有必要通过行政诉讼程序来解决。如果一方当事人不履行,另一方当事人有权向人民法院提起民事诉讼。因此,行政调解并没有行政法上的强制性。但是,如果行政机关在调解过程中借调解之名,违背当事人的意志,采取不适当的手段作出具有强制性的决定,或者实施行政强制措施等行政行为,公民可以针对强制性决定或者行政强制措施提起行政诉讼。

调解行为的主要特征是：

（1）行政调解行为是行政机关解决纠纷和争议的一种方式。行政调解以实际存在纠纷或争议为前提，若不存在纠纷或争议，调解就无从谈起。

（2）行政机关作为调解关系的主体之一，在解决纷争的过程中，应当始终处于居间地位，即超脱于纷争当事人利害关系之外，站在公正的立场对双方的纠纷进行协调处理。如果行政机关与一方有利害关系，则所作出的调解行为的公正性就受到合理的怀疑。

（3）调解是否成立，是否产生法律效力，以各方当事人的自愿接受或认可为前提，不取决于行政机关的意志。

678. 为什么法律规定的仲裁行为不属于行政诉讼的受案范围？

法律规定的仲裁行为，是指行政机关或者法律授权的组织，根据全国人民代表大会及其常务委员会依照立法程序制定的法律以及法律性文件的授权，依照法定的仲裁程序，对平等主体之间的民事争议进行处理的行为。

需要注意的是，这里的法律是狭义上的法律，即指全国人民代表大会及其常委会所制定的法律。"法律规定的仲裁行为"目前主要是民商事仲裁和劳动争议仲裁。民商事仲裁受《仲裁法》调整，实行一裁终局，对于仲裁行为不服的，不能提起行政诉讼。当事人对劳动争议仲裁结果不服的，民事诉讼法已将其纳入了民事诉讼的受案范围。因此，法律规定的仲裁行为不属于行政诉讼的受案范围。法律之外的行政法规、地方性法规、规章所规定的仲裁，当事人对仲裁决定不服的，可以向人民法院提起行政诉讼。

679. 为什么驳回当事人对行政行为提起申诉的重复处理行为不属于行政诉讼的受案范围？

驳回当事人对行政行为提起申诉的重复处理行为，是指行政机关在法定救济程序以外作出的，没有改变原有行政法律关系，没有对当事人的权利义务产生新的影响的行为。公民、法人或者其他组织对历史遗留问题的行政行为、对已过争诉期间的行政行为或行政机关具有终局裁决权的行为不服，向行政机关提出申诉，行政机关经过审查，维持原有的行为，驳回当事人的申诉。这种驳回申诉的行为，在行政法上称之为重复处置行为。重复处理行为有以下特征：（1）是对原行政行为的复查处理；（2）不是因法定救济程序作出的行

为;(3)没有形成新的法律关系。

之所以规定对这类行为不能提起诉讼,主要是因为:一是重复处理行为没有对公民、法人或者其他组织的权利义务产生新的影响,没有形成新的行政法律关系;二是如果对这类重复处理行为可以提起诉讼,就是在事实上取消申请复议或提起诉讼的期间,也就意味着任何一个当事人在任何时候都可以通过提起申诉的方式重新将任何一个行政行为提交行政机关或者人民法院重新进行审查,如此不仅不利于行政法律关系的稳定,也不利于行政行为的相对人对行政行为的信任。

680. 为什么对公民、法人或者其他组织的权利义务不产生实际影响的行为不属于行政诉讼的受案范围?

对公民、法人或者其他组织的权利义务不产生实际影响的行为,主要指还没有成立的行政行为、还在行政机关内部运作的行为、尚未最终发生法律效力的行政行为、没有向当事人送达的行为,或者虽然已经送达但很快被撤销或被收回的行为,以及与公民、法人或者其他组织没有利害关系的行为等。

对公民、法人或者其他组织的权利义务不产生实际影响的行为的主要特征是:(1)没有实际改变公民、法人或者其他组织的权利义务关系,没有对公民、法人或者其他组织产生实际的法律后果。(2)对公民、法人或者其他组织没有实际造成不利影响。(3)对公民、法人或者其他组织没有直接的法律上的利害关系。

之所以将对公民、法人或者其他组织的权利义务不产生实际影响的行为排除在行政诉讼的受案范围之外,是因为行政诉讼的目的就是消除非法行政行为对行政行为相对人的权利义务的不利影响。如果某一行为没有对行政行为相对人的权利义务产生实际影响,提起行政诉讼就没有实际意义。

681. 为什么依据信访条例所作的行为不属于行政诉讼的受案范围?

根据《最高人民法院关于不服县级以上人民政府信访行政管理部门、负责受理信访事项的行政管理机关以及镇(乡)人民政府作出的处理意见或者不再受理决定而提起的行政诉讼人民法院是否受理的批复》(〔2005〕行立他字第4号)规定,信访工作机构是各级人民政府或政府工作部门授权负责信访工作的专门机构,其依据信访条例作出的登记、受理、交办、转送、承办、协调处理、监督检查、指导信访事项等行为，对信访人不具有强制力，对信访人的实体权利义务不产生实质影响。信访人对信访工作机构依据信访条例处理信访事项的行为或者不履行信访条例规定的职责不服提起行政诉讼的，人民法院不予受理。对信访事项有权处理的行政机关根据信访条例作出的处理意见、复查意见、复核意见和不再受理决定，信访人不服提起行政诉讼的，人民法院不予受理。

682. 哪些行政诉讼案件由中级人民法院作为第一审法院管辖？

根据《行政诉讼法》第十五条规定，中级人民法院管辖的第一审行政案件包括：对国务院部门或者县级以上地方人民政府所作的行政行为提起诉讼的案件；海关处理的案件；本辖区内重大、复杂的案件；其他法律规定由中级人民法院管辖的案件。

683. 如何判断受案法院是否对行政诉讼案件有管辖权？

《行政诉讼法》第三章专门规定了"管辖"。为着力解决审理难，行政诉讼法对管辖制度作了具体规定。受案法院是否对行政诉讼案件有管辖权，主要根据以下规定判断：

（1）级别管辖的规定。基层人民法院管辖第一审行政案件，中级人民法院管辖对国务院部门或者县级以上地方人民政府所作的行政行为的案件、海关处理的案件，本辖区内重大、复杂的案件，以及其他法律规定由中级人民法院管辖第一审案件。高级人民法院管辖本辖区内重大、复杂的第一审行政案件。最高人民法院管辖全国范围内重大、复杂的第一审行政案件。经复议的案件，作出原具体行政行为的行政机关和复议机关作为共同被告的，以作出原行政行为的行政机关确定案件的级别管辖。

（2）一般地域管辖的规定。行政案件由最初作出行政行为的行政机关所在地人民法院管辖。经复议的案件，也可以由复议机关所在地人民法院管辖。经最高人民法院批准，高级人民法院可以根据审判工作的实际情况，确定若干人民法院跨行政区域管辖行政案件。

（3）特殊管辖的规定。对限制人身自由的行政强制措施不服提起的诉讼，由被告所在地或者原告所在地人民法院管辖。因不动产提起的行政诉讼，由不动产所在地人民法院管辖。

（4）共同管辖与选择管辖的规定。两个以上人民法院都有管辖权的案件，原告可以选择其中一个人民法院提起诉讼。原告向两个以上有管辖权的人民法院提起诉讼的，由最先立案的人民法院管辖。

（5）移送管辖的规定。人民法院发现受理的案件不属于本院管辖的，应当移送有管辖权的人民法院，受移送的人民法院应当受理。受移送的人民法院认为受移送的案件按照规定不属于本院管辖的，应当报请上级人民法院指定管辖，不得再自行移送。

（6）指定管辖的规定。有管辖权的人民法院由于特殊原因不能行使管辖权的，由上级人民法院指定管辖。人民法院对管辖权发生争议，由争议双方协商解决。协商不成的，报它们的共同上级人民法院指定管辖。

（7）管辖权转移的规定。上级人民法院有权审理下级人民法院管辖的第一审行政案件。下级人民法院对其管辖的第一审行政案件，认为需要由上级人民法院审理或者指定管辖的，可以报请上级人民法院决定。

684. 如何确定行政诉讼的起诉人是否具有原告资格？

行政诉讼中的原告资格，是指启动行政诉讼程序，并能够让法院对其争议进入实体审理的主体资格。由此可见，原告资格具有双重涵义，即在形式上是指能否启动诉讼程序的资格，而在实质上是指能否让法院对其争议进行实体审查的资格。《行政诉讼法》第二条第一款规定："公民、法人或其他组织认为行政机关和行政机关工作人员的行政行为侵犯其合法权益，有权依照本法向人民法院提起诉讼。"《行政诉讼法》第二十五条规定："行政行为的相对人以及其他与行政行为有利害关系的公民、法人或者其他组织，有权提起诉讼。"《执行解释》第十二条对原告资格的界定标准作出了更加明确的规定："与具体行政行为有法律上利害关系的公民、法人或者其他组织对该行为不服的，可以依法提起行政诉讼。"

根据上述规定，在行政案件中，公民、法人或者其他组织要符合以下三个条件才能提起诉讼：一是起诉人认为其受到了被诉行政行为的不利影响，即存在真实的法律争议。二是起诉人的权益属于有关的法律规范的保护范围。三是被诉行政行为客观上具有影响起诉人权益的可能性，即起诉人属于行政行为影响所及的范围。

法律以权利义务为基本范畴，《行政诉讼法》第二十五条规定中的"利害关系"，准确地理解应归于起诉人是否具有"法律上的利害关系"。在行政诉讼中，所谓法律上的利害关系，是指因与被诉行政行为有关的法律规范保护范围内的权益可能受到被诉行政行为的不利影响，而在行政主体与受影响人之间产生的法律关系。这种利害关系可以归结为行政法律关系，原告与被告则是该行政法律关系的当事人（权利义务主体）。原告与行政主体之间存在行政法律关系，是具备原告资格的基础条件。原告与被告之间的行政法律关系大体有四种具体类型：一是行政主体通过行政行为创设的针对特定相对人的行政法律关系，此时在特定的相对人与行政主体之间产生行政法律关系。二是行政行为虽不以特定相对人为指向，但影响相对人以外的其他人的合法权益，而在行政主体与其他人之间产生行政法律关系。三是事实行为侵犯到他人的合法权益，而在行政主体与受害人之间产生行政法律关系。四是基于法律的特别规定产生的行政法律关系，即虽然自身的合法权益未受到影响，或者不可能受到影响，但因法律的特别规定而与特定行政行为产生法律上的关系。

685. 行政机关在什么情形下会当行政诉讼案件的被告？

行政诉讼案件被告，是指公民、法人或者其他组织起诉某具体行政行为侵犯其合法权益，而由人民法院通知应诉的具有国家行政职权的机关和组织。行政诉讼被告的有以下特征：（1）具有国家行政职权；（2）原告认为其作出的行政行为侵犯合法权益；（3）能够独立承担法律责任；（3）由人民法院通知应诉。

根据行政诉讼法和最高人民法院有关司法解释的规定，行政机关作被告的情形主要有以下几种：

（1）本机关作出的行政行为被提起诉讼；

（2）本机关不履行法定职责被提起诉讼；

（3）本机关委托的组织作出的行政行为被提起诉讼；

（4）本机关承接被撤销机关的职责或者变更的职权，承接前的相关行政行为被提起诉讼；

（5）本行政机关内设机构、派出机构在没有法律、法规或者规章授权的情况下，以自己的名义作出的行政行为被提起诉讼；

（6）以本机关组建并赋予行政管理职能，但不具有独立承担法律责任能力的机构名义作出的行政行为被提起诉讼；

（7）经上级机关批准但由本机关署名的行政行为被提起诉讼。

686. 行政复议机关在什么情形下会成为被告？

根据《行政诉讼法》和《适用解释》，行政复议机关当被告的情形主要以下几种：

（1）"维持"复议决定被提起诉讼的，经复议的案件，复议机关决定维持原行政行为的，作出原行政行为的行政机关和复议机关是共同被告。复议机关决定维持原行政行为，包括复议机关驳回复议申请或者复议请求的情形，但以复议申请不符合受理条件为由驳回的，原行政行为的复议机关不是共同被告。

（2）作出"改变"复议决定被提起诉讼的，复议机关改变原行政行为的，复议机关是被告。对于复议机关"改变"了原具体行政行为，《适用解释》第六条第二款作了解释：复议机关改变原行政行为，是指复议机关改变原行政行为的处理结果。

（3）作出不予受理或者驳回行政复议申请决定被提起诉讼的，行政复议机关是被告。此处驳回行政复议决定是指以不符合行政复议申请条件为由作出的驳回行政复议决定。

（4）逾期未作复议决定被提起诉讼的，复议机关在法定期间内未作出复议决定，公民、法人或者其他组织起诉复议机关不作为的，复议机关是被告。

687. 如何判断本行政机关是否应当被列为行政诉讼案件的被告？

公民、法人或者其他组织提起行政诉讼时，由于自身法律素养的不同，会出现所列被告不适格的情况。行政机关在收到行政诉状和行政应诉通知书后，应当首先判断自己作为行政诉讼案件的被告是否符合法律、法规的规定。一般情况下，因本机关作出的行政行为或者不履行法定职责被提起行政诉讼的，由本行政机关作为被告。在一些特殊情况下，应当依据行政诉讼法和相关司法解释进行判断和确认：

（1）受委托的组织作出的行政行为被诉的：根据《行政诉讼法》第二十六条第五款的规定，"行政机关委托的组织所作的行政行为，委托的行政机关是被告。"结合《执行解释》第二十一条的规定，行政机关在没有法律、法规或者规章规定的情况下，授权其内设机构、派出机构或者其他组织行使行政职权的，应当视为委托。当事人不服提起诉讼的，应当以该行政机关为被告。

（2）行政机关被撤销或者职能变更，撤销或者变更前作出的行政行为被诉的：在行政机关被撤销或职能变更后，会发生被告资格的承继和转移。根据《行政诉讼法》第二十六条第六款的规定，由继续行使其职能的行政机关担任被告。

（3）行政机关内部机构或派出机构作出的行政行为被诉的：《执行解释》第二十条第二、三款规定：行政机关的内设机构或者派出机构在没有法律、法规或者规章授权的情况下，以自己的名义作出具体行政行为，当事人不服提起诉讼的，应当以该行政机关为被告；法律、法规或者规章授权其行使行政职权的，其超过法定授权范围实施行政行为，以实施该行为的机构或者组织为被告。

（4）行政机关组建的机构作出的行政行为被诉的：行政机关组建的并赋予行政管理职能，但不具有独立承担法律责任能力的机构以自己的名义作出的行政行为，当事人不服提起诉讼，以组建该机构的行政机关为被告。

（5）经上级机关批准而作出的行政行为被诉的：根据《执行解释》第十九条的规定，当事人不服经上级行政机关批准的具体行政行为，向人民法院提起诉讼的，应当以在对外发生法律效力的文书上署名的机关为被告。

（6）经过行政复议的行政行为或者复议行为被诉的：①复议机关维持原行政行为的，由复议机关和作出原行政行为的行政机关作为共同被告。根据《适用解释》，复议机关驳回复议申请或者复议请求的，也应当作为共同被告，但以复议申请不符合受理条件为由驳回复议的，不能作为共同被告。②复议机关作出不予受理或者驳回决定、或者改变原行政行为，复议机关是被告。③复议机关在法定期间内不作出复议决定，当事人对原行政行为提起诉讼的，应当以作出原行政行为的行政机关为被告；当事人对复议机关的复议不作为提起诉讼，则应当以行政复议机关为被告。

688. 常见的行政诉讼第三人有哪些？

行政诉讼第三人，是指同被诉行政行为有利害关系但没有提起诉讼，或者同案件处理结果有利害关系，经申请或者由人民法院通知参加诉讼的公民、法人或者其他组织。第三人有以下特征：（1）是原、被告之外的公民、法人或其他组织；（2）同被诉行政行为有利害关系；（3）在诉讼中具有独立的诉讼地位。

实践中比较常见的行政诉讼第三人主要有：行政处罚案件中的受害人或者加害人；行政处罚案件中的共同被处罚人；行政裁决、行政确权案件的当事人；行政许可案件中，与行政许可有利害关系的人等。

689. 哪些行政行为应当先行申请行政复议，对行政复议决定不服才能提起行政诉讼？

《行政诉讼法》第四十四条第二款规定：法律、法规规定应当先向行政机关申请复议，对复议决定不服再向人民法院提起诉讼的，依照法律、法规的规定。这是对复议前置的规定，法律、法规规定了复议前置，公民、法人或者其他组织就不能直接对行政行为提起诉讼。

原则上，行政争议的救济途径可以由当事人自由选择，但是为了更好地解决行政争议，在特殊情形下先申请复议则效果更佳。行政复议前置的优点在于，行政机关对其作出的行政行为进行重新审查，使行政机关通过行政复议活动，加强对本系统内部的层级监督，有利于行政职权合法和有效行使。另一方面，由于许多行政争议都涉及一定的专业知识，这些争议由熟悉相关业务的行政机关来处理，有利于及时解决行政纠纷，提高行政工作效率。

行政诉讼法将行政复议前置情形规定的权限授予法律和法规。从目前我国现行的法律规定来看，行政复议前置的行政行为基本属于专业性较强的领域，主要有自然资源的确权案件、纳税争议案件、专利案件、军品出口案件、价格处罚案件和外汇处罚案件等。

690. 一般行政诉讼案件的起诉期限是多长？

行政诉讼的起诉期限，是指公民、法人或者其他组织不服行政机关作出的行政行为，而向人民法院提起行政诉讼，其起诉可由人民法院立案受理的法定期限。行政诉讼起诉期限是法律设定的起诉条件之一，解决的是行政起诉能否进入司法实体审查的问题。不同的行政诉讼案件，起诉期限也会有所不同。

（1）一般行政诉讼案件的起诉期限。一般行政诉讼案件根据行政机关事否送达行政决定、是否告知诉权等不同情况，起诉期限也有所不同：①行政机关送达行政行为相关文书并告知诉权或者起诉期限的，起诉期限为自送达行政行为相关文书之日起6个月内，起诉期限从收到行政行为相关文书之日的次日起算。②行政机关送达行政行为相关文书但未告知诉权或者起诉期限的，起诉期限为自行政行为相关文书送达之日起2年内，起诉期限从收到行政行为相关文书之日的次日起算。③行政机关未送达行政行为相关文书的，起诉期限为自公民、法人或者其他组织知道或者应当知道行政行为之日起2年内，起诉期限从公民、法人或者其他组织知道或者应当知道具体行政行为之日的次日起算。如果期限届满的最后1日是节假日的，以节假日后的第1日为期间届满的日期。

（2）最长起诉期限。最长起诉期限是指公民、法人或者其他组织不知道行政机关作出行政行为时的起诉期限。根据《行政诉讼法》第四十六条第二款规定，因不动产提起诉讼的案件最长起诉期限为自行政行为作出之日起20年，其他案件为自行政行为作出之日起5年，超过上述起诉期限提起诉讼的人民法院不予受理。

（3）其他法律规定的起诉期限。按照特别法优于普通法的原则，《行政诉讼法》第四十六条第一款规定，法律对起诉期限另有规定适用其规定。如《专利法》第四十六条第二款规定，对专利复审委员会宣告专利权无效或者维持专利权的决定不服的，起诉期限为自收到通知之日起3个月内；《土地管理法》第十六条规定，对有关人民政府处理土地所有权和使用权争议的决定不服的，起诉期限为自接到处理决定通知之日起30日内；《水污染防治法》第八十四条规定，当事人对行政处罚决定不服的，起诉期限为收到通知之日起15日内等。

（4）起诉期限的扣除和延长。期限的扣除和延长是起诉期限之外的一种补救措施。由于不可抗力或者其他不属于自身的原因耽误起诉期限的，应当将耽误的时间从起诉期限中扣除，不计算入起诉期限。《最高人民法院关于审理与低温雨雪冰冻灾害有关的行政案件若干问题座谈会纪要》指出，低温雨雪冰冻灾害应当认定为不可抗力，其起止时间原则上以当地气象部门的认定为准。公民、法人或者其他组织因其他特殊情况耽误起诉期限的，在障碍消除后10日内，可以申请延长期限，但是否准许由人民法院决定。

691. 对经行政复议案件的起诉期限是多长？

经行政复议的案件有两类，起诉期限都是15日，但是起诉期限的起算点不同：

（1）对行政复议决定不服的案件，起诉期限为从收到复议决定书之日起15日内，即从收到复议决定书的次日算起，15日内可以向法院起诉。如申请人5月4日收到行政复议决定书，起诉期限为5月5日至19日。

（2）行政复议机关逾期不作决定的，申请人可以在复议期限满之日起15日内向人民法院提起诉讼，即从复议期满的次日算起，15日内可以向人民法

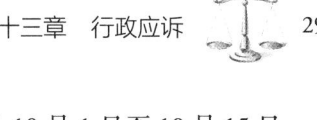

院起诉。如复议期满日为9月30日，起诉期限应当从10月1日至10月15日。需要注意的是，根据《行政复议法》第三十一条的规定，情况复杂的行政复议案件经批准最长可延期30日作出决定，该类行政复议案件的起诉期限的起算点也要相应顺延。

如果期限届满的最后1日是节假日的，以节假日后的第1日为期间届满的日期。

692. 不履行法定职责案件的起诉期限如何计算？

由于不履行法定职责的案件中不存在行政行为，其起诉期限无法按照普通行政诉讼案件的方法计算。为此，《行政诉讼法》专门作了相关的规定，一般情况下，行政机关不履行法定职责的，在行政机关接到申请之日起满两个月后，公民、法人或者其他组织即可向人民法院提起诉讼。也就是说，不履行法定职责案件起诉期限从行政机关接到申请之日起满两个月后起算。如行政机关收到申请之日为7月2日，到9月1满两个月，起诉期限应当从9月2日开始，直至第2年的3月1日止。

但是，法律、法规对行政机关履行职责的期限另有规定的，应当待其法定期限届满后开始计算起诉期限。如《政府信息公开条例》第二十四条规定，行政机关不能当场答复的，应当自收到申请之日起15个工作日内予以答复；如需延长答复期限的，应当经政府信息公开工作机构负责人同意，并告知申请人，延长答复的期限最长不得超过15个工作日。因此，对于行政机关拒不回复的，应当从行政机关收到申请之日的次日起算，满15日即可向人民法院提起诉讼，经批准延期的，起诉期限的起算点向后顺延。

另外，公民、法人或者其他组织在紧急情况下请求行政机关履行保护其人身权、财产权等合法权益的法定职责，行政机关不履行的，可即时提起诉讼，不需要等到满两个月再向人民法院提起诉讼。

693. 行政诉讼中的证据包括哪些？

《行政诉讼法》第三十三条规定行政诉讼证据有八种类型，分别是：（1）书证，指以文字、符号所记录或者表达的思想内容，证明案件事实的文书，如罚款单据、财产没收单据、营业执照、档案、账册等；（2）物证，指用外形、特征、质量等说明案件事实部分或者全部的物品。物证是客观事物，具有较强的客观性、特定性和不可替代性；（3）视听资料，指运用录音、录像等科学技术手段记录下来的有关案件事实和材料,如谈话录音、活动录像等;(4)电子数据,指以数字化形式存储、处理、传输的数据;(5)证人证言,指证人以口头或者书面方式向人民法院所作的对案件事实的陈述;(6)当事人的陈述,指当事人就自己所经历的案件事实,向人民法院所作的叙述和陈词;(7)鉴定意见,指鉴定机构或者人民法院指定的具有专门知识或者技能的人,对行政案件中出现的专门问题,通过分析、检验、鉴别等方式作出的书面意见;(8)勘验笔录、现场笔录,勘验笔录是指人民法院对能够证明案件事实的现场或者不能、不便拿到人民法院的物证,就地进行分析、检验、勘查后作出的记录;现场笔录是指行政机关对行政违法行为当场处理而制作的文字记载材料。

被诉行政行为适用法律方面的依据,严格而言不属于证据范畴,但仍属于行政机关向法院举证时一并提交的内容。行政行为依据包括:法律、法规、规章以及规范性文件。

694. 行政诉讼中原告承担哪些举证责任?

举证责任,是指当事人根据法律规定对特定的事实提供相关的证据加以证明的责任,若不能提供证据,将在诉讼中承担不利的诉讼后果,甚至可能败诉。

《行政诉讼法》第三十八条规定了原告承担举证责任的事项。原告主要在两类行政案件中负有举证责任:

(1)起诉被告不履行法定职责案件中,原告应当举证证明其曾向被告提出过申请。但如果是行政机关应当依职权主动履行法定职责或者原告因正当理由不能提供证据的,可以免除原告的举证责任。如在公共场所,警察发现不法分子殴打他人的行为不加制止。在受害人起诉该警察所属的公安机关时,就无需向人民法院提供在行政程序中提出申请保护的证据。再如,某公民在申请某项行政许可时,将相关申请材料递交许可机关,该机关拒绝出具任何手续,也不说明理由,也不作出是否许可的决定。为了保护该公民的诉讼权利,人民法院可以要求许可机关提供当天受理申请的登记册。

(2)行政赔偿、补偿的案件中,原告应当对行政行为造成的损害事实提供证据。损害事实是指实际上已经发生或者一定会发生的损害结果。赔偿人身损害的,原告应当提供证明伤情的医院诊断证明书,处方或者病历复印件、医疗单据等。但是如果因为被告行政机关的原因导致无法举证的,该项举证责任改由行政机关承担。如在行政相对人认为行政机关违法强制拆除建筑物提起诉讼的案件中，建筑物已经被拆除，行政相对人无法对行政行为造成的损害提供证据，这种情况下，应当由行政机关提供执法时填写的拆除违法建筑物物品清单。

695. 行政诉讼中行政机关承担哪些举证责任？

《行政诉讼法》第三十四条第一款规定："被告对作出的行政行为负有举证责任，应当提供作出该行政行为的证据和所依据的规范性文件。"

被告对作出的行政行为负有举证责任是行政诉讼举证责任分配的基本原则，也是行政诉讼区别于其他诉讼的特有原则。行政机关需要提交与被诉行政行为合法性有关的事实方面的证据和法律依据，具体包括：（1）有关被告职权依据的证据材料；（2）有关被诉行政行为程序方面的证据材料；（3）有关被诉行政行为所认定事实的证据材料；（4）作出被诉行政行为依据的规范性文件。

696. 行政诉讼中行政机关不举证要承担什么法律后果？

当事人的举证义务与法院的裁判结果直接关联。行政机关在行政诉讼中不提供或者不按照法律规定或者法院要求的期限提供作出行政行为的事实证据和法律依据，将承担败诉后果。即使行政机关作出行政行为当时证据确凿、依据充分，法院也不会认可被诉行政行为的合法性。

但是，如果行政机关行为涉及第三人合法权益的，行政机关不提供证据或者逾期提供证据的，如果第三人提供或者申请法院调取了相关证据，则法院需要查明相关事实和证据，判断被诉行政行为合法性，而不能简单判决行政机关败诉。

697. 行政机关在诉讼过程中收集证据有哪些限制？

根据《行政诉讼法》第三十五条规定，在诉讼过程中，被告及其诉讼代理人不得自行向原告、第三人和证人收集证据。此处，"诉讼过程"包括了行政诉讼一审、二审和再审程序。

行政机关应当依法行政，以证据证明其行政行为认定的事实，以法律为依据作出行政行为。因此，行政机关应当先取证，后作出行政行为，即行政机关只能以其在作出行政行为时收集的证据作为证明行政行为合法的依据。行政行为一经作出，行政机关则不应再自行收集证据。不得自行收集证据的主体既包括了被告还包括其诉讼代理人。不得自行收集证据的对象包括原告、第三人和证人。行政机关在诉讼过程中自行收集证据的，该证据不能作为认定被诉行政行为合法的依据。

698. 行政机关在什么情况下可以延期举证？

行政诉讼法规定，行政机关应当在收到起诉状副本15日内向法院提交作出被诉行政行为的全部证据。但是，根据《行政诉讼法》第三十六条第一款规定，行政机关因不可抗力等正当事由不能提供证据的，经人民法院准许，可以延期提供。行政机关延期举证应当符合下列条件：

（1）因不可抗力等正当事由不能提供证据。正当事由主要包括不可抗力和意外事件。不可抗力是指不能预见、不能避免并不能克服的客观情况。意外事件是指非由于行政机关的故意或者过失而偶然发生的事件。

（2）应当经人民法院准许，不得随意为之。

（3）提供的应当是行政机关在作出行政行为时已经收集的证据。

699. 行政机关能否在诉讼中补充证据？

《行政诉讼法》第三十六条第二款规定："原告或者第三人提出了其在行政处理程序中没有提出的理由或者证据的，经人民法院准许，被告可以补充证据。"这是行政机关在诉讼中唯一可以补充调查的例外情形。

行政机关补充证据有两个条件：一是原告或者第三人提出了其在行政处理程序中未提出过的理由和证据。原告、第三人在行政处理程序中不配合行政机关调查，不提供相关证据及证据线索，不提出申辩意见，在进入诉讼程序后，突然提出新证据，此时不允许行政机关补充证据，不符合公平原则。二是必须经过人民法院准许。可以补充证据情形的认定权在法院，行政机关不能自行行使这项权利。

补充调查的时间应当对应原告或第三人提出新证据和理由的时间，不局限于一审、二审或者再审程序。

700. 以非法手段取得的证据能否作为认定事实的依据？

按照《行政诉讼法》第四十三条第三款规定，以非法手段取得的证据，不得作为认定案件事实的根据。

以非法手段取得的证据是指以违反法律禁止性规定或者侵犯他人合法权

益的方法取得的证据，主要包括三类：（1）严重违反法定程序收集的证据材料，如依法应当有两名以上工作人员调查取证的，只有一名工作人员调查取得的证据；（2）以偷拍、偷录、窃听等手段获取侵害他人合法权益的证据材料；（3）以利诱、欺诈、胁迫、暴力等不正当手段获取的证据材料，如刑讯逼供获取的证据等。

701. 行政机关应当如何进行答辩？

答辩是法律赋予被告的一项诉讼权利，行政机关应当在行政诉讼中充分行使好这一权利，保护自己的合法权益。

（1）认真撰写书面答辩状。根据《行政诉讼法》第六十七条规定，行政机关应当在收到起诉状副本之日起15日内向人民法院提出答辩状。行政答辩状是行政诉讼中的被告（或被上诉人）针对原告（或上诉人）在行政起诉状（或上诉状）中提出的诉讼请求、事实与理由，向人民法院作出的书面答复。答辩状包括下列内容：一是针对原告提出的诉讼请求及理由，对行政行为或者行政复议决定认定的事实、履行的程序、证据的分析论证和法律依据情况进行全面回应；二是提出答辩请求：是裁定驳回原告起诉还是判决驳回原告的诉讼请求。

（2）履行好举证责任。审查行政行为的合法性是行政诉讼的中心任务，行政行为的合法性是行政诉讼全部证明活动的中心，行政机关参加行政诉讼的全过程都要紧紧围绕行政行为的合法性来进行。按照行政诉讼法的规定，审查具体行政行为的合法性，既要审查行政行为在实体上合法，也要求其在程序上必须合法。因此，行政机关履行举证责任，既要提供作出特定行政行为的事实根据，也要提供作出该行政行为的法律根据，即所依据的法律、法规、规章等规范性文件；既要提供证明实体合法的证据，也要提供证明程序合法的证据。行政机关还要在行政诉讼法规定的期限或者法院指定的期限内履行举证义务。

（3）注重提升答辩效果。行政机关在提交答辩状或进行庭审答辩时，应在行政行为事实依据上、程序规范上、法律适用上下功夫，所提供的行政诉讼证据要注重符合证据的"关联性、合法性和真实性"三个特征要求，只要支撑答辩观点的证据充分、真实、有效，其作出的行政行为就会依法得到法院的支持。

702. 如何制作证据和依据清单？

行政机关在向人民法院提交答辩状和证据时，应当制作证据和依据清单，列明自己所提交的证据和依据。行政机关需要提交包括证明主体资格、行政行为的存在、时间、合法性、合理性以及程序合法等方面的证据。证据清单要列明证据的名称、来源、证明目的；并按照证明目的进行分组。

依据清单是指行政机关作出行政行为时所依据的法律、法规、规章及规范性文件的清单。依据清单所列依据应当具体到所依据的法律、法规、规章或者规范性文件的条、款、项、目。依据清单应当与证据清单同时提交人民法院。

703. 行政机关提交答辩状的期限是多长？

根据《行政诉讼法》第六十七条规定，行政机关应当在收到起诉状副本之日起15日内向人民法院提交作出行政行为的证据和所依据的规范性文件，并提出答辩状。行政机关不提交答辩状的，不影响人民法院审理。

704. 行政机关开庭前应当做好哪些准备工作？

行政机关在收到人民法院开庭传票以及当事人权利义务告知书后，应当做好以下开庭准备工作：

（1）落实行政机关负责人出庭应诉，按照《行政诉讼法》第三条第三款和《适用解释》第五条的规定，行政机关要依法落实好出庭应诉的行政机关负责人，办理好法定代表人身份证明，出庭应诉负责人身份证明。行政机关负责人不出庭的，应当确定受委托出庭应诉的工作人员，并准备好相关说明材料和身份证明材料。

（2）选择好诉讼代理人共同出庭应诉。行政机关负责人出庭应诉，应当确定1至2名诉讼代理人共同出庭应诉，并办理好诉讼代理人委托手续。

（3）熟悉案情和与案件有关的法律、法规、规章等规定。参加庭审人员要审阅案卷及相关材料，全面了解被诉行政行为的事实、证据、程序及适用依据。

（4）研究制定应诉方案，制作答辩状，草拟代理词和辩论提纲。

（5）收集并及时向人民法院提交相关证据。行政机关应当收集能够证明己方观点的相关证据，并对证据进行归类排序，以备法庭组织证据交换使用，或庭审举证、质证所用。需要申请延期提交证据材料的，及时向人民法院提出书面申请；

（6）做好出庭应诉的其他准备工作。

705. 行政机关如何参加出庭应诉工作？

行政机关负责人、受委托出庭的工作人员和诉讼代理人应当依法准时出庭应诉，应当着装规范、举止端庄，尊重审判人员、原告及其诉讼代理人，遵守法庭纪律，依法行使答辩的权利，履行举证义务、配合法庭调查，积极进行辩论和陈述，对法院判决不服的，依法提起上诉，认真履行生效判决，维护行政机关的良好形象。

706. 行政机关在庭审时如何进行质证？

《行政诉讼法》第三十三条第二款规定，证据经法庭审查属实才能作为定案的根据。2002年7月24日公布的《最高人民法院关于行政诉讼证据若干问题的规定》（法释〔2002〕21号，以下简称《证据规定》）第三十九条第一款规定，在质证内容上，当事人应当围绕证据的关联性、合法性和真实性，针对证据有无证明效力以及证明效力的大小进行质证。据此，对于对方的证据应从内容和形式两方面进行质证。

（1）质证内容。上述规定在质证内容上确立了两个标准，即有无证明力及证明力的大小。确认证据的证明力，应当在确定证据是否具有证据"三性"（关联性、合法性和真实性）的基础上进行。如果证据不具备以上"三性"之一，则该证据即没有证明力；如果证据符合以上"三性"，则当事人还应就每个证据证明力的大小进行质证。证明力的大小，主要通过比较每个证据与案件事实之间联系的密切程度来确认。

（2）质证形式。《证据规定》第三十九条第二款规定，当事人及其代理人可以就证据相互发问，也可以向证人、鉴定人或者勘验人发问。也就是说，质证主要采取当事人向对方及其他诉讼参与人发问的方式进行。同时《证据规定》第三十九条第三款又规定，当事人及其代理人相互发问，或者向证人、鉴定人、勘验人发问时，发问的内容应当与案件事实有关联，不得采用引诱、威胁、侮辱等语言或者方式，即质证应当通过合法的方式进行。

707. 行政机关在庭审中如何进行法庭辩论？

《行政诉讼法》虽在第十条规定了"当事人在行政诉讼中有权进行辩论"，

而对辩论程序却未作明确规定。结合司法实践，行政诉讼的法庭辩论，当事人应围绕法庭归纳的争议焦点进行辩论。辩论的基本顺序为：原告及其诉讼代理人发言；被告及其诉讼代理人答辩；第三人及其诉讼代理人发言或答辩；互相辩论。

行政机关在庭审中可以就以下内容展开辩论：（1）对单项事实证据的真实性、合法性、关联性及证明力展开辩论；（2）对原告提供的证据是否足以推翻行政事实展开辩论；（3）对规范性文件的效力展开辩论；（4）对适用规范性文件是否准确展开辩论；（5）对行政程序是否合法展开辩论，等等。

708. 行政诉讼合法性审查原则的主要内容是什么？

行政行为合法性审查，是指人民法院通过依法受理、审理行政案件，对行政行为的合法性进行审查，并作出判决。合法性审查是行政诉讼的基本原则，《行政诉讼法》第六条确认了行政诉讼的这一基本原则。

合法性审查的主要内容包括两个方面：第一，实体合法性审查。实体审查是指审查行政机关所作出的行政行为，是否有法律依据，是否在其法定职权范围内作出，适用法律、法规是否正确等。第二，程序合法性审查。程序合法是实体合法的保障，是依法行政的重要组成部分。如果一个行政行为在程序方面出现违法，即使在实体方面没有问题，该行政行为也是违法的。如作出责令停产停业、吊销许可证或者执照、较大数额罚款等行政处罚决定之前应当告知当事人有要求听证的权利，当事人要求听证的，行政机关应当组织听证。如果行政机关没有遵守这一规定告知当事人有要求听证的权利，或者当事人要求听证而未组织听证，即使行政处罚实体正确，由于程序违法，也应当依法撤销。

709. 法院是否对行政行为的合理性进行审查？

行政行为的合理性，是指行政机关在其法定的自由裁量权范围内所作出的行政行为是否准确、恰当。由于合法性审查是行政诉讼的基本原则，因而对于行政行为的审查原则上不涉及行政行为的合理性问题。这是因为行政主体在实现其行政管理职权的过程中，享有一定范围内的行政裁量权，这是客观实际所需要的，也是法律所授权允许的。行政机关在法律授权的事项和范围内，可以对作出行政行为所附的方式、幅度、范围、数额等进行选择。凡是在法律授权内的行政裁量权，人民法院尊重行政机关的判断和选择，充分考虑行政效率、司法资源等因素，不对其进行过度干预。

行政行为"明显不当"，往往不是因为行政行为违反法律、法规的具体规定，而是违反法律的目的、精神、原则。按照《行政诉讼法》第七十条第六项规定，当行政行为明显不当时，人民法院可以对其进行审查，判决撤销或者部分撤销。因此，对于行政行为涉及合理性的问题，达到"明显不当"构成违法的情况下，人民法院可以进行审查，作出相应判决。

710. 行政行为明显不当如何认定？

行政行为明显不当，指的是行政行为严重违反行政合理性原则而不合适、不妥当或者不具有合理性，主要包括以下几种情形：（1）对违法行为的处理显失公正的，如同类违法行为，程度、后果相似而处理决定明显不同，畸轻畸重。（2）明显违背国家基本方针政策的，例如对乱收费乱罚款行为，有些虽有地方文件规定，但违背了中央文件的基本要求的，亦应视为明显不当。（3）为地方利益而影响大局工作的行政行为。例如，在农村土地承包中，行政机关为建设乡镇企业违反政策强令农民解除承包合同。（4）其他应当认定为明显不当的情形。

711. 是否可以直接对规范性文件提起诉讼？

《行政诉讼法》第十三条规定，人民法院不受理的行政诉讼事项包括行政机关制定发布的具有普遍约束力的决定、命令。第五十三条规定，公民、法人或者其他组织认为行政行为所依据的国务院部门和地方人民政府及其部门制定的规范性文件不合法，在对行政行为提起诉讼时，可以一并请求对该规范性文件进行审查。从上述规定来看，直接对规范性文件提出的诉讼，法院不予单独受理。只有在对行政行为提起诉讼时，可以一并提出对规范性文件进行审查，而且在审查被诉行政行为时，认为所依据的规范性文件存在不合法问题，在起诉人没有提出请求之时，人民法院也不能主动进行审查并作出处理。

712. 启动规范性文件的司法审查程序需具备哪些条件？

启动对规范性文件的司法审查的条件有：

（1）规范性文件作为行政行为的依据。一个行政行为的作出，可能适用多部规范性文件，提请审查的规范性文件必须是被诉行政行为的直接依据，它可以是全部依据，也可以是部分依据。

（2）公民、法人或者其他组织认为作为行政行为依据的规范性文件不合法。认为规范性文件"不合法"，包括认为其缺少上位法依据、内容与上位法相冲突、形式不合法等情形。

（3）在起诉行政行为时一并请求。起诉人只要主观认为被诉行政行为所依据的规范性文件不合法即可请求审查，对其认识是否正确并不要求，但不能仅对规范性文件提请司法审查。

713. 对哪些规范性文件可以进行司法审查？

行政机关制定的具有普遍约束力的规范性文件范围很广，包括国务院制定的行政法规、规章以及规章以下的规范性文件。目前而言，对规范性文件的涵义、制发主体、程序、权限以及审查等，我国均尚无全面、统一的规定。《行政诉讼法》第五十三条规定的可以一并提出审查的规范性文件包括国务院部门和地方人民政府及其部门制定的规范性文件，不包括规章。江苏省2009年出台的《江苏省规范性文件制定和备案规定》（江苏省人民政府令第54号）将规范性文件界定为"除规章以外，由本省行政机关依照法定权限和规定程序制定，涉及公民、法人和其他组织权利义务，并具有普遍约束力的各类文件的总称，包括政府规范性文件和部门规范性文件"。

714. 人民法院经过审查后是否可以直接判定规范性文件的合法性和效力？

《行政诉讼法》第六十四条规定："人民法院在审理行政案件中，经审查认为本法第五十三条规定的规范性文件不合法的，不作为认定行政行为合法的依据，并向制定机关提出处理建议。"《适用解释》第二十一条规定"规范性文件不合法的，人民法院不作为认定行政行为合法的依据，并在裁判理由中予以阐明。作出生效裁判的人民法院应当向规范性文件的制定机关提出处理建议，并可以抄送制定机关的同级人民政府或者上一级行政机关"。根据上述规定，人民法院对于认为不合法的规范性文件，并不直接判定其合法性和效力，只是不作为认定行政行为合法性的依据。同时，人民法院会在裁判文书论理部分作出相应的阐明，并向有关部门提出相关司法建议。

715. 行政诉讼案件上诉期限是多长？

当事人对人民法院第一审判决不服的，应当在判决书送达之日起15日内

向上一级人民法院提起上诉。当事人对人民法院第一审裁定不服的，应当在裁定书送达之日起10日内向上一级人民法院提起上诉。逾期不提起上诉的，人民法院的第一审判决或者裁定发生法律效力。

716. 行政诉讼法对行政应诉工作有哪些要求？

行政诉讼法对行政应诉工作有以下要求：

首先，要求被诉行政机关负责人应当出庭应诉。《行政诉讼法》第三条第三款规定："被诉行政机关负责人应当出庭应诉。不能出庭的，应当委托行政机关相应的工作人员出庭。"《适用解释》第五条规定："行政诉讼法第三条第三款规定的'行政机关负责人'，包括行政机关的正职和副职负责人。行政机关负责人出庭应诉的，可以另行委托一至二名诉讼代理人。"这一规定体现了行政审判对行政机关的监督和制约逐渐加大。

其次，对被诉行政机关的到庭情况给予了严格规定。《行政诉讼法》第六十六条第二款规定："人民法院对被告经传票传唤无正当理由拒不到庭，或者未经法庭许可中途退庭的，可以将被告拒不到庭或者中途退庭的情况予以公告，并可以向监察机关或者被告的上一级行政机关提出依法给予其主要负责人或者直接责任人员处分的司法建议。"这一规定折射出从严治官的行政法律精神，对于平衡诉讼主体间的权利义务关系具有进步意义。

最后，追究行政机关及其负责人拒绝履行生效判决、裁定、调解书的法律责任。《行政诉讼法》第九十六条规定，行政机关在规定期限内不履行的生效判决、裁定、调解书的，从期满之日起，一审法院可对该行政机关负责人按日处50元至100元的罚款；可将行政机关拒绝履行的情况予以公告；可向监察机关或者该行政机关的上一级行政机关提出司法建议。接受司法建议的机关，根据有关规定进行处理，并将处理情况告知人民法院；拒不履行判决、裁定、调解书，社会影响恶劣的，可以对该行政机关直接负责的主管人员和其他直接责任人员予以拘留；情节严重，构成犯罪的，依法追究刑事责任。

717. 如何执行行政机关负责人出庭应诉制度？

行政机关负责人出庭应诉，是被提起行政诉讼的行政机关负责人或分管负责人（行政副职）出庭应诉的一项诉讼制度。行政诉讼法已将这一制度法律化。

（1）出庭应诉是行政机关负责人的法定职责

党的十八届四中全会明确要求，提高领导干部运用法治思维和法治方式深化改革、推动发展、化解矛盾、维护稳定能力，党政主要负责人要履行推进法治建设第一责任人职责。健全行政机关负责人出庭应诉制度是贯彻党的十八届四中全会精神的重要举措，也是行政诉讼法的明确要求，对于抓住领导干部这个"关键少数"、强化责任意识和担当意识、全面提升依法行政工作水平具有重要意义。各级行政机关要认真落实行政机关负责人出庭应诉制度，行政机关负责人要依法参加行政诉讼，直接倾听人民群众呼声，及时发现和纠正行政执法中存在的问题，维护法律尊严与权威，提高政府公信力。

（2）行政机关负责人出庭应诉的基本要求

①明确出庭应诉的案件范围。对本机关或在本辖区范围内有重大影响的行政诉讼案件，由被诉行政机关主要负责人出庭应诉，其他案件由行政机关有关负责人出庭应诉。人民法院就行政机关主要负责人出庭应诉提出书面建议的，行政机关应当认真对待。行政机关负责人不能出庭应诉的，应就不能出庭应诉的原因作出书面说明。

②全程参与案件处理。行政机关负责人要提高尊法、学法、守法、用法能力，全程参与案件的审理、调解、履行等环节。要掌握行政诉讼相关知识，熟悉庭审规则和基本流程，提高应诉技能。要提前熟悉案情，认真分析产生争议的原因，提出化解矛盾的措施。对诉讼过程中发现的违法行政行为，要主动纠错，依法撤销、变更或者停止执行原行政行为。对于人民法院的生效判决和裁定，行政机关应当依法履行。

③充分发挥典型案例的警示作用。各级、各部门法制机构要根据实际情况，选取典型案件，组织行政机关负责人和行政执法人员参加旁听审理，观摩庭审活动，增强行政机关工作人员依法行政意识。行政机关负责人要及时对出庭应诉案件进行综合分析，总结经验教训，规范行政执法行为。

（3）推动行政机关负责人出庭应诉制度有效落实

建立健全工作制度，认真做好行政机关负责人出庭应诉工作，确保行政机关负责人出庭应诉制度的落实。各级行政机关负责人要充分认识这项工作的实践意义，要把这一规定落到实处，做到出庭、"出声"、出效果，通过参加行政诉讼案件的诉讼、协调活动，着力强化依法行政理念，全面提高政府依法行政的能力和水平。加强对行政应诉人员法律知识的培训，注重选拔、配备熟悉法律业务的人员，着重培养具有法律职业资格或相关法律从业经历的人员，充实行政应诉队伍，不断提高行政应诉队伍的整体素质。

第十四章

行政调解

718. 什么是行政调解？

行政调解是由行政机关主持或主导，对行政机关与公民、法人或其他组织之间产生的行政争议以及公民、法人或其他组织之间产生的与行政管理职能有关的民事纠纷，通过说服教育和疏导，促使争议各方平等协商、化解矛盾的纠纷解决方式。目前我国尚未出台专门法律法规对行政调解进行规范，行政调解的一些规定主要散见在一些专业法律法规之中。如《水法》第五十七条规定："单位之间、个人之间、单位与个人之间发生的水事纠纷，应当协商解决；当事人不愿协商或者协商不成的，可以申请县级以上地方人民政府或者其授权的部门调解，也可以直接向人民法院提起民事诉讼。县级以上人民政府或者其授权的部门调解不成的，当事人可以向人民法院提起民事诉讼。"

719. 为什么要开展行政调解？

做好行政调解工作，是密切党和政府与人民群众的联系、增进社会和谐的重要途径，是加强和创新社会管理、加快建设法治政府的迫切需要。行政机关通过行政调解解决了大量的行政争议和民事纠纷。可以说，行政调解在保护公民、法人和其他组织的合法权益、维护社会稳定方面有着重要意义。

720. 行政调解的工作机制是什么？

为充分发挥行政机关在化解行政争议和民事纠纷中的作用，2010年国务院《关于加强法治政府建设的意见》要求，把行政调解作为地方各级人民政府和有关部门的重要职责，建立由地方各级人民政府负总责、政府法制机构牵头、各职能部门为主体的行政调解工作机制。

721. 行政调解有哪些功能？

行政调解在化解社会矛盾纠纷方面具有以下功能：

（1）行政调解以其快捷、低廉、尊重当事人意思自治的方式解决当事人之间的冲突。与法院诉讼相比，行政调解不需要烦琐的手续，即时性也很强，化解矛盾纠纷效率高。从成本与收益上考虑，成本也较为低廉。行政调解尊重当事人的意思自治，以当事人参与为其必要条件，既有利于当事人了解法律，也有利于减少以后的执法成本。

（2）行政调解有利于实现行政机关与相对人之间的和谐。行政调解是在民主协商与当事人自愿的基础上产生的，它体现了政府民主管理与当事人自主行使处分权的自愿原则的有机结合。通过做耐心、细致、全面、具体的调解工作，可以培养行政机关工作人员踏实认真尽职尽责的工作作风，树立行政机关良好的工作形象，并由此增强人民群众对行政机关的信任，进一步建立人民群众同政府密切融洽、相互信赖的关系。

722. 行政调解有哪些工作原则？

行政调解工作应当遵循以下原则：

（1）自愿原则。充分尊重当事人的意愿，不得强迫当事人接受调解方式或调解结果。

（2）合法原则。遵循法律、法规、规章和有关规定，不得损害国家利益，不得侵犯公民、法人和其他组织的合法权益。

（3）平等原则。尊重争议各方表达意愿和诉求的权利，公正、平等地协商解决利益纠纷。行政机关作为当事人一方时，与行政管理相对人的地位平等。

（4）优先原则。根据法律、法规、规章有关规定和争议纠纷情况，在征得当事人同意的基础上，优先选用调解的方式解决矛盾纠纷。

（5）便捷原则。行政调解应当简便、快捷、高效。

723. 行政调解的范围包括哪些？

行政调解的范围主要包括行政机关或法律、法规授权的具有管理公共事务职能的组织与公民、法人或其他组织之间产生的行政争议；公民、法人或其他组织之间产生的与行政管理职能有关的民事纠纷。在一些部门的单行法中对行政调解范围作出了规范，如《治安管理处罚法》第九条规定："对于因民间纠纷引起的打架斗殴或者损毁他人财物等违反治安管理行为，情节较轻的，公安机关可以调解处理。……"

724. 哪些事项不属于行政调解范围？

根据有关法律、法规和文件规定，不适用行政调解的事项主要是：当事人不同意行政调解的；人民法院已经受理或者作出生效判决、裁定的；仲裁机构已经受理或者作出生效裁决的；已经信访复核的；已经复议决定的；其他行政机关、调解组织已经受理调解或者已经作出行政调解决定的；已经签订行政调解协议，又重新申请行政调解的；法律法规、规章规定不适用行政调解的其他情形。

725. 行政机关对行政调解的管辖如何划分？

行政调解按照"属地管理、分级负责"的原则进行管辖，由争议发生地或者具有管理权限的行政机关调解。两个以上行政机关收到同一行政调解申请的，由具有相关管理职能的行政机关受理。两个以上行政机关都有管辖权的，由最先收到申请的行政机关受理。

726. 行政机关对行政调解管辖权发生争议时如何处理？

行政机关对行政调解管辖权有争议的，由争议方协商确定受理机关；协商不成的，可以报同级政府法制机构指定受理机关。

727. 行政调解的程序有哪些基本规定？

行政调解根据案件的复杂程度，可分为简易程序和一般程序。其中，简易程序适用于案情简单、调解结果易于履行的争议纠纷，尽可能减少当事人的程序性负担；一般程序适用于案情复杂、当场不能解决的争议纠纷。行政调解一般程序主要包括以下步骤：

（1）启动。行政相对人可以对符合行政调解范围的事项向行政机关提出书面行政调解申请，口头申请的，由行政机关记录在案；行政机关也可以依职权提出，但须征得各方面当事人同意。

（2）受理。行政机关收到行政调解申请后，应及时决定是否受理并及时告知当事人。

（3）调处。行政机关受理行政调解申请后，应当及时告知当事人依法享有的权利和应当遵守的程序及相关事项。调解过程中，应当充分听取当事人的陈述、申辩和质证意见，依据法律、法规、规章及有关规定，对当事人进行说服、劝导，引导争议各方达成谅解。涉及重大、复杂以及社会影响较大的争议纠纷，行政机关可以采取听证、现场调查等方式调查取证。调解达成协议的，应当签订调解协议书。

728. 当事人如何申请启动行政调解？

当事人申请行政调解，可以书面申请，也可口头申请，口头申请的，行政机关应当记录在案；行政机关依职权提出的，须征得各方面当事人同意，并记录在案。当事人一方是政府工作部门的，另一方当事人可向该部门或者该部门的上一级主管部门提出调解要求，也可向同级人民政府法制机构提出调解申请。

729. 行政机关对哪些纠纷可以主动开展行政调解？

除当事人可以向行政机关申请启动行政调解程序外，行政机关对资源开发、环境污染、公共安全事故等方面的民事纠纷，以及涉及人数较多、影响较大、可能影响社会稳定的纠纷，可以主动进行调解。行政机关在日常管理和行政执法过程中发现争议纠纷时，应当主动告知当事人可以申请调解。

730. 行政调解的当事人有哪些权利？

当事人在行政调解活动中享有下列权利：
（1）选择或者接受人民调解员；
（2）接受调解、拒绝调解或者要求终止调解；
（3）要求调解公开进行或者不公开进行；
（4）自主表达意愿、自愿达成调解协议。

731. 行政调解的当事人有哪些义务？

当事人在行政调解活动中履行下列义务：
（1）如实陈述纠纷事实；
（2）遵守调解现场秩序；
（3）尊重对方当事人行使权利；
（4）依法履行行政调解协议。

732. 行政调解的当事人是否可以委托代理人参加调解？

在行政调解中，当事人可以根据实际需要，委托1至2名代理人参加行政调解，并向行政机关提交由委托人签名或盖章的授权委托书。授权委托书必须载明委托事项和权限，代理人代为承认、放弃、变更调解请求、提起反请求或拒绝调解的，必须有委托人的特别授权。在行政调解过程中，代理人权限变更或解除的，当事人应书面通知行政调解机关。

733. 行政调解是否收费？

行政机关开展行政调解，不收取任何费用，所需经费由财政预算予以保障。开展行政调解、化解社会矛盾纠纷是行政机关的法定职责，行政机关在受理并且办理行政调解的时候，不得向申请人收取任何费用。

734. 行政调解工作有哪些基本制度？

为保障行政调解制度的顺利开展，各级行政机关应当建立健全行政调解工作制度，主要包括行政调解的统计报告制度、公开运行制度、宣传信息制度、行政调解员制度、回避制度、文书制度、专项检查和考核制度等。

735. 行政调解统计报告制度有什么要求？

为全面准确地掌握行政调解工作情况，研究行政调解工作中的问题，各级行政机关应定期对行政调解工作的有关数据和情况进行汇总统计，并将统计结果报送本级人民政府，市、县（市、区）、乡（镇）人民政府要将统计情况报送上一级人民政府。对社会影响较大或者可能引发群体性事件的重大复杂争议纠纷，负责行政调解的行政机关应当及时报告。年度的行政调解工作情况纳入依法行政工作报告一并报送。行政调解统计报告具体工作由政府法制机构和部门等负责行政调解的机构承担。

736. 行政调解公开运行制度有什么要求？

根据《政府信息公开条例》的要求，行政机关要主动向社会公开行政调解有关工作制度，采取多种形式向社会公开行政调解工作制度、依据、范围、原则、流程和行政调解人员名单及其行为规范，方便群众了解相关信息，接受社会监督。

737. 行政调解信息宣传制度有什么要求？

各级行政机关要加大行政调解工作宣传力度，开展多种形式的宣传教育活动，使广大人民群众了解和支持行政调解工作，主动选择行政调解方式解决矛盾纠纷。

各级行政机关要重视和加强行政调解信息报送工作，明确专人负责行政调解工作信息的收集、整理、分析、汇总和报送，对重要、典型的行政调解工作信息，要采取专报形式及时上报。

738. 行政调解员制度有什么要求？

行政机关应当建立健全行政调解员制度，要求如下：

（1）行政调解员的确定。行政机关在机关内部按照一定条件明确一定数量的工作人员担任行政调解员。根据需要，也可以邀请有关社会力量或相关专家参与。

（2）行政调解员应当具备专业知识和业务能力。如《江苏省行政程序规定》第九十三条第一款规定："行政机关受理并且组织行政调解的，应当指派具有一定法律知识、政策水平和实际经验的工作人员主持调解。"

（3）行政调解员应当保持中立性与客观性。

739. 行政调解回避制度有什么要求？

行政机关在组织行政调解时，行政机关工作人员应当告知当事人有申请回避的权利。当事人认为行政调解员有应当回避情形的，可以口头或书面申请回避。对当事人的申请符合回避情形的，有关人员应当回避；不符合回避情形的，应当向当事人说明理由，经行政调解机关负责人批准，可以不予回避。

行政调解员有下列情形之一的，应当主动回避：

（1）是争议纠纷当事人；
（2）与争议纠纷当事人或代理人是近亲属的；
（3）与争议纠纷有利害关系；
（4）与争议纠纷当事人有其他关系，可能影响公正调解的。

740. 行政调解机关收到行政调解申请如何处理？

（1）接到行政调解申请后，应当在一定期限内决定是否受理并告知各方当事人。决定受理的应当及时书面告知当事人调解起止时间、依法享有的权利、应当遵循的程序以及注意事项等；决定不予受理的，应当说明理由。

（2）对受理的行政调解案件，应当在一定期限内向争议纠纷当事人送达

《行政调解通知书》及申请书副本等材料，并告知提出意见及证据的权利及期限。在调解过程中，应当制作调解笔录，全面、客观记载调解的过程、内容。调解笔录应当由争议纠纷当事人、行政调解人员等签名确认。

（3）调解达成协议的，应当由各方当事人签订行政调解协议书。调解协议内容不得违反法律法规、规章的规定。

（4）调解达不成协议的，应当及时终止调解，制作终止调解通知书，送达当事人，并告知当事人通过行政复议、诉讼、仲裁等其他法律途径解决。

（5）行政调解案件形成的档案材料应按年度及时归档，案件终结时由办案人员按调解工作程序和材料形成的时间顺序进行卷内系统整理，做到一案一卷。

741. 什么是"大调解"工作机制？

根据2011年《中央社会治安综合治理委员会、最高人民法院、司法部等部门关于深入推进矛盾纠纷大调解工作的指导意见》要求，大调解是将人民调解、行政调解、司法调解相互衔接有机结合的矛盾纠纷排查调处工作机制，具体是指在整合人民调解、行政调解、司法调解资源的基础上，形成以党委政府统一领导、政法综治部门牵头协调、调处中心具体运作，司法行政部门业务指导，职能部门共同参与的对社会矛盾纠纷统一受理、集中梳理、归口管理、依法调处、限期办结的调解机制。

742. 行政调解与人民调解有什么联系与区别？

行政调解和人民调解都是我国调解制度的组成部分，在及时解决纠纷中发挥着无可替代的作用。

行政调解与人民调解的相同之处：

（1）在中立的第三方主持下进行。

（2）以当事人自愿为前提。

（3）程序便捷及处理过程灵活。与诉讼相比，调解具有程序的便捷性和处理过程的灵活性。

（4）调解协议具有契约性质。当事人达成的协议是一种自愿的合意行为，具有契约性，但协议是否具有司法性亦即强制执行效力，则取决于不同调解的性质和法律的具体规定。

行政调解与人民调解的区别：

（1）主持调解的主体不同。行政调解的主体是特定的国家行政机关和法律法规授权的组织。人民调解不是由行政主体主持的，而是由基层群众性自治组织出面调解，具有自治性特征，它存在的范围比行政调解广泛。

（2）调解的范围不同。行政调解只适用于与行政管理有关的民事纠纷，而人民调解可以适用于所有的民事纠纷。

743. 行政调解与司法调解有什么联系与区别？

行政调解和司法调解都是通过非诉讼机制来处理民事纠纷和行政纠纷的调解方式。

行政调解和司法调解的相同之处：

（1）在中立的第三方主持下进行。

（2）以当事人自愿为前提。

（3）程序便捷及处理过程灵活。与诉讼相比，调解具有程序的便捷性和处理过程的灵活性。

（4）调解协议具有契约性质。当事人达成的协议是一种自愿的合意行为，具有契约性，但协议是否具有司法性亦即强制执行效力，则取决于不同调解的性质和法律的具体规定。

行政调解和司法调解的区别：

（1）主持调解主体的不同。行政调解的主体是特定的国家行政机关和一些法律法规授权的组织，其调解权来源于法律法规的授权。司法调解的主体是人民法院。司法调解的主持人员是各级各类人民法院的审判人员，而行政调解的人员则主要行政机关工作人员。

（2）性质不同。行政调解是诉讼外的调解，不属于司法活动，而司法调解属于诉讼中的调解，是进入诉讼程序后进行的具有司法性质的诉讼调解，是人民法院行使审判权的一种形式。

（3）调解范围不同。司法调解的范围主要是人民法院受理的全部民事案件和刑事自诉案件，以及附带民事诉讼案件。行政调解的范围主要包括民事纠纷、轻微违法行为、权属争议及行政补偿的数额争议等案件。

（4）法律效力不同。司法调解达成的协议一经送达生效，即具有和判决一样的法律效力，除特殊情况外，当事人即使反悔也无权再向法院起诉。行政调解达成的协议主要依靠当事人自觉自愿来履行，不具有法律上的强制性，一方反悔，另一方有权向人民法院起诉，一般不能申请人民法院强制执行（法律有特殊规定的除外）。对于一些争议如土地权属争议案件，如果当事人不愿进行行政调解或达不成调解协议的，或达成协议后又反悔的，行政机关可依法对争议做出处理。

744. 行政调解与司法调解、人民调解如何互相衔接？

根据 2011 年 4 月中央社会治安综合治理委员会、最高人民法院、司法部等部门《关于深入推进矛盾纠纷大调解工作的指导意见》等文件要求，各级人民政府要按照"属地管理、分级负责"的原则，建立由政府负总责、政府法制机构牵头、各职能部门为主体的行政调解工作体制，并纳入同级"大调解"工作平台，充分发挥行政机关在化解行政争议和民事纠纷中的重要作用；完善行政调解工作协调机制和联席会议制度，定期分析问题，研究改进措施，协调解决影响社会稳定的重大行政争议。

部门受理的矛盾纠纷，实行首问责任制，对依法属于本部门调解范围的矛盾纠纷，根据法律、法规和政策规定进行调解，同时，将调解情况通报同级大调解工作平台；对依法不属于本部门调解范围的矛盾纠纷，要报同级大调解工作平台登记受理，确定调解责任单位和责任人；对涉及多个部门的矛盾纠纷，由政府法制机构或者大调解工作平台指定的部门牵头调解；对跨地区的矛盾纠纷，由涉及地区的上一级大调解工作平台负责组织调解。

对调解不成的矛盾纠纷，要引导当事人运用行政复议、仲裁、诉讼等方式进行解决。对行政争议，行政复议机构要先行调解，推进行政调解与行政复议的衔接。

完善与人民法院在调解、执行等工作环节的联动机制，落实重大复杂案件通报制度、行政执法与行政审判联席会议制度和行政机关负责人出庭应诉制度，积极配合做好人民法院委托调解或需要行政、司法机关共同调解的行政案件有关工作。

745. 当事人达成行政调解协议是否需要制作调解协议书？

行政调解达成协议的，应当制作调解协议书，记载当事人的基本情况、行政调解结果等情况。

746. 制作行政调解协议书有哪些要求？

行政调解协议书应包括以下内容：当事人的姓名或者单位名称，法定代表

人姓名、职务；争议的案由及主要情况；当事人协议的内容和调解结果；履行协议的方式、地点、期限；当事人签名、调解工作人员签名，加盖调解机构印章。调解协议不得对各方当事人增设超越法律、法规规定的权利和义务。

747. 行政调解是否有期限要求？

目前，尚无法律法规对行政调解的期限作出统一规定，但各级行政机关应当提高行政调解工作效率，参照行政复议、行政诉讼等法定救济权利的时效并根据行政调解工作实际，确定本地区、本系统的行政调解时限。

748. 当事人如不能达成行政调解协议时应当如何处理？

经行政调解达不成调解协议的，行政机关应及时终止调解，依法作出处理或引导当事人通过行政复议、仲裁或诉讼等渠道解决。除告知当事人救济途径外，行政机关对有关违法行为应当依法予以处理，如《治安管理处罚法》第九条规定"经调解未达成协议或者达成协议后不履行的，公安机关应当依照本法规定对违反治安管理行为人给予处罚，并告知当事人可以就民事争议依法向人民法院提起民事诉讼"。

749. 行政机关如何送达行政调解协议？

送达程序参照《民事诉讼法》的有关规定执行，送达方式主要有直接送达、委托送达、邮寄送达等。

750. 当事人如何向人民法院申请对行政调解协议进行司法确认？

行政调解达成的调解协议，双方当事人认为有必要的，可以依法向人民法院申请司法确认。人民法院应当按照司法确认程序、管辖的相关规定，受理当事人的申请，及时对调解协议进行审查，依法进行确认。

当事人可以在书面调解协议中选择当事人住所地、调解协议履行地、调解协议签订地、标的物所在地基层人民法院管辖，但不得违反法律对专属管辖的规定。当事人没有约定的，除《民事诉讼法》第三十四条规定的情形外，由当事人住所地或者调解协议履行地的基层人民法院管辖。经人民法院委派或委托有关机关或者组织调解达成的调解协议的申请确认案件，由委派或委托人民法院管辖。

当事人应当共同向有管辖权的人民法院以书面形式或者口头形式提出确

认申请。一方当事人提出申请，另一方表示同意的，视为共同提出申请。当事人提出申请时，应当向人民法院提交调解协议书、承诺书。人民法院在收到申请后应当及时审查，材料齐备的，及时向当事人送达受理通知书。双方当事人签署的承诺书应当明确载明以下内容：

（1）双方当事人出于解决纠纷的目的自愿达成协议，没有恶意串通、规避法律的行为；

（2）如果因为该协议内容而给他人造成损害的，愿意承担相应的民事责任和其他法律责任。

751. 当事人如何履行行政调解协议？

行政调解协议经各方当事人认可并签字或盖章后，即对调解当事人具有约束力，当事人应当自觉履行，按照协议确定的期限和要求依法履行。

752. 行政机关如何督促当事人履行行政调解协议？

行政机关应及时对争议各方履行调解协议情况进行回访，督促各方履行约定义务，巩固调解成果，实现定分止争、案结事了。

753. 一方当事人不履行行政调解协议，另一方当事人如何寻求救济？

当事人应当履行调解协议，一方当事人不履行调解协议的，另一方当事人可依法提起民事诉讼。

第十五章

行政机关合同管理

754. 什么是行政机关的合同？

行政机关的合同，是指行政机关在行政管理、公共服务以及民事经济活动中，作为一方当事人所订立的涉及国有资产、财政资金使用和自然资源、公共资源利用等的合同。其中，行政机关包括国家行政机关和法律、法规授权的组织以及行政机关委托的组织。

行政机关的合同包括：行政机关同自然人、法人和其他组织之间设立、变更、终止民事权利义务关系而订立的民商事合同；行政机关为实现公共利益或者行政管理目标，在法定职责范围内，与公民、法人或者其他组织协商订立的具有行政法上权利义务内容的行政协议。

755. 行政协议的常见种类有哪些？

行政协议主要包括政府特许经营协议和土地、房屋征收征用补偿协议等。如土地等国有资源的使用和开发利用合同；国有土地上房屋征收补偿协议；道路客运线路经营权合同等。

756. 行政机关订立的民商事合同常见种类有哪些？

行政机关订立的民商事合同主要包括：政府采购合同、国有集体资产租赁合同、公共工程承包合同、人事聘用合同等。

757. 行政机关合同管理的目的是什么？

行政机关的合同管理是为了防范合同风险和减少合同纠纷，规范行政机关的民事行为与行政协议行为，维护国家利益和社会公共利益。

758. 行政机关在行政协议中的主体地位与普通民商事合同中的主体地位有什么区别？

行政机关在行政协议中和普通民商事合同中的主体地位的区别主要在于：行政机关订立行政协议时，以行政主体的身份参加，在协议的签订、履行、解除、终止过程中，居于主导地位，享有协议的优益权、单方面变更权和解除权等，在其权利义务的约定上具有不对等性；行政机关订立普通民商事合同时，是以平等的民事主体身份参加的。

759. 因履行行政协议引发的争议一般可通过哪些途径解决？

因履行行政协议引发的争议，行政机关可以与合同相对方友好协商解决，也可以根据行政协议所涉及的有关法律法规向相关行政机关申请调解；合同相对方不愿协商、调解或者协商、调解不成的，可以依法向法院提起诉讼。行政机关订立的民商事合同还可以依照约定申请仲裁。

760. 行政机关订立的合同由谁起草？

行政机关订立的行政协议由行政机关起草，行政协议有国家统一格式的可直接适用格式文本。行政机关订立的民商事合同可以由行政机关起草，也可以由合同相对方负责起草，还可以由合同各方共同协商起草。

761. 行政机关管理合同应当遵循什么原则？

行政机关管理合同应当遵循合法、诚信、权利义务相一致、不得损害国家、社会公共利益原则，并实行事前法律风险防范、事中法律过程控制、事后法律监督和补救相结合的原则。

762. 行政机关订立合同前应如何对合同相对方的情况进行核实？

行政机关在签订合同前须全面了解合同相对方的情况，防止出现合同欺诈，确保合同合法、有效、有利。具体可通过查阅资料、咨询、约谈、评估等方式，对合同相对方的主体资格、资信状况、履约能力进行核实。评估工作可以委托相关的专业机构实施。

763. 行政机关的合同在起草过程中应当注意哪些事项？

行政机关的合同在起草过程中应当着重注意五个方面：一是积极争取合同文本起草权。利用起草合同文本的机会，掌握对合同条款理解的主动权。二是合同双方权利、义务条款必须明确具体，特别是对双方的责任以及违约责任条款必须规范、明确，便于履行。三是约定争议管辖条款。为避免对方利用地方保护主义逃避法律制裁，减少到对方所在地法院参与诉讼的成本支出，在法律规定的前提下尽量约定在行政机关所在地法院管辖。四是对于日常交易中约定俗成的事项，如商业惯例、合同的一些附随义务等，尽量写入合同，避免争议。五是明确合同的生效时间和条件。

764. 行政机关订立的哪些类型合同需要进行风险评估？

行政机关订立凡涉及重大决策、重要政策、重大项目安排、大额资金使用等可能产生重大影响的合同，应当进行法律、经济、技术、环境成本效益、社会稳定风险分析，评估风险可控程度、分析对策措施。

765. 行政机关的合同风险评估的结果应如何运用？

行政机关的合同风险评估结果可作为订立合同的依据：对认为存在重大风险的，应不予订立实施；认为存在一般性风险的，应暂缓订立实施，待进一步完善合同内容，预防和化解合同风险的预案形成后订立实施；认为不存在风险的，可订立实施。

766. 行政机关的合同出现履行风险的，应如何处理？

行政机关的合同在履行过程中出现风险的，应根据情况分别处理：

（1）存在合同履行困难或无履行能力的，评估是否有必要签订补充合同、变更合同主条款或解除合同，提出补充、变更、解除合同的具体意见；

（2）发生合同违约情况的，评估违约责任大小、法律后果及责任承担，并提出处理意见；

（3）产生合同履行争议或纠纷的，评估可能产生的负面影响，并提出解决途径和办法；

（4）出现合同履行客观情况变化的，评估可能产生的法律后果，并提出解决处理办法。

767. 行政机关合同合法性审查的概念是什么？

行政机关合同合法性审查，是指合同审查机构根据相关法律文件等规定，对行政机关签订合同的主体、形式、内容、程序是否符合法律法规规定而开展或牵头组织的审查核实的活动。

768. 行政机关合同合法性审查的主体是谁？

行政机关合同合法性审查工作按照"谁订立、谁审查、谁负责"的原则，由政府法制部门、政府工作部门法制机构负责。其中以政府名义订立或者依政府授权、委托订立的合同，由本级政府法制部门负责合法性审查工作。以其他行政机关名义订立的合同，由该行政机关的法制工作机构负责合法性审查工作，行政机关订立的合同，需要由政府法制机构审查的，具体审查标准视情形而定。

769. 行政机关合同合法性审查包括哪些材料？

行政机关合同合法性审查的材料一般包括：合同文本草案；合同相关背景材料，包括起草过程、风险评估、合约方资信调查情况和其他需说明的事项；与合同有关的法律、法规、规章和政策依据；由法律顾问出具的法律意见书；相关批准文件等审查部门和机构认为需要提供的其他材料。

770. 行政机关合同合法性审查包括哪些主要内容？

行政机关合同主要分为民商事合同和行政协议。对于民商事合同，根据《民法通则》和《合同法》的规定，合法性审查主要包括五个方面的内容：合同主体、形式、内容、违约责任和订立程序。

合同主体是依据合同享有权利承担义务的合同当事人。审查合同主体是否合法需审查合同当事人的主体资格是否合法，即审查当事人是否具备相应的民事权利能力和民事行为能力。

合同的形式应当符合要求。当事人订立合同，有书面形式、口头形式和其他形式。如果法律、行政法规规定采用书面形式的，应当采用书面形式。例如《合同法》、《担保法》规定：融资租赁合同、建设工程合同、技术开发合同和技术转让合同、借款合同（自然人借款另有约定的除外）、保证合同、抵押合同、质押合同等，定金应以书面形式约定。

合同内容应重点审查有无法律规定的致使合同无效的情形。如是否以欺诈、胁迫手段订立合同，损害国家利益；是否恶意串通，损害国家、集体或第三人的利益；是否有以合法形式掩盖非法目的的情况；是否损害社会公共利益；是否违反法律、行政法规的强制性规定。

在审查合同违约责任救济方式时，应首先考虑预期违约的可能性大小，再考虑预期损失的最大可能性，结合各种因素，视具体情况来选择。通常而言，损害可能较小但不希望对方违约，可设定较高违约金，以震慑对方依约履行合同；若预期损害不可预算，且根本违约的可能性较小，可具体设定损害赔偿的计算方式，以求发生违约事由后，能最大限度弥补自己的损失。

审查合同订立程序是否合法，应主要审查合同是否需要经过有关机关批准或登记或备案，审查合同双方当事人是否在合同上签字或盖章；签名或印章上的企业名称是否和当事人姓名或者名称一致；签字人是否是企业法定代表人或其授权代表；签字盖章的方式是否符合法律规定或合同的约定等。

对于行政协议，除审查以上内容外，更应重点审查行政权力行使的合法性、是否符合专项法律法规。如行政征收、征用合同应符合《土地管理法》、《国有土地上房屋征收与补偿条例》等规定；国有土地使用权出让合同应符合《城市房地产管理法》、《城镇国有土地使用权出让和转让暂行条例》等规定；公用事业特许经营合同应符合《市政公用事业特许经营管理办法》等规定，如目前正在推行的PPP项目（政府私人公共基础设施项目）的审核应当严格按照《关于开展政府和社会资本合作的指导意见》等规定实施，并按照格式要求起草合同文本，确保行政协议合法合规、有理有据。

771. 行政机关如何出具合法性审查意见书？

合同审查部门应当对合同主体、合同形式、合同内容、违约责任、合同签订方式是否合法逐一作出审查确认，在规定的时间内完成合法性审查工作并出具合法性审查意见书。合法性审查意见书应当载明送审合同名称、送审单位名称、送审时间、合同的基本情况、合同存在的主要问题、审查修改意见及法律依据、审查单位签章和作出审查的时间。

审查部门在必要时，可以到有关部门和单位进行调查研究，根据需要组织有关单位和专家学者进行法律咨询论证。

772. 合同起草机关对合法性审查意见书有异议的，如何处理？

合同起草机关如对合法性审查意见书有异议，由审查部门会同起草机关协调达成一致；协调不成的，由起草机关提请本级政府决定。合同起草机关根据最终的决定对合同进行修正、完成合同签订工作。

773. 行政机关合同签订后如何进行备案？

合同起草机关在签订合同后，应当及时向法制机构备案。以政府名义订立或者依政府授权、委托订立的合同，由起草机关向本级政府法制机构备案；以部门名义订立的合同，向其内部法制部门备案。合同备案的标准和时限要求由备案机关视情形设定。合同起草机关报送备案时，应提交备案报告和正式合同文本，其中备案报告包括签订合同的目的和主要内容说明。合同履行期间发生争议、变更、合同解除情形的，合同起草机关应及时向备案机关书面报送有关处理情况。

774. 行政机关合同签订后如何进行档案管理？

行政机关应当建立合同档案管理制度。合同签订机关应在规定的期限内将订立和履行合同过程中获取或形成的材料，及时予以整理，并立卷归档。合同档案内容主要包括合同文本、合同审查意见、备案报告、履行情况等有关材料。合同档案应按照类别、形式等标准进行统一编号、统一管理，同时行政机关应健全合同档案保管、借取、查阅等工作制度，实行合同档案规范化管理。

775. 政府法制机构在行政机关合同管理中的工作职责有哪些？

政府法制机构在合同管理中需要履行的职责有：一是事前法律风险防范。主要包括参与合同的谈判、起草、审查，规范合同文本。在签订机关对合同条款及法律风险的考虑不够全面的情形下，由法制机构进行合法性审查，必要时可以组织法律顾问进行咨询论证。二是事中法律过程控制。法制机构需要对合同签订、履行情况进行跟踪控制，掌握合同变更、解除等情况。三是事后法律监督补救。出现合同纠纷后，法制机构应及时协助签订机关进行协商、调解、仲裁、诉讼活动，最大限度减少合同损失。

776. 行政机关合同签订履行中涉及哪些责任？

行政机关合同签订履行中涉及的合同责任包括因违反合同约定的义务、合同附随义务或违反《合同法》等法律法规的义务而产生的民事责任、行政责任和刑事责任。

第十六章

行政赔偿

777. 什么是行政赔偿?

行政赔偿,是指国家行政机关及其工作人员违法实施行政管理职权,给公民、法人或其他组织的合法权益造成损害,由国家承担的一种经济责任赔偿。行政赔偿是国家赔偿的一种。

778. 行政赔偿应符合哪些条件?

构成行政赔偿应符合下列条件:
(1)赔偿请求人应当是合法权益受到损害的公民、法人和其他组织;
(2)赔偿义务机关应当是因自身或其工作人员行使职权时侵犯公民、法人和其他组织合法权益造成损害的行政机关;
(3)须有具体的赔偿请求和受害的事实根据,被侵权事项已经依法确认。

779. 不予行政赔偿的情形有哪些?

国家不承担行政赔偿责任的主要包括下列情形:
(1)行政机关工作人员实施的与行使职权无关的个人行为;
(2)因公民、法人和其他组织自己的行为致使损害发生的;
(3)法律规定的其他情形。

780. 我国行政赔偿分为哪几种途径?

我国行政赔偿主要有两种途径:一是单独就赔偿问题向赔偿义务机关(行政机关)或人民法院提出;二是在行政复议或行政诉讼中一并提起。

781. 单独提起行政赔偿诉讼须具备哪些条件?

单独提起行政赔偿诉讼须具备四个条件:
(1)行政机关侵权违法事实存在;
(2)行政机关侵权违法事实已经被确认;
(3)行政赔偿请求人先行向赔偿机关提出过赔偿申请;

（4）赔偿义务机关未在规定的期限内作出是否赔偿的决定，或行政赔偿请求人对赔偿的方式、项目、数额有异议，或赔偿义务机关作出不予赔偿的决定。

782. 单独请求行政赔偿的程序？

行政赔偿请求人可以单独就其所受的侵害向赔偿义务机关提出赔偿请求，赔偿义务机关依法予以赔偿；赔偿义务机关在法定期限内不作出是否赔偿的决定、作出不予赔偿决定，或行政赔偿请求人对赔偿决定有异议的，可以提起行政诉讼。

783. 一并提起行政赔偿请求有哪些特点？

一并提出行政赔偿请求，是指请求人在申请行政复议、提起行政诉讼中一并提出赔偿请求。其特点是：将确认行政行为违法与要求赔偿两项请求一并提出，并要求并案审理。复议机关或人民法院通常先确认行政行为的合法性，然后再决定是否赔偿。

784. 行政赔偿请求人应当符合哪些条件？

行政赔偿请求人应当符合下列条件：

一是请求人的合法权益受到行政机关及其工作人员违法行使职权的行为侵害并造成实际损害后果；

二是以自己的名义提出行政赔偿请求；

三是受行政赔偿义务机关或者人民法院就行政赔偿问题所作出的裁决、判决的约束。

785. 如何确定行政赔偿义务机关？

行政赔偿义务机关应根据不同的情况确定：

（1）行政机关及其工作人员行使职权侵犯公民、法人和其他组织的合法权益造成损害的，该行政机关为赔偿义务机关；

（2）两个以上行政机关共同行使职权时侵犯公民、法人和其他组织的合法权益造成损害的，共同行使行政职权的行政机关为共同赔偿义务机关；

（3）法律、法规授权的组织在行使授予的行政权力时侵犯公民、法人和其他组织的合法权益造成损害的，被授权的组织为赔偿义务机关；

（4）受行政机关委托的组织或个人在行使受委托的行政权力时侵犯公民、法人和其他组织的合法权益造成损害的，委托的行政机关为赔偿义务机关；

（5）赔偿机关被撤销的，继续行使其职权的行政机关为赔偿义务机关；没有继续行使其职权的行政机关的，撤销该赔偿义务机关的行政机关为赔偿义务机关；

（6）经复议机关复议的，最初造成侵权行为的行政机关为赔偿义务机关，但复议机关的复议决定加重损害的，复议机关对加重的部分履行赔偿义务。

786. 对哪些侵犯人身权的行为可以请求行政赔偿？

行政机关及其工作人员在行使行政职权时，有下列侵犯人身权情形的，受害人有取得赔偿的权利：

（1）违法拘留或者违法采取限制公民人身自由的行政强制措施的；

（2）非法拘禁或者以其他方法非法剥夺公民人身自由的；

（3）以殴打、虐待等行为或者唆使、放纵他人以殴打、虐待等行为造成公民身体伤害或者死亡的；

（4）违法使用武器、警械造成公民身体伤害或者死亡的；

（5）造成公民身体伤害或者死亡的其他违法行为。

787. 对哪些侵犯财产权的行为可以请求行政赔偿？

行政机关及其工作人员在行使行政职权时有下列侵犯财产权情形的，受害人有权要求行政赔偿：

（1）违法实施罚款、吊销许可证和执照、责令停产停业、没收财物等行政处罚的；

（2）违法对财产采取查封、扣押、冻结等行政强制措施的；

（3）违法征收、征用财产的；

（4）造成财产损害的其他违法行为。

788. 行政赔偿请求人是否可以同时提出多项赔偿请求？

赔偿请求人根据受到的不同损害，可以同时提出数项赔偿要求。具体的赔偿请求可以要求金钱赔偿，也可以要求返还财产或恢复原状。提出多项赔偿请求的，应分项列明。

789. 行政赔偿请求权的时效如何计算？

赔偿请求人请求行政赔偿的时效为两年，自其知道或者应当知道国家机关及其工作人员行使职权时的行为侵犯其人身权、财产权之日起计算，但被羁押等限制人身自由的期间不计算在内。在申请行政复议或者提起行政诉讼时一并提出赔偿请求的，适用行政复议法、行政诉讼法有关时效的规定。赔偿请求人在赔偿请求时效的最后六个月内，因不可抗力或者其他障碍不能行使请求权的，时效中止。从中止时效的原因消除之日起，赔偿请求时效期间继续计算。

790. 我国行政赔偿的方式有哪些？

行政赔偿以支付赔偿金为主要方式。能够返还财产或者恢复原状的，予以返还财产或者恢复原状。

791. 如何确定行政赔偿的标准？

侵犯公民人身自由的，每日赔偿金按照国家上年度职工日平均工资计算。

侵犯公民生命健康权的，赔偿金按照下列规定计算：

（1）造成身体伤害的，应当支付医疗费、护理费，以及赔偿因误工减少的收入。减少的收入，每日的赔偿金按照国家上年度职工日平均工资计算，最高额为国家上年度职工年平均工资的五倍。

（2）造成部分或者全部丧失劳动能力的，应当支付医疗费、护理费、残疾生活辅助具费、康复费等因残疾而增加的必要支出和继续治疗所必需的费用，以及残疾赔偿金。残疾赔偿金根据丧失劳动能力的程度，按照国家规定的伤残等级确定，最高不超过国家上年度职工年平均工资的二十倍。造成全部丧失劳动能力的，对其扶养的无劳动能力的人，还应当支付生活费。

（3）造成死亡的，应当支付死亡赔偿金、丧葬费，总额为国家上年度职工年平均工资的二十倍。对死者生前扶养的无劳动能力的人，还应当支付生活费。

生活费的发放标准，参照当地最低生活保障标准执行。被扶养的人是未成年人的，生活费给付至十八周岁止；其他无劳动能力的人，生活费给付至死亡时止。

792. 行政赔偿在什么情形下可进行追偿？

行政赔偿义务机关履行了赔偿责任后，可以启动行政追偿程序，责令有故意或者重大过失的工作人员或者受委托的组织或者个人承担部分或者全部赔偿费用。

793. 行政补偿和行政赔偿的区别是什么？

行政补偿，是指行政机关及其工作人员在管理国家和社会公共事务的过程中，因合法的行政行为给公民、法人或其他组织的合法权益造成了损失，由国家依法予以补偿的制度。行政补偿和行政赔偿主要存在四个方面的区别：

（1）发生的基础不同。行政赔偿由行政机关及其工作人员的违法行为引起。行政补偿则由合法行为引起。

（2）性质不同。行政赔偿是行政机关对其违法行为承担的一种法律责任，意在恢复到合法行为所应有的状态。行政补偿是一种例外责任，意在为因公共利益而遭受特别损失的公民、法人或其他组织提供补救，以体现公平负担的精神。

（3）承担责任的方式不同。行政赔偿责任以金钱赔偿为原则，以恢复原状、返还财产等方式为辅。行政补偿多为支付一定数额的金钱。

（4）承担责任的时间不同。行政赔偿以损害的实际发生为条件，在损害发生后进行。行政补偿既可以在损害发生前，也可以在损害发生后。

第十七章

依法行政推进工作

794. 什么是依法行政?

依法行政,是指行政机关及其工作人员根据宪法、法律、法规和规章的规定制定行政规范,行使行政权力。依法行政是依法治国的核心和关键。依法行政必须符合三个条件,一是行政主体必须依法设立并具备相应的资格和条件;二是行政权的取得和行使必须合法;三是行政机关违法或者不当行使职权时必须依法承担法律责任。

795. 依法行政的基本原则是什么?

依法行政的基本原则是:必须坚持党的领导、人民当家作主和依法治国三者的有机统一;必须把维护最广大人民的根本利益作为政府工作的出发点;必须维护宪法权威,确保法制统一和政令畅通;必须把发展作为执政兴国的第一要务,坚持以人为本和全面、协调、可持续的发展观,促进经济、社会和人的全面发展;必须把依法治国和以德治国有机结合起来,大力推进社会主义政治文明、精神文明建设;必须把推进依法行政与深化行政管理体制改革、转变政府职能有机结合起来,坚持开拓创新与循序渐进的统一,既要体现改革和创新的精神,又要有计划、有步骤地分类推进;必须把坚持依法行政与提高行政效率统一起来,做到既严格依法办事,又积极履行职责。

796. 依法行政的本质是什么?

依法行政的本质是依法规范、约束行政权力。根据现代法治理念和要求,依法行政是依法治权,不是依法治事;是依法治官,不是依法治民。

797. 全面推进依法治国为什么必须全面推进依法行政?

依法行政是依法治国的关键和核心,全面推进依法治国,建设法治政府,必须全面推进依法行政。习近平总书记提出,要"坚持依法治国、依法执政、依法行政共同推进,坚持法治国家、法治政府、法治社会一体建设",并强调:"各级政府必须坚持在党的领导下、在法治的轨道上开展工作,加快建设职能科学、权责法定、执法严明、公开公正、廉洁高效、守法诚信的法治政府"。实践中，80%的法律、90%的地方性法规、100%的行政法规和规章是由各级行政机关实施的。行政机关和国家公务人员如果缺失或淡化依法行政理念，不坚持在宪法和法律规定的范围内正确行使权力，依法治国就失去了最重要的运行基础和最强大的运行支柱。

798. 依法行政的基本要求是什么？

2004年，国务院《全面推进依法行政实施纲要》（以下简称国务院《纲要》）确定了依法行政的基本要求，即：合法行政、合理行政、程序正当、高效便民、诚实守信、权责统一。

799. 如何理解"合法行政"的要求？

所谓合法行政，是指行政机关实施行政管理，应当依照法律、法规、规章的规定进行；没有法律、法规、规章的规定，行政机关不得作出影响公民、法人和其他组织合法权益或者增加公民、法人和其他组织义务的决定。党的十八届四中全会决定提出的"法定职责必须为、法无授权不可为"，充分体现了合法行政的要求。

800. 如何理解"合理行政"的要求？

所谓合理行政，是指行政机关实施行政管理，应当遵循公平、公正的原则。要平等对待行政管理相对人，不偏私、不歧视。行使自由裁量权应当符合法律目的，排除不相关因素的干扰；所采取的措施和手段应当必要、适当；行政机关实施行政管理可以采用多种方式实现行政目的的，应当避免采用损害当事人权益的方式。

801. 如何理解"程序正当"的要求？

所谓程序正当，是指行政机关实施行政管理，除涉及国家秘密和依法受到保护的商业秘密、个人隐私的外，应当公开，注意听取公民、法人和其他组织的意见；要严格遵循法定程序，依法保障行政管理相对人、利害关系人的知情权、参与权和救济权。行政机关工作人员履行职责，与行政管理相对人存在利害关系时，应当回避。

802. 如何理解"高效便民"的要求?

所谓高效便民,是指行政机关实施行政管理,应当遵守法定时限,积极履行法定职责,提高办事效率,提供优质服务,方便公民、法人和其他组织。

803. 如何理解"诚实守信"的要求?

所谓诚实守信,是指行政机关公布的信息应当全面、准确、真实。非因法定事由并经法定程序,行政机关不得撤销、变更已经生效的行政决定;因国家利益、公共利益或者其他法定事由需要撤回或者变更行政决定的,应当依照法定权限和程序进行,并对行政管理相对人因此而受到的财产损失依法予以补偿。

804. 如何理解"权责统一"的要求?

所谓权责统一,是指行政机关依法履行经济、社会和文化事务管理职责,要由法律、法规赋予其相应的执法手段。行政机关违法或者不当行使职权,应当依法承担法律责任,实现权力和责任的统一。依法做到执法有保障、有权必有责、用权受监督、违法受追究、侵权须赔偿。

805. 推进依法行政的责任主体是谁?

各级政府及其部门是推进依法行政的责任主体。国务院《纲要》要求,各级人民政府及其部门要充分认识全面推进依法行政的必要性和紧迫性,真正把依法行政作为政府运作的基本准则,贯穿于行政管理的各个环节,加强对推进依法行政工作的领导,一级抓一级,逐级抓落实。

806. 推进依法行政的第一责任人是谁?

推进依法行政的第一责任人是各级政府及其部门的主要领导。《中共中央关于全面推进依法治国若干重大问题的决定》明确提出:党政主要负责人要履行推进法治建设第一责任人职责。国务院《纲要》和《国务院关于加强市县政府依法行政的决定》(以下简称国务院《决定》)、《国务院关于加强法治政府建设的意见》(以下简称国务院《意见》)都明确规定,强化行政首长作为推进依法行政第一责任人的责任,行政首长要对本地区、本部门依法行政工作负总责,统一领导本地区、本部门依法行政工作,将依法行政任务与改革发展稳定任务一起部署、一起落实、一起考核。

807. 推进依法行政责任主体的主要责任有哪些？

各级政府及其部门在推进依法行政工作中的主要责任包括：结合本地方、本部门经济和社会发展的实际，制定落实本纲要的具体办法和配套措施，确定不同阶段的重点，有计划、分步骤地推进依法行政，做到五年有规划、年度有安排。上级行政机关应当加强对下级行政机关贯彻本纲要情况的监督检查。对贯彻落实本纲要不力的，要严肃纪律，予以通报，并追究有关人员相应的责任。国务院《意见》还提出：县级以上地方人民政府常务会议每年至少听取两次依法行政工作汇报，及时解决本地区依法行政中存在的突出问题，研究部署推进依法行政的具体任务和措施。

808. 国务院为什么特别强调加强市县政府依法行政？

2008年，国务院专门就加强市县政府依法行政作出决定，强调要充分认识加强市县政府依法行政的重要性和紧迫性。

（1）加强市县政府依法行政是建设法治政府的重要基础。市县两级政府在我国政权体系中具有十分重要的地位，处在政府工作的第一线，是国家法律法规和政策的重要执行者。实际工作中，直接涉及人民群众具体利益的行政行为大多数由市县政府做出，各种社会矛盾和纠纷大多数发生在基层并需要市县政府处理和化解。市县政府能否切实做到依法行政，很大程度上决定着政府依法行政的整体水平和法治政府建设的整体进程。加强市县政府依法行政，事关巩固党的执政基础、深入贯彻落实科学发展观、构建社会主义和谐社会和加强政府自身建设目标的实现，必须把加强市县政府依法行政作为一项基础性、全局性工作，摆在更加突出的位置。

（2）提高市县政府依法行政的能力和水平是全面推进依法行政的紧迫任务。我国改革开放和社会主义现代化建设已进入新的历史时期，经济社会快速发展，一些深层次的矛盾和问题逐步显现，人民群众的民主法治意识和政治参与积极性日益提高，维护自身合法权益的要求日益强烈，这些都对政府工作提出了新的更高要求，需要进一步提高依法行政水平。经过坚持不懈的努力，近些年来我国市县政府依法行政已经取得了重大进展，但是与形势发展的要求还有不小差距，一些行政机关及其工作人员依法行政的意识有待增强，依法办事的能力和水平有待提高；一些地方有法不依、执法不严、违法不究的状况亟须改变。依法行政重点在基层，难点在基层。各地区、各部门要切实增强责任感和紧迫感，采取有效措施加快推进市县政府依法行政的进程。

809. 政府法制机构在推进依法行政过程中的职责有哪些？

政府法制机构是协助各级政府及其部门推进依法行政的参谋、助手和法律顾问，在推进本地区、本部门依法行政过程中承担统筹规划、综合协调、督促指导、政策研究、情况交流等职责，如拟订依法行政工作规划和年度工作计划，落实依法行政年度报告制度，组织开展依法行政考核评议工作等。

810. 推进依法行政的目标是什么？

根据党的十八大报告，当前我国推进依法行政的目标是：到2020年，基本建成法治政府。

811. 法治政府的基本内涵有哪些？

党的十八届四中全会明确提出了法治政府建设的基本内涵，即：职能科学、权责法定、执法严明、公开公正、廉洁高效、守法诚信。

812. "职能科学"如何理解和界定？

所谓职能科学，是指政府机构配置科学、结构合理、运转协调的行政组织体制基本建成。政府与市场、政府与社会的关系基本理顺，经济调节、市场监管、社会管理、公共服务和环境保护职能基本到位。

813. "权责法定"如何理解和界定？

所谓权责法定，是指政府及其部门依法取得和行使权力，履行行政决策和经济、社会、文化、生态管理等职责于法有据。行政机关违法或者不当行使职权，应承担的责任有明确的法律规定。

814. "执法严明"如何理解和界定？

所谓执法严明，是指行政执法体制改革基本到位。行政执法部门严格规范公正文明执法，法律、法规、规章得到严格实施，违法行为得到及时查处和制裁，公民、法人和其他组织的合法权益得到切实保护，行政执法的社会满意度显著提高。

815. "公开公正"如何理解和界定?

所谓公开公正，是指政府信息公开制度得到全面落实；政府与群众的沟通渠道更加畅通，人民群众的知情权、参与权、监督权等民主权利得到切实保障。政府及其部门公平公正地对待所有个人和组织，行政管理措施和手段必要、适当，社会公平正义得以维护。

816. "廉洁高效"如何理解和界定?

所谓廉洁高效，是指行政权力监督制度和机制基本完善，预防和惩治腐败的长效机制约束有力，实现干部清正、政府清廉、政治清明。法治能力明显提高，管理方式更加科学，服务更加便捷高效。

817. "守法诚信"如何理解和界定?

所谓守法诚信，是指行政机关工作人员特别是领导干部带头学法、模范守法，依法行政观念、能力明显增强。政府公信力显著提升，法治宣传教育成效明显，政务诚信示范引领作用突出，社会信用体系基本建成。

818. 当前依法行政存在哪些主要问题?

当前依法行政中存在的主要问题是：

（1）依法行政意识相对薄弱。一些行政机关工作人员特别是领导干部法治观念淡薄，习惯于传统思维方式和工作方法，不能坚持依法办事和依法定程序办事，导致决策失误。

（2）部分规范性文件相对失范。有的不按规定上报文件制定项目，不进行充分调研论证，不经过合法性审核；有的随意设定禁止条款且于法无据。

（3）行政执法监督相对乏力。有的行政执法监督缺位，未形成系统化、制度化、经常化的执法监督格局；有的行政执法监督滞后，忽视事前监督和事中监督，导致违法行为得不到有效预防和控制，违法执法者很少受到相应惩处。

（4）违法行政问题相对突出。有的行政执法主体混乱，部门职能重叠，职责不清，重复执法，多头执法现象严重；有的实施行政处罚不履行事先告知义务，不告知行政相对人获得法律救济的途径。

（5）政府法制机构作用尚未得到充分发挥。市、县一级政府法制机构人员偏少、经费紧张现象依旧突出，部分法制干部未接受过系统、专业的法律教育学习，难以完全适应依法行政的工作要求。

819. 深入推进依法行政应当采取哪些主要措施？

　　法律的生命力在于实施，法律的权威也在于实施。深入推进依法行政，加快建设法治政府，需要采取以下措施：

　　（1）依法全面履行政府职能。完善行政组织和行政程序法律制度，推进机构、职能、权限、程序、责任法定化。坚决纠正不作为、乱作为，坚决克服懒政、怠政，坚决惩处失职、渎职。推行政府权力清单制度，坚决消除权力设租寻租空间。推进各级政府事权规范化、法律化，完善不同层级政府特别是中央和地方政府事权法律制度；强化中央政府宏观管理、制度设定职责和必要的执法权，强化省级政府统筹区域内基本公共服务均等化职责，强化市县政府执行职责。

　　（2）健全依法决策机制。严格执行重大行政决策法定程序，确保决策制度科学、程序正当、过程公开、责任明确。建立健全重大决策合法性审查机制，未经合法性审查或经审查不合法的，不得提交讨论。积极推进法律顾问制度，充分发挥法律顾问在制定重大行政决策、推进依法行政中的积极作用。建立重大决策终身责任追究制度及责任倒查机制，对决策严重失误或者依法应该及时作出决策但久拖不决造成重大损失、恶劣影响的，严格追究行政首长、负有责任的其他领导人和相关责任人员的法律责任。

　　（3）根据不同层级政府的事权和职能，按照减少层次、整合队伍、提高效率的原则，合理配置执法力量。推进综合执法，大幅减少市县两级政府执法队伍种类，积极推进跨部门综合执法。完善市县两级政府行政执法管理，加强统一领导和协调。理顺行政强制执行体制，加强城市管理综合执法机构建设，提高执法和服务水平。严格执行行政执法人员持证上岗和资格管理制度，未经执法资格考试合格，不得授予执法资格。严格执行罚缴分离和收支两条线制度；健全行政执法和刑事司法衔接机制。

　　（4）坚持严格规范公正文明执法。加大关系群众切身利益的重点领域的执法力度。完善执法程序，建立执法全过程记录制度。重点规范行政许可、行政处罚、行政强制、行政征收、行政收费、行政检查等执法行为。严格执行重大执法决定法制审核制度。建立健全行政裁量权基准制度，细化、量化行政裁量标准；加强执法信息化建设和信息共享，提高执法效率和规范化水平。全面落实行政执法责任制，严格确定不同部门及机构、岗位执法人员执

法责任和责任追究机制，加强执法监督。

（5）强化对行政权力的制约和监督。努力形成科学有效的权力运行制约和监督体系，增强监督合力和实效。加强对政府内部权力的制约，对财政资金分配使用、国有资产监管、政府投资、政府采购、公共资源转让、公共工程建设等权力集中的部门和岗位实行分事行权、分岗设权、分级授权，定期轮岗，强化内部流程控制。完善政府内部层级监督和专门监督，改进上级机关对下级机关的监督，建立常态化监督制度；完善纠错问责机制。完善审计制度，保障依法独立行使审计监督权。

（6）全面推进政务公开。坚持以公开为常态、不公开为例外为原则，推进决策公开、执行公开、管理公开、服务公开、结果公开。各级政府及其工作部门依据权力清单，向社会公开政府职能、法律依据、实施主体、职责权限、管理流程、监督方式等事项。重点推进财政预算、公共资源配置、重大建设项目批准和实施、社会公益事业建设等领域的政府信息公开。涉及公民、法人或其他组织权利和义务的规范性文件，按照政府信息公开要求和程序予以公布。推行行政执法公示制度；推进政务公开信息化。

820. 推进依法行政的基本制度有哪些？

党的十八届四中全会在阐述"深入推进依法行政、加快建设法治政府"时重点提及的主要制度包括：完善行政组织和行政程序法律制度，完善不同层级政府特别是中央和地方政府事权法律制度，推行政府权力清单制度，积极推行政府法律顾问制度，建立行政执法机关、公安机关、检察机关、审判机关信息共享、案情通报、案件移送制度，建立执法全过程记录制度，严格执行重大决定法制审核制度，完善审计制度，推进行政执法公示制度。各地在推进依法行政实践中经过探索业经固化的制度性成果还包括：依法行政考核制度、依法行政报告制度、依法行政示范点创建和管理制度、依法行政信息报送制度，重大行政决策程序及其配套的专家咨询论证、听取群众意见、合法性审查制度，行政首长出庭应诉制度，行政执法人员资格管理和持证上岗制度，重大行政处罚案件报备制度，严格执行罚缴分离和收支两条线管理制度，规范行政执法自由裁量权制度，领导干部和公务员学法制度，拟任领导干部任前法律知识考试制度，行政复议、政务信息公开、法制宣传教育相关配套制度，等等。

821. 推进依法行政应当建立哪些运行机制？

推进依法行政应当建立的运行机制主要包括：

（1）在实体内容层面，主要有行政立法机制、行政决策机制、行政执法机制、行政执法监督机制。党的十八届四中全会强调指出，健全有立法权的人大主导立法工作的体制机制，发挥人大及其常委会在立法工作中的主导作用；加强和改善政府立法制度建设，完善公众参与政府立法机制；加强人大对立法工作的组织协调，健全向下级人大征询立法意见机制，健全立法机关和社会公众沟通机制；健全依法决策机制，确保决策制度科学、程度正当、过程公开、责任明确；建立行政机关内部重大决策合法性审查机制，建立重大决策终身责任追究制度及责任倒查机制，健全行政执法与刑事司法衔接机制。

（2）在动态运作层面，主要包括对行政权力运行、行政执法工作实施有效监督的综合机制（涉及党内监督、人大监督、民主监督、行政监督、司法监督、审计监督、社会监督、舆论监督等不同方面），政府法制部门加强依法行政组织协调的工作机制，行政权力网上公开透明运行机制，重大行政决策责任追究机制，行政执法联合行动、区域协同机制，行政执法信息共享机制，等等。

822. 如何构建法治政府建设指标体系？

构建法治政府建设指标体系，用以评价各级政府和政府部门依法行政的程度和水平，是深入推进依法行政的一项重要举措。我国湖北、广东、四川等省份及深圳、沈阳、苏州等地级市和一些县级政府，都在构建法治政府建设指标体系方面进行过有益探索。新近出台的《江苏省法治建设指标体系》，也专列了法治政府建设的6个单项考核指标。

构建法治政府指标体系应当科学、客观、全面反映法治政府建设的本质要求，力求将具有内在逻辑联系的指标组成评价系统，评估、衡量、比较和鉴别各级政府及其工作部门的依法行政水平，比较不同地区、不同部门法治政府建设的努力程度及推进成效；借助法治政府指标体系，可以衡量和评价各地依法行政的运行状况，推测出某一行政区域（省、市、县）依法行政的实际水平和未来走向。应当始终坚持数据的可得性原则，高度关注那些能够反映政府依法行政状况的动态数据，设定尽可能客观反映和体现依法行政各个方面的考核指标。

823. 为什么要开展依法行政考核？

组织实施依法行政考核是深入推进依法行政、加快建设法治政府的必然要求。国务院先后多次在有关文件中强调要构建科学的政府依法行政评价制度。《国务院办公厅关于贯彻落实全面推进依法行政实施纲要的实施意见》明确指出：建立公开、公平、公正的评议考核制和执法过错责任追究制，建立和完善行政机关工作人员依法行政制度，制定具体的措施和办法，把依法行政情况作为考核的重要内容。国务院《意见》进一步明确指出："加强依法行政考核工作，科学设定考核指标并纳入地方各级人民政府目标考核、绩效考核评价体系，将考核结果作为对政府领导班子和领导干部综合考核评价的重要内容。"党的十八届四中全会在部署"坚持依法治国、依法执政、依法行政共同推进，坚持法治国家、法治政府、法治社会一体建设"时强调指出："把法治建设成效作为衡量各级领导班子和领导干部工作实绩的重要内容，纳入政绩考核指标体系。"

824. 依法行政考核的主体是谁？

依法行政考核的主体是县级以上地方人民政府和实行垂直管理的省以上行业管理部门。县级以上地方人民政府负责对所属部门和下级人民政府依法行政情况进行考核；实行省以下垂直管理部门，由其上级管理部门进行考核，并充分听取地方人民政府的意见，考核结果抄告地方人民政府依法行政工作议事协调机构；实行双重管理的部门，由地方人民政府进行考核，并充分听取其上级管理部门的意见，考核结果抄告其上级管理部门。

825. 由谁来组织实施依法行政考核工作？

县级以上地方人民政府和实行垂直管理的省以上行业管理部门设立的推进依法行政议事协调机构，负责组织实施并协调推进依法行政考核工作。

826. 依法行政考核应当坚持哪些基本原则？

开展依法行政考核必须坚持的基本原则是：
（1）必须坚持实事求是，突出重点，减少环节，增强可操作性，保持连续性，注重考核工作效率和效果。
（2）必须坚持科学规范，细化考核指标，明确评分标准，科学设定权重，规范运作程序。

（3）必须坚持客观公正，坚持一个标准、一视同仁，全面准确地进行评估、评价和评分，充分体现公正性、合理性。

（4）必须坚持公众参与，以群众满意、认可为最高标准，拓展外部评议渠道和形式，扩大公众参与和工作透明度，逐步加大社会评价分值比重。

827. 依法行政考核的基本方法有哪些？

依法行政考核的基本方式是：日常考核与年度考核相结合，全面考核与专项考核相结合，自查与自评相结合，群众评议与专业部门考核相结合，材料审查与实地抽查相结合，定性评价与定量考核相结合。

考核机关应依据相关规定，结合本级政府或本系统年度依法行政工作重点和主要工作目标要求，制定年度依法行政考核实施办法，明确具体的考核内容、考核标准、考核形式和评分细则。其中：内部考核可以采取审阅年度报告、听取工作汇报、查阅案卷和文件资料、抽查下属单位工作情况以及考核机关确定的其他方法进行；外部评议可以由考核机关自行组织实施，也可以由考核机关委托其他机构实施，如采取座谈会、问卷调查、征求意见等方法进行。

828. 依法行政考核一般采取何种计分方式？

依法行政考核一般采取百分制计分方式，内部考核分值一般为80%，外部评议分值一般为20%。根据考核得分情况，分为优秀、良好、合格、基本合格、不合格五个等次。等次的分值划分由考核机关确定。

829. 依法行政考核需要重点改进的工作有哪些？

依法行政考核应当适应新形势新任务新要求，结合地区、部门依法行政工作实际，改进和完善考核工作。

（1）加强日常考核工作。建立日常考核网上平台，完善日常考核内容、形式及统计、评估方式，不断加大日常考核分值比重，逐步以日常考核取代年终考核。

（2）提高专项评价质量。科学设定专项评价项目和指标，提高定量考核分量和比重，更多地借助专业部门和机构的力量开展专项评价工作。

（3）改进现场核查方式。按照注重效果、突出重点、节约成本、提高效率的要求，压缩规模，缩减环节，逐步减少或取消台账资料的评查项目。

（4）科学设置考核项目。根据年度工作安排，针对薄弱环节和突出问题，确定考核项目，使考核内容与年度重点工作相衔接，工作要求与考核指标相统一，保证考核的连续性、针对性。

（5）创新外部评议机制。不断扩大外部评议分值比重，拓宽公众参与渠道，探索委托第三方考核评议等模式，增强外部评议的客观公正性和考核工作的公信力。

830. 依法行政考核结果如何应用？

依法行政考核结果应当与奖励惩处、干部任免挂钩。对考核确定为优秀等次的，考核机关应当给予通报表彰。对考核结果确定为不合格的，考核机关应当给予通报批评，并责成被考核单位写出书面整改意见。对考核中发现有严重违法行政行为的，考核机关应当启动行政问责程序，严肃追究主要负责人的责任；涉嫌犯罪的，移送司法机关依法处理。

831. 依法行政考核中哪些属于"一票否决"的情形？

依法行政考核中属于"一票否决"的情形包括：拒不执行或者违反法律、法规、规章以及国家政策、上级政府规定，引发恶性事件或重特大安全、环境等事故的；作出的决定、命令、指示违反法律、法规、规章或者国家政策、上级政府规定，造成重大经济损失或者在当地造成恶劣影响的；因失职、渎职给国家利益、集体利益和公民合法权益造成严重损害或引发恶性事件的；考核机关确定的其他情形。

832. 为什么要开展依法行政示范点创建工作？

开展依法行政示范点创建活动，是贯彻落实国务院《纲要》、《决定》和《意见》的重要举措，是全面推进依法行政、加快建设法治政府的重要抓手。实践中，各级政府及其部门通过大力培育依法行政的先进典型，及时总结、交流和推广工作经验，充分发挥典型的示范带动作用，在地区和部门之间营造了比学赶超、争先进位的良好氛围，大大激发了推进依法行政工作的活力，推动了法治政府建设不断取得新成效。

833. 如何开展依法行政示范点创建活动？

开展依法行政示范点创建活动应当把握好以下环节：

（1）基本程序。依法行政示范点创建，一般按照申报、推荐、初审、核查、评估、公示、确认等步骤进行。申报前，申报单位需对照示范点条件开展全面总结工作，确认符合条件的按照程序进行申报。推荐和初审工作，由下级政府推进依法行政工作的领导机构具体组织实施。核查、评估和公示工作，由本级政府推进依法行政工作领导机构负责组织实施。核查、评估过程中，可征求人大、政协、纪委、法院、检察院等机关和申报单位上一级业务主管部门的意见。公示一般不少于7个工作日，对于公示期间反映出来的问题，应认真调查核实并及时反馈，公示期满后，报经本级推进依法行政工作领导小组审核确认后发文授牌。

（2）示范分类。根据各地各部门实际情况，可以将示范点划分为综合示范和单项示范两个类别，以综合示范为主体、单项示范为补充。依法行政示范点（综合）和依法行政示范点（单项），实行同时申报、分别评定和分类管理，一个单位只确认为一个类别的示范点。符合综合示范点条件的，授予综合示范点；不够综合示范点条件，但有某一项或几项工作较为突出的，可授予单项示范点。综合示范点主要授予贯彻国务院《纲要》、《决定》和《意见》成效显著，各方面工作成绩突出的单位；单项示范点主要授予在推进依法行政、建设法治政府工作中积极探索创新，单项工作特色鲜明并具有示范和推广价值的单位。

（3）动态调整。依法行政示范点确定后，一般每2年进行一次重新申报和确认。依法行政示范点（综合）的调整要与年度依法行政考核、法治政府建设目标考评挂钩，凡连续2年考核考评达到优秀等次的依法行政示范点（综合），经重新申报可以直接评定为示范点；凡连续2年考核考评排名靠后的，取消其示范点重新申报资格。在动态调整过程中，要善于总结新经验，及时发现和推出新典型。

834. 如何加强对依法行政示范点的培育管理？

加强依法行政示范点培训管理应从以下几个方面着手：

（1）完善制度。各级推进依法行政工作领导机构都要制定加强依法行政示范点管理的相关意见，对本级依法行政示范点的创建标准、评选程序、确认命名、监督管理等提出具体要求，为依法行政示范点规范管理、科学管理提供依据。

（2）明确主体。被确认为省级依法行政示范点的县、乡级政府，由省、市推进依法行政工作领导机构办公室共同管理，日常管理以市为主；乡级政府，可以由县推进依法行政工作领导机构办公室协助管理。被确认为省级依法行政示范点的市、县行政机关和单位，由各市推进依法行政工作领导机构办公室和所属系统的省级机关共同管理，日常管理以市为主；县级行政机关和单位，可以由县推进依法行政工作领导机构办公室协助管理。市级依法行政示范点管理主体依此类推。

（3）健全机制。依法行政示范点日常管理主要包括创建活动的具体组织、推进和落实创新项目、开展示范点工作研究、组织示范点工作检查、推广宣传示范点先进经验、定期报送示范点依法行政情况等。同时可把依法行政示范点作为依法行政工作的"试验地"、"样板田"，开展课题研究，进行项目培育，有针对性地解决依法行政工作中带有普遍性的突出问题，在依法行政的重点环节、重点领域实现突破。

（4）跟踪督查。对于依法行政示范点，各级推进依法行政工作相关机构应实施跟踪管理，加强工作指导，组织检查考核，研究解决问题。对发生重大违法违规问题的，及时报告上级推进依法行政工作领导机构处理。

835. 如何发挥依法行政示范点的示范带动作用？

根据各地区各部门的实践经验，一般可以采取组织交流、宣传推广、信息直报等形式，发挥示范点的示范带动作用：

（1）组织交流。省、市、县推进依法行政工作领导机构办公室要建立和完善依法行政示范点工作交流制度，每年组织1至2次依法行政示范点经验交流或情况通报，及时掌握和通报依法行政示范点工作情况和示范项目进展情况，及时总结交流依法行政示范点的创新经验。同时，还可以通过建立依法行政示范点联络员QQ群、组织依法行政示范点联络员培训等多种形式，借助信息化手段强化信息交流和工作联系。

（2）宣传推广。对于各级依法行政示范点在工作中形成的好经验、好做法，及时总结提炼，条件成熟后通过媒体、网络以及政府网站等多种平台广泛宣传，为各地各部门提供学习样板。

（3）信息直报。建立健全依法行政示范点信息直报制度，全面认真做好依法行政工作信息的收集、整理、报送和统计工作，为政府及部门领导推进依法行政工作提供参考。

836. 什么是依法行政目录化管理？

依法行政目录化管理是指将依法行政各项任务、目标、措施、责任等进行细化、分解，形成目录体系，并按照时间节点推进的一种管理方式。

837. 什么是依法行政档案？

依法行政档案是指在推进依法行政工作过程中，按照档案管理要求形成的具有归档保存价值的所有文书、案卷、声像、实物和电子载体等资料的统称。

838. 依法行政档案包括哪些种类和具体内容？

依法行政档案一般包括依法行政制度建设、行政决策、行政执法、行政监督等工作中形成的档案。卷宗档案包括：规范性文件法制审核、规范性文件备案审查、重大事项法制审核、行政执法监督、行政执法协调、行政执法责任追究、行政调解、行政应诉、行政复议等；文书档案包括：文件材料、会议材料、交流材料、工作报告、统计表格、资料汇编等；声像档案包括：图片、录音录像、光盘等；实物档案包括：奖状、奖牌、奖杯、锦旗、证书、纪念品、印章等。

839. 党中央对领导干部学法提出了哪些新的要求？

十八大以来，党中央和习近平总书记对领导干部学法提出了一系列要求。党的十八报告提出，提高领导干部运用法治思维和法治方式深化改革、推动发展、化解矛盾、维护稳定能力。党的十八届四中全会通过的《中共中央关于全面推进依法治国若干重大问题的决定》提出，坚持把领导干部带头学法、模范守法作为树立法治意识的关键。

2012年12月4日，习近平总书记在首都各界纪念现行宪法公布施行30周年大会上的讲话中要求，要把宪法教育作为党员干部教育的重要内容，使各级领导干部和国家机关工作人员掌握宪法的基本知识，树立忠于宪法、遵守宪法、维护宪法的自觉意识。各级领导干部要提高运用法治思维和法治方式深化改革、推动发展、化解矛盾、维护稳定能力，努力推动形成办事依法、遇事找法、解决问题用法、化解矛盾靠法的良好法治环境，在法治轨道上推动各项工作。

2015年2月2日，习近平总书记在省部级主要领导干部学习贯彻十八届四中全会精神全面推进依法治国专题研讨班开班式上发表的重要讲话中强调，各级领导干部在推进依法治国方面肩负着重要责任，全面依法治国必须抓住领导干部这个"关键少数"。领导干部要做尊法的模范，带头尊崇法治、敬畏法律；做学法的模范，带头了解法律、掌握法律；做守法的模范，带头遵纪守法、捍卫法治；做用法的模范，带头厉行法治、依法办事。

840. 国务院对领导干部学法有哪些规定？

国务院《纲要》规定，实行领导干部的学法制度，定期或者不定期对领导干部进行依法行政知识培训。

国务院《决定》规定，健全领导干部学法制度，市县政府要建立健全政府常务会议学法制度；建立健全专题法制讲座制度，制订年度法制讲座计划并组织实施；建立健全集中培训制度，做到学法的计划、内容、时间、人员、效果"五落实"。

国务院《意见》规定，完善各级行政机关领导干部学法制度，通过政府常务会议会前学法、法制讲座等形式，组织学习宪法、通用法律知识和与履行职责相关的专门法律知识。县级以上各级人民政府每年至少要举办2期领导干部依法行政专题研讨班。

841. 国务院对领导干部任前法律知识考试有哪些规定？

国务院《纲要》提出，积极探索对领导干部任职前实行法律知识考试的制度。

国务院《决定》规定，加强对领导干部任职前的法律知识考查和测试，对拟任市县政府及其部门领导职务的干部，在任职前考察时要考查其是否掌握相关法律知识以及依法行政情况，必要时还要对其进行相关法律知识测试，考查和测试结果应当作为任职的依据。

国务院《意见》规定，推行依法行政情况考察和法律知识测试制度，拟任地方人民政府及其部门领导职务的干部，任职前要考察其掌握相关法律知识和依法行政的情况。

842. 对公务员学法有哪些要求？

国务院和地方各级人民政府对公务员学法均作出明确规定，要求建立行政机关工作人员学法制度，强化依法行政知识培训。采取自学与集中培训相结合、以自学为主的方式，组织行政机关工作人员学习通用法律知识以及与本职工作有关的专门法律知识。各级行政学院和公务员培训机构举办的行政机关公务员培训班，要把依法行政知识纳入教学内容。

（1）要建立和完善公务员录用、在岗和上岗前的法律知识培训制度，并增加法律法规知识在公务员录用考试中的比重。

（2）对已经在政府部门工作的一般公务员要不断地进行法律知识培训，把宪法和其他基本法律知识纳入公务员初任、任职和在职培训的必修内容。

（3）完善公务员法律知识培训考试机制，加大公务员法律知识测查力度，把公务员法律知识培训考试情况作为公务员年度考核的内容和任职、晋升的依据之一。

（4）对从事行政执法、政府法制等工作的公务员，还要进行专门的法律知识考试。

843. 对行政执法人员学法有哪些要求？

对行政执法人员学法的要求，分为岗前培训和在岗培训要求两个部分：

（1）对拟上任行政执法岗位的人员进行岗前培训，要拟定岗前培训大纲、培训计划等，开展相关法律知识培训和考试，特别是行政法系列的法律法规是执法人员的必修课程，经考试合格才能赋予其行政执法资格并发放行政执法证。

（2）强化对行政执法人员的在岗培训，在要求执法人员自学法律的基础上，定期组织对行政执法人员依法行政的轮训，特别是新出台的法律法规和执法规范等内容，每年培训时间不少于15天，并将培训情况、考试成绩作为对执法人员考核内容和任职晋升的依据之一。对在职行政执法人员定期进行考试、考核，凡考试、考核不合格的，取消其行政执法资格、调离行政执法岗位，严禁无行政执法资格的人员从事行政执法工作。

844. 如何加强政府法制机构人员能力培养？

深入推进依法行政，加快建设法治政府，涉及面广、难度大、要求高，需要一支政治强、作风硬、业务精的政府法制工作队伍，协助各级人民政府及其部门领导做好全面推进依法行政的各项工作。加强政府法制机构人员能力培养，应当按照国务院的规定，加强培训和考试工作：

（1）建立健全法制机构人员入门培训考试制度，对新录用、调入或交流到法制机构的人员要组织专门的法律知识、业务知识培训和考试，考试不合格者，原则上不得安排在业务岗位任职。

（2）加大法制机构人员在职学习培训力度，结合法制机构工作岗位职责和人员需求，设置不同的培训科目和考试内容，根据缺什么、补什么的要求，对在岗人员实行专题、专门的法律知识和业务技能培训。全面提升法制机构人员的政治素质、法律素养、专业水平和综合能力，充分发挥政府及部门法制机构在推进依法行政中的统筹规划、综合协调、督促指导、政策研究和情况交流的作用。

（3）对法制机构人员的培训应当以宪法教育为重点，通过培训，使参训人员能够掌握宪法的基本知识，树立忠于宪法、遵守宪法、维护宪法的自觉意识。加强社会主义法治精神、法治理念教育，以规范和监督行政行为的法律制度、依法行政知识、政府法制机构工作职责为主要培训内容，提升法律素养、专业水平和工作本领。

（4）以提升法制机构人员运用法治思维和法治方式的能力为核心内容，改进培训工作方式方法，健全长效培训工作机制。实行法制机构人员培训登记管理制度，建立学习培训档案；培训工作根据不同岗位、不同层次需要，采取轮训、专题研讨、专门法律知识讲座等多种方式进行。法制机构工作人员应当每隔两年参加一次法律知识、依法行政知识学习培训，培训情况统一纳入公务员管理，与考核、奖励、晋职晋级挂钩。

845. 党中央、国务院在推进依法行政方面出台了哪些重要文件？

1997年，依法治国方略首次写进党的十五大报告。2003年，党的十六大报告将"社会主义民主更加完善，社会主义法制更加完备，依法治国基本方略得到全面落实"确立为小康社会建设的基本目标之一，并提出要"坚持有法可依、有法必依、执法必严、违法必究"、"到2010年形成中国特色社会主义法律体系"和"加强对执法活动的监督，推进依法行政"等具体要求。2007年，党的十七大报告首次将"法治政府建设取得新成效"确立为小康社会建设的基本目标之一，提出要"坚持依法治国基本方略，树立社会主义法治理念，实现国家各项工作法治化，保障公民合法权益"。2012年，党的十八大报告明确提出了"到2020年，依法治国基本方略全面落实、法治政府基本建成"的奋斗目标。2013年，党的十八届三中全会决定提出，"建设法治中国，必须坚持依法治国、依法执政、依法行政共同推进，坚持法治国家、法治政府、法治社会一体建设"。2014年，党的十八届四中全会作出了《中共中央关于全面推进依法治国若干重大问题的决定》，对新形势下全面推进依法治国，加快建设中国特色社会主义法治体系、建设社会主义法治国家进行了战略部署。

1993年，第八届全国人大一次会议通过的《政府工作报告》指出："各级政府都要依法行政，严格依法办事。一切公职人员都要带头学法懂法，做执法守法的模范。"从而第一次在政府正式文件中确定了依法行政原则。1999年，国务院制定了《国务院关于全面推进依法行政的决定》（国发〔1999〕23号）。2004年，国务院出台了《全面推进依法行政实施纲要》（国发〔2004〕10号）。2008年，国务院出台了《国务院关于加强市县政府依法行政的决定》（国发〔2008〕17号）。2010年，国务院出台了《国务院关于加强法治政府建设的意见》（国发〔2010〕33号），进一步明确了加强政府法治建设的28项具体要求和27项工作立足点。

846. 党的十八届四中全会在推进依法行政、建设法治政府方面有哪些重要的发展和创新？

《中共中央关于全面推进依法治国若干重大问题的决定》确定了法治政府建设的6项基本要求：职能科学、权责法定、执法严明、公开公正、廉洁高效、守法诚信；提出了推进依法行政、建设法治政府的6项具体措施：依法全面履行政府职能、健全依法决策机制、深化行政执法体制改革、坚持严格规范公正文明执法、强化对行政权力的制约监督、全面推进政务公开。具有下述五个方面的重要发展和创新：

（1）明确提出要完善行政组织和行政程序法律制度，推进机构、职能、权限、责任法定化，以保证各级政府和政府部门依法定职能、法定权限、法定程序行政。

（2）确定了重大行政决策五项法定程序：公众参与、专家论证、风险评估、合法性审查、集体讨论决定，以确保决策制度科学、程序正当、过程公开、责任明确。

（3）提出了改革行政执法体制的五项具体措施：依事权与职能配置执法力量；推进综合执法；理顺行政强制执行和城管执法体制；严格执行人员持证上岗和资格管理制度；健全行政执法和刑事司法衔接机制。

（4）明确了对行政权力制约和监督的八种形式：党内监督、人大监督、民主监督、行政监督、司法监督、审计监督、社会监督和舆论监督，以及对政府内部权力制约的五种具体方式：分事行权、分岗设权、分级授权、定期轮岗和强化内部流程控制，严格防止行政权滥用。

（5）具体规定了政务公开的五个方面范围：决策公开、执行公开、管理公开、服务公开和结果公开，以及公开应包括的六项内容：政府职能、法律依据、实施主体、职责权限、管理流程和监督方式，以保证"公开为常态、不公开为例外"原则的实现。

第十八章

仲裁

847. 什么是仲裁?

仲裁,即民商事仲裁,一般是当事人根据他们之间订立的仲裁协议,自愿将其争议提交由非司法机构的仲裁员组成的仲裁庭进行裁判,并受该裁判约束的一种争议解决方式,是专门解决合同纠纷和其他民商事纠纷的机制。仲裁源于古代氏族部落首领对内部纠纷的居中公断,古罗马《十二铜表法》中就有关于仲裁的记载,其具有比诉讼更为久远的历史。

848. 什么是仲裁制度?

仲裁制度,即仲裁法律制度,通常是指仲裁法和各种关于仲裁的法律制度。一国仲裁制度的建立,以仲裁获得国家的认可、并以法律的形式予以确认为标志。世界上最早建立仲裁制度的国家是英国。1677 年,英国议会正式承认仲裁,并于两百多年后的 1889 年制定了第一部单行的仲裁法,后成立世界上第一个仲裁机构——伦敦仲裁院。20 世纪以后,伴随着商品、市场经济的发展和国内国际贸易的繁荣,世界各国纷纷制定本国的仲裁法,仲裁制度被普遍确立。1994 年 8 月 31 日,我国第八届全国人大常委会第九次会议讨论通过了《仲裁法》,确定自 1995 年 9 月 1 日起施行,标志着我国仲裁制度的正式确立,并明确仲裁裁决与法院判决具有同等的法律效力。当前,我国民商事仲裁制度成为解决民商事争议的重要方式,在多元化争议解决机制中占据重要地位。

849. 国际仲裁制度是如何建立的?

国际仲裁制度的建立,始于有关国家于 1923 年在日内瓦签订的《关于仲裁条款的议定书》、1927 年在日内瓦签订的《关于执行外国仲裁裁决的公约》。1958 年 6 月 10 日,在联合国的主持下,在纽约召开的联合国国际商业仲裁会议上签署了《承认及执行外国仲裁裁决公约》(the New York Convention on the Recognition and Enforcement of Foreign Arbitral Awards,即《纽约公约》),并于 1959 年 6 月生效。《纽约公约》是目前关于仲裁的最重要的国际公约,为承认和执行外国仲裁裁决提供了保证和便利。1986年12月，经第六届全国人大常委会第十八次会议决定，我国政府加入该公约。1987年4月，该公约对我国生效。截至2015年4月，该公约已有155个成员国。

目前，国际民商事仲裁机构有：国际商会国际仲裁院（The International Court of Arbitration of International Chamber of Commerce，ICC）、瑞士苏黎世商会仲裁院（Court of Arbitration of the Zurich Chamber of Commerce，ZCC）、伦敦国际仲裁院（The London Court of International Arbitration，LCIA）、斯德哥尔摩商会仲裁院（the Arbitration Institute of the Stockholm Chamber of Commerce，SCC）、新加坡国际仲裁中心（Singapore International Arbitration Centre，SIAC）等。国际商会国际仲裁院（ICC）是附属于国际商会的一个国际性常设调解与仲裁机构，是国际性民间组织。

850. 新中国成立以来我国仲裁制度沿革情况是怎样的？

新中国成立以来，仲裁制度在我国的发展，大致历经如下的演变：

1949年至60年代中期，我国仲裁处于"只裁不审，两裁终局"的阶段，性质上属于行政仲裁，其特点是实行专区和省、自治区、直辖市经济主管机关两级仲裁，仲裁与诉讼完全分离，法院不过问和干预经济主管机关的仲裁活动。

20世纪70年代后期到80年代，我国仲裁实行"先裁后审，两裁两审"，即仲裁是诉讼的前置程序，各种经济合同纠纷必须先申请仲裁，经过专区和省、自治区、直辖市两级有关行政机关仲裁后，不服二级裁决的，当事人可在一定期限内向有管辖权的法院起诉。性质上仍然属于行政仲裁。

1994年8月31日，《仲裁法》颁布，并于1995年9月1日起正式施行。这部法律确立了"或裁或审，一裁终局"的基本原则，对仲裁机构、仲裁协议、仲裁程序、裁决的撤销与执行以及涉外仲裁等一系列重要问题作出了明确的规定；该法既借鉴了外国仲裁的经验和国际上的通行做法，又立足于中国实际，统一了我国的仲裁制度，实现了由行政仲裁向民商事仲裁的转变，具有重要的里程碑意义，标志着一个与国际通行做法接近、与国际商业惯例接轨的仲裁法律制度开始在我国建立。

851. 我国仲裁发展的现状是怎样的？

1994年《仲裁法》的颁布，标志着中国特色社会主义仲裁法律制度确立。

1994年11月13日，国务院办公厅下发《关于做好重新组建仲裁机构和筹建中国仲裁协会筹备工作的通知》（国办发〔1994〕99号），截至2014年，全国先后依法组建了225个仲裁委员会，加上《仲裁法》实施前成立的中国国际经济贸易仲裁委员会、中国海事仲裁委员会，全国共有227个仲裁委员会。据国务院法制办统计，截止2014年底，全国仲裁委员会累计受理案件915967件，案件标的总额达人民币13865亿元，其中，受理案件数从1995年的1048件增长至2014年的113660件，增长107倍；2014年，受理案件标的总额达人民币2656亿元，是1995年人民币42亿元的63.2倍。二十年来，我国仲裁事业发展迅猛，成就显著，在服务经济、维护公平正义和促进社会和谐发展等方面发挥了重要作用。

2014年10月23日，党的十八届四中全会决定对仲裁工作提出"健全社会矛盾纠纷预防化解机制，完善调解、仲裁、行政裁决、行政复议、诉讼等有机衔接、相互协调的多元化纠纷解决机制。""完善仲裁制度，提高仲裁公信力"等明确要求。励精图治，奋发有为，发展中国特色社会主义仲裁事业，努力推动仲裁事业在构建多元化纠纷解决机制中发挥更为重要的作用，是新时期仲裁界的共同使命。

852. 仲裁是怎样分类的？

根据不同的分类标准，仲裁可以分为不同的类型。一般而言，有以下几种分类：

（1）临时仲裁（ad hoc arbitration）和机构仲裁（institutional arbitration）。临时仲裁又称特别仲裁、随意仲裁、临时性仲裁，是指无固定仲裁机构介入而由当事人根据仲裁协议将争议交给他们临时组成的仲裁庭进行审理并作出裁决的仲裁。机构仲裁又称制度性仲裁、常设仲裁，是指当事人根据仲裁协议将争议提交给某一常设仲裁机构并依该机构制定的现存程序规则进行的仲裁。仲裁机构负责部分程序上的工作，当事人在该仲裁机构的仲裁员名册中选择仲裁员。仲裁裁决除了由仲裁员签名外，通常还要加盖仲裁机构印章。与临时仲裁相比，机构仲裁有固定的备用庭审场所、仲裁规则乃至仲裁员名册，有较完整的行政管理机构和办事制度，更有利于争议得到快捷、公正的解决。因此，机构仲裁在当今仲裁领域占主导地位，一些国家如中国不存在临时仲裁。

（2）国内仲裁（domestic arbitration）和国际仲裁（international arbitration）。

国内仲裁是指为解决本国当事人之间没有涉外因素的经济纠纷而进行的仲裁。国际仲裁又称涉外仲裁，是指处理具有涉外因素的经济纠纷的仲裁。国际仲裁与国内仲裁相比，当事人享有更大的自治权，更少受到限制，法院的监督也仅维持在必要限度内。在我国，以下情形被认为是国际仲裁：凡中国当事人和外国当事人在各自国家或第三国；或者两个不相同国籍的当事人在任何国家内；或者相同国籍的双方当事人在外国，为国际商事争议进行的仲裁。住所地在中国境内的中国当事人，与住所地在中国境外或港、澳、台地区的当事人之间，在中国仲裁机构或者在国外或港、澳、台地区的仲裁机构进行的仲裁也被视为国际仲裁。

（3）依法仲裁（arbitration in law）和友好仲裁（amiable arbitration）。依法仲裁是指仲裁庭依据一定的法律对经济纠纷进行裁决。这种方式下，仲裁有明确的法律依据，其结果具有可预见性，且易被当事人接受。依法仲裁是各国对仲裁的一般要求，是现代仲裁制度的主要形态。友好仲裁又称友谊仲裁、依原则仲裁，是指仲裁庭依当事人授权，在认为适用严格的法律规定会导致不公平结果的情况下，不依据严格的法律规定而依据公允善良原则和商业惯例对纠纷进行裁决。友好仲裁的概念为西方首创，在世界大多数国家已获得肯定，但我国尚未确立该制度。

853. 民商事仲裁具有哪些特点和优势？

作为一种解决民商事纠纷特别是财产权益纠纷的裁判制度，仲裁既不同于司法、行政途径，也不同于当事人的自行和解，实践中，仲裁具有如下的特点和优势：

（1）自愿性。提交仲裁以双方当事人自愿为前提，有一方不同意仲裁都不能进入仲裁程序。双方当事人同意仲裁后，双方协商确定仲裁机构、仲裁庭的组成人员、适用程序规则等。

（2）专业性。我国《仲裁法》规定了仲裁员的基本任职条件："公道正派的人员"、工作年限"满八年"、专业水平要求"具有高级职称或者具有同等专业水平"。各仲裁机构大都备有分专业的仲裁员名单，供当事人选择。

（3）国际性。世界上大多数国家（目前为155个国家，包括我国在内）都已成为《纽约公约》的缔约国，在一个缔约国作出的裁决，可以很方便地到另一缔约国去申请执行。

（4）快捷性。灵活高效快捷是仲裁最显著的特点和优势，裁决作出期限比诉讼审限明显缩短。仲裁过程中，当事人可以在仲裁规则的范围内约定案件审理的程序和方式。仲裁裁决一经作出，即与法院的生效判决具有同等法律效力。

（5）保密性。仲裁以"不公开审理"为原则。《仲裁法》第四十条明确规定"仲裁不公开进行。当事人协议公开的，可以公开进行，但涉及国家秘密的除外"。各国有关的仲裁法律和仲裁规则基本都规定了仲裁的保密义务。

（6）经济性。仲裁"一裁终局"，时间上的快捷性将会使仲裁成本相对节省。仲裁过程中，当事人之间的对抗性较弱，且仲裁是不公开的，对当事人之间今后的商业机会影响也很小。

（7）独立性。《仲裁法》第八条规定，"仲裁依法独立进行，不受行政机关、社会团体和个人的干涉"。第十四条进一步规定，"仲裁委员会独立于行政机关，与行政机关没有隶属关系。仲裁委员会之间也没有隶属关系"。

854. 仲裁与诉讼的主要区别是什么？

仲裁和诉讼是两种不同性质的司法活动。仲裁权的获得来自当事人双方的授权，行使的是私权处分权。诉讼机关是国家强力机关，行使的是公权力。因而存在着以下主要区别：

（1）受案范围不同。仲裁的受案范围仅限于合同纠纷和其他财产权益纠纷。婚姻、收养、监护、抚养、继承等涉及人身关系的纠纷不属于仲裁的受理范围；而民事诉讼的受案范围包括所有民商事纠纷。

（2）管辖权的取得不同。申请仲裁，必须要有仲裁协议，即合同中订立仲裁条款或纠纷发生前、纠纷发生后双方当事人达成的请求仲裁的协议；而在诉讼过程中，一方当事人只要向有管辖权的法院起诉，法院依法受理后，另一方必须应诉。

（3）审理者的产生方式不同。仲裁案件当事人可以约定仲裁庭的组成人数、有权选定仲裁员；而诉讼案件的审判庭由法院指定，不能由当事人选择。

（4）开庭审理的原则不同。仲裁以不公开为原则；诉讼以公开为原则。

（5）程序性事项的可选择性不同。在仲裁过程中，当事人可以通过约定，对程序性事项进行选择适用；而诉讼过程中，一般情况下，当事人应当按照诉讼法的规定进行。

（6）监督程序不同。仲裁适用司法监督程序，即可向人民法院申请撤销或不予执行仲裁裁决。诉讼实行两审终审制，对已经发生法律效力的判决，发现确有错误，可适用审判监督程序。

855. 哪些合同纠纷更适合通过仲裁解决？

广义上说，平等主体的公民、法人之间的合同纠纷和其他财产权益纠纷都可以约定仲裁。但是以下几类合同纠纷更适合通过仲裁解决：

（1）当事人希望快速解决商事争议的合同纠纷；
（2）注重保护商业秘密和商业信誉的合同纠纷；
（3）专业性很强的合同纠纷；
（4）合同相对方为己方住所地以外的合同纠纷；
（5）涉及国外执行的合同纠纷。

856. 选择仲裁应注意哪些问题？

（1）规范的仲裁条款。规范的条款至少应当具有请求仲裁的意思表示、仲裁事项、选定的仲裁委员会等内容。

（2）尽可能对程序性事项进行约定。当事人可以在仲裁协议中约定，送达法律文书的地址、仲裁适用程序、审理方式、仲裁员的产生、开庭地址、律师费用的承担等。

（3）涉及多个关联、连续履行的合同，注意争议解决方式的统一。

857. 仲裁的范围有哪些？

仲裁的范围即仲裁的适用范围，它是指作为一种纠纷解决方式，哪些争议可以通过仲裁的方式解决，哪些争议不能通过仲裁的方式解决。仲裁的范围由仲裁法予以规定。《仲裁法》规定，可以仲裁的争议为"平等主体的公民、法人和其他组织之间发生的合同纠纷和其他财产权益纠纷；涉外经济贸易、运输和海事中发生的纠纷"；不能仲裁的有"婚姻、收养、监护、扶养、继承纠纷；依法应当由行政机关处理的行政争议；劳动争议和农业集体经济组织内部的农业承包合同纠纷"。对于不能提交仲裁的争议，双方当事人之间即使同意仲裁，仲裁庭并不能因此获得有效的管辖权，作出的裁决也不能获得承认和执行。

858. 什么是仲裁机构？

《仲裁法》规定，仲裁机构分为"仲裁委员会"和"涉外仲裁委员会"。

《仲裁法》第十条规定:"仲裁委员会可以在直辖市和省、自治区人民政府所在地的市设立,也可以根据需要在其他设区的市设立,不按行政区划层层设立。仲裁委员会由前款规定的市的人民政府组织有关部门和商会统一组建。设立仲裁委员会,应当经省、自治区、直辖市的司法行政部门登记。"《仲裁法》第六十六条规定,"涉外仲裁委员会"可以由中国国际商会组织设立。"仲裁委员会"和"涉外仲裁委员会"在受案范围上相同,均可以受理国内或涉外仲裁案件。

859. 什么是仲裁委员会常设机构?

根据1995年7月28日国务院办公厅发布的《重新组建仲裁机构方案》和《仲裁委员会章程示范文本》的有关规定,仲裁委员会设秘书长1人。秘书长可以由驻会专职组成人员兼任。仲裁委员会下设办事机构。办事机构在仲裁委员会秘书长的领导下负责处理仲裁委员会的日常工作。仲裁委员会常设机构的主要职责是:具体办理仲裁案件受理、仲裁文书送达、档案管理等程序性事务;收取和管理仲裁费用;办理仲裁委员会交办的其他事务。仲裁委员会常设机构主要处理仲裁中的一些程序事务,它具体代表仲裁委员会处理日常的一般性事务,是案件当事人与仲裁员之间的纽带。因为仲裁员不得私自会见当事人,有关材料的交接,有关事项的交代,必须由办事机构转交,以免由于程序上的原因,引起裁决执行过程中的非常情况出现而致裁决被撤销或不予执行。

860. 什么是仲裁规则?

仲裁规则,指的是关于对仲裁进行的具体程序及程序中相应仲裁法律关系的规范。仲裁规则是任意性较强的行为规范,在不违反仲裁法强制性规定的前提下,仲裁规则可以由仲裁机构制定。仲裁规则一般包括以下内容:仲裁委员会,仲裁协议;仲裁的申请、答辩和反请求程序;仲裁庭的组成;仲裁的审理和裁决程序;简易程序;涉外程序;仲裁语言、翻译、送达、仲裁费用等。

861. 什么是仲裁协会?

《仲裁法》第十五条规定:"中国仲裁协会是社会团体法人。仲裁委员会是中国仲裁协会的会员。中国仲裁协会的章程由全国会员大会制定。中国仲裁协会是仲裁委员会的自律性组织,根据章程对仲裁委员会及其组成人员、仲裁员的违纪行为进行监督。中国仲裁协会依照本法和民事诉讼法的有关规定制定仲裁规则。"目前，中国仲裁协会尚在筹建过程中。

862. 当事人如何选择仲裁机构？

当事人在选择仲裁机构时应着重考虑以下几个方面：仲裁机构是否拥有一批公道正派、专业素质优秀的仲裁员队伍；仲裁机构是否有完善、高效、充分保障当事人意思自治的仲裁规则；仲裁机构的社会评价和裁决执行情况；仲裁机构是否提供热情周到的服务以及仲裁机构的收费标准。

863. 我国仲裁员的任职资格是什么？

仲裁法对我国仲裁员的任职资格作了明确规定。《仲裁法》第十三条规定："仲裁委员会应当从公道正派的人员中聘任仲裁员。仲裁员应当符合下列条件之一：（一）从事仲裁工作满八年的；（二）从事律师工作满八年的；（三）曾任审判员满八年的；（四）从事法律研究、教学工作并具有高级职称的；（五）具有法律知识、从事经济贸易等专业工作并具有高级职称或者具有同等专业水平的。"

864. 仲裁员的回避情形有哪些？

《仲裁法》第三十四条规定："仲裁员有下列情形之一的，必须回避，当事人也有权提出回避申请：（一）是本案当事人或者当事人、代理人的近亲属；（二）与本案有利害关系；（三）与本案当事人、代理人有其他关系，可能影响公正仲裁的；（四）私自会见当事人、代理人，或者接受当事人、代理人的请客送礼的。"

865. 仲裁员与代理人有什么区别？

仲裁员履职是公断性质。仲裁员独立、公正地仲裁案件，不代表任何一方，应当依照仲裁规则按仲裁程序进行。而代理人履职时，则按照当事人的委托依法维护其合法权益，并为其委托人争辩。

866. 仲裁员与审判人员有何区别？

仲裁员和审判人员的职责都是解决争议，但二者有原则区别：仲裁员是由行使仲裁权的仲裁机构根据法定条件聘任的居中裁判者，其行使的仲裁权限是当事人通过仲裁协议授予的,一般为兼职。而审判人员是行使国家审判权的人民法院法官,由国家权力机关即各级人民代表大会任命,其行使的审判权是公权,是国家权力,是专职的法官。

867. 仲裁协议的形式有哪些?

《仲裁法》第十六条规定:"仲裁协议包括合同中订立的仲裁条款和以其他书面方式在纠纷发生前或者纠纷发生后达成的请求仲裁的协议。""其他书面方式"的仲裁协议,包括以合同书、信件和数据电文(包括电报、电传、传真、电子数据交换和电子邮件)等形式达成的请求仲裁的协议。

868. 当事人如何在签订仲裁协议时更好地体现意思自治?

仲裁协议是仲裁案件管辖权的依据,合法、有效的仲裁协议是启动仲裁案件的前提和裁决效力的保障。在熟悉仲裁规则的基础上,当事人参照选定仲裁机构的有关示范仲裁条款,根据需要添加法律和仲裁规则允许当事人自由添加的约定,可以在仲裁协议中约定仲裁地点、开庭地点、适用程序、审理方式等;涉外仲裁协议,当事人还可以自行约定仲裁适用的法律(包括实体法和程序法)、在仲裁员名册外选定仲裁员、仲裁员国籍、仲裁语言等广泛的事项,甚至当事人还可以约定适用其他机构的仲裁规则。

869. 当事人对仲裁协议的效力有异议时如何处理?

《仲裁法》第二十条规定:"当事人对仲裁协议的效力有异议的,可以请求仲裁委员会做出决定或者请求人民法院做出裁定。一方请求仲裁委员会做出决定,另一方请求人民法院做出裁定的,由人民法院裁定。当事人对仲裁协议的效力有异议,应当在仲裁庭首次开庭前提出。"

870. 仲裁的普通程序与简易程序有何区别?

普通程序,是指仲裁机构审理仲裁案件通常所适用的程序;简易程序,即普通程序的简化,是仲裁机构审理简单的仲裁案件或根据当事人的协议进行仲裁时所使用的一种简便易行的仲裁程序。普通程序与简易程序的区别主要体现在:一是仲裁庭的组成不同。简易程序中,仲裁庭由一名仲裁员组成,形式较为便捷。二是程序性事项的期限不同。简易程序中,提交答辩书和其他材料的期限、选定仲裁员的期限、反请求的期限及提前通知开庭的期限等,都做了大幅缩短。三是作出裁决的期限不同。简易程序的裁决作出期限比普通程序的裁决作出期限更短，裁决更及时。

871. 申请仲裁要具备哪些条件？

根据《仲裁法》规定，申请仲裁应当具备以下条件：（1）有明确的仲裁协议；（2）有具体的仲裁请求、事实和理由；（3）属于仲裁委员会的受案范围。

872. 申请仲裁需要提交哪些材料？

《仲裁法》第二十二条规定："当事人申请仲裁，当事人应当向仲裁委员会递交仲裁协议、仲裁申请书及副本。"各仲裁机构的仲裁规则中都作出了更为详细的规定，提交材料的份数一般规定为：当事人提交仲裁申请书及副本、证据材料以及其他书面文件，应一式五份；如果对方当事人不止一人，则每增加一人相应增加一份；如果仲裁庭由一名仲裁员组成，减少两份。

873. 仲裁申请书应载明哪些内容？

根据《仲裁法》第二十三条的规定，仲裁申请书应当载明以下事项：当事人的姓名、性别、年龄、职业、工作单位和住所，法人或者其他组织的名称、住所和法定代表人或者主要负责人的姓名、职务；仲裁请求和所根据的事实、理由；证据和证据来源、证人姓名和住所。

874. 什么是仲裁立案？

仲裁立案，是指仲裁机构收到当事人提交的申请仲裁材料后，按照其仲裁规则的规定进行审查后，认为符合受理条件进行受理的一种仲裁活动。根据《仲裁法》第二十四条规定，仲裁委员会收到仲裁申请书之日起五日内，认为符合受理条件的，应当受理，并通知当事人；认为不符合受理条件的，应当书面通知当事人不予受理，并说明理由。仲裁程序自受理仲裁申请之日开始。

875. 仲裁送达的方式有哪些？

仲裁送达，是指仲裁机构依照一定的方式和程序，将仲裁文书送给当事人和其他仲裁参与人的行为。《仲裁法》对仲裁送达的方式并未作出具体规定，可由各仲裁机构在仲裁规则中予以规定。目前，多数仲裁机构采用参照《民事诉讼法》规定的送达方式，即直接送达、留置送达、委托送达、邮寄送达和公告送达等方式。

876. 当事人在仲裁中有哪些权利？

当事人根据《仲裁法》享有的权利，通过仲裁程序得到充分体现。具体表现为：申请仲裁权；仲裁协议效力异议权；程序性事项约定权（如可以约定仲裁庭的组成形式、约定书面审理、约定公开开庭等）；委托代理人代为进行仲裁活动权；申请保全权；仲裁员选择权；申请仲裁员回避权；实体权利处分权（如申请人的仲裁请求处分权，被申请人的辩论权和提出仲裁反请求权等）；查阅庭审材料的权利；请求调解和自行和解权；请求仲裁机构根据和解协议制作裁决书的权利；申请人民法院撤销仲裁裁决权；请求补正仲裁裁决书错误权；向人民法院申请执行权；申请人人民法院不予执行仲裁裁决权等。

877. 如何组成仲裁庭？

仲裁庭的组成方式分为两种：由三名仲裁员组成合议庭、设首席仲裁员；由一名仲裁员组成独任庭。当事人可以自由约定仲裁庭的组成方式，不受案情复杂程度、标的额大小的限制。采用合议庭方式组庭的，各自选定或者各自委托仲裁委员会主任指定一名仲裁员，第三名仲裁员由当事人共同选定或者共同委托仲裁委员会主任指定，第三名仲裁员是首席仲裁员。独任庭，则由当事人共同选定或者共同委托仲裁委员会主任指定仲裁员。当事人没有在仲裁规则规定的期限内约定仲裁庭的组成方式或者选定仲裁员的，由仲裁委员会主任指定。

878. 如何选择仲裁员？

选择仲裁员是仲裁程序中重要的一个环节。一般来说，选择仲裁员要把握好以下几个方面：
（1）选择信任的仲裁员。
（2）选择熟悉相关专业知识的仲裁员。
（3）避免选择符合法定回避条件的仲裁员。
（4）必须在规定的时间内选择仲裁员。

879. 开庭审理的一般程序是什么？

开庭的顺序在《仲裁法》中没有进行具体规定，仲裁庭可以根据实际情况灵活进行。一般说来，仲裁庭首先核对当事人的身份、确认出庭人员的资格、宣读仲裁庭的组成、告知当事人仲裁权利和义务、询问当事人是否申请回避。当事人对以上没有异议后，仲裁庭正式开庭，通常先进行调查程序：申请人陈述申请、被申请人进行答辩、当事人出示证据互相质证、仲裁庭就事实问题向当事人提问、当事人经许可就事实问题互相发问。接着进行辩论程序：申请人方发言、被申请方发言、双方互相进行辩论。仲裁庭也可以在调查中穿插进行辩论，总之要保障当事人都能充分陈述案情、发表意见。辩论终结时，首席仲裁员或者独任仲裁员应当征询当事人的最后意见。

880. 什么是书面审理？

书面审理，是指仲裁庭根据当事人之间的协议，只根据当事人提供的书面材料对案件进行审理并作出仲裁裁决的行为。书面材料主要是指仲裁申请书、答辩书、当事人之间的合同和往来函电以及其他有关书面材料。为保证书面审理的公正性和准确性，必须满足一定的条件：首先，进行书面审理必须依据当事人的协议；其次，进行书面审理的案件一般应是争议金额小、案情简单、事实清楚的案件。书面审理不需要开庭，有利于仲裁庭及时作出裁决。

881. 什么是仲裁和解？

在仲裁庭尚未裁决前的任何一个阶段，当事人都可以在没有仲裁庭主持的情形下，通过自行协商达成解决纠纷的方案，即和解协议。这需要当事人一方或双方做出一定的让步，充分体现了当事人在仲裁过程中对自己民事权利享有完全的处分权，让当事人之间的纠纷更简便快捷地解决。当事人申请仲裁后，可以自行和解。当事人之间达成和解协议的，可以请求仲裁庭根据和解协议作出裁决书，也可以撤回仲裁申请。当事人达成和解协议，撤回仲裁申请后反悔的，可以根据仲裁协议再申请仲裁。

882. 什么是仲裁调解？

仲裁调解不是裁决前的必经程序，只有在当事人均同意的情形下，才由仲裁庭主持进行。仲裁庭在作出裁决前，可以先行调解。当事人自愿调解的，仲裁庭应当调解。实践中，仲裁庭多在基本查清案件事实的基础上，征得当事人同意后进行调解，或在当事人均要求调解时主持调解。调解达成协议的，仲裁庭应当制作调解书或者根据协议的结果制作裁决书。调解不成的，仲裁庭应当及时作出裁决。

883. 什么是仲裁裁决？

仲裁裁决，是指仲裁庭对当事人依据仲裁协议提请仲裁的争议案件进行审理后，在查明争议案件事实，分清是非的基础上，适用法律，对双方当事人之间的实体权利义务所作出的具有约束力的判定。裁决应当按照多数仲裁员的意见作出，少数仲裁员的不同意见可以记入笔录。仲裁庭不能形成多数意见时，裁决应当按照首席仲裁员的意见作出。仲裁庭仲裁纠纷时，其中一部分事实已经清楚，可以就该部分先行裁决。仲裁庭形成裁决意见后，要依法制作裁决书。裁决书应当写明仲裁请求、争议事实、裁决理由、裁决结果、仲裁费用的负担和裁决日期。当事人协议不愿写明争议事实和裁决理由的，可以不写。裁决书由仲裁员签名，加盖仲裁委员会印章。对裁决持不同意见的仲裁员，可以签名，也可以不签名。裁决书自作出之日起发生法律效力。

884. 什么是缺席裁决？

缺席裁决，是指只有一方当事人到庭参与仲裁审理时，仲裁庭仅就到庭的一方当事人进行调查、审查核实证据，听取意见，并对未到庭一方当事人提供的书面资料进行审查后，即作出仲裁裁决的仲裁活动。《仲裁法》第四十二条第二款规定："被申请人经书面通知，无正当理由不到庭或者未经仲裁庭许可中途退庭的，可以缺席裁决。"

885. 什么是先行裁决？

先行裁决，是指仲裁庭在审理案件的过程中，查明了一部分事实或部分问题，为了便于继续审理其他问题和及时保护当事人的合法权益，就已查清的部分问题所做的裁决。《仲裁法》第五十五条规定："仲裁庭仲裁纠纷时，其中一部分事实已经清楚，可以就该部分先行裁决。"

886. 什么是补正裁决？

补正裁决，是指仲裁庭自行或应当事人在一定期限内提出的要求，对裁决书中的文字、打印、计算错误或类似性质的错误，或者仲裁庭已经审理但在裁决书中遗漏的事项，作出书面补正。该补正或补充裁决，构成裁决书的一部分。《仲裁法》第五十六条规定："对裁决书中的文字、计算错误或者仲裁庭已经裁决但在裁决书中遗漏的事项，仲裁庭应当补正；当事人自收到裁决书之日起三十日内，可以请求仲裁庭补正。"

887. 如何设置专家咨询机构？

《仲裁法》未明确规定专家咨询委员会的组成和职能。《仲裁委员会章程示范文本》第十条规定："仲裁委员会可以根据需要设立专家咨询机构，为仲裁委员会和仲裁员提供对疑难问题的咨询意见。专家咨询机构设负责人1人，由仲裁委员会副主任兼任。"

888. 仲裁证据有哪些？

仲裁证据一般包括：
（1）当事人的陈述；
（2）书证；
（3）物证；
（4）视听资料；
（5）电子数据；
（6）证人证言；
（7）鉴定意见；
（8）勘验笔录。

889. 什么是证明责任？

《仲裁法》第四十三条规定："当事人应当对自己的主张提供证据。"具体到仲裁过程中，是指当事人对其主张的事实提供证据并予以证明，若仲裁终结时根据全案证据仍不能判明当事人主张的事实真伪，则由该当事人承担不利的法律后果。

890. 什么是质证？

质证，是指在仲裁活动中，一方当事人及其代理人对另一方出示的证据的合法性、与本案争议事实的关联性、真实性、是否有证明力、是否可以作为本案认定案件事实的根据，进行的说明、评价、质疑、辩驳、对质、辩论以及用其他方法表明证据效力的活动及其过程。《仲裁法》第四十五条规定："证据应当在开庭时出示，当事人可以质证。"

891. 什么是鉴定？

《仲裁法》第四十四条规定："仲裁庭对专门性问题认为需要鉴定的，可以交由当事人约定的鉴定部门鉴定，也可以由仲裁庭指定的鉴定部门鉴定。根据当事人的请求或者仲裁庭的要求，鉴定部门应当派鉴定人参加开庭。当事人经仲裁庭许可，可以向鉴定人提问。"

892. 伪造证据有什么法律后果？

在仲裁审理过程中，经过庭审质证，仲裁庭如发现有伪造的证据，将对此证据不予采信，伪造的证据也不会作为定案的依据。如此，当事人将承担举证不能的责任，就会面临不利的裁决后果，情节严重的还将承担刑事责任。在仲裁裁决作出后，根据《仲裁法》第五十八条或《民事诉讼法》第二百三十七条的规定，当事人提出证据证明"裁决所根据的证据是伪造的"，可以向相关人民法院申请撤销仲裁裁决或不予执行。

893. 什么是仲裁保全？

仲裁保全分为财产保全和证据保全两种情形。财产保全是指一方当事人因另一方当事人的行为或者其他原因，可能使仲裁裁决不能执行或者难以执行的，或者利害关系人因情况紧急，不立即申请保全将会使其合法权益受到难以弥补的损害的，当事人可以申请财产保全，由仲裁机构将当事人的申请依照《民事诉讼法》的有关规定提交人民法院，人民法院依法审查后裁定采取保全措施。证据保全是指在证据可能灭失或者以后难以取得的情况下，当事人可以申请证据保全，由仲裁机构将当事人的申请提交证据所在地的基层人民法院，人民法院依法审查后裁定采取保全措施。

894. 仲裁保全的条件有哪些？

财产保全的条件：（1）保全的原因是一方当事人的行为或其他原因，可能使仲裁裁决不能执行或难以执行；（2）作出保全决定的前提是仲裁当事人向仲裁委员会提出财产保全的申请，仲裁委员会将当事人的申请依照民事诉讼法的有关规定提交人民法院；（3）人民法院采取保全措施，可以责令申请人提供担保，申请人不提供担保的，驳回申请。

证据保全的条件：（1）保全的原因是在证据可能灭失或者以后难以取得的

情况下；（2）作出保全决定的前提是仲裁当事人向仲裁委员会提出证据保全的申请，仲裁委员会应当将当事人的申请提交证据所在地的基层人民法院；（3）人民法院采取保全措施，可以责令申请人提供担保，申请人不提供担保的，驳回申请。

895. 仲裁裁决如何执行？

《仲裁法》第六十二条规定："当事人应当履行裁决。一方当事人不履行的，另一方当事人可以依照民事诉讼法的有关规定向人民法院申请执行。受申请的人民法院应当执行。"仲裁裁决的执行需要满足三个条件：（1）由当事人申请执行。根据《仲裁法》的上述规定，当事人"可以"申请执行，如当事人未提请申请，人民法院不得主动地执行某项仲裁裁决。（2）在法定期限内提出申请。《仲裁法》上述规定所谓"可以依照民事诉讼法的有关规定"是指《民事诉讼法》第二百三十九条"申请执行的期间为二年"的规定。（3）向有管辖权的人民法院申请。《民事诉讼法》第二百三十七条"对依法设立的仲裁机构的裁决，一方当事人不履行的，对方当事人可以向有管辖权的人民法院申请执行。"

896. 涉外裁决如何执行？

《仲裁法》第七十二条规定："涉外仲裁委员会作出的发生法律效力的仲裁裁决，当事人请求执行的，如果被执行人或者其财产不在中华人民共和国领域内，应当由当事人直接向有管辖权的外国法院申请承认和执行。"《民事诉讼法》第二百八十条第二款规定："中华人民共和国涉外仲裁机构作出的发生法律效力的仲裁裁决，当事人请求执行的，如果被执行人或者其财产不在中华人民共和国领域内，应当由当事人直接向有管辖权的外国法院申请承认和执行。"第二百八十三条规定："国外仲裁机构的裁决，需要中华人民共和国人民法院承认和执行的，应当由当事人直接向被执行人住所地或者其财产所在地的中级人民法院申请，人民法院应当依照中华人民共和国缔结或者参加的国际条约，或者按照互惠原则办理。"

897. 什么是撤销仲裁裁决？

撤销仲裁裁决，是指仲裁裁决有法定事由，经当事人提出证据证明，由人民法院审查属实后裁定撤销该裁决。根据《仲裁法》第五章的规定，当事人申请撤销仲裁裁决的，应当自收到裁决书之日起六个月内向仲裁委员会所在地的中级人民法院提出。经当事人申请，人民法院查实，仲裁裁决有以下情形之一的，应当被裁定撤销：没有仲裁协议的；裁决的事项不属于仲裁协议的范围或者仲裁委员会无权仲裁的；仲裁庭的组成或者仲裁的程序违反法定程序的；裁决所根据的证据是伪造的；对方当事人隐瞒了足以影响公正裁决的证据的；仲裁员在仲裁该案时有索贿受贿、徇私舞弊、枉法裁决行为的。法院认定该裁决违背社会公共利益的，也应当裁定撤销。

如果仲裁裁决所根据的证据是伪造的，或对方当事人隐瞒了足以影响公正裁决的证据的，人民法院可以通知仲裁庭重新仲裁，并在通知中说明要求重新仲裁的具体理由。当事人对重新仲裁裁决不服的，可以在重新仲裁裁决书送达之日起六个月内依据仲裁法的相关规定向人民法院申请撤销重新仲裁裁决。

898. 什么是不予执行仲裁裁决？

不予执行仲裁裁决，是指仲裁裁决进入执行程序后，被申请执行人向执行法院提出证据证明该裁决具有法定事由，经该法院审查属实后裁定不予执行。不予执行仲裁裁决的申请，只能由被申请执行人提出。仲裁裁决具有以下情形之一的，应当被裁定不予执行：当事人在合同中没有订有仲裁条款或者事后没有达成书面仲裁协议的；裁决的事项不属于仲裁协议的范围或者仲裁机构无权仲裁的；仲裁庭的组成或者仲裁的程序违反法定程序的；裁决所根据的证据是伪造的；对方当事人向仲裁机构隐瞒了足以影响公正裁决的证据的；仲裁员在仲裁该案时有贪污受贿，徇私舞弊，枉法裁决行为的。

人民法院认定执行该裁决违背社会公共利益的，也应裁定不予执行。不予执行的裁定书应当送达双方当事人和仲裁机构。仲裁裁决被人民法院裁定不予执行的，当事人可以根据双方达成的书面仲裁协议重新申请仲裁，也可以向人民法院起诉。当事人请求不予执行仲裁调解书或者根据当事人之间的和解协议作出的仲裁裁决书的，人民法院不予支持。当事人申请撤销仲裁裁决被人民法院驳回后，不得在执行程序中以相同理由提出不予执行抗辩。

899. 什么是虚假仲裁？

虚假仲裁，学术上称仲裁欺诈，是指仲裁中双方当事人恶意串通，捏造事实、伪造证据，虚构法律关系等，通过符合程序的仲裁形式，使仲裁机构作出错误裁决、调解书或根据其和解协议作出裁决书，从而达到损害他人利益、谋取非法利益的目的的违法行为。

900. 政府法制部门在推进仲裁事业发展中承担着怎样的职责要求？

《仲裁法》颁行之后，国务院办公厅1994年11月13日印发《关于做好重新组建仲裁机构和筹建中国仲裁协会筹备工作的通知》（国办发〔1994〕99号），"确定由国务院法制局牵头"，国家有关部门和商会参加，"研究有关问题，提出具体规范意见，报国务院领导审查同意后，统一部署"。国务院办公厅1995年5月26日印发《关于进一步做好重新组建仲裁机构工作的通知》（国办发〔1995〕38号），规定省一级政府"确定一名政府领导同志负责这项工作"，并要求省一级政府"尽快将本通知转发至县级人民政府"。国务院办公厅1995年7月28日印发《重新组建仲裁机构方案》（国办发〔1995〕44号），规定第一届仲裁委员会的组成人员，由政府法制等有关部门和相关商会"协商推荐，由市人民政府聘任"，组建过程中，市一级政府确定一名政府领导同志负责这项工作。2008年，国务院法制办会同有关部委、行业协会就推行仲裁法律制度下发了专门文件，例如《关于在全国建设系统进一步推进仲裁法律制度的意见》（建法〔2001〕91号）、《关于进一步做好非公有制企业民商事纠纷仲裁工作的意见》（国法秘协函〔2008〕185号）等。

综上，政府法制部门和相关行业主管部门、协会在推进仲裁发展工作中的作用主要是：国务院法制办会同国家有关部委，研究推进仲裁行业自律制度，指导全国仲裁机构的发展方向。省级政府法制部门受省政府的委托，对全省仲裁机构进行协调和指导。各仲裁机构所在地的市政府法制部门受市政府委托，协调、推动各行业主管部门、协会支持仲裁法律制度推行工作。江苏省仲裁学会，是江苏省仲裁界自愿结成的行业性非营利社会团体，经省民政厅批准成立，并由江苏省人民政府法制办公室主管。

参考文献

1. 沈秋潮、滕天云、王思健："规范性文件监督问题研究"，载江苏省政府法制办公室法制研究中心编：《政府法制课题研究报告》2008年第2期。
2. 国务院法制办公室：《〈上海市行政规范性文件制定和备案规定〉百问百答》，载 http://www.chinalaw.gov.cn/article/dfxx/dffzxx/sh/201406/20140600396209.shtml。
3. 汪永清主编：《中华人民共和国行政许可法教程》，中国法制出版社2003年版。
4. 江苏省政府法制办编：《行政许可法国家公务员读本》，2003年。
5. 王名扬著：《英国行政法》，中国政法大学出版社1987年版。
6. 罗豪才主编：《中国司法审查制度》，北京大学出版社1993年版。
7. 石佑启："行政不作为引起的国家赔偿责任探讨"，载《行政法学研究》1998年第4期。
8. 周佑勇："论行政不作为"，载罗豪才主编：《行政法论丛》（第2卷），法律出版社1999年版。
9. 印仕柏主编：《行政执法与刑事司法衔接实务大全》，湘潭大学出版社2013版。
10. 郜风涛主编、国务院法制办公室行政复议司编写：《中华人民共和国行政复议法实施条例释解与应用》，人民出版社2007年版。
11. 徐运凯、史学成编著：《行政复议法实务指导（修订版）》，中国法制出版社2008年版。
12. 张胜利著：《完善行政复议法基本问题研究》，中国政法大学出版社2011年版。

13. 石佑启、杨勇萍编著:《行政复议法新论》,北京大学出版社 2007 年版。
14. 马怀德主编:《新编中华人民共和国行政诉讼法释义》,中国法制出版社 2014 年版。
15. 袁杰主编:《中华人民共和国行政诉讼法解读》,中国法制出版社 2014 年版。
16. 江必新主编:《中华人民共和国行政诉讼法理解适用与实务指南》,中国法制出版社 2015 年版。
17. 杨解君著:《中国行政合同的理论与实践探索》,法律出版社 2009 年版。
18. 杨解君、陈咏梅:"中国大陆行政合同的纠纷解决:现状、问题与路径选择",载《行政法学研究》2014 年第 1 期。
19. 张剑飞、李胜春:"合同审查之违约责任条款",载《法制与社会》2010 年第 31 期。
20. 章志远著:《行政法学总论》,北京大学出版社 2014 年版。
21. 莫于川著:《行政指导要论——以行政指导法治化为中心》,人民法院出版社 2002 年版。
22. 周继超著:《行政指导——在行政执法中的规范运用》,知识产权出版社 2013 年版。
23. 莫于川:"行政民主化与行政指导制度发展",载《河南财经政法大学学报》2013 年第 3、4 期。
24. 杨解君著:《中国行政合同的理论与实践探索》,法律出版社 2009 年版。
25. 杨解君、陈咏梅:"中国大陆行政合同的纠纷解决:现状、问题与路径选择",载《行政法学研究》2014 年第 1 期。
26. 中国法学会编写:《法治中国建设问答》,法律出版社 2015 年版。
27. 路大虎著:《法治改革》,浙江人民出版社 2015 年版。
28. 姜明安:"完善法治体系 建设法治国家",载姜明安主编:《行政法论丛》(第 16 卷),法律出版社 2014 年版。
29. 王宝明著:《法治政府——中国政府法治化建设的战略选择》,研究出版社 2009 年版。
30. 李林主编:《全面落实依法治国基本方略》,中国社会科学出版社 2009 年版。
31. 中共江苏省委党史工作办公室、江苏省依法治省领导小组办公室编:《法治建设在江苏》,中共党史出版社 2013 年版。

32. 宋大涵主编:《依法行政辅导读本》,中国法制出版社 2011 年版。
33. 刘景一、乔世明著:《仲裁法理论与适用》,人民法院出版社 1997 年版。
34. 杨荣新主编:《仲裁法理论和适用》,中国经济出版社 1998 年版。
35. 肖建华、乔欣等著:《仲裁法学》,人民法院出版社 2004 年版。
36. 宋连斌主编:《仲裁法》,武汉大学出版社 2010 年版。
37. 姜宪明主编:《经济法律原理与实务》,东南大学出版社 2013 年版。

法律法规索引

1. 《中共中央关于全面推进依法治国若干重大问题的决定》(2014年10月23日中国共产党第十八届中央委员会第四次全体会议通过)
2. 《中华人民共和国地方各级人民代表大会和地方各级人民政府组织法》(1979年7月1日第五届全国人民代表大会第二次会议通过,根据1982年12月10日第五届全国人民代表大会第五次会议《关于修改〈中华人民共和国地方各级人民代表大会和地方各级人民政府组织法〉的若干规定的决议》第一次修正,根据1986年12月2日第六届全国人民代表大会常务委员会第十八次会议《关于修改〈中华人民共和国地方各级人民代表大会和地方各级人民政府组织法〉的决定》第二次修正,根据1995年2月28日第八届全国人民代表大会常务委员会第十二次会议《关于修改〈中华人民共和国地方各级人民代表大会和地方各级人民政府组织法〉的决定》第三次修正,根据2004年10月27日第十届全国人民代表大会常务委员会第十二次会议《关于修改〈中华人民共和国地方各级人民代表大会和地方各级人民政府组织法〉的决定》第四次修正)
3. 《中华人民共和国立法法》(2000年3月15日第九届全国人民代表大会第三次会议通过,根据2015年3月15日第十二届全国人民代表大会第三次会议《关于修改〈中华人民共和国立法法〉的决定》修正)
4. 《规章制定程序条例》(2001年11月16日国务院令第322号公布,自2002年1月1日起施行)
5. 《法规规章备案条例》(2001年12月14日国务院令第337号公布,自2002年1月1日起施行)
6. 《党政机关公文处理工作条例》(2012年4月16日公布,自2012年7月1日起施行,中办发〔2012〕14号)

7.《江苏省各级人民代表大会常务委员会规范性文件备案审查条例》(2007年9月27日江苏省人民代表大会常务委员会公告第137号公布,自2008年1月1日起施行)

8.《江苏省规范性文件制定和备案规定》(2009年4月12日江苏省政府令第54号公布,自2009年6月1日起施行)

9.《云南省行政机关规范性文件制定和备案办法》(2004年11月7日云南省人民政府令第129号公布,自2005年1月1日起施行)

10.《上海市行政规范性文件制定和备案规定》(2010年1月19日上海市人民政府令第26号公布,自2010年5月1日起施行)

11.《辽宁省规章规范性文件定期清理规定》(2009年9月13日辽宁省人民政府令第237号公布,自2009年10月15日起施行)

12.《无锡市规章规范性文件清理规定》(2013年8月9日无锡市人民政府令第141号公布,自2013年10月1日起施行)

13.《上海市政府规章和行政规范性文件即时清理规定》(2014年11月17日公布,自2015年1月1日起施行,沪府发〔2014〕72号)

14.《国土资源部规章和规范性文件后评估办法》(2010年7月9日国土资源部令第47号公布,自2010年9月1日起施行)

15.《广东省政府规章立法后评估规定》(2008年12月22日广东省人民政府令第127号公布,自2009年3月1日起施行)

16.《安徽省政府立法后评估办法》(2011年10月12日公布,自2012年1月1日起施行,皖府法〔2011〕52号)

17.《泰州市规范性文件制定卷宗评查办法》(2010年9月28日公布,自2010年12月1日起施行,泰依法办〔2010〕8号)

18.《黄山市行政规范性文件卷宗管理规定》(2011年12月1日公布,自2011年12月1日起施行,黄府法〔2011〕58号)

19.《国务院关于进一步推进相对集中行政处罚权工作的决定》(2002年8月22日公布,自2002年8月22日起施行,国发〔2002〕17号)

20.《行政执法机关移送涉嫌犯罪案件的规定》(2001年7月9日国务院令第310号公布,自2001年7月9日起施行)

21.《中华人民共和国行政诉讼法》(1989年4月4日第七届全国人民代表大会第二次会议通过,根据2014年11月1日第十二届全国人民代表大会常务委员会第十一次会议《关于修改〈中华人民共和国行政诉讼法〉的决定》修正)

22.《中华人民共和国行政复议法》(1999 年 4 月 29 日第九届全国人民代表大会常务委员会第九次会议通过,根据 2009 年 8 月 27 日第十一届全国人民代表大会常务委员会第十次会议《关于修改部分法律的决定》修正)

23.《中华人民共和国行政处罚法》(1996 年 3 月 17 日第八届全国人民代表大会第四次会议通过,根据 2009 年 8 月 27 日第十一届全国人民代表大会常务委员会第十次会议《关于修改部分法律的决定》修正)

24.《最高人民法院关于执行〈中华人民共和国行政诉讼法〉若干问题的解释》(1999 年 11 月 24 日最高人民法院审判委员会第 1088 次会议通过,自 2000 年 3 月 10 日起施行,法释〔2000〕8 号)

25.《最高人民法院关于行政诉讼证据若干问题的规定》(2002 年 6 月 4 日最高人民法院审判委员会第 1224 次会议通过,自 2002 年 10 月 1 日起施行,法释〔2002〕21 号)

26.《最高人民法院关于适用〈中华人民共和国行政诉讼法〉若干问题的解释》(2015 年 4 月 20 日最高人民法院审判委员会第 1648 次会议通过,自 2015 年 5 月 1 日起施行,法释〔2015〕9 号)

27.《最高人民法院关于不服县级以上人民政府信访行政管理部门、负责受理信访事项的行政管理机关以及镇(乡)人民政府作出的处理意见或者不再受理决定而提起的行政诉讼人民法院是否受理的批复》(2005 年 12 月 12 日最高人民法院公布,自 2005 年 12 月 12 日起施行,〔2005〕行立他字第 4 号)

28.《全面推进依法行政实施纲要》(2004 年 3 月 22 日公布施行,国发〔2004〕10 号)

29.《国务院关于加强市县政府依法行政的决定》(2008 年 5 月 12 日公布施行,国发〔2008〕17 号)

30.《国务院关于加强法治政府建设的意见》(2010 年 10 月 10 日公布施行,国发〔2010〕33 号)

31.《中华人民共和国政府信息公开条例》(2007 年 1 月 17 日国务院第 165 次常务会议通过,自 2008 年 5 月 1 日起施行)

32.《习近平总书记关于〈中共中央关于全面推进依法治国若干重大问题的决定〉的说明》

33.《领导干部要做学法尊法守法用法的模范》(刘云山 2014 年 11 月 14 日在中央党校 2014 年秋季学期第二批进修班开学典礼上的讲话)

34. 国务院办公厅关于贯彻落实《全面推进依法行政实施纲要》的实施意见(2004 年 3 月 22 日公布施行,国办发〔2004〕24 号)

35. 国务院办公厅《关于施行〈中华人民共和国政府信息公开条例〉若干问题的意见》(2008 年 4 月 29 日公布施行,国办发〔2008〕36 号)

36.《江苏省政府信息公开工作考核办法(试行)》、《江苏省政府信息公开工作过错责任追究办法(试行)》、《江苏省政府信息公开行政复议办法(试行)》、《江苏省政府信息公开工作社会评议制度(试行)》、《江苏省政府信息发布协调制度(试行)》(苏政办发〔2008〕93 号)

37.《最高人民法院关于审理政府信息公开行政案件若干问题的规定》(2010 年 12 月 13 日最高人民法院审判委员会第 1505 次会议通过并公布,自 2011 年 8 月 13 日起施行,法释〔2011〕17 号)

38. 南京市政府《南京市行政机关合同管理办法》(2014 年印发)

39.《最高人民法院关于适用〈中华人民共和国仲裁法〉若干问题的解释》(2005 年 12 月 26 日最高人民法院审判委员会第 1375 次会议通过,自 2006 年 9 月 8 日起施行,法释〔2006〕7 号)

40. 南京市玄武区政府《玄武区政府合同管理办法》(2012 年印发)

41.《省政府贯彻国务院关于加强市县政府依法行政决定的实施意见》(苏政发〔2008〕101 号)

42.《关于印发 2015 年江苏省公务员培训工作要点的通知》(省委组织部、省人力资源社会保障厅、省公务员局 2015 年 4 月 7 日联合发布)

43.《省政府关于深入推进依法行政加快建设法治政府的意见》(苏政发〔2015〕1 号)

44. 关于印发《关于政府信息公开行政复议案件审理工作若干问题的指导意见》的通知(京政法制发〔2010〕23 号)

45.《中华人民共和国仲裁法》(1994 年 8 月 31 日第八届全国人民代表大会常务委员会第九次会议通过,根据 2009 年 8 月 27 日第十一届全国人民代表大会常务委员会第十次会议《关于修改部分法律的决定》修正)

46.《中华人民共和国民事诉讼法》(1991 年 4 月 9 日第七届全国人民代表大会

第四次会议通过，根据 2007 年 10 月 28 日第十届全国人民代表大会常务委员会第三十次会议《关于修改〈中华人民共和国民事诉讼法〉的决定》第一次修正，根据 2012 年 8 月 31 日第十一届全国人民代表大会常务委员会第二十八次会议《关于修改〈中华人民共和国民事诉讼法〉的决定》第二次修正）

后 记

政府法制工作是政府的基础性工作，有很强的理论性、实践性，对专业素质、业务能力的要求都很高。特别是党的十八届四中全会召开之后，政府法制机构承担了更加繁重的工作任务，也经历着新的更大的挑战。作为政府法制工作者，我们每天都在思考并努力改进的是：政府立法工作如何适应改革发展的需要，行政复议工作如何坚守公平正义的法则，行政执法监督工作如何在规范行政执法中发挥应有的作用，法制机构如何当好政府推进依法行政的参谋、助手和法律顾问……我们一直在努力，在探索，在这一过程中，我们既取得了成绩，看到了成效，也时时感到政府法制队伍整体素质与承担的职责和任务还不相适应，政府法制工作与推进依法行政的要求还有较大的差距，加之基层政府法制机构的需求比较急迫，于是我们便萌生了写本书的念头。

编写《政府法制900问》，我们的出发点是有用、实用、好用。所谓有用，就是有价值，阅读这本书的人，尤其是政府法制工作者，可以从中受益，或得到帮助；所谓实用，就是问题设计得比较科学、合理，比较符合实际，工作中遇到的常规问题都可以在这里找到答案、找到办法或受到启发；所谓好用，就是便于阅读和查找。

参编本书的大多是政府及其部门法制机构的工作人员，且大都是利用工作之余完成编写工作的。他们分别是：顾爱平、王娟、端正、陈峰、徐晓明（第一、三、四章）；滕天云、卢东梅、陈四维（第二章）；丁淑渊、郁卉、肖应辉、刘成、袁青林（第五章）；乔中龙、汪立生、曹东平、李嘉、翁宁、张永祎、郭奇、黄金龙、徐朝阳、马毅、张希善（第六、七、十、十四章）；陆广文、张保军、唐剑峰、陆有勇、鞠月峰、陈和平（第八、九章）；韩震龙、鲁汉庚、乔继安、马文晶、张立涛、陈皓（第十二章）；周敏、倪志凤、林颢、张婉丽、汤洁（第十三章）；邢丽、王思健、郭镰、徐晶晶、王荣娟、范富强、戎健、张辉冠、许亮（第十一、十五、十六、十七章）；周学风、侍军宁、姜建成、朱毅锴、董黎明（第十八章）。戴红春、刘柏、薛国荣、杨歆、栾海港、高正文、褚春华、黄涧秋、吴向方、周毓、厉海涛、杨建成、夏鸣、纪晓东等分别对书稿的部分章节进行了初审。东南大学法学院顾大松副教授、南京师范大学法学院倪斐副教授参加了统稿工作，并提出了重要的修改建议。南京师范大学方乐副教授参加了本书编写的相关工作。盛春宁、王建宇、芦学林、王顺义、华纯、褚志霞等同志在编写过程中做了大量的辅助性工作。

国家行政学院法学部主任胡建淼教授欣然为本书作序，对本书的编写工作给予了热情帮助。中国法制出版社在本书出版过程中给予了大力支持。

对此，一并表示感谢。

由于编者水平有限，书中难免有失当甚至错误的地方，敬请广大读者予以批评指正。

编　者

2015年6月

图书在版编目(CIP)数据

政府法制900问 / 于爱荣主编. —北京：中国法制出版社，2015.7
ISBN 978-7-5093-6575-5

Ⅰ.①政… Ⅱ.①于… Ⅲ.①国家行政机关—社会主义法制—中国—问题解答 Ⅳ.①D920.0-44

中国版本图书馆CIP数据核字（2015）第153077号

策划编辑：戴 蕊（dora6322@sina.com）
责任编辑：王佩琳（wangpeilin@zgfzs.com） 封面设计：蒋 怡

政府法制900问
ZHENGFU FAZHI 900 WEN

主编 / 于爱荣
经销 / 新华书店
印刷 / 三河市紫恒印装有限公司
开本 / 710×1000毫米 16　　　　　　　　　印张 / 26.5　字数 / 448千
版次 / 2015年7月第1版　　　　　　　　　2015年7月第1次印刷

中国法制出版社出版
书号ISBN 978-7-5093-6575-5　　　　　　　　　　　定价：68.00元

　　　　　　　　　　　　　　　　　　　　　值班电话：010-66026508
北京西单横二条2号 邮政编码100031　　　　　传真：010-66031119
网址：http://www.zgfzs.com　　　　　　　　编辑部电话：010-66038139
市场营销部电话：010-66033393　　　　　　　邮购部电话：010-66033288
（如有印装质量问题，请与本社编务印务管理部联系调换。电话：010-66032926）